2012 年度国家社科基金重大项目

《密教文献文物资料整理与研究》（批准号：12&ZD129）成果

第二届中国密教国际学术研讨会论文选集

陕西师范大学优秀著作出版基金资助出版

浙江绍兴明心书院资助出版

陕西师范大学宗教学集刊之一
《密教研究》第4辑

密教文物整理与研究

吕建福／主编

中国社会科学出版社

图书在版编目（CIP）数据

密教文物整理与研究／吕建福主编 . —北京：中国社会科学出版社，
2014. 12

ISBN 978 - 7 - 5161 - 5274 - 4

Ⅰ. ①密… Ⅱ. ①吕… Ⅲ. ①密宗—文物—文集 Ⅳ. ①B946. 6 - 53

中国版本图书馆 CIP 数据核字（2014）第 290110 号

出 版 人	赵剑英
责任编辑	孙 萍
责任校对	闫 萃
责任印制	李寡寡

出 版	中国社会科学出版社
社 址	北京鼓楼西大街甲 158 号
邮 编	100720
网 址	http://www.csspw.cn
发 行 部	010 - 84083685
门 市 部	010 - 84029450
经 销	新华书店及其他书店

印刷装订	三河市君旺印务有限公司
版 次	2014 年 12 月第 1 版
印 次	2014 年 12 月第 1 次印刷

开 本	710 × 1000 1/16
印 张	25. 5
插 页	2
字 数	397 千字
定 价	88. 00 元

目　　录

石窟造像

仪轨梵音

综　述

前　言

　　《密教研究》作为陕西师范大学宗教学集刊之一，是密教研究的专题性学术集刊，主要展现中国学术界研究密教的最新成果，同时也反映国外学者研究密教的相关成果。每两年出版一辑，每辑有一个相对集中的主题，另设动态综述栏。本辑主题是密教文物图像研究，内分日本文物图像、韩国文物艺术、陀罗尼经幢、石窟造像、仪轨梵音以及综述六类，每类又按论文性质以及时代先后排列，共收入18篇学术论文，均选自第二届中国密教国际学术研讨会论文。该会议以密教文献与文物研究为主题，此以密教文献介绍代序。

　　密教文献是佛教文献的组成部分，也是佛教文献中具有自身特点的一类文献。密教文献的主体仍然是大藏经文献，大藏经分为经、律、论三藏，密教也一度组织过本派的经、律、论，中国大藏经史上也有过秘密经、律、论的分类，但独立的三藏体系并没有真正形成。事实上由于密教经典的特殊体裁，历史上曾独立编纂为咒藏，经、律、论、咒并称四藏，还与菩萨藏或杂藏并称五藏。咒藏亦称禁咒藏、持明咒藏、陀罗尼咒藏，唐宋时期的不少译经指明出自持明咒藏。持明咒藏，梵文vidyādhāra-piṭaka，就是总持明咒之藏，持，即总持，dhāra 的意译，音译陀罗尼，在此为行持、持诵之义；明咒，vidyā 的意译，是不同于神咒 mantra 的另一种咒语，亦译明，另有知识、学科之义；藏，piṭaka 的意译，指汇编的经典。但最早出现的密教经典是陀罗尼经，其中所说的陀罗尼咒，其梵文原为 dhāraṇī，并非 vidyā，也非 mantra。陀罗尼咒经也属于佛说经，其内容主要说陀罗尼咒及其功能，并有陀罗尼行法，后来发展成仪轨。根据中国上千年汉译佛经史可知，3—7 世纪间翻译的密教经典就是陀罗尼经，这是密教最早也是数量最多的一类经典。陀罗尼经分为三种基本类型，一是陀罗尼咒经，以说陀罗尼神咒及其功用为主；二是陀罗尼契经，仍采用契经的形式，以阐发陀罗尼义理为主，其中包括陀罗尼字门、陀罗尼句门；三是契经与咒经的混合形式，二者兼而有之。另外大乘经的《陀罗尼品》也属于这类陀罗尼经，往往采取混合形式。陀罗尼经以持诵陀罗尼以及阐发其义理为主，形式比较单一。后来在此基础上发展其行持仪轨，形成完整形态的密教经典，这就是上述的持明咒藏。传说持明咒藏是龙树弟子难陀编纂，他创造性地在陀罗尼咒经中引入手印，通过离合咒印之文，大大扩展了陀罗尼咒的用法及其含义类别，形成一家之言。这类密教经典从 6 世纪的南北朝后期开始汉译，从中可知持明咒经除了诵咒结印之外，以行持密法为主要内容，包括曼荼罗坛法、像法、供养法、护摩法、成就法以及观想法等，其行持法分为三部、五部不等。这类经后来又打破佛说经的形式，形成密教经典的另一种类型——仪轨（梵文 kalpa）。仪轨也称念诵法，真言密教和瑜伽密教的经典都附有仪轨，或经轨一体，或仪轨独立。持明经、真言经、瑜伽经均属于这种类型，也就是经轨兼备型的密教经典，只是从持明经（vidyādhāra）到真言经（mantra）再到瑜伽经（yogā），有一个逐渐发展完善的过程，因而又有一些差别。按三密的完备程度来说，持明经以持诵明咒（vidyā）的语密和手结印契的身密为主，真言经（mantra）则身、语、意三密完备，而瑜伽经更注重瑜伽观想。从其形态特点来说，持明经的密法系统庞杂繁缛，真言经教义与仪轨兼备，瑜伽经则更加仪轨化。从修持目的来说，持明经以成就世间法为主，真言经以觉悟成佛为根本目的，而瑜伽经则以现证菩提为最高成就。

　　最晚出现的密教经典是怛特罗类型（梵文 tantra），最早译于 8 世纪前期，题《瞿醯坦跢罗经》。坦跢罗，亦译旦怛罗、怛跢罗、亶怛啰，就是梵文 tantra 的汉语音译。一行《大日经疏》中屡屡引据，应属善无畏译。后来不空将 tantra 意译为"大教王经"，如译《金刚顶一切如来真实摄大乘现证大教王经》、《文殊师利菩萨根本大教王金翅鸟王品》。10 世纪以后宋代翻译密教经典，即继承不空的译法，仍译 tantra 为大教王经，也往往把 kalpa 译为大教王经，这也说明怛特罗经由瑜伽经的仪轨发展而来。大教王经，即梵文 mahātantrarājā，其中"王"是 rājā 的翻译，表示该经的权威性；"经"是汉译附加词，标明属于三藏中的经藏及其佛说的圣神性；"大"是 mahā 的翻译，修饰词，表示本经所说教法的地位；

"教"则是 tantra 的翻译，是这一词组的主词，其意思为教法、教说及其教义、教理，也就是佛的教导和说教，构成佛教的核心思想。"教"被形容为"大"，称"大教"者，有以自尊高、贬抑其他之意，犹如大乘。大教的梵文为 mahātantra，正好与大乘的梵文 mahāyāna 相对应。Tantra 原指织布机以及用来织布的经线，引申为延续、连续、贯穿，故也用来指称密教经典及其教法，以及学术性和概论性的著作、指南、手册及其中的基本原理、准则、要点等。汉文译为"教"，取义教法，与 tantra 引申义相符。藏文译 tantra 为 rgyud，汉文转译为"续"，也与其原义相符。根据藏传密教的经典分类，密教经典分为事、行、瑜伽、无上瑜伽四续部，为梵文 kriyā、caryā、yogā、anuttarayogā 的翻译，分别与汉传密教的持明经、真言经、瑜伽经、大教王经对应。四续部是广义上的怛特罗，其中前三类被称为外怛特罗，后一类称内怛特罗，也就是狭义的怛特罗。狭义的怛特罗，汉译也有相应的译名，称最上秘密无上大乘大教王。无上瑜伽又分为大瑜伽（mahāyogā）、无上瑜伽（anuttarayogā）、极致瑜伽（atiyogā）三类，其代表性经典为《密集》、《胜乐》和《喜金刚》、《时轮》等经。怛特罗经也属于仪轨型的经典，形式上分为本续、后续以及释续，其思想特点是深受印度教性力思想影响。怛特罗类型的经典也为印度其他宗教所使用，印度教的毗湿奴派、湿婆派、性力派以及耆那教都有怛特罗经典，与后期密教共同形成一类经典形式和思想倾向，被认为属于非吠陀的印度宗教传统，也被通称为怛特罗的或怛特罗教，或区分为佛教怛特罗、印度教怛特罗、耆那教怛特罗。但西方学术界由此误将怛特罗与密教等量齐观，怛特罗对译为密教，实际上密教是大概念，怛特罗则是小概念，被包含在密教中，而不是对等关系，更不是相反。因此也有的学者称密教为 Esoteric Buddhism，以与后期密教 Tantraic Buddhism 相区别，或者指称汉传密教时使用 Esoteric Buddhism，指称藏传密教以及印度后期密教时用 Tantric Buddhism，这样更为合理。

陕西师范大学宗教研究中心每三年举行一次国际性的密教学术研讨会，第二届中国密教国际学术研讨会于 2013 年 6 月 27—30 日在浙江绍兴召开，分别在会稽山龙华寺和明心书院举行，以 2012 年国家社科基金重大项目《密教文献文物资料整理与研究》为主题，成为本辑论文的主要内容。在此对资助和承办者明心书院主人宋畅涌先生、龙华寺主人潘建国先生表示衷心的感谢！

　　本辑的规划、设计及出版校对由笔者负责，具体编辑工作由张文卓博士负责，会议论文编辑工作主要由张文卓和党措负责，文字校订工作由宗教研究中心 2011 级和 2012 级硕、博士研究生参与。

吕建福

2014 年 9 月 2 日

于陕西师范大学宗教研究中心

日本文物图像

高野山的密教文物珍藏目录

——平安时代的珍藏

[日] 静慈圆

日本的历史按时代大体可分为：大和时代（250—710）、奈良时代（710—794）、平安时代（794—1192）、镰仓时代（1192—1333）、南北朝时代（1333—1392）、室町时代（1392—1573）、安土桃山时代（1573—1603）、江户时代（1603—1868）、明治时代（1868—1912）、大正时代（1912—1926）、昭和时代（1926—1989）、平成时代（1989—　）。

日本的密教起始于空海（774—835）。空海31岁入唐，在当时的长安拜师于惠果阿阇梨，得到密教的传承后回国，时年33岁。之后开创高野山密教道场，时年43岁（816）。

高野山自空海开创以来至今，历时近1200年，无论在信仰还是学术上，在日本历史上都占有举足轻重的位置。

高野山在各个时代与中央政治、朝廷天皇都有密切关系。其中不乏有关人员来高野山参拜、朝圣。至每次参访，捐赠的记录至今都有保存。

另外空海密教的学术也被空海的弟子所继承，高野山作为学术山岳也持续了近1200年，换言之，密教学术的记录被大量保存下来。

密教实践所必需的佛像、佛画、工艺品也有很多保存。

以上是对《高野山的密教文物珍藏目录》标题的介绍。下面是平安时代的珍藏，其中包括同时代中国和韩国的请来品。

平安时代的文物可分为佛像（雕刻）、佛画（绘画）、工艺、考古、书法笔墨几类。

有关各项物件的具体形状、大小尺寸等由于篇幅关系，只标注第一项，后面仅罗列名称（完整的详细目录另行出版）。

佛像（雕刻）

1. 大日如来像（元朝，安置于伽蓝西塔）

一尊　木制　像高 98.5①　重文②　平安前期　金刚峰寺

2. 四天王立像（广目天、多闻天、持国天、增长天）

木制　重文　平安前期　金刚峰寺

3. 阿弥陀如来坐像

木制　重文　平安后期　金刚峰寺

4. 大日如来像（元朝，安置于劝学院）

木制　重文　平安后期　金刚峰寺

5. 大日如来像·阿弥陀如来坐像·释迦如来坐像（谷上大日堂旧佛）

木制　重文　平安后期　金刚峰寺

6. 天弓爱染明王像

木制　重文　平安后期　金刚峰寺

7. 不动明王坐像（元朝，安置于伽蓝不动堂）

木制　重文　平安后期　金刚峰寺

8. 阿弥陀如来坐像

木制　未指定　平安后期　金刚峰寺

9. 持国天立像

木制　未指定　平安后期　金刚峰寺

10. 不动明王立像

木制　未指定　平安后期　金刚峰寺

11. 十一面千手观音菩萨坐像

木制　未指定　平安时代　金刚峰寺

12. 圣观音菩萨立像

木制　未指定　平安时代　金刚峰寺

13. 千手观音堂本尊（残欠）

---

① 下文有长、宽、高处其单位均为厘米，不再标注。

② 重文，即重要文化遗产。

木制　未指定　平安时代　金刚峰寺

14. 大日如来像

木制　未指定　平安时代　金刚峰寺

15. 八叶梵字浮雕九尊像

木制　未指定　平安时代　金刚峰寺

16. 大日如来坐像

木制　重文　平安后期　安养院

17. 地藏菩萨立像

木制　未指定　平安时代　高台院

18. 圣观音菩萨立像

木制　未指定　平安时代　高台院

19. 药师如来坐像

木制　重文　平安时代　五大院

20. 阿弥陀如来坐像

木制　重文　平安后期　地藏院

21. 不动明王立像

木制　重文　平安后期　释迦文院

22. 大日如来

木制　重文　平安后期　释迦文院

23. 不动明王坐像

木制　重文　平安前期　正智院

24. 持国天立像

木制　未指定　平安后期　常喜院

25. 毘沙门天立像

木制　未指定　平安后期　常喜院

26. 兜跋毘沙门天像

木制　重文　平安时代　亲王院

27. 龙猛菩萨立像

木制　重文　平安时代　泰云院

28. 药师如来坐像

木制　重文　平安后期　高室院

29. 毘沙门天立像

木制　重文　平安后期　多闻院

30. 如意轮观音菩萨坐像

木制　重文　平安后期　如意轮寺

31. 毘沙门天立像

木制　重文　平安后期　普贤院

32. 兜跋毘沙门天立像

木制　重文　平安中期　龙光院

佛像（绘画）

1. 佛涅槃图

绢本着色　一幅267.0×271.2　国宝　平安时代　金刚峰寺

2. 善女龙王像

绢本着色　国宝　平安时代　金刚峰寺

3. 两界曼荼罗图（血曼荼罗）

绢本着色　重文　平安时代　金刚峰寺

4. 毘沙门天像

绢本着色　重文　平安末期　光台院

5. 五部心观

绢本着色　重文　平安后期　西南院

6. 阿弥陀如来净土曼荼罗图

绢本着色　重文　平安后期　西禅院

7. 勤操僧正像

绢本着色　国宝　平安后期　普门院

8. 阿弥陀圣众来迎图

绢本着色　国宝　平安后期　有志八幡讲

9. 五大力吼菩萨像（金刚吼、龙王吼、无畏十力吼　三幅）

绢本着色　国宝　平安中期　有志八幡讲

10. 金刚吼菩萨像（修理部分原本）

绢本着色　未指定　平安时代　有志八幡讲

11. 传船中涌现观音菩萨像

绢本着色　国宝　平安后期　龙光院

12. 阿弥陀三尊像

绢本着色　国宝　平安末　莲华三昧院

工　艺

1. 泽千鸟螺钿莳绘小唐柜

木制涂漆　一件　长30.5　宽39.9　高30.0　国宝　平安后期　金刚峰寺

2. 纸布胎莳绘念珠箱

纸布胎　重文　平安时代　金刚峰寺

3. 金铜佛具（五钴杵1、五钴铃2、三钴杵2、独钴杵2、独钴铃1）

金铜制　重文　平安时代　金刚峰寺

4. 录釉四足壶复制

树脂制　未指定　平安时代　金刚峰寺

5. 三钴杵（传觉镜所持）

金铜制　重文　平安时代　宝寿院

6. 花鸟文磬

铸铜制　重文　平安时代　清净心院

7. 白铜素文磬

白铜制　県指定　平安后期　莲华定院

8. 花鸟文八棱镜

铜制　未指定　平安时代　明王院

9. 四头海兽圆镜

铜制　未指定　平安时代　明王院

考古一（高野山奥之院出土品）

1. 青铜制纳骨器（一件）

青铜　一器　高23.2　身径7.1

重文　平安时代　金刚峰寺

2. 青铜制纳骨器（三件）

青铜　重文　平安时代　金刚峰寺

3. 青铜制纳骨器（镀金 1）

青铜　重文　平安时代　金刚峰寺

4. 青铜制纳骨器（镀金 2）

青铜　重文　平安时代　金刚峰寺

5. 青铜制镀金纳骨器

青铜　重文　平安时代　金刚峰寺

6. 松鹤方镜

白铜制　重文　平安时代　金刚峰寺

7. 竹垣秋草飞鸟文镜

白铜制　重文　平安时代　金刚峰寺

8. 水边秋草文镜

白铜制　重文　平安时代　金刚峰寺

9. 山吹双雀镜

白铜制　重文　平安末期　金刚峰寺

10. 金铜板制基台

金铜制　重文　平安后期　金刚峰寺

11. 短颈壶（残缺）

陶制　重文　平安后期　金刚峰寺

12. 广口壶（残缺）

陶制　重文　平安后期　金刚峰寺

13. 瓮之盖（残缺）

陶制　重文　平安后期　金刚峰寺

14. 瓦制盖（残缺）

陶制　重文　平安后期　金刚峰寺

15. 瓦制经筒形纳骨器（残缺）

陶制　重文　平安后期　金刚峰寺

16. 滑石制纳骨器

石造　重文　平安后期　金刚峰寺

17. 真然大德御舍利器铁板（小残损部）

陶制　未指定　平安时代　金刚峰寺

[高野山奥之院出土遗物　天永四年（1113）在铭经冢遗物]

18. 陶制经外容器

陶制　重文　平安时代　金刚峰寺

19. 铸铜经筒

铸铜　重文　平安时代　金刚峰寺

20. 漆涂木制内容器

木制　重文　平安时代　金刚峰寺

21. 外包纸

纸制　重文　平安时代　金刚峰寺

22. 经帙

绫制　重文　平安时代　金刚峰寺

考古二（高野山奥之院出土品　天永四年在铭经遗物　比丘尼法药埋藏品）

23. 比丘尼 6

《妙法莲华经》一　八卷内　金泥绀纸 6　纸高 250 长 918　重文　金刚峰寺

比丘尼 7

《妙法莲华经》二　八卷内　金泥绀纸 7　重文　金刚峰寺

比丘尼 8

《妙法莲华经》三　八卷内　金泥绀纸 8　重文　金刚峰寺

比丘尼 9

《妙法莲华经》四　八卷内　金泥绀纸 9　重文　金刚峰寺

比丘尼 10

《妙法莲华经》五　八卷内　金泥绀纸 10　重文　金刚峰寺

比丘尼 11

《妙法莲华经》六　八卷内　金泥绀纸 11　重文　金刚峰寺

比丘尼 12

《妙法莲华经》七　八卷内　金泥绀纸 12　重文　金刚峰寺

比丘尼 13

《妙法莲华经》八　八卷内　金泥绀纸 13　重文　金刚峰寺

24. 比丘尼 14

《无量义经》　一卷　金泥绀纸 14　重文　金刚峰寺

25. 比丘尼 15

《观普贤菩萨行法经》　一卷　金泥绀纸15　重文　金刚峰寺

26. 比丘尼16

《般若心经》、《阿弥陀经》　一卷　金泥绀纸16　重文　金刚峰寺

27. 比丘尼17

《比丘尼法药供养目录》　一卷　金泥绀纸17　重文　金刚峰寺

28. 比丘尼18

《比丘尼法药愿文》　一卷　纸墨本18　重文　金刚峰寺

29. 比丘尼19

金刚界种子曼荼罗　一面　绢墨本19　重文　金刚峰寺

30. 比丘尼20

胎藏界种子曼荼罗　一面　绢墨本20　重文　金刚峰寺

31. 比丘尼21

法华种子曼荼罗　一面　绢墨本21　重文　金刚峰寺

32. 比丘尼22

《法华经》断简　一括　绢墨本22　重文　金刚峰寺

墨　迹

高野山上珍藏着无数密教关系的书法墨迹。自空海以来1200年的历史也是书法墨迹的历史。它在告诉我们高野山也是座学问山。

高野山自空海创建以来，随着时代的变迁寺院越来越多，到了江户时代（1603—1868）号称拥有1200家。

明治维新（1868）时，由于毁佛运动高野山的财源匮乏到了极点。尽管如此明治初期仍有寺院680余所。各家寺院丧失了经济地盘，陷入瘫痪状态。在这种状况下，明治二十一年（1888）三月高野山发生了火灾，大小寺院77所、民宅70余户被烧毁。之后寺院在经历了废除、离散、合并等多次折腾后，剩下现在的117所，其中可供住宿的有53所。

高野山的文物宝藏归各家寺院所有，明治维新之后大多被流散到山外。以明治二十一年的火灾为契机开展了保护山内文物的运动。此运动影响到日本的财阀代表以及关心文物的政界，大正十年（1921）"高野山灵宝馆"建成。"高野山灵宝馆"保存展览着高野山内文化遗产。馆内保存着山内80%的文物。现在收藏国宝21件、重要文物143件以及被指定保

护的 28000 件雕刻、绘画、工艺品等文物。另外其他未被指定的多达 50000 件。

下面是书法文墨，高野山内的墨迹大多被收藏在高野山大学图书馆和高野山灵宝馆里。

高野山大学图书馆建于昭和四年（1929），以寺院委托书的形式寄存着各家寺院的墨迹，有金刚三昧院寄存书、三宝院寄托书、持明院寄托书、宝城院寄托书、光台院寄托书、真别所寄托书、龙光院寄托书、正祐寺寄托书等。高野山灵宝馆所收藏的墨迹为金刚峰寺寄托书、宝寿院寄托书等。

除高野山大学图书馆、高野山灵宝馆以外，高野山内各家寺院里也藏有墨迹。其中数正智院所藏最多，编有《正智院圣教目录》上、下二卷。

以上仅是面上收藏情况，详细的高野山墨迹还没完全整理。

现在参考以上的收藏来整理一下平安时代高野山的墨迹。

平安时代墨迹整理的依据是《平安遗文》，《平安遗文》收集着平安时代书写典籍的版本批注。但是此书的收集不是作者一一亲自考证出来的，而是把编撰《平安遗文》截止时的各种目录收集起来而已，所以不能称之为完整本（竹内理三编，昭和四十三年三月一日东京堂出版）。《平安遗文》中收录了高野山 12 家寺院的文书。有宝寿院、三宝院、西南院、正智院、龙光院、金刚三昧院、金刚峰寺、亲王院、光明院、持明院、成福院、法明院。这里所参照的是这些被收入《平安遗文》的墨迹。

（一）宝寿院的墨迹（灵宝馆收藏）

宝寿院的墨迹是昭和四年（1929）被调查出的，从宝寿院被移到灵宝馆是昭和四十九年（1974），共 75 箱。各箱杂乱无序，被移到灵宝馆后按次序整理成《宝寿院圣教目录》[高野山灵宝馆编，平成十一年（1999）5 月 21 日出版]。以此为版本，山本智教先生（时任灵宝馆馆长）以"宝寿院之藏书"为题将此刊登在《密教学会报》（高野山大学密教学会编）第 14 号、第 15 号、第 16 号、第 17·18 合并号、第 19·20 合并号上。此次将两部分合照，校核了不同部分。这里列举的是平安时代墨迹，按函编号顺序整理。各函中平安时代的墨迹未被收入的用"无"来表示。

墨迹版本批注的内容分歧过多，不能完全示现。下面因篇幅关系只能罗列名字，把能判断出平安时代年号部分的标出来，不明的用●标出。

特别部一　他部（显教部）·宗部教相第一（经轨部）

第一函—第十二函　《大般若经》六百卷

第十三函　无

第十四函　无

第十五函

1.《大方等大集日藏经》卷第三　残简一轴

（批注）承安二年（1172）平安末期　能盛书。

2.《大方等大集日藏经》卷第一　残简二纸

承安二年（1172）能盛书

3.《摩诃般若波罗蜜大名咒经》（罗什译）、《般若波罗蜜多心经》（法月译）、《般若波罗蜜多心经》（般若译）

4.《诸经要集》第九　一轴

平安时代写　无量寿院本

第十六函

5.《维摩经义疏》　二帖

平安末写　多门院长荣所持

6.《维摩经疏私记》中卷　一帖

久安六年（1150）写　长俊

7.《仁王经疏》（中、下）　二帖

平安中期写　无量寿院长荣所持

8.《法华游意》

平安末、镰仓初　无量寿院长荣

9.一乘略观　一帖

平安末、镰仓初

10.《些些疑文略抄》　一帖

圆珍撰，久安六年（1150）书

11.《日本法华验记》卷上　一帖

重要文物

12.《安乐集》　二帖

天永三年（1112）四月五日书写　同月二一日校点

13.《法华赞》卷下　一帖

平安时代（12世纪初）写本　增意

14.《往生西方净土瑞应传》　一帖

重要文物

15.《决定往生集》　二帖

南都珍海　重要文物　平安末写

16.《菩萨戒本宗要科文》　一帖

春日板折本　平安末

第十七函

17.《唯识义》卷第三　一帖

平安时代写

18.《第三重口决》　一轴

保延六年（1140）三月十三日　定海记

第十八函　无

第十九函　无

第二十函　无

第二十一函　无

第二十二函　无

第二十三函　无

第二十四函

19.《受五戒八戒文》　一帖

无量寿院本（批注）本云　久寿二年（1155）四月七日书　劝修寺住侣智海

20.《最上乘受菩提心戒及心地秘记》　一帖

（批注）本云　承安五年（1175）二月十九日书

21.《受菩提必戒仪》　一帖

（批注）本云　应保二年（1162）七月六日于金刚峰寺书　交

22.《授灌顶金刚最上乘菩提心戒本》　一帖

（批注）本云　安元三年（1177）二月十八日于法住寺赞岐别室屋院北斗御修法之间令书　交　兴然

23.《禅林寺僧正大和尚传三摩耶戒文》　一帖

平安时代末　多闻院良了

24.《阿阇梨大曼荼拏灌顶仪轨》　一帖

平安时代写　无量寿院实秀

25.《炽盛佛顶威德光明真言仪轨》　一帖

平安时代写　宣澄　无量寿院本

26.《释迦仪》轴　一帖

平安时代　（批注）承历二年（1078）九月十六日

27.《释迦文佛一乘修行仪轨》　一帖

（批注）康和五年（1103）七月八日午刻于鸟羽殿奉书

28.《大轮金刚修行悉地成就及供养法》　一帖

永承元年（1046）九月十八日以藏本写

29.《步掷金刚修行仪轨》　一帖

康治元年（1142）十一月二五日于云林院书　良然　无量寿院本
寥雅

30.《佛说毗奈耶经》　一帖

平安时代写　于鸟羽殿书写　无量寿院本　宣澄

31.《如意轮观门义注秘释》　一帖

永长二年（1097）三月七日书

32.《慈氏菩萨仪轨》

原本为圆珍请来本　永久三年（1115）六月下旬比以法轮院御本书
写移点了云云

33.《一百八尊法身契印》　一帖

平安时代　无量寿院本　宣澄

34.《略出经》三帖

平安时代

（卷第二、四批注）长治二年（1105）五月八日甲辰以●●本书了

35.《吽迦陀野法》　一帖

宽治五年（1091）五月二五日僧正谷书写已

36.《如意轮仪轨》　一帖

平安时代（11世纪）　无量寿院本

37.《如意轮仪轨》　一帖

平安时代　无量寿院本　猷然

38.《不动尊使者秘密法》　一帖

如意轮仪轨　平安时代（11世纪）

（批注）延久四年（1072）六月一日于高野南别所夏中书写之　僧庆
一舜

39.《不动尊使者秘密法》　一帖

11 世纪　东南院本

40.《明星天子仪轨》　一轴

平安（11 世纪）　无量寿院本　湛海

41.《北斗七星念诵仪轨》　一帖

无量寿院本　久安五年（1149）五月二七日书写了　求法僧良道

42.《北斗七星念诵仪轨》　一帖

无量寿院本　天永四年（1113）二月一日云云　念范之本

43.《北斗验记》　一帖

平安末　高野往生院书了　琳晓　传领觉禅

44.《一髻文殊念诵仪轨》　一帖

12 世纪　宣澄

45.《一髻文殊念诵仪轨》　一帖

大治元年（1126）四月十八日于日藏房书了

46.《文殊八字仪轨》

平安后期（11 世纪）　于往生院……兼源

47.《文殊八字仪轨》　一帖

48.《护诸童子经》　一帖

平安（12 世纪）写

49.《护诸童子陀罗尼咒经》

12 世纪

50.《大圣妙吉祥菩萨说除灾教令法轮仪轨》　一帖

12 世纪

51.《千光眼观自在菩萨秘密法经》　一帖

无量寿院本

（批注）写本云　宽治四年（1090）十二月之比于白河僧房书写役毕

52.《大佛顶陀罗尼仪轨》　一帖

无量寿院本　庆寻　传领寥雅　长治元年（1104）六月八日巳时许
吉峰山吉水寺奥院于常乐房奉书写

53.《不空羂索神变真言经》卷二五、二六　一帖

平安时代 12 世纪

54.《不动七支略念诵法》　一帖

仁平元年（1151）六月二六日

55.《六月念诵仪轨》　一帖　惟谨述

平安时代

56.《大乘理趣六波罗蜜多经》　七帖

折本　仁禅　仁平二年（1153）仲夏之比书写　金刚佛子仁禅之本

57.《佛说陀罗尼集经》十二帖（卷第十一后补）

平安时代（11 世纪）　澄荣

第二十五函

58.《瞿醯坦多罗经》卷下　一帖

贞观十三年（871）五月二六日　圆珍记

59.《孔雀明王经》　三帖

折本　平安（12 世纪）

60.《华严经入法界品顿证瑜伽仪轨》　一帖

平安末期写

61.《无量寿如来修观行供养仪轨》　一帖

昶遍　平安末期　寿永二年（1183）五月十一日午时觉庆死去　同
月二九日书写

62.《瑜伽莲花部念诵》　一帖

12 世纪末

63.《大日五字仪轨》　一帖

应德三年（1086）四月二九日最御崎加注标点

64.《妙法莲华经瑜伽观智仪轨》　一帖

11 世纪

65.《仁王经念诵法》　一帖

11 世纪

66.《佛说出生无边门陀罗尼仪轨》　一帖

平安末　寥雅

67.《大佛顶如来放光悉坦多钵坦罗尼》　一帖

寥雅　平安时代末

68.《尊胜佛顶仪轨》　一帖

寥雅　康和六年（1104）正月十日于池上书写　同交点

69.《尊胜佛顶仪轨》　一帖

久安二年（1146）九月二四日于金刚峰寺书写

70.《金刚顶瑜伽五秘密修行仪轨》　一帖

天承元年（1131）辛亥三月十五日　高野寺真言经之内

71.《金刚顶瑜伽念诵经》　一帖

寥雅　天承二年（1144）四月二七日奉书写　奉传授

72.《金刚王佛顶要略念诵法》　一帖

于鸟羽殿萱屋成莲御房奉受　兼源

73.《金刚王菩萨秘密念诵仪轨》　一帖

甚良来荣　仁平二年（1152）三月二三日于二条僧房　以三川君本书之

74.《如意轮仪轨》　一帖

保延三年（1137）六月二三日巳时书写

75.《如意轮念诵仪轨》　一帖　寥雅　平安末

76.《十一面仪轨》　三帖

经运　（上卷）承保四年（1077）六月十八日移点

77.《叶衣观自在菩萨经》　一帖

寥雅　于金刚峰寺净莲院奉传受毕　兼源　11世纪

78.《一髻尊陀罗尼经》　一帖

寥雅　11世纪　于净莲院奉传受毕　兼源

79.《底理三昧耶不动尊威怒王使者念诵法》　一帖

元历元年（1184）十一月八日于东山草庵书写之

80.《深沙大将菩萨仪轨》　一帖　澄荣

文治三年（1187）九月二一日于绫小路坛所书之　觉禅

81.《金刚顶经一字顶轮王仪轨》　一帖

宽治五年（1091）十月六日奉点拜了　庆舜　善本（有虫食）

82.《无动尊瑜伽成就仪轨》　一帖

东禅院　天养二年（1145）乙丑三月八日于小别州大房南面申时许一交了　东别院

83.《金刚顶降三世仪轨》　一帖

建久三年（1192）二月十五日丑时于北院御所北面书写了　尊长

84.《甘露军荼利菩萨供养念诵成就仪轨》　一卷

寥雅　平安（12 世纪）

85.《降三世明王仪轨》

寥雅　长治三年（1106）四月五日中院阿阇梨（明算）受法琳贤圆如房书写

86.《摩利支天菩萨略念诵法》　一帖

保安四年（1123）四月十六日

87.《大圣欢喜天仪轨》　一帖

平安末

88.《定惠均等仪轨》　一帖

平安末　长任　（笔迹良好）

89.《双身毘那夜迦法》　一帖

寥雅　于鸟羽殿成莲房奉受毕　兼源　平安时代

90.《金刚童子仪轨》　三帖

本云　保延元年（1135）六月二二日以胜光房本移点了

91.《降三世成就极深密门》

寥雅　于成莲房传受了　兼源（写）　平安

92.《大乘密严经》　三帖

多闻院澄荣本　写本云　建久八年（1197）四月日以光明山之本重交

93.《无量寿如来仪轨》　一帖

永寿二年（1183）三月二九日书写

94.《圣观自在菩萨瑜伽念诵仪轨》　一帖

写本云　应德三年（1080）六月九日书　同日点　沙门济暹之

95.《乌刍小濊么仪轨》　一帖

澄荣本　慈尊院弘健　天喜二季（1054）九月十日书

96.《乌刍濊么仪轨》　一帖

平安末

97.《北方毘沙门天王随军护法仪轨》　一帖

长承三年（1134）二月三日于鸟羽书写了　一交　僧尊性

98.《宿曜经》　上下二帖

永历元庚辰（1160）之岁春以东大寺南院本校正　释种比丘

99.《宿曜经》　二帖

平安时代

第二十六函　密教轨类（卷子本）

100.《大日经》卷三、四、五　三轴

平安末　各卷别笔

101.《大日经》卷四　一轴

平安时代

102.《大日经》卷一住心品　一轴

平安时代

103.《金刚顶瑜伽中略出念诵经》卷一、二　二轴

延久六年（1074）三月二七日于路贵南房奉读毕　金刚弟子永禅

104.《金刚顶瑜伽中略出念诵经》卷一　一轴

平安时代

105.《金刚顶经》卷一、二　二轴

平安时代

（卷第一批注）应德四年（1087）三月写毕

106.《苏悉地经》中卷　一轴

11 世纪　批校了于鸟羽殿御所奉传受

107.《佛顶尊胜陀罗尼经》　一轴

11 世纪

108.《观自在菩萨如意轮瑜伽法要》　一轴

应德二年（1085）五月九日奉书写之功已

109.《海龙王经》卷第二　一轴

11 世纪

110.《佛母大孔雀明王经》卷下　一轴

11 世纪

111.《佛母大孔雀明王经》卷下　二轴

大治四年（1129）五月五日　仁平元年（1151）始三月一日

112.《一切如来心秘密全身舍利宝箧印陀罗尼经》断欠　一轴

113.《阿阇梨大曼荼摞灌顶仪轨》　一轴

永历二年（1161）四月十八日于粟田四十禅师拜殿奉传

第二十七函　诸宗章疏

114.《大般若经音义》　一帖

折本　11 世纪

115.《心经略赞》　一帖

多闻院重义　良尊传领　仁安二年（1167）十一月二一日交了

珍光

116.《心经幽赞》卷六　一帖

多闻院重义

117.《注心经》　一帖

平安末镰仓初写

118.《法华经义疏》　十二帖

折本　快般本　永仁板

119.《法华疏记》　一册

11 世纪

特别部二　宗部教相第二（密教注疏部）

第二十八函

120.《大日经供养次第法疏》　二帖

龙光院　康和四年壬午（1102）闰五月二八日未尅于小田原西山草

庵书之依此书功德自他入阿字　金刚宝

第二十九函　无

第三十函　无

第三十一函　无

第三十二函

121.《大日经疏》卷九、十二、十四、二十　计四帖

承保四年丁巳（1077）八月三十日丁未日辰时书写毕

122.《金刚顶教王经疏》卷一

无量寿院本　与第121 之《大日经疏》同字体

第三十三函　无

第三十四函　无

第三十五函

123.《菩提心论开题》　一帖

多闻院澄荣　文治五年（1189）闰四月二四日书之

124.《释论圣法记》　一帖

实尊　中院祐遍　平安末

第三十六函　无

第三十七函　无

第三十八函　无

宗部教相第三（祖典并同注疏部）

第三十九函

125.《付法传》　一帖

平安时代写　无量寿院澄荣

126.《金刚顶经开题》　一帖

平安末期写

127.《法华略秘释》　一帖

平安末镰仓初写

128.《理趣经开题》　一帖

平安时代写　12 世纪　无量寿院昶遍修复

129.《十八契印仪轨》　一帖

庆荣　寥雅　嘉保二季（1095）正月五日书之了　建久六年戊寅（1190）十一月二三日　建仁元年（1201）二月十六日　健保三年乙亥（1215）正月二二日书写　文永五年戊辰（1268）二月一日

正和三年甲寅（1314）正月二六日奉受之了

130.《金刚界业义》　一帖

无量寿院澄荣　宽治七年（1093）八月一日高野奥院书之

131.《观内护摩》　一帖

多闻院澄荣　（朱奥）天仁二年乙丑（1109）三月十日书移点了

禅明义六七

第四十函　无

第四十一函　无

第四十二函　无

第四十三函　《十住心论抄物》［此书函系康永四年（1345）四月调制］

132.《十住心论》卷六、七　二册

平安末期写

133. 十住心论指示　一帖

惠仙（平安末期写）

第四十四函　无

第四十五函　《三教指归抄物》

134.《三教勘注抄》　一帖

平安末期写

135.《真言宗未决文》　一帖

德一撰　久安元年（1145）壬十月二二日于圆法院僧房书了

第四十六函

136.《大师传略颂》　一通

无量寿院长海　本云　上承二年（1133）十二月十六日以黄才之本写之　应保三年（1163）壬午三月八日于东禅院书写之　生七二

第四十七函　无

特别部三　宗部事相各流圣教

第一函　御作末注广沢诸流

137.《御遗告秘决》　一帖

实运　（批注）应保二年（1162）壬午三月五日实运

138.《遗告法》　一帖

（批注）大治三年（1128）三月五日权僧正

139.《五秘蜜略次第》　一帖

平安末

140.《火布惹耶私记》　一帖

后入唐僧正　宣澄　（批注）书本之　天历十一季（957）岁次丁巳三月二八日乙卯受学

141.《（梵字）バジラダルマ记》　一帖

石山　无量寿院昶编修　（批注）保安二年（1121）四月八日以入道中纳言自笔

142.《道场观集》　一帖

石内　（批注）久安五年（1149）四月四日写书了

143.《诸尊道场观》　上下二帖

善郎　金刚佛子隆善之　平安末期

144.《五大明王义》　一帖

灰色纸　（批注）仁平元年（1151）二月十五日于劝修寺西明院书写了

145.《护摩次第》　一帖

遍明院　藤末镰初

146.《仁王般若经念诵次第》　一帖

藤末镰初

147. 缚日罗驮都颈次第　一帖

（批注）久安三年（1149）九月二八日　高元寺于东宝已尅写了

148.《药师念诵次第》（内题）《药师如来念诵法》　一帖

平安末期

149.《不动立印轨抄》　一帖

仁和寺贤圣房僧都述　平安末

150.《乙不动立印仪轨抄》　一帖

仁和寺贤圣房作　宣澄　（批注）久安五年（1149）八月十四日于金刚峰寺书写毕

151.《治名集》　一帖

东禅院　（批注）永万二季（1166）丙戌五月十七日书写

152.《应保二年（1162）卯月记》　上中下三册

心觉　（下册末尾）书本云　应保二年（1162）卯月上旬始之

第二函

153.《金刚界私记》　四帖

石山　平安时代末　赖荣之　宝性院

154.《行惠总持房自笔自判印信》　一轴

宝性院信龙　仁平三年（1153）九月二二日

155.《高野传　八大佛顶种子三形（诸尊法口决）》　一帖

镰仓时代写本　（批注）元历元年（1184）八月二七日金鸟栖下给之

第三函　安流四度灌顶

156.《护摩私次第》　一帖

（口书）宥信御自笔自如意轮寺快应申请之了可护摩证本者也

第四函

157.《太元坛图》　一纸

写本云　久寿三年（1156）正月八日中御门南肋大膳修之

第五函　安流　无

第六函、第七函　无　安流诸尊法　十数结　室町时代

第八函　灌流灌顶

158. 劝修寺具支灌顶式　一轴

无量寿院智翁　（口书）写本云　永久五年（1117）八月五日令写校之翌日移点了

159. 具支灌顶式条条不审事　一轴

平安末期写　（口书）《劝修寺经藏本次第》批云　永久五年（1117）八月五日云云

160. 《传法灌顶道场等指图》　一帖

（内题）《劝修寺寝殿差图》　文治二年（1186）十一月二三日

161. 《小野六帖》（实七帖）

（六批注）写本云　承安四年（1174）甲午十一月二五日巳时书写了

162. 《诸真言集》　一轴

批云　承安元年（1171）七月十日壬午奉为平宰相亲范御前书之

163. 《真言集》　二帖

东禅院　（批注）长宽二年（1164）甲申六月晦日

164. 二条　九之内●

东禅院　（批注）永历元年（1160）庚辰正月二六日以仁中本书写之

165. 《别尊杂记丙》

显良　（批注）安元之初岁（1175）暮秋下旬第二　金刚末资

166. マカ一传一百八二条　全六卷　（六条·目录一帖）

（目录批注）右实任大法房久安五年（1149）至仁安三年（1168）云云

167. 《云カ一传古本》　十七轴

保元三年（1158）十二月二一日奉传之兴然

168. 《真言院后七日作法》　一轴

法务御房日记也　天喜六年（1058）正月十五日　承历二年（1078）正月日

169. 《后七日御修法由绪作法》

（尾）延喜二一年（921）正月十五日阿阇梨权大僧都法眼和尚位观贤

170. 《如法尊胜》　一轴

小野　无量寿院智翁　康治二年（1143）七月三日阿阇梨权大僧都法眼和尚位

171.《六字护摩法》　一轴

大治四年（1129）十一月十七日大法师宽●

172.《普通行法》　一帖

（批注）书本云　仁平二年（1152）六月二一日以或人秘云为本躰云云

173.《五智剑秘抄》（内题）《不动尊法》　一帖

东禅院无量寿院义雄　久安六年（1150）四月十六日记之了

174.《劝修寺草》　一帖

降升之　平安末期写

175.《养性抄》

仁海僧正作　多闻院重义　（批注）长历年中（1037—1039）依今上敕小野僧正抄进云云

第九函　兴然五十卷抄

第十函　灌流　诸尊法

第十一函　无

第十二函　无

第十三函　三宝院流圣教

176.《胎藏念诵私记》　一帖

法全　平安末期写　（批注）先德私记多人用他仪轨文或依师传其习多途也云云

177.《延命院护摩次第》　一帖

初部欠　书本云　应保第十二岁（1162）仲秋下旬八日于醍醐寺无量光院书写

178.《青颈观音法ニーラカンタダルマ》　一帖

平安末

179.《镇坛作法》　十二帖

180.《镇坛正传抄》　一轴

康治二年（1143）八月十三日　天养元年（1144）镰仓时代写

181.《车水轮护摩》　一帖

（批注）寿永二年（1183）十月十七日阿阇梨法印权大僧都胜贤

第十四函　诸尊法

182.《诸尊要抄》　一、二、三、四、五　计五帖

183.《金宝抄》　第一——第十　计十帖帙入

权大僧都信龙　（批注）永治二年（1142）二月八日奉受僧都御房

184. 先德笔烧残圣教　一包

安流　宝性院　元永三年（1120）宫中真言院伴僧请书　严觉

第十五函　无

第十六函

185.《尊法》　一帖

摩诃衍院之　深宣房　承安三年（1173）十月三日书了

第十七函

186.《第三重口决》

（批注）保延六年（1140）三月十三日　定海记

第十八函　理性院圣教

187.《三摩耶戒式》　一轴

前部欠　（批注）仁平元年（1151）辛未四月二七日于金刚峰寺书了

188.《理性院诸尊法口决》　四帖

（批注）治承二年（1178）九月十一日　沙门贤宝

189.《别尊要记》　三帖

（批注）御本云　写本云治承二年（1178）一月二六日粗记师记

第十九函　瑜祇经疏并灌顶式

190.《金刚顶瑜伽中略出念诵经》　卷第一　一帖

（批注）仁平二年（1152）六月十九日移点了

191.《金刚峰楼阁一切瑜伽瑜祇经修行法》第一　上中下三帖

大治元年（1126）八月中旬之比书写　寻贤

192.《瑜祇经母捺捺罗》　一帖

天仁二季（1109）六月二三日于幡州高遲浦上清冷院记之　比丘药仁

193.《瑜祇灌顶私记》　一轴

慈尊院兴然记　中院所用　尧实　（批注）应保元年（1161）八月十三日丁丑辟宿日曜

194.《瑜伽瑜祇理供养私记》 一帖

（批注）应保元年（1161）八月十三日丁丑辟宿日曜

195.《结缘灌顶三昧耶戒作法金刚界》 一帖

（批注）寿永元年（1182）十二月十五日

第二十函 无

第二十一函

196. 瑜祇法 一帖

邪流本 成觉之 （批注）久寿二年（1154）九月十一日记之毕

第二十二函

197.《胎藏界大曼荼罗图》 一轴

本云 保元二年（1157）五月二九日酉刻于高野往生院前别

第二十三函

198.《梵字传》（《梵字传赞》一卷） 一帖

（批注）康和四年（1102）七月十六日伊势国信者之觉贤法师

第二十四函

199.《东寺长者次第》 二轴

无量寿院 久安四年（1148）正月六日补长者四九

200.《苏悉地羯罗重玄门仪轨》 一帖

平安末期

201.《不动顶莲义》 一帖

安然作 （批注）仁安二年（1167）二月二七日书写 承信

202.《菩提心义》卷第四 一帖

本觉院明行房 无量寿院 （批注）保延元年（1135）九月十一日
点了 僧西云生年七一

203.《理界抄》

治承二年（1178）戊戌闰六月十一日未尅药师院

第二五函 无量寿院宝性院过去帖

第二六函 无

第二七函 无

第二八函 无

第二九函

204.《续资治通鉴纲目》 二十七册

（二）正智院的墨迹（正智院收藏）

正智院的墨迹在正智院里保存着，目录是由正智院独自精查做成的。有《正智院圣教目录》上卷、《正智院圣教目录》下卷两册（山本信吉编，吉川弘文馆出版）。

这次为了"平安时代之宝藏"将此目录必要的部分整理归纳，内容如下：

第1写本部			平安时代	
1	写经	29 件	6 件	上卷
2	教相	334 件	22 件	上卷
3	事相	867 件	13 件	上卷 530 件 下卷 337 件
4	诸宗	136 件	13 件	下卷
5	讲式	27 件		下卷
6	声明	28 件		下卷
7	表白	129 件		下卷
8	神祇	73 件		下卷
9	高野山志	31 件		下卷
10	缘起·劝进状	9 件		下卷
11	汉籍	17 件	3 件	下卷
12	艺文	19 件		下卷
13	和歌类	17 件		下卷
14	连歌	63 件		下卷
第2版本部				
1	高野版	86 件		下卷
2	根来版	2 件		下卷
3	东寺版	1 件		下卷
4	春日版	5 件		下卷
5	东大寺版	1 件		下卷
6	西大寺版	8 件		下卷
7	净土教版	1 件		下卷
8	其他	16 件		下卷
9	宋版	1 件		下卷

《正智院圣教目录》的书名项目整理如下。

①书名　②装订（粘叶装、升型本、卷子装等）　③首尾题　④本文　⑤书写版本批注、校合版本批注等　⑥时代　⑦记注

这次的发表以《正智院圣教目录》为顺序，依次标记写经、教相、事相、诸宗、汉籍。标出开始的一例，以下由于篇幅关系，只标题名。

写经（6件）

1. 《大毘卢遮那成佛经疏》卷第六

卷子装，白地后補表纸，外题"《大日经疏》卷第六"（室町时代笔），本文料纸楮纸，淡墨界。首题"《大毘卢遮那成佛经疏》卷第六 沙门一行阿阇梨记"，尾题"《大毘卢遮那成佛经疏》卷第六"。本文 一纸二九行，行二六字前后，文中墨校异·上栏外校异·注记、朱校异、假名。ヲコト点·声点·注记书入（本文同时代）。书写批注"长承三年六月一日午尅书写毕、密教末叶资隆宗"。校合批注"（朱）一校了"。时代平安时代后期（长承三年，1134）。纵27.5，一纸幅57.8，纸数23纸。

2. 某经释音断简　一通

古写经拾遗"隅寺心经他十六种之内之十二番目"

3. 《仁王护国般若经》卷下

4. 梵唐对译广本《般若心经》　一卷

5. 《金刚顶瑜伽经》卷第一（首缺）

6. 绀纸金字经断简（七纸）

教相（21件）

1. 《法华经开题》（●河女人）　一帖

粘叶装（升型本），共纸表纸，蓝地唐纸题签，外题"《法华经开题》"。本文料纸：宿纸。押界：八行。首尾题：无。本文：半叶，八行，行十一。首正五位上三岛真人助成女子追善供养发愿文，愿文末"已上或本"。重释"今释此苏多览，且有两趣"。书写批注"安元二年（1176）二月十六日书了 于东禅院砌了（花押）"。时代：平安时代后期。纵18.0，横16.2，纸数24纸。

2. 《法华经开题》（●河女人）　一帖

3. 《法花开题》（无量义经略尺）　一帖

4. 《无量义经略释》　一帖

5. 《法花蜜号》　一帖

6. 《成就妙法莲华经仪轨》　一帖

7. 《息灾护摩次第》　一帖

8. 《金刚顶瑜伽千手千眼观自在菩萨念诵法》　一帖

9. 《金刚界降三世五重结护》　一帖

10. 《最胜王经伽陀等》　一帖

11. 《底哩三昧耶不动使者念诵品》　一帖

12. 《金刚顶瑜伽经十八会指归》　一帖

13. 《金刚顶瑜伽千手千眼观自在菩萨修行仪轨经》　一帖

14. 《不动明王安镇家国法》　一帖

15. 《秘藏记》（久安加点本）

16. 《般若理趣经注释》　二帖

17. 《仁王经疏》上中　二帖

18. 《胎藏界略次第》　一帖

19. 《念诵次第》　一帖

20. 《真言付法传》　一帖

21. 《高雄口决》　一帖

事相（13 件）

1. 《久安三年十月宽信修尊胜法次第》　一包七通

久安三年（1147）十月十五日　于白河泉殿　宽信法务被修如法尊
胜法　御卷数此定云云

2. 《光明真言法》　一包十通

3. 《息灾护摩次第》　一卷

4. 《秘密法藏抄》第七

5. 《金刚顶经莲华部心念诵次第》上下　二卷

6. 《金刚顶经莲华部心念诵次第》下　一帖

7. 《法花次第作法》　一帖

8. 《宝楼阁法》　一帖

9. 《金刚顶大教王经疏》　卷第四、五、六、七　四帖

10. 《无量寿佛念诵抄》　一帖

11. 《北斗别行次第》　一帖

12. 《真言集》一、二、四　三帖

13. 《阿字要略观》　一帖

诸宗（俱舍论）（13 件）

1.《俱舍论记》　卷第二、五、十二、十四　四帖

各帖粘叶装（纵长本），共纸原表纸。外题无，本文料纸斐（楮交漉），纸本文：半叶，八行，行二十字，草行体，朱句点，墨假名：清书本。书写批注"保延四年（1138）十一月二十日已尅许书了　执笔●秀同年同月二三日未尅许移点""交了"。

2.《阿毗达磨俱舍论》　卷第二二、二七　二帖

3.《俱舍颂疏》卷第三　一帖

4.《俱舍颂疏》卷第九　一帖

5.《俱舍颂疏论》卷第十一　一帖

6.《俱舍颂疏论本》卷第八　一帖

7.《俱舍颂疏》卷第八　一帖

8.《俱舍颂疏》卷第十　一帖

9.《俱舍论颂疏》卷第三末　一帖

10.《俱舍颂疏论本》卷第二一、二五、二九　三帖

11.《俱舍论颂疏》卷第九　一帖

12.《俱舍颂疏正文》　一帖

13.《苏悉地羯罗经略疏》　七帖

汉籍（3 件）

1.《新撰类林抄》断简（赵定泰"仲春幽居诗一首"）　一幅

掛幅装，料纸：薄茶地麻纸，淡墨界，本文五行，草书。纵 28.0，横 11.9，界高 22.4 界幅 2.5。时代：平安时代前期。

2.《三教略注》卷上（尾缺）　一帖

3.《文馆词林》残本　十二卷

（三）光明院的墨迹（高野山大学图书馆收藏）

高野山内寺院寄存在高野山大学图书馆的书没有详细目录，所以下面要制作明细目录。

山内寺院光明院的墨迹以"光明院寄托书"的形式收藏在高野山大学图书馆。这是初次完成的山内寺院墨迹的收集工作。题为《光明院文库典籍文书》。编辑在《高野山大学论丛》第四十卷（2005）、第四十一卷、第四十三卷、第四十四卷、第四十八卷（2013）。

光明院文库的典籍文书共收藏 15 箱，至今已整理完成的平安时代的典籍东西，按箱子顺序依次整理如下，因篇幅关系只标记题目和年代。

第一箱

1.《大毘卢遮那成佛神变加持经》　七卷

卷第一、卷第二、卷第三、卷第四、卷第五、卷第六、卷第七（各卷共、奈良时代写、训点平安时代初期）

2.《金刚顶大教王经》　三卷

卷上、卷中、卷下，各卷共，平安中期写，训点：长元六年（1033）。卷下，长元六年（1033）七月二三日于大师僧都御房奉受了，比丘济延。

3.《苏悉地羯罗经》　三卷

卷中"批注：天仁元年（1108）九月二一日于华藏院律师传受沙门　圣惠"。卷下"批注：承保五年（1009）四月十八日读了，南御室御传法"。

4.《青龙寺仪轨》　三卷

卷上"批注：宽治三年（1089）十一月十三日禅师房俊严等 传授之了"。卷中"批注：宽治三年（1089）二月二三日二人令传授了 严觉"。卷下"批注：宽治四年（1090）三月十日禅师君并●●传受了。应德三年六月五日真快传受了，康和四年四月晦日于鸟羽坛所权大夫禅师君令传受了 严觉"。

5.《佛说灌顶召五方龙王摄疫毒神咒经》　一卷

卷子本　平安末期（院政期）写

第二箱　无

第三箱

6.《梵网经》　一卷

卷子本　平安后期写　训点平安后期

第四箱

7.《造塔延命功德经》　一帖

平安末期写

8.《大圣观自在菩萨心真言瑜伽观行仪轨》　一帖

上卷批注：久安三年（1147）正月二五日于福光寺僧房一校了，金刚佛子莲念。奉安置善光院之常住，长享三年二月吉日，宪盛之。下卷批

注：久安三年正月二六日于福光寺一校了，金刚佛子莲念，奉安置善光院之常住，长享三年二月吉日，宪盛之。

9.《大威德仪轨》　一帖

平安末期写

10.《甘露军荼利菩萨供养念诵成就仪轨》　一帖

平安末期写

11.《多闻天别行仪轨》　一帖

（批注）元永元年（1118）八月十二日午时于弥勒寺书了

12.《北斗七星护摩秘要仪轨》　一帖

（批注）宽治元年（1087）七月二五日于多武岑书了　宽治元年写

13.《东寺一切经目录》　上中　二卷

（批注）久安元年（1145）以禅林寺本写了　宽信记　久安元年写

14.《神护寺五大堂一切经目录》　一卷

（批注）久安元年（1145）十月以禅林寺本写之本云　宽信记

15.《东寺作子新写目录》　一卷

（批注）久安元年（1145）——十月以禅林寺写之　宽信记

16.《五大院撰集录》　一卷

（批注）久安元年（1145）十月以石山本写之本云安然等抄集　宽信记

第五箱

17.《印信》（《法务御房集》）　一卷

（批注）写本云　天治二年（1125）五月上旬于京坛所以正本写了

18.《灌顶志度等》　三轴·一纸

（4）永万二年（1166）神泉苑祈雨御读经记

19.《爱染护摩次第》　一卷

（批注）写本云　文治三年（1187）中夏　日为后叶门人草之讹谬者刊之

20.《求闻持法》　一卷

（批注）大师御传　文治二年（1186）仲夏之比撰集之　觉禅

第六箱　无

第七箱　无

第八箱　《劝流诸尊法传授目录》（目录共十七结）。

现在只整理到十七结目录中的十结，编在《高野山大学论丛》里。
（　）内番号按原来的使用，内容只限平安时代。

第一结　二十四包

21.（1）星供

（批注）建久三年（1192）二月一日书了

22.（2）水天

（批注）保元三年（1158）六月八日

23.（8）阎魔天

（批注）保元三年（1158）七月六日

24.（11）施饿鬼

（批注）久安四年（1158）●月八日

25.（13）伎艺天法

（批注）应保二年（1162）二月三十日

26.（17）妙见法

（批注）仁平年（1151）十一月二九日

27.（18）那罗延天法

（批注）平治元年（1159）十一月八日

28.（19）辩财天法

（批注）保元三年（1158）八月十二日

29.（23）四天王法

（批注）保延二年（1136）三月十一日

第二结　三十九包

30.（2）四天王法

（批注）保延二年（1136）三月十日书置之

31.（7）星供

（批注）建久三年（1192）二月一日奉传之　荣然

32.（9）辩财天

（批注）保元三年（1158）八月十二日奉传之　兴然

33.（10）辩财天法

（批注）保元三年（1158）八月十二日

34.（11）那罗延天法

（批注）平治元年（1159）十一月八日

35.（15）金翅鸟王法

（批注）保元二年（1157）八月二四日

36.（16）诃梨帝母法

（批注）平治元年（1159）十一月日

37.（17）十五童子供

（批注）久安元年（1145）十月十七日

38.（20）伎艺天法

（批注）应保二年（1162）二月三十日

39.（26）琰魔王次第

（批注）承安元年（1171）十二月二十日

40.（36）北斗拜位法

（内题）北斗拜位法　永历元年（1160）九月十四日

41.（38）●罗佉天法

（批注）平治元年（1159）十月二六日

第三结　七包　无

第四结　十七包

42.（1）灭恶趣尊法

（批注）保元四年（1159）正月醍醐座主

43.（2）般若菩萨法

（批注）应保二年（1162）五月二二日

44.（14）马鸣法

（批注）平治元年（1159）七月二六日

45.（15）圆满金刚法

（批注）保元三年（1158）十一月三日

46.（17）拳菩萨法

（批注）保元三年（1158）十月十八日记毕

第五结　二十五包

47.（1）般若菩萨法

（批注）应保二年（1162）五月二二日

48.（4）延命法

（批注）保元三年（1158）五月九日

49.（5）五字文殊法

（批注）保元三年（1158）五月二一日

50.（10）地藏法

（批注）治承四年（1180）十二月二日

51.（12）灭恶趣尊法

（批注）保元四年（1159）正月醍醐座主

52.（13）弥勒法

（批注）保元三年（1158）六月六日

53.（20）拳菩萨法

（批注）保元三年（1158）十一月十八日记

54.（23）圆满金刚法

（批注）保元三年（1158）十一月三日

55.（24）马鸣法

（批注）平治元年（1159）七月二六日

第六结　十五包

56.（9）释迦法

（批注）保元三年（1158）十月二三日

57.（10）佛眼法

（批注）仁平三年（1153）八月二十日

58.（11）佛眼法

（批注）仁平三年（1153）八月二十日

59.（12）佛眼法

（批注）仁平四年（1154）十月二日奉受之

第七结　十八包

60.（1）圣观音法

（批注）仁平二年（1152）九月二八日

61.（2）圣观音护摩

（批注）仁平二年（1152）九月二八日

62.（5）马头观音法

（批注）仁平四年（1154）十月三日

63.（8）准胝法

（批注）长宽元年（1163）十二月二七日

64.（10）如意轮法

（批注）建久二年（1191）十二月十九日

65.（11）不空羂索法

（批注）保元三年（1158）十一月二日

66.（12）白衣法

（批注）保元元年（1156）五月十三日

67.（14）多罗菩萨法

（批注）平治元年（1159）七月二六日

第八结　十八包

68.（2）阿么●法

（批注）保元三年（1158）十一月二日

69.（6）白衣法

（批注）保元元年（1156）五月十三日

70.（7）不空羂索法

（批注）保元三年（1158）十一月二日

71.（8）如意轮法

（批注）建久二年（1191）十二月十九日

72.（9）准胝法

（批注）长宽元年（1163）十二月二七日

73.（14）圣观音法

（批注）仁平二年（1152）九月二八日

第九结　九包

74.（7）大金刚轮法

（批注）保元二年（1157）八月十六日

第十结　十八包

75.（4）降三世五重结护

（批注）建久三年（1192）十一月二六日

76.（7）金刚药叉法

（批注）建久三年（1192）十二月二五日

77.（12）大金刚轮法

（批注）保元二年（1157）八月十六日

（四）光明院之书迹（平安遗文记载）

1.《苏悉地羯罗经》　三卷之内

卷下，批注：宽弘五年（1008）四月十八日读了　南御室御传法。（白墨）承保元年十一月二八日于高野山中院明算山笼奉受了　宽智。天仁元年十二月十五日于华藏院律师传受了　沙门圣惠。"右全部三卷 非并人之笔势 宜为秘藏焉 加修复收函底了 是偏为密教 弘通 且又为当流绍隆耳 延享二乙丑岁正月二八日少野末资贤贺 春秋六十有二"。

2.《苏悉地羯罗经》　三卷之内

3.《金刚顶瑜伽经》　三卷之内

下面出示的各寺院的墨迹还没有整理。今后要重新制作目录。只是对于平安遗文中记载的内容如何整理、如何理解尚待商榷，下面就已明确的部分出示如下。

（五）三宝院之书迹（平安遗文记载）

1.《弥勒仪轨》　一帖

（见返）永承三年（1048）四月三日布施暹警文虔●八之读之　●●●●有●谬 改受

批注：吉祥子敬白

2.《梵字不动尊仪轨》　一帖

批注："一校了"。天永二年（1111）六月十七日写了，请来之内。本云：依梵汉共御笔写之，可证本也。但端一真言无之，仍以他本加书也。

3.《悉昙字母释》　一帖

（批注）元永二年（1119）七月九日移点之毕　传领贤玄之

4.《不动羂索神咒心经》　一卷

（批注）保安●年六月二七日移点

5.《金刚顶瑜伽护摩仪轨》　一卷

批注：天治二年（1125）乙巳六月二五日酉时于持教房奉受了，教禅记之二七，七月二日于同所立点了，未时云云。保安二年壬五月二日园城寺烧失之刻，从彼寺取来僧庆应手传得之，教禅记之。

6.《苏悉地经》卷上　一帖

批注：长承二年（1133）癸丑九月二十日未时许，筑后国川野石垣寺东南融圆房书了，一校了。

7.《叶衣观自在菩萨经》　一帖

（批注）移点了　一校了　保延五年（1139）八月二十日书了　禅镜本　移点

8.《不思议疏》　二帖

上卷批注：久安三年（1147）正月二五日于福光寺僧房一校了，金刚佛子莲念。奉安置善光院之常住，长享三年二月吉日，宪盛之。下卷批注：久安三年正月二六日于福光寺一校了，金刚佛子莲念，奉安置善光院之常住，长享三年二月吉日，宪盛之。

9.《甘露军吨利菩萨念诵仪轨》　一帖

批注：久安三年五月二一日于劝修寺西山书了，愿以书写功，廻向不退转，乃至一见者同证普贤〇比交了。承安五年七月十八日传授之了，定秀，同年六月十六日于灯下移点了。久安五年九月比于金刚峰寺传得之。同月助阿阇梨御房奉传授了，仁和寺末流觉椹。

10.《供养护世八天法》　一帖

（批注）久安三年九月二十日校点共

11.《不空羂索神变真言经》　一卷

（卷三十　批注）承安元年八月十七日酉尅如形一见了　高祖大师第十二代末学法印大和尚金刚元性

12.《胎藏界念诵次第》　一帖

（批注）承安元年九月二六日于金刚峰寺谷上以大乘房圣人本书校之以他本校之

（六）三宝院之书迹（灵宝馆收藏）

1.《文镜秘府论》　六帖　纸本墨书　重文

2.《开元释经录》卷第七　一卷　纸本墨书　未指定

3.《大宝积经·无量寿如来会》第五之一　一卷　纸本墨书

（七）龙光院之书迹（平安遗文记载）

1.大毘卢遮那供养次第法疏卷二　一帖

重要文物，批注：康平二年（1059）己亥四月十七日于曼荼罗寺受学已毕，同学众三人，末代求法僧明算本。

2. 大字《法华经》　八卷之内

3.《临终细要文》　一帖

（八）龙光院之书迹（灵宝馆收藏）

1.《细字金光明最胜王经》　二卷

纸本墨书　国宝

2.《大毘卢遮那经》卷第一（白朱两点本）、《大毘卢遮那经供养次第法疏》卷第二

八帖

纸本墨书　重文

3.《大毘卢遮那经》卷第一　一卷

纸本墨书　重文

4.《注仁王般若经》卷第一　一卷

纸本墨书　重文

（九）西南院之书迹（平安遗文记载）

1.《如意轮仪轨》　一帖

（批注）康平七年（1064）六月十二日书写了

2.《圣焰漫德迦威怒王立成大神警念诵法》　一帖

3.《灌顶见闻集》　一帖

4.《十八契仪轨》　一帖

5.《药师一印法私记》　一帖

6.《尊胜念诵仪轨》　一帖

7.《甘露军荼利菩萨供养念诵成就仪轨》　一帖

8.《阿弥陀法运心次第》　一帖

9.《文殊师利仪轨供养法》　一帖

10.《佛顶尊胜陀罗尼念诵仪轨》　一帖

11.《法华经陀罗尼》　一帖

12.《佛说七俱胝佛母准泥大明院陀罗尼念诵法门》　一帖

13.《尊胜仪轨卷下》　一卷

14.《无量寿略念诵作法》　一帖

15. 《受法作法》　一帖

16. 《胎藏王起》　一帖

17. 《襄麋梨成就法》　一帖

18. 《金刚药叉仪轨》　一帖

19. 《小野抄》　六帖之内

20. 《莲惠自笔仪轨》　二七帖之内

21. 《金刚顶经瑜伽文殊师利菩萨供养仪轨》　一帖

22. 《阿弥陀念诵略私记》　一帖

23. 《十八道仪轨》　一帖

24. 《道场观集》　二卷之内

25. 《金刚夜叉瞋怒王息灾大威德神验念诵仪轨》　一帖

26. 《般若菩萨仪轨》　一帖

27. 《菩提心义》　一帖

28. 《观自在菩萨普贤陀罗尼经》　一帖

29. 《金刚顶瑜伽经指归》　一帖

30. 《大毘卢遮那略示七支念诵仪轨》　一帖

31. 《金刚顶经一字顶轮王瑜伽念诵仪轨》　一帖

32. 《息灾护摩次第》　一帖

33. 《弥陀法次第》　一帖

34. 《马头受法坛》　一帖

35. 《金刚界心要》　一帖

36. 《不动功能》　一帖

37. 《金刚顶莲花部心念诵法》　一帖

38. 《准胝念诵次第》　一帖

39. 《阿弥陀念诵略私记》　一帖

40. 《无量寿经开题》　一帖

41. 《苏悉地经》　四帖

42. 《法华略次第》　一帖

43. 《文殊菩萨仪轨》　一帖

44. 《金刚顶瑜伽金刚王菩萨念诵仪轨》　一帖

45. 《誐罗婆俱舍念诵略次第》　一帖

46. 《八印不同》　一帖

47.《杂私记大师记》　一帖

48.《诃利帝母》　一帖

49.《佛说襄虞梨童女念诵仪轨》　一帖

50.《即身义》　一帖

51.《安祥寺请来录》　一帖

52.《道场观　酉酉三密房记》　一帖

53.《齐抄　仁和寺信乃阿阇梨记》　一帖

54.《三昧耶戒私记》　一帖

55.《大日经略解真言要义》　一帖

56.《略释毘卢遮那经中仪》　一帖

57.《观自在菩萨如意轮瑜伽》　一帖

58.《妙香印法》　一帖

59.《金刚顶瑜伽护摩仪轨》　一帖

60.《五大尊略要抄》　一帖

（十）金刚三昧院之书迹（平安遗文记载）

1.《金刚界次第生起》　一卷

（批注）宽平三年（1089）二月二八日比丘最圆

2.《苏悉地经略疏》　卷二　一帖

3.《唯识义章》　一卷

（十一）亲王院之书迹（平安遗文记载）

1.《大毘卢遮那成佛神变加持经》　一卷

批注：长元六年（1033）十月二三日大和国于多武峰妙乐寺随延殷阿阇梨奉读此经，求法沙门尧圆。同八年于伊势国长尾山，随本觉房睿超阿阇梨重奉读，十一月十日读。江氏点本传读毕，入室弟子僧法安，天喜六年三月四日读。

2.《大毘卢遮那成佛神变加持经》　五卷

3.《苏悉地羯罗经》　二卷

4.《金刚顶一切如来真实摄大乘现证大教王经》　三卷

（十二）光明院之书迹（平安遗文记载）

1.《苏悉地羯罗经》 三卷之内

卷下批注：宽弘五年（1008）四月十八日读了，南御室御传法。（白墨）承保元年十一月二八日于高野山中院明算山笼奉受了，宽智。天仁元年十二月十五日于华藏院律师传受 沙门圣惠。"右全部三卷，非并人之笔势，宜为秘藏焉。加修复收函底。是偏为密教，弘通，且又为当流绍隆耳延享二乙丑岁正月二八日少野末资贤贺，春秋六十有二"。

2.《苏悉地羯罗经》 三卷之内

3.《金刚顶瑜伽经》 三卷之内

（十三）持明院之书迹（平安遗文记载）

1.《阎曼德迦威怒王立成大神验念诵法》 一帖

批注：治历四年（1068）十一月六日申时随御房点本，奉点了。同二一日●日奉读始，八日辰时奉读了，●治殿从僧正御房奉读也，俊观之本也。

2.《金刚寿命陀罗尼念诵法》 一帖

3.《虚空藏菩萨能满诸愿最胜心陀罗尼求闻持法》 三帖

4.《新译仁王般若经陀罗尼念诵仪轨》 一卷

5.《圣阎曼德迦威怒王立成大神验念诵法》 一卷

（十四）成福院之书迹（平安遗文记载）

《大慈恩寺三藏法师传》 十卷

卷三批注：天永元年（1110）九月三日辰时书写毕，同日酉时移点了。建久九年（1198）戊午五月二六日于东乡草庵之内点了，兴缘敬白。
卷四批注：天永元年九月六日酉时书写了，同日夜丑时移点了。建久九年戊午六月晦日移点了，兴缘生年二九。卷七批注：天永元年九月十一日午时许书写毕，同日夜丑时移点了。卷九批注：天永元年九月十六日午时书写毕，同十七日辰时移点了。卷十批注：天永元年九月十八日辰时书写毕，同日酉时移点了。"建久九年戊午九月二日于若江北条以证本点了，兴缘敬白"。

（十五）法明院之书迹（平安遗文记载）

《观无量寿经记》　一卷

批注：唐大中十二年三月二三日于台州开元寺杨老宿院抄过生僧闲静。二五日勘过，日本比丘圆珍敬同先辈高愿永永兴大师妙教，二八日点过记之，四月一日已前更看过，珍记之。承保四年（1077）三月十七日午时以大教房本书之了，僧昌暹，同十八日移点了，同二二日一交了。

（十六）金刚峰寺之书迹（灵宝馆收藏）

1.《聋瞽指归》　二卷

纸本墨书　国宝　纸高 28.3　横 102.0　平安前期

2.《金银字一切经》（中尊寺经）　四三一二卷

绀纸金银字　国宝

3.《法华经》卷第六（色纸）　一卷

纸本墨书　国宝

4.《宝简集》　五四卷·《续宝简集》　七七卷六册·《又续宝简集》　一六七卷九册

纸本墨书　国宝

5.《绀纸金字一切经》（荒川经）　三五七五卷

绀纸金字　重文

6.《即身成佛品》　一卷

纸本墨书　重文

7.《法华一品经》　二八卷

绀纸金字　重文

8.《细字法华经》　八卷

纸本墨书　未指定

9.《细字法华经》　一卷

绀纸金泥　未指定

10.《法华经》（细字）　一卷

绀纸金泥　未指定

11.《法华经》（细字）《妙法莲华经》　一卷

纸本墨书　未指定

12.《妙法莲华经》　《阿弥陀经》　二一卷

纸本墨书　未指定

13.《华严经入法界品》　一卷

纸本墨书　未指定

14.《阿弥陀经》　一卷

绀纸金泥　未指定

15.《金银字一切经》（中尊寺经）　九卷

绀纸金银字　未指定

16.《绀纸金字一切经别件分》（荒川经）　五五卷

绀纸金字　未指定

17.《玄豪一笔大般若经》　六百帖

纸本墨书　未指定

18.《大般若经》（极细字）　一卷

未指定

19.《奉纳经》　十三

绀纸金字　未指定

20.《秀衡经寄进状》　一轴

纸本墨书　未指定

21.《菩提心论》　一卷

纸本墨书　未指定

22.《来迎堂四十八愿寄进状》　一卷

纸本墨书　未指定

（十七）宝龟院之书迹（灵宝馆收藏）

《崔子玉座右铭》断简　一卷

纸本墨书　重文　纵 28.5　横 71.0 平安前期

（十八）释迦文院之书迹（灵宝馆收藏）

《大和增田池碑铭并序》　一卷

五彩绢　重文

（十九）大乘坊之书迹（灵宝馆收藏）

大乘坊圣教古文书（安祥寺流圣教）   十箱

纸本墨书   未指定

（二十）樱池院之书迹（灵宝馆收藏）

《金刚顶瑜伽三十七尊礼》   一卷

绀纸金字   未指定

（静慈圆，高野山灵宝馆馆长、高野山大学名誉教授）

密教图像集在日本的成立

——以入唐求法僧请回的唐本图像的影响为中心

[日] 今井净圆

一 唐本图像资料的重要性

根据弘法大师空海（774—835）的《御请来目录》："加以密藏深玄。翰墨难载。更假图画开示不悟。种种威仪种种印契。出自大悲一睹成佛。经疏秘略载之图像。密藏之要实系乎兹。传法受法弃此而谁矣。海会根源斯乃当之也。"① 密教的深玄奥意在这里不记述，此处记述密教在传法时图像是不可或缺的。另外，也有"真言秘藏经疏隐密。不假图画不能相传。则唤供奉丹青李真等十余人。图绘胎藏金刚界等大曼荼罗等一十铺"② 的记述。

《御请来目录》中反复强调，真言密教的经疏必须隐秘，因此，如果不借助图像的力量是不能相传的。

根据这本《御请来目录》得知，空海请来了以彩色的两部曼荼罗为首的很多密教资料，其中包含"白缬大曼荼罗尊四百四十七尊"和"白缬金刚界三昧耶曼荼罗尊一百二十尊"。③ 从记载可以明显看出，这些属

---

① （唐）日空海撰《御请来目录》，《大正藏》第55卷，第1064页中下。
② 同上书，第1065页中下。
③ 同上书，第1064页中下。

于无色白描画，也就是说带回的是白描画像。遗憾的是，这些白绁①，已经遗失，对于那些图像我们已经无法窥探一二。

嵯峨天皇敕赐东寺给空海做秘密道场，禁止他宗僧人止住。② 与南都佛教的诸大寺院各宗派的僧侣杂住完全相反。由于空海禁止与他宗僧人杂住，而使东寺作为秘密道场得以保存下来。

这样秘密的教授特性，与天台密教（以下简称台密）的传承方式一样。承和七年（804）、在慈觉大师圆仁（794—860）在唐期间托人带回日本《法门曼荼罗并外书等目录》（《慈觉大师在唐送进录》）的末尾，作为特殊物品：

> 别物
> 封皮箱一合
> 件箱。请益法师圆仁书尔。般若理趣释经一卷。梵字金刚经。梵本般若心经。梵字金刚经论颂。梵语杂名。十七坛样。护摩坛样。胎藏手印样。五秘密仪轨等。持盛一箱。全封不可开出。有一思故。不是惜法门者。③

有这样的记载，圆仁将收集到的法宝收集到一个皮箱中特意封印，要求他本人不回国不允许打开。这其中包含了佛教中的十七坛样、护摩坛样、胎藏手印样这样的图样资料。

关于圆仁的记述还有：

> 右得请益传灯法师位圆仁书尔。且所求得新译撰集法门。并两

① 单纯用墨描线的图画。从中国古代开始，到元代以后被称为白描。在平安时代前期的入唐八家的请来录等中记载的"样"、"图样"、"白绁"、"白描"、"白画"等都相当于白描。到平安时代末期，以永严撰写的《图像抄》（《十卷抄》）为首，由于图像集编撰的盛行，才固定称为"图像"。

② 《拾遗杂集》（《定本弘法大师全集》第八集，第二四三页）："太政官符应ニ下ベキ以二真言宗五十僧内ヲ一充中东寺三纲上表。（中略）自レ今以后。真言僧五十人令レ住二东寺一。若僧有レ阙者。以下受二学一尊法一有二次第功业一僧上补レ之。道是密教。莫レ令二他宗僧杂住一者。伏望。三纲之外。镇知事等。一切省除。其三纲者撰二五十僧内一充用者と·ある。"

③ ［日］圆仁撰《慈觉大师在唐送进录》，《大正藏》第 55 卷，第 1078 页中上。

部曼荼罗等。送延历寺。凡真言仪轨等。唐国和上等。尤有深诚之。不可妄散。但其目录先附第二舶。粟田　录事者。仍且记录如件。①

"唐国和上等。尤有深诚之。不可妄散"是对延历寺僧人们的警告。

也有类似的入唐请益求法的僧人们，把收集来的法物封印在箱子里，但没有写成佛教请来目录的情况。直至 9 世纪初期，日本大量地请来密教经轨和图像资料，形成了严格的管理，由师徒秘密相承。

二　平安前期请来的唐本图像

如果这样秘密相承的话，密教图像应该会遗失，但不久日本佛教打破了各个流派的界限，按佛图像的不同，收集成密教图像资料集。形成这一状况的重要原因，是由于东密和台密在佛教质和量上的不均衡。

传教大师最澄（767—822），最早把密教请入日本。在最澄的《越州录》中，包含了"三十七尊样一卷"、"三十七尊供养具样一卷"、"坛样并供养具样一卷"、"金轮佛顶像样一卷"、"七俱胝佛母像样一卷"、"火头金刚像样一卷"等资料的记载，我们由此推测当初最澄有请来密教图像资料的可能性。但是，最澄当时在明州、台州、越州学习，没有到达唐长安城学习就回国了。不久，空海请回了以两部大经为中心的中期密教，最澄马上以空海弟子的身份，至高雄山寺从空海受秘密灌顶，并乞密典钻研。

天台宗的密教，即台密，在平安佛教的出发点上，就已经明显落后于真言密教。

然而，一进入继最澄和空海之后的入唐求法僧时代，两派密教各自请来的图像资料在质和量两个方面，东密和台密的立场完全逆转。

东密空海入唐以后，入唐求法僧有四师小栗栖律师常晓（？—886）［承和五—六年（838—839）入唐］、圆行（799—852）［承和

---

① ［日］圆仁撰《慈觉大师在唐送进录》，《大正藏》第 55 卷，第 1078 页中上。

五一六年（838—839）入唐］、安祥寺僧都惠运（798—869）［承和九一十四年（842—847）入唐］、禅林寺僧正宗睿（809—884）［贞观四一七年（862—865）入唐］。其中，常晓、圆行、惠运三人，请来了划时代的经疏类。另一方面，台密有圆仁①［承和五一一四年（838—847）入唐］、圆珍（814—891）［仁寿三一天安二年（853—858）入唐］两师入唐。他们请回的佛教，在质和量上远远凌驾于前人之上，由于他两人在唐时间较长，加上求法的热情和优秀的资质，他们请来了大量的经疏、优质的唐本图像。空海创立的东密的优越性被逆转。

特别是圆珍②，从大中八年（854）到翌年，约半年时间在越州开元寺，和从僧丰智一起抄写"胎藏旧图样"。这个"胎藏旧图样"是《大日经》中所说的原始胎藏曼荼罗，按照不空译的《初会金刚顶经》的图像思想导入的，是现存的惠果、空海的曼荼罗造像的先驱。据传说，同样在大中九年（855），圆珍在长安也抄写了古本胎藏曼荼罗"胎藏图像"。

另外，同年七月十五日，圆珍与自己的竞争对手圆载一起，在长安青龙寺从法全和尚受五部灌顶。九月三日，与住在青龙寺净土院的日本僧圆觉一起，受胎藏诸印。十月，在青龙寺道场受金刚界灌顶，并被授予"两部大教阿阇梨位灌顶法"这一密教奥义。同时获赠法全法师所持本

---

① 圆仁入唐近十年时间，于承和十四年（847）回国。将入唐求法的成果记载到《入唐新求圣教目录》中，上报朝廷，其中的确包含很多图像。也就是说，入唐八家的请来目录中所记载的"苗"就是白描，"样"就是图像，而且都是用"一纸"来称呼一页纸，以卷式书籍居多。然而，圆仁请来品的原件，在元龟二年（1571）织田信长火攻睿山等战火中遗失了，今天其转抄本的存在也非常稀有。

② 智证大师圆珍生于赞岐金仓，是空海外甥。十五岁时在比睿山出家，承和十三年（846）成为真言学头，仁寿三年入唐，游历福州、台州、越州，大中九年（855）入长安。大中十二年（858，天安二年）回国，贞观十年（868）就任天台座主。继而，受赐园城寺作为传法道场。圆珍圆寂后，天台宗由圆仁系和圆珍系分裂为山门派和寺门派，众所周知，伴随着内部的不断纠纷园城寺寺门派的总本山也走向了繁荣。《胎藏旧图像》是智证大师圆珍请来的，与《胎藏图像》一起在现图曼陀罗中是标志性密教图像，在理解现图曼陀罗方面是重要的范例。《胎藏图像》、《胎藏旧图样》一起由圆珍请来收纳在三井园城寺经，从平安时代末期到镰仓时代初期被多次临摹。由圆珍抄写的原本没有传下来。唯有第三临摹本的一个，目前在《胎藏图像》奈良国立博物馆，《胎藏旧图样》成为个人藏，都被指定为重要文化遗产。

《五部心观》。① 此《五部心观》乃是金刚界曼荼罗的资料，且附有大中九年（855）圆珍获赠的批注文。

以圆仁为祖的比睿山的山门派和以圆珍为祖的园城寺的寺门派斗争严重，又同时通过与宫廷贵族的密切往来，一起压倒东密，而在平安时期达到繁荣。在那之后，圆仁请来的密教资料和圆珍请来的密教资料各自收藏在比睿山延历寺的前唐院和园城寺的唐院。特别是那些密教图像，由于是从唐朝请来的图像，因此具有无与伦比的权威并且引以为豪。

圆珍的很多请来品被收藏在园城寺，从常喜院心觉（1117—1180）所撰《另一尊杂记》② 中以尊胜曼荼罗和爱染明王曼荼罗、金刚波罗蜜为首的五菩萨五忿怒像来看，圆珍请来的图像也成了后世美术品的模范。另外，同样是心觉撰写的《诸尊图像集》里的《一切念诵行事勾当智证大师流可寻事云云》等③，也收录了很多圆珍的密教图像资料。

到了9世纪末，由于遣唐使的废止，新的唐本图像被请来变得绝无可能。对于东密来说，这些图像便成了梦寐以求的珍品。

---

① 昭和十三年（1938），在复制园城寺秘藏的两本《五部心观》的影印版之际，田中一松解说《五部心观》的内容概要的同时，从美术史的立场判断寺传的智证大师手书本（完本），为请来本，即唐本，并论述过前缺本为藤原时代初期书写（田中一松"关于园城寺五部心观"，园城寺圆满院藏本影印版《五部心观》，园城寺五部心观出版社1939年版）。昭和二十九年，高田修对园城寺藏两本《五部心观》的梵语真言、尊名等进行了详细调查，将完本和前缺本进行比较，指出前缺本梵字的缺失和多处错误，在断定完本是以前的请来本基础上，介绍了梵文的内容（高田修："《五部心观》的研究——对其记载的梵文的考察"，《美术研究》1954年一七三号），目前已有有力的说明，证明完本是中国晚唐期制作的请来本，前缺本是日本平安时代后期（11世纪）的写本。相反，王云提倡前缺本是在中国稿本形成后，很早就（8世纪中期—后期）抄写的请来本，完本是圆珍回国的天安二年（858）到圆寂的宽平三年（891）间抄写。王云的考察，是通过两本图像描写的比较、写入文字资料的解读和用纸三个视点的观察得出的结论。

② ［日］心觉撰《另一尊杂记》，《大正藏》图像部，第三卷。

③ ［日］心觉撰《诸尊图像集》《大正藏》图像部，第三卷。"一切念诵行事勾当"的意思是由梵文而来。勾当读为「こうとう」，平安时代的主持朝廷各种仪式的官吏。平安中期以后，民部省、大藏省等内没有这一职称，大宰府管下的诸司、郡职员和摄关家政所中还有勾当一职存在，但都是中级职员，不是正式职员。但诸大寺中三纲（上座、寺主、都维那）以下置这一职位的例子很多，在醍醐寺、东大寺、高野山等寺院赋予其相对较高的位置。

三　唐本图像的转抄和收集

平安时代中期开始，东密中有野泽十二流，台密中也有十三流之称的很多法流各派成立，它们之间争夺法脉的正统性，并通过事相的研究来提高自身的权威性。作为证据，入唐八家请来的唐本图像资料的价值被进行重新评价。图像的抄写和收集气氛高涨，大师的亲笔本（空海）、前唐院本（圆仁）、后唐院本以及法轮院本（圆珍）、后入唐僧正本（宗睿）等，以请来者的名字和住房的名称命名的抄写本，在各个寺院的架藏不断地增加。

唐本图像的抄写和收集的先驱是以天台宗的幽仙为创建人而创立的仁和寺，不久转宗为真言宗。仁和寺的历史是由仁和二年（886）第五十八代光孝天皇因发愿建立"西山御愿寺"的唐宇而开始。但是第二年光孝天皇志半驾崩，第五十九代宇多天皇继承先帝遗志在仁和四年（888）建成。寺号依然从年号为仁和寺。创立之初是真言宗的寺庙还是天台宗寺院，并没有明确的规定。寺院创建不久，从天台宗转变为真言宗大概也跟当权者的意志有很大关系。这一特点，也是被称天皇和皇族们的御愿寺的寺院的通性。

在以藤原氏为首的有力贵族氏寺中也是同样的。特别是藤原道长（966—1027）的法成寺、藤原赖通（992—1074）的平等院极其兴盛，这样的寺院举行法要时，各宗的高僧都会赶着参加，为了这一法要，寺院的宝藏，台密、东密的僧徒都会集结。

在唐朝灭亡的宋代，也有很多僧人入宋求法，收集请来密教图像。东大寺的僧奝然（938—1016，在唐朝期是984—987）[①]　和天台宗寺门派的

[①]　奝然（天庆元年一月二十四日—长和五年三月十六日，938—1016），是平安时代中期东大寺的僧侣。俗姓秦氏，出生于京都，号法济大师。在东大寺的观理教三论，在近江国石山寺的元杲处学真言密教。少年时期就有入宋求法之志，永观元年（983）过海入宋。巡礼天台山后，经汴京巡礼五台山。太宗赐大师号和新印大藏经等后，踏上回日本的归途。在途中模刻了印度的优填王造立的释迦如来立像，并在其胎内藏纳了它的由来记，在宽和二年（986）回国。翌年将请来的释迦像在京都上品莲台寺安置。同年在法桥被任命，从永祚元年（989）开始担任三年东大寺别当。奝然请来释迦如来立像，奝然在入宋前立誓建立伽蓝，在爱宕山麓的地面建立清凉寺，其门徒在奝然死后完成了他的誓言，并将其安置在这里。

大云寺成寻［（1011—1081）、（1072—1081）在唐］①，其功绩和对后世的影响都很大。世上作为"唐本图像"流传的密教图像，是指入唐八家和入宋求法僧请来的从晚唐到北宋（960—1126）时代的遗物。这些请来品被作为密教图像的根本资料珍视，被密藏在东密、台密的密教僧人出入的大寺院内。例如，成寻收集了新译佛教的一部分，被收在平等院的宝藏中。

为了大治二年（1127）烧毁的后七日修法用的五大尊、十二天像的复兴，在原来小野的御经院中存有的大师亲笔抄写的五尊、十二天像找到后，也都被宇治平等院的宝藏收集。像这些，作为密教的至宝，都能在有力贵族的寺院被集结。在院政期，这种倾向加剧。在这一时代，平安京各地大规模地营建寺院的皇宫。鸟羽皇宫、白河皇宫、法住寺皇宫等，皇宫拥有附属的佛寺，在佛寺中有宝藏，因为有院权力的关照，这里集结了天下的珍宝。举世闻名的神护寺的高雄曼荼罗和灌顶历名、仁和寺《三十帖册子》、高野山的飞行三钴杵等贵重的宝物，都应有尽有。

因此，对于密教图像的研究者来说，无论得到何种法缘，如果能到院的皇宫拜访，阅览那些宝藏的话，那么作为其宗派秘密的密教图像便也可以抄录。

属于小野流的劝修寺的大法房实任（1097—1169）在白河天皇御愿的法胜寺抄写了由三井寺传来的金刚童子图像。《觉禅抄》的觉禅（1143—1213），拜访六条坊门富小路坛所和绫小路坛所时，抄写了由寺门派传来的诃梨帝母图像和那里的其他图像。这些坛所也拥有以院的皇宫为首的附属于贵族宅邸为修法而建的御堂设施。这样的附属于贵族宅邸的宝藏中的密教图像，特别是与园城寺有关的东西很多，东密的密教僧很热心地珍藏着这些宝藏。

---

① 成寻（宽弘八年—永保元年十月六日，1011—1081），平安时代中期天台宗僧侣。父是陆奥守藤原实方之子贞叙。母是和歌诗人，遗留有《成寻阿阇梨母集》即源俊贤的娘（成寻阿阇梨的母亲）。也称为善慧大师。成寻七岁出家。开始师从京都岩仓大云寺的文庆，其后，从悟圆、行圆、明尊处受台密法。长久二年（1041）就任大云寺别当职。成为延历寺总持院阿阇梨，变成藤原赖通的护持僧。延久四年（1072）渡海北宋，巡礼天台山和五台山等智者大师的圣迹、诸寺。得到神宗谒见，修法祈雨，赐号善慧大师。在宋留有圆仁与奝然的旅行记和惠心僧侣都源信的《往生要集》，而送回日本经典等六百卷有余。自身也想回国，但被神宗挽留，晚年留宋，死于汴京开宝寺。旅行记中有《参天台五台山记》八卷。

关于园城寺的唐院收藏了与圆珍有关的密教图像散失的原因，笔者认为有各种各样的因由。

首先，园城寺的觉猷（1053—1140），因为负责鸟羽皇宫的宝藏管理，受鸟羽皇宫的命令在收集各流的密教图像，大概园城寺唐院的密教图像就在这时被拿到鸟羽皇宫的宝藏吧。

第二，现在，在醍醐寺传下来很多与园城寺有关的密教图像，推测因为觉猷和醍醐法务定贤（1024—1100）是兄弟的关系，园城寺的一些资料由觉传给了定贤，或反之，由定贤传给觉猷。比如空海的亲笔"仁王经五方诸尊图像"等资料。

随着这样的事相研究的逐渐高涨，图像资料的收集增多，开始按照诸尊法进行分类，例如观音、文殊。不久作为图像事典，网罗所有的诸尊并进行了图像集的编撰。

在醍醐寺流传的《不动明王图像集》属于前者，保延六年（1140），受当时的当权者鸟羽上皇（1103—1156）的命令，仁和寺保寿院的平等房永严（1075—1151）选集的《图像抄》十卷①，是后者中比较早的例子。继《图像抄》之后，12世纪末的心觉撰《别尊杂记》②，和12世纪末13世纪初的金胎房觉禅撰《觉禅抄》③，13世纪中期开始到后期，由

---

①　《图像抄》，原撰者是醍醐寺的僧侣惠什。《图像抄》俗称《十卷抄》。《图像抄》作为尊像别图像集成形得最早，成为日本图像集的基础。它的内容为：卷一，五佛；卷二，佛顶等；卷三，经部；卷四，秘法等；卷五，菩萨部；卷六，观音上；卷七，观音下；卷八，忿怒；卷九，天等上；卷十，天等下。共十卷收录一百四十二幅图。受鸟羽院的命令制作而成，不仅全卷上着美丽的颜色，而且收录了东密、台密双方重要的罕见的图像。

②　《别尊杂记》全书由五十七卷组成，又称《五十卷抄》，是高野山的僧侣常喜院心觉（1117—1180）在承安年间（1171年4月21日—1175年7月28日）编撰的图像集。心觉最初在三井寺出家，之后改宗东密著述《别尊杂记》。心觉以成就院宽助（1057—1125）的《修行抄》、成莲房兼意（1072—1145）的《成莲抄》、胜定房惠什（?—1135）的《十卷抄》、胜俱胝院实运（1105—1160）的《玄秘抄》等，东密的诸阿阇梨的著作为基础，集图像集之大成。收录图像多达三〇九卷，其内容分为如来部六卷、佛顶部三卷、经法部七卷、观音部八卷、菩萨部七卷、忿怒部八卷、天等部十八卷。

③　《觉禅钞》又名《百卷钞》，是从平安时代末期到镰仓时代初期活动的真言僧侣劝修寺净土院少纳言阿阇梨觉禅［1143—1213（?）］，从密教的诸寺院和贵族氏寺的坛所收集了包含东密、台密的图像集。觉禅师从劝修寺慈尊院第二世理明房兴然（1121—1203）和醍醐寺座主觉洞院胜贤（1138—1196）。从安元二年（1176）到建历三年（1213）近四十年间，编集了《觉禅钞》。传下来很多抄本，发行的大日本佛教全集本中的一百五十四卷中收录了三百六十九幅图，大正大藏经图像部中有一百三十六卷收录了四百六十四图的图像。

小川僧正承澄和尊澄不断编撰出《阿娑缚抄》等。①

四　关于现存的唐本图像

平安时代初期（9世纪），是天台密宗和真言密宗成立的时期，入唐求法僧可能请来了大量的与密教相关的曼荼罗和图像，然而，其中很多是因战乱而丢失了。

笔者认为醍醐寺藏"四种护摩本尊及眷属图样"、醍醐寺藏"金刚经法本尊图像"、醍醐寺藏"十天构象"等是空海请来的，醍醐寺藏"胎藏界三昧耶曼荼罗图像"、醍醐寺藏"睿山本两界曼荼罗图像"等是圆仁请来的，醍醐寺藏"诃利帝母图像"，奈良国立博物馆藏"胎藏肖像"、"胎藏个人藏品旧图型"、园城寺藏《五部心观》等是圆珍请来的。

在日本现存的密教图像中，被确认为唐代的请来品（原本）的只有贞观七年（865）回国的宗睿请来的东寺本《苏悉地仪轨契印图》第一卷（东寺藏）和智证大师圆珍请来的园城寺本《五部心观》一卷。均是数张纸横着长向展开，多尊像并列而画，轴卷的卷式的白描画像。在唐代，卷轴式的图像很早就开始被制作。

其他的图像，都是在日本的抄写本。例如，空海请来的传承下来的"仁王经五方诸尊图像"（东寺藏、醍醐寺收藏）、"十天构象"（醍醐寺收藏），被认为是平安末期、镰仓初期的抄写本。另外，空海的高徒智泉（789—825）抄写的《四种护摩本尊和眷属图像》也被认为是空海请来的图像的临摹本。

以空海的《御请来目录》为依据，记载"五宝五钴金刚杵一口"、"五宝五钴铃一口"、"金刚盘子一口"是传来的，在东寺，现今仅存以图曼荼罗为首，空海从唐朝带回的抄录的密教图像。白描图像已经失传，但"金刚盘子"的上面线刻的三钴杵·轮宝，可以说是唐代的密教图像的白

---

① 台密的图像集中，睿山文库的南光坊天海藏本有为数228卷的图像，这些做成底本收录在《大正大藏经》图像部中的有图像105图。有《阿娑缚抄》之称，有"阿"佛部、"娑"莲花部、"缚"金刚部的各种子，密教的供养法有从这三部开始形成的意思。一直以来，都为撰者是承澄，但是，近年，承澄的近属有尊澄，被认为与这个图像集的形成有关。它成立的年代大致从仁治二年（1241）开始到正元、文永（1258—1275）年间完成。参考了台密法曼流的静然撰述的《行林抄》和东密的《十卷抄》等。

描图像。最后，对日本现存的两例唐代图像，东寺本《苏悉地仪轨契印图》和园城寺本《五部心观》进行详细的介绍。

1. 东寺藏《苏悉地仪轨契印图》一卷

禅林寺后入唐僧正宗睿（809—884）是空海的门徒真绍的外甥之类的人，开始是登比睿山学天台宗，从圆珍处受两部大法。后从东寺的实慧（786—847）和禅林寺真绍处学习东密。

由于宗睿学习台密和东密，因此在贞观四年（862）随真如法亲王入唐。巡礼五台山和天台山，随后赴长安青龙寺法全处受灌顶。在三年后的贞观七年（865）回国，请来了数量众多的经疏和法具，笔者推测这个东寺本的《苏悉地仪轨契印图》一卷也是在那时宗睿请来的。宗睿受到清河天皇（850—880）深厚的信任，随天皇巡历山城、大和、摄津的诸国，直到天皇在丹波国水尾山驾崩，经常近侍在天皇身边。

这个《苏悉地仪轨契印图》，在宗睿的《新书写请来法门等目录》（《大正藏》第55卷，第1111页上）中也有记载。《苏悉地经》是关于各种印契的图示。有大唐咸通五年（864）在上都（长安）记录的批注。另外，作为宗睿请来的图像（录外），在石山寺流传了《理趣经十八会曼荼罗》一卷，有和《苏悉地仪轨契印图》相同的咸通五年的批注。

2. 园城寺藏《五部心观》一卷

在园城寺秘藏的《五部心观》有被作为日本国宝的完整本（纵30厘米　全长1808.9厘米　9世纪　唐朝）和前缺本（纵29.6厘米　全长1171.6厘米　平安时代　11世纪）。有智证大师圆珍的亲笔批注，据此可知是圆珍入唐期间在大中九年（855），在长安青龙寺，传法阿阇梨法全所持的版本，法全亲自传授给圆珍的。其内容是白描的密教图像，《金刚顶经》金刚界品中说明六种类的曼荼罗中描画五部的诸尊，为了观想方法的传授而制作。除一部分正文例外，其他大多是从上到下将纸面分为三部分。上部为描绘的诸尊形象，中部是与上部诸尊像相伴的梵字真言和梵字书写的尊名，下段是三昧耶形，表示契印。卷末描绘的是《金刚顶经》的汉译者僧侣善无畏正在手持柄香炉供奉诸尊。由此可知，《五部心善观》系善无畏的传书。

这应当是在中国转抄的经论。墨线画由白描画衍生，成身会的金刚界三十七尊乘坐鸟兽座驾，运笔丰满、线条有力是盛唐的密教图像特色的表现。同时，带有印度、西域风格的五官轮廓和肢体的表现特色。作为唐代原本的真传，极其珍贵。

　　前缺本是平安时代抄写的图像资料，卷初有缺失。最近也有观点认为前缺本是请来本的。

参考文献

赖富本宏：《结合日中的佛教僧》，农山渔村文化协会，2009 年。

八田幸雄：《胎藏图像之研究》，法藏馆 2002 年版。

八田幸雄：《五部心观之研究》，法藏馆 1981 年版。

真锅俊照：《密教图像和仪轨之研究》上卷·下卷，法藏馆 2000·2001 年版。

大阪市立美术馆：《智证大师归朝　1150 年　特别　展国　宝三井寺展》，2008 年。

京都国立博物馆：《特别陈列　密教图像》，1979 年。

东寺宝物馆：《东寺之密教图像》，1999 年。

田中一松：《智证大师的密教美术》，同氏《日本绘画史论集》，中央公论美术出版 1976 年。

浜田隆编著：《日本的美术》五五号，图像，至文堂 1970 年。

（今井净圆，种智院大学教授）
（译者：赵新玲，陕西师范大学宗教研究中心硕士研究生）

韩国文物艺术

韩国佛教艺术品中的密教梵文真言

——以石造艺术品为中心

［韩］严基杓

一 序论

　　韩国佛教在高句丽、百济、新罗时代传自中国，虽然现在没有留下具体的数据，但是随着当时佛教的传入，梵文、真言、陀罗尼等也应该同时传入。特别是在三国时代，印度僧侣摩罗难陀云游至此，在印度游学归来的谦益等人对梵文、真言、陀罗尼等有一定的介绍。此外还有新罗僧侣墨胡子通过咒术为讷祇王的公主治病的记录，这些都间接地说明了密教传来带来的影响。

　　统一新罗（676—935）时代的代表性密教僧侣是明朗法师，他被奉为神印祖师，神印宗作为真言宗的一支，是明朗入唐求法后返回新罗而建立的宗派。惠通入唐后随真言宗开祖善无畏三藏学习，665年归国后带回相关真言经典。以后随着密教经典《大日经》、《金刚顶经》的传来以及《陀罗尼经》的石塔奉安等，梵文真言以及密教得以在新罗广泛传播。

　　高丽时代（936—1392）创建于首都开城的现圣寺被视为密教的根本道场，根据李齐贤的《金书密教大藏序》刊行了90卷密教大藏。并在宫阙中开设真言法席，利用诵持真言的三昧力降服诸魔。通过这些记录，可以得知当时密教中的梵文、真言等开始流布。各种真言经典的刊行，海印寺八万大藏经版刻中收录有《首楞严经》等各种真言类经典的版刻，同时书写有梵文真言的纸张也作为佛像的腹藏物奉安其中，这都说明了真言陀罗尼的广泛流传。此外还有各种刻有梵语真言的雕塑流传至今。

随着朝鲜时代（1392—1910）抑佛崇儒政策的进行，佛教发展逐渐萎缩，但是相比以前时代其密教倾向更加强烈。朝鲜太宗 1417 年《真言密咒经》等陀罗尼集虽被焚毁，导致密教经典一时消失，但这之后的 1485 年（成宗十六年）出现了木版本五大真言（①四十二手真言，②神妙章句大陀罗尼，③随求即得陀罗尼，④大佛顶陀罗尼，⑤佛顶尊胜陀罗尼的集本《总集文》）。1569 年慧灯、印珠等人还在无等山安心寺刊行了《真言集》，从而继续开始密教经典的流布。朝鲜时代刊行的代表性密教关联书籍是《五大真言》、《真言劝供》、《真言集》等，其中《真言集》出版了很多次，内容主要是对梵文的体系化说明，并集成了当时流行的各种真言陀罗尼。现存《真言集》以安心寺本（1569）为起点，以后有新兴寺本（1658）、普贤寺本（1688）、金山寺本（1694）、万渊寺本（1777）、望月寺本（1800）等。其中望月寺本《真言集》是映月长老在 1777 年刊行的万渊寺本《真言集》被火烧毁后，重新整理当时各种版本重新刊行的，堪称当时最为完整体系化的版本。随着朝鲜时代对梵文体系化整理文献的刊行，真言陀罗尼得以广泛流通，可以称作梵文真言的集成期。

韩国现存的高丽、朝鲜时代的各种经典类、木造建筑、石造美术、雕刻、绘画、工艺等各种佛教艺术品中大都刻有梵文真言。以上还可以细分为瓦砖、石塔、浮屠、古坟、陶瓷器、香炉、铜钟、铜镜、风铎、金鼓、佛画、漆器、佛像以及腹藏物、服饰、木棺等各种文化遗产。本文以石塔、浮屠等石造艺术品为中心考察刻有梵文真言的文物的现况和类型。

二 梵文真言石造艺术品的现况

在韩国出土的修建于统一新罗时代的葛项寺东、西三层石塔中发现了写有真言陀罗尼的纸张以及舍利匣。从刻在东塔基坛部的铭文可知石塔修建于 758 年，1916 年考虑保存事宜从庆尚北道金泉葛项寺遗址移送到首尔国立中央博物馆保存。西塔中出土的文物有青铜瓶、纸张等，其中纸类上书写有圆形的真言陀罗尼，是韩国现存历史最悠久的真言陀罗尼，学术价值也非常高。庆州暗谷洞大峰山寺遗址的刻有梵文的砖块也是现存文物中历史比较悠久的。

葛项寺东、西三层石塔
（首尔国立中央博物馆）

西塔中出 纸类 陀罗尼

　　进入高丽时代后开始流行在石幢上雕刻真言陀罗尼，通常是在石幢表面的一部分或者全部刻上梵文。陀罗尼石幢是在基坛部之上的一根石柱，表面刻有陀罗尼经的经文，是石经的一种。石幢上一般都雕刻大佛顶陀罗尼，现存的有龙川城东里陀罗尼石幢（1027）、海州陀罗尼石幢、龙川城东里西门外陀罗尼石幢、开城大佛顶陀罗尼石经（被用作善竹桥的石材）等。

　　忠清北道堤川市松界里大佛顶咒石碑不是石幢而是石碑样式，雕刻有大佛顶咒。光州市十信寺遗址石碑现在移送到光州市立民俗博物馆保管①，碑身前面刻有"大佛顶尊胜陀罗尼幢"的碑铭，下方是阴刻形态的密教真言陀罗尼，上部刻有宝珠形图像。此石碑与流行于中国以及韩国的典型的平面六角或者八角形态石经幢样式不同，采用了简略的样式，并刻有大佛顶咒，因其独特之处受到了关注。

　　石造艺术品中，除了在石幢上刻有陀罗尼，建于高丽时代的原州普门寺青石塔、宁越武陵里青石塔、襄阳道寂寺遗址青石塔、济州水晶寺遗址青石塔等也刻有悉昙文字。敬天寺遗址的十层石塔是1348年为了祈祷元皇室与高丽王室万岁以及国泰民安、大众成就佛道而建立的，在此石塔的2层、3层塔身刻有巴利文字的陀罗尼。

---

　　① 崔梦龙：《光州十信寺遗址梵文碑和石佛移转始末》，《考古美术》1978年第138、139期。

　　在庆尚南道晋州市平居洞石岬山山麓的半山腰有六处古坟群，是高丽时代罗州丁氏的坟墓。① 其中5号坟的主人是丁桅，在坟墓的石材表面刻有梵文真言，根据刻在古坟东壁和南壁上的铭文②，可知坟墓修建于1107年。在南壁中央刻有悉昙文构成的3字梵文真言，③ 东壁以及西壁的左右侧面各有一个字的梵文。此外，在古坟的外壁石材表面也刻有梵文真言，这是比较特殊的一例。因为一般在高丽和朝鲜时代的棺表面或者内部，或者尸身的寿衣上刻有梵文真言，或者在纸张上书写梵文真言放入其中的形态为大多数。

　　全罗南道宝城郡大原寺修建的慈真圆悟国师静照塔是为了纪念天英（1215年6月13日—1286年2月12日）圆寂而于1286年6月建立的，塔身一面竖刻有三字梵文真言（唵<oṃ>，阿<a>，吽<hūṃ>）种字真言。④

龙川城东里
陀罗尼石幢
（1027）

海州陀罗
尼石幢

堤川市
松界里
大佛顶咒石碑

原州
普门寺
石塔

　　① 　金元龙：《晋州平居洞纪年高丽古坟群》，《美术资料》第9号，国立博物馆1964年版；申千湜：《晋州平居洞高丽古坟群研究》，景仁文化社2002年版。

　　② 　东壁："丁亥十二月十日大相丁桅葬"；南壁："令人郑氏□墓"；西壁："翌年八月始兹十二月十五日告成"；北壁："彦真考祖妣"。

　　③ 　横田明、三木治子：《刻有梵文的高丽墓——庆尚南道晋州"平居洞古坟群"的再探讨》，《大阪文化财研究》第33号，财团法人大阪府文物局2008年版，第79—81页。

　　④ 　历史考古学研究会：《Ⅳ. 宝城大原寺之浮屠》，《历史考古学》2008年第59号。

| 敬天寺址十层石塔（1348） | 晋州市平居洞5号坟（1107） | 宝贝城郡大原寺慈真圆悟国师静照塔（1286） | 光州市十信寺址石碑（光州市立民俗博物馆） |

　　朝鲜时代刻有梵文真言的佛教艺术品相比前代有增加的趋势。朝鲜时代的石塔与浮屠中大多安放有墨书或者朱书的陀罗尼经，以及佛像、佛画等腹藏物。通过朝鲜时代各种雕塑上的梵文真言，可以知道梵文真言陀罗尼的普及程度。

　　首尔市圆觉寺遗址十层石塔建于朝鲜初期的 1467 年，有着大规模的华丽的梵文真言陀罗尼石塔，同时匾额还可以看到密教之特点。从 1 层到 3 层有浮雕像以及上部写有法会名的悬板，1 层是三世佛会—灵山会—龙华会—弥陀会。2 层是华严会—圆觉会—法华会—多宝会。3 层是消灾会—栴檀瑞像会—楞严会—药师会。这被认为是代表密教信仰的代表性法会——胎藏界曼荼罗 12 院的构成。[①] 通过石塔上刻有的梵文真言陀罗尼可以得知其与密教的构成关系。

　　忠清北道清州市菩萨寺五层石塔的塔身石上刻有梵文真言，五层石塔的 2 层塔身石东面分化为四角形，左右是阴刻的"康熙癸未"，可知其建于 1703 年。梵文真言雕刻在 1 层、2 层的塔身石表面四角形区域之后的圆形文之中，分别刻有一个梵文字。

---

　　① 洪润植：《圆觉寺遗址十层石塔雕刻内容的历史地位》，《圆觉寺遗址十层石塔　实测调查报告书》，文物管理局 1993 年版。

光州市证心寺七层石塔在塔身石面石上也刻有一字梵文。全罗北道全州市，全北大学博物馆在户外展示的七层石塔塔身石的一面也刻有一字梵文真言。可知这些石塔的建筑手法相同，根据石塔的样式可以推算大概建于18—19世纪，从上而下刻有流行于朝鲜后期的六字大明王真言。

此外，作为佛舍利塔的江原道襄阳洛山寺舍利塔以及高城乾凤寺齿牙舍利塔上刻有梵文真言。根据洛山寺舍利塔的碑文可知其建于1692年，基坛部上台石各面眼象（眼象：类似于大象眼睛的雕刻——译者注）之后刻有一共8个字的梵文真言，是六字大明王真言和净法界真言。乾凤寺齿牙舍利塔是1605年四溟大师惟政从日本找回12颗佛舍利继而于1724年建塔安奉。齿牙舍利塔基坛部中台石各面刻有一字梵文，后面中间圆形中刻有"卍"字，其他面各刻有一字，共7个字的阳刻梵文。

首尔市	襄阳	清州市	光州市
圆觉寺址	洛山寺	菩萨寺	证心寺
十层石塔	舍利塔	五层石塔	七层石塔
（1467）	（1692）	（1703）	

朝鲜时代相比前代刻在浮屠和石碑上的梵文真言大幅增加，样式也有很多。建于朝鲜初期的京畿道骊州市神勒寺八角浮屠等，以及建于朝鲜末期的浮屠上大都刻有梵文真言。神勒寺八角浮屠塔身石各面有阳刻的一字梵文真言。全罗南道康津郡白莲寺逸名浮屠的四角塔身石各面阳刻有一字梵文。全罗南道求礼郡华严寺慈云大禅师塔前面的四角形匾额中阴刻有主人的堂号，上部刻有梵文真言。在浮屠表面雕刻梵文真言是模仿铜钟的样式，用石材制作的铜钟即石钟是铜钟的基础，铜钟在钟身上雕刻梵文真言尽显庄严。

全罗北道南原市实相寺慈云大和尚塔在四角形区域左右各刻有一字梵文真言，上部阴刻有 10 字梵文真言。庆州市远愿寺遗址西面的无名浮屠基坛部地台石面石部上阴刻有梵文真言在圆形纹中。全罗南道灵光郡佛甲寺晦明堂处默大师浮屠的表面铭文表明此塔建于 1680 年 5 月，浮屠上部阴刻有梵文真言。全罗北道南原市实相寺晦明堂大禅师塔上部有圆形纹，其中阴刻有梵文真言。全罗南道咸平郡龙泉寺晦白堂印宗大师浮屠建于 1692 年 3 月，上部圆形纹以一定间隔排列，其中刻有相同的梵文。蔚山广域市蔚州青松寺遗址现存四座浮屠，左边第二座浮屠阳刻有梵文真言，此浮屠有着典型的基坛部，下部区域的圆形纹中刻有一字梵文真言，一共刻有 16 个梵文。庆尚北道永川市修道寺真佛庵白岩堂塔正面的四角形中刻有主人的堂号，左右面圆形纹中分别刻有一字梵文真言。庆尚北道闻庆市惠国寺慈影堂浮屠的表面上部刻有梵文真言。江原道高城郡乾凤寺枫谷堂浮屠基坛部中台石各面阳刻有一字梵文真言。江原道高城郡乾凤寺月峰堂浮屠在基坛部中台石 4 面阳刻有梵文真言，剩余 4 面阴雕有眼象。乾凤寺井波堂浮屠在基坛部中台石各面各刻有一字总共 8 字的梵文真言。江原道束草市神兴寺向西堂浮屠在八角形台石各面阴刻有一字总 8 字的梵文。江原道襄阳郡明珠寺莲坡堂浮屠在中台石各面阳刻有一字梵文总 8 字。江原道春川市清平寺入口的无名浮屠的基坛部中台石刻有一字总 4 字的梵文真言。

骊州市
神勒寺
八角浮屠

康津郡
白莲寺
逸名浮屠

南原市
实相寺
慈云大和尚塔

庆州市
远愿寺址
西面
无名浮屠

蔚州	永川市	束草市	襄阳郡
青松寺址	修道寺	神与寺	明珠寺
四座浮屠	真佛庵	向西堂浮屠	莲坡堂浮屠
	白岩堂塔		

　　建于朝鲜后期的安城市七长寺碧应大师碑（1660）、高城郡乾凤寺云坡堂大师碑（1730）、高城郡乾凤寺石碑盖石、永川市修道寺真佛庵石碑、襄阳郡灵穴寺灵岩堂出世碑（1760）、高城郡乾凤寺松岩堂大师碑（1771）、束草市神兴寺龙岩堂大禅师碑（1789）、高城郡乾凤寺事迹碑（1906）等都刻有梵文真言。其中七长寺碧应大师碑、灵穴寺灵岩堂出世碑的碑身上部阴刻3字梵文真言，乾凤寺石碑盖石和松岩堂大师碑碑身上的盖石刻有梵文真言。乾凤寺云坡堂大师碑、神兴寺龙岩堂大禅师碑、乾凤寺事迹碑等盖石的宝珠表面刻有一字梵文真言，前后刻有种字真言。永川修道寺真佛庵石碑为了雕刻梵文，在专门竖立的石碑身前面竖着阳刻的2字梵文真言。

安城市	高城郡	襄阳郡	高城郡
七长寺	乾凤寺	灵穴寺	乾凤寺
碧应大师碑	云坡堂大师	灵岩堂出世	石碑
（1660）	碑（1730）	碑（1760）	盖石

　　高丽时代经典中的宝珠形图像在朝鲜时代盛行，宝珠形图像通过瓦当等多种佛教艺术品得以表现。可从中全罗北道南原市胜莲寺以及大邱市达城郡大见寺遗址一瞥其情形。特别是南原胜莲寺刻有六字大明王真言，旁边装饰有宝珠形图像。

南原　　　　　　　　胜莲寺刻　　　　　　大邱市达城郡大见寺遗址

表1　　　　　　　刻有梵文真言陀罗尼的主要石造艺术品现况

类型	名称	所在地	时代	梵文真言
石幢	城东里　大佛顶陀罗尼石幢	北韩　龙川市	1027 年	大佛顶陀罗尼
	大佛顶陀罗尼石幢	北韩　海州市	11—12 世纪	大佛顶陀罗尼
	城东里　西门外　陀罗尼石幢	北韩　龙川市	11—12 世纪	大佛顶陀罗尼
	松都　大佛顶陀罗尼石幢	北韩　开城市	11—12 世纪	大佛顶陀罗尼
古坟	平居洞　5 号　古坟	庆南　晋州市	1107 年	阿弥陀三尊种字真言/四天王种字真言
佛舍利塔	普门寺　青石塔	江原　原州市	高丽后期	大佛顶咒（?）
	武陵里　青石塔	江原　宁越郡	高丽后期	大佛顶咒（?）
	水精寺遗址　青石塔	济州　外道 1 洞	高丽后期	大佛顶咒（?）
	道寂寺遗址　青石塔	江原　襄阳郡	高丽后期	入悉地图，五轮种子图
	敬天寺遗址　十层石塔	国立中央博物馆	1348 年	大佛顶陀罗尼（?）
	圆觉寺遗址　十层石塔	首尔　钟路区	1467 年 4 月	大佛顶陀罗尼（?）
	洛山寺　舍利塔	江原　襄阳郡	1692 年 6 月	六字大明王真言/净法界真言
	菩萨寺　五层石塔	忠北　清州市	1703 年	六字大明王真言/法身真言/三密真言
	乾凤寺　齿牙舍利塔	江原　高城郡	1724 年	六字大明王真言/三密真言
	证心寺　七层石塔	光州　东区	朝鲜后期	六字大明王真言
	全北大　七层石塔	全北　全州市	朝鲜后期	六字大明王真言

类型	名称	所在地	时代	梵文真言
石碑	法首桥 梵文碑	北韩 平壤市	11—12 世纪	大佛顶咒
	松界里 大佛顶咒石碑	忠北 堤川市	高丽时代	大佛顶咒
	十信寺遗址 石碑	光州 北区	高丽末（1377）	大佛顶尊胜陀罗尼/种字真言
	上院寺 寂灭宝宫 石碑	江原 平昌郡	朝鲜前期	种字真言
	七长寺 碧应大师碑	京畿 安城市	1660 年 5 月	三密真言
	乾凤寺 云坡堂大师碑	江原 高城郡	1730 年 4 月	种字真言
	乾凤寺 石碑 盖石	江原 高城郡	18 世纪	三密真言
	修道寺 真佛庵 石碑	庆北 永川市	朝鲜后期	净法界真言
	灵穴寺 灵岩堂 出世碑	江原 襄阳郡	1760 年 4 月	三密真言
	乾凤寺 松岩堂大师碑	江原 高城郡	1771 年 8 月	三密真言
	神兴寺 龙岩堂 大禅师碑	江原 束草市	1789 年 5 月	种字真言
	乾凤寺 事迹碑	江原 高城郡	1906 年	种字真言
浮屠	大原寺 慈真圆悟国师 静照塔	全南 宝城郡	1286 年 6 月	三密真言
	神勒寺 八角浮屠	京畿 骊州市	朝鲜前期	四天王种字真言
	白莲寺 逸名 浮屠	全南 康津郡	朝鲜后期	种字真言/净法界真言
	华严寺 慈云大禅师塔	全南 求礼郡	17 世纪前半	准提真言/净法界真言
	实相寺 慈云大和尚塔	全北 南原市	17 世纪前半	准提真言/净法界真言
	远愿寺遗址 西便 无名 浮屠	庆北 庆州市	朝鲜后期	六字大明王真言
	佛甲寺 晦明堂 处默大师 浮屠	全南 灵光郡	1680 年 5 月	六字大明王真言
	实相寺 晦明堂 大禅师塔	全北 南原市	17 世纪	六字大明王真言/净法界真言
	龙泉寺 晦白堂 印宗大师 浮屠	全南 咸平郡	1692 年 3 月	种字真言
	青松寺遗址 无名 浮屠	蔚山 蔚州郡	17—18 世纪	六字大明王真言
	修道寺 真佛庵 白岩堂塔	庆北 永川市	朝鲜后期	种字真言/净法界真言
	惠国寺 慈影堂 浮屠	庆北 闻庆市	1730 年 4 月	种字真言
	乾凤寺 枫谷堂 浮屠	江原 高城郡	18 世纪	准提真言
	乾凤寺 月峰堂 浮屠	江原 高城郡	18 世纪	六字大明王真言

续表

类型	名称	所在地	时代	梵文真言
浮屠	乾凤寺　井波堂　浮屠	江原　高城郡	18 世纪	准提真言
	神兴寺　向西堂　浮屠	江原　束草市	18 世纪	准提真言
	明珠寺　莲坡堂　浮屠	江原　襄阳郡	18—19 世纪 初半	准提真言
	清平寺　入口　无名　浮屠	江原　春川市	朝鲜末—近代	四天王种字真言
磨崖	胜莲寺　磨崖　梵文真言	全北　南原市	朝鲜前期	六字大明王真言/种字真言
	大见寺遗址　磨崖　宝珠真言	大邱　达城郡	朝鲜前期	种字真言
	通度寺　慈藏庵　磨崖佛	庆南　梁山市	1896 年	种字真言
	赡养庵　磨崖观音菩萨像	首尔　钟路区	1909 年 6 月	种字真言

　　高丽时代石造艺术品中渐渐出现梵文真言的雕刻，到了朝鲜时代刻有梵文真言的各种石造艺术品成为普遍化。特别是随着朝鲜时代各种真言集的刊行以及密教仪礼的流行，对于有着神秘象征意义的梵文真言的信仰流行开来，从而造就了众多雕刻有梵文真言的石造艺术品。

　　高丽以及朝鲜时代的石幢、古坟、佛塔、浮屠、石碑多刻有梵文真言陀罗尼。高丽时代以石幢雕刻为主流，朝鲜时代以浮屠为主流，浮屠上刻有很多梵文真言。这可以理解为浮屠是为了追慕圆寂高僧这一点。朝鲜时代刻有梵文真言的石造艺术品的类型逐渐增加，种类也呈现多样化，这与各种《真言集》的刊行以及梵文真言信仰的广泛流传、教化活动以及修行则更加的多样化相关。韩国佛教中的密教之梵文真言是融合在佛教中的，具有一体化特征。

三　石造艺术品表现出的梵文真言类型及意义

　　韩国石造艺术品中与梵文真言陀罗尼相关文物有关的，最早的算是统一新罗时代葛项寺遗址三层石塔出土的舍利匣中的墨书纸，但是韩国现存石造艺术品中直接雕刻梵文真言陀罗尼造像则始于高丽时代。

　　韩国石造艺术品中雕刻的梵文真言类型有：种字真言、四天王种字真言、六字大明王真言、净法界真言、准提真言、法身真言、三密真言等，与各种梵文真言一起雕刻的情况也不在少数。还有属于种字真言，以图像表示的象征化宝珠形唵字图像。远愿寺遗址西边无名浮屠和青松寺遗址无名浮屠上的六字大明王真言以及单独的梵文真言属于现在还无法判定的梵文真言类型。

从类型上来看，高丽、朝鲜时代的古坟与石碑上的相当多数是种字真言。主要有平居洞5号古坟、乾凤寺云坡堂大师碑、神兴寺龙岩堂大禅师碑、乾凤寺事迹碑、白莲寺逸名浮屠、修道寺真佛庵白岩堂塔、清平寺入口无名浮屠、赡养庵磨崖观音菩萨像等。其中平居洞5号古坟在正面以三角形态雕刻有代表阿弥陀三尊的种字真言，棱角刻有代表四天王的真言。古坟表面正中央的象征阿弥陀三尊的梵文真言代表坟墓主人极乐往生的心愿，四天王种字真言是守护的意思。乾凤寺云坡堂大师碑、神兴寺龙岩堂大禅师碑、乾凤寺事迹碑等碑身上的盖石的宝珠石顶上阳刻有"唵"或者"阿"字。神勒寺八角浮屠在八角塔身石刻有守护浮屠的四天王种字真言。韩国石造艺术品中直接雕刻四天王像属于多数情况，少部分是在古坟或者浮屠上雕刻种字真言。

乾凤寺
事迹碑   神勒寺八角浮屠

作为比较特殊的，刻有宝珠形唵字图像的石造艺术品有十信寺遗址石碑、上院寺寂灭宝宫石碑、胜莲寺磨崖铭、大见寺遗址磨崖铭等。这种宝珠形图像是唵字的图像化，多从高丽时代以后的瓦当以及大多数佛教艺术品中得以确认。宝珠形图像象征着佛陀的真理和慈悲、觉悟的世界。并有着祈祷众生得到佛陀慈悲与光明的加被、救济众生的象征意义。所以宝珠形唵字图像既是图案也是种字真言。

光州市	上院寺	南原	大邱市
十信寺址	寂灭宝宫	胜莲寺刻	达城郡
石碑	石碑		大见寺遗址

　　大原寺慈真圆悟国师静照塔的塔身石正面阳刻的三字梵文，是望月寺本《真言集》中对《唵阿吽字轮》的仔细说明。唵阿吽就是身口意三密，三密修行是修行者契合印契（身密）、真言（口密）、观法（意密）等媒介体，从而使修行者的身口意与宇宙的根本原理——法身佛的身口意相应从而觉悟的修行法。是密教中即身成佛的咒文，所以真言修行法得以重视，作为记号的梵文真言代表着三密，同时作为观法的对象，担负着修行者与法身三密沟通的重要角色。大原寺慈真圆悟国师静照塔中雕刻的梵文真言象征通过三密修行成佛，并可以理解为高僧解脱，往生极乐。

大原寺	清州市	襄阳郡
慈真圆	菩萨寺	灵穴寺
悟国师	五层石塔	灵岩堂出
静照塔	（1703）	世碑（1760）

高城　乾凤寺　齿牙舍利塔（1724）

表2 《真言集》〈唵阿吽字轮〉要约

𑖯	𑖌	唵	oṃ	一切真言之母	身金刚	身轮
𑖯	𑖁	阿	a	一切字母	语金刚	口轮
𑖯	𑖮	吽	hūṃ	真心种子	意金刚	意轮

　　梵文真言中雕刻最多的是六字真言，根据《真言集》来看，雕刻全部六字的情况有，一部分的也有。洛山寺舍利塔、菩萨寺五层石塔、证心寺七层石塔、佛甲寺晦明堂处默大师浮屠、实相寺晦明堂大禅师塔等雕刻全部六字。乾凤寺月峰堂浮屠、乾凤寺齿牙舍利塔等雕刻有六字真言的一部分。远愿寺遗址西边无名浮屠、青松寺遗址无名浮屠等的雕刻梵文属于变形简化的六字真言。

　　六字真言是代表观世音菩萨微妙本心的真言，也成为六字大明王真言、微妙本心六字大明王真言、观自在菩萨微妙本心六字大明王真言。持诵六字真言是所有经文中称赞的信仰实践生活，可以理解为作为口密的象征的真言或经文。持诵六字真言的功德非常殊胜，所以六字真言是超越教义范畴的代表信仰的真言陀罗尼。在六字真言信仰盛行的时期，所有持诵的众生除了祈求现世利益，更是有着祈求功德的愿望。因为有着非常大的实践意义，所以被大众广泛流传。朝鲜时代虽然佛教界的发展受到影响，但是随着密教典籍《真言集》的刊行，观音信仰得以流行，受持读诵的六字大明王真言也就自然出现在各种佛教艺术品中。所以说雕刻有六字大明王真言的石造艺术品是韩国佛教艺术品中使用最多的梵文真言。

清州市　菩萨寺　五层石塔（1703）

光州市　证心寺　七层石塔

　　与六字大明王真言一样，常雕刻在石造艺术品上的是准提真言，代表性的有：华严寺慈云大禅师塔、实相寺慈云大和尚塔、乾凤寺枫谷堂浮屠、乾凤寺井波堂浮屠、神兴寺向西堂浮屠、明珠寺莲坡堂浮屠等。准提是"cundi"之音译，是印度东部 Bangal 地区信仰的"Durga"女神的异名，这个女神原本很喜欢用众人、用动物来礼拜，后来成为以法力对治恶魔的女神，成为"Mahābhārata"中"Śiva"神的配偶神。后来被视为密教中的准提观音之化身。持诵准提真言可以消灾治病、祈福延寿。雕刻在佛塔或者器物上可以安宅护院。有缘听者都可灭罪得福往生佛陀，是非常灵验的代表性梵文真言。在准提真言盛行的朝鲜时代，这应该与观音菩萨信仰有一定的关联。朝鲜时代认为观音菩萨的耳根圆通法门是修行开悟的第一要门，但是大部分众生不能像僧人一样专修观音法门，所以象征观音菩萨慈悲力的观音菩萨准提真言被雕刻、书写在各种佛教艺术品上，以表现对观音菩萨的信仰心，并祈求所愿成就。

　　石造艺术品中还有为数不多的雕刻有净法界真言或者法身真言的文物。雕刻有净法界真言的有白莲寺逸名浮屠、修道寺真佛庵白岩堂塔、实相寺慈云大和尚塔、华严寺慈云大禅师塔、实相寺晦明堂大禅师塔等，不是单独地刻有真言，而是与六字真言或者准提真言一同雕刻。其中罕见的情况当属清州菩萨寺五层石塔，在一层塔身上刻有三密真言以及秘密悉地之法身真言。这些刻有真言的安奉佛舍利的石塔象征着佛陀的真理和慈悲，并有着守护供养的意义。

　北　

　西　　　东　

　南　

襄阳郡　明珠寺　莲坡堂　浮屠

康津郡　白莲寺　　　　永川市　修道寺　　　　南原市　实相寺
逸名浮屠　　　　　　真佛庵　白岩堂塔　　　晦明堂大禅师塔

韩国高丽以及朝鲜时代的石造艺术品上雕刻的梵文大部分是悉昙体，梵文真言陀罗尼的类型有种字真言、四天王种字真言、六字大明王真言、净法界真言、准提真言、法身真言、三密真言。佛教徒们通过梵文真言陀罗尼的象征来认识高深的佛教，并对复杂的佛教教理思想进行了解。所以真言陀罗尼等特定的梵文真言除了持诵的加持力外，还可以了解佛性。继而在佛教艺术品中书写、雕刻有梵文真言陀罗尼。高丽受到元朝的影响，密教倾向更加明显，通过佛教来祈福辟邪追求现世福报的倾向更加强烈，在强调梵文真言的实践层面，以及众生可以方便皈依佛教等过程中梵文真言陀罗尼得以广泛传播。韩国流传的梵文真言，通过真言自体的象征意义与神秘源泉的理解，作为获得世间悉地的目的而被广泛信仰。

四　结论

韩国流传的梵文真言陀罗尼随三国时代的佛教传来而一同流入，到了高丽时代具有了本土性特点，朝鲜时代则呈现盛行的局面。梵文真言陀罗尼被广泛用于宗教活动以及日常生活。这些梵文真言陀罗尼被雕刻在韩国众多的佛教艺术品上，其中石造艺术品占了绝大多数。

韩国有木造建筑物、石造艺术品、雕刻品、绘画类、工艺品等各种各样的佛教艺术品，其中都刻有梵文真言陀罗尼。石造艺术品中以石塔、浮屠、石碑为主，雕刻的梵文真言陀罗尼以六字真言以及准提真言为主，可以得知当时观音信仰的盛行，另外有的还同时刻有种字真言、净法界真言、三密真言等。

韩国佛教艺术品中的刻有梵文真言陀罗尼的石造艺术品可以从三个方面来理解。第一，梵文真言陀罗尼作为宗教语言，是修行的媒介，同时蕴含着宗教意义，是象征性很强的语言。所以常出现在念佛修行、法会仪式等各种宗教活动中，担当重要的角色。第二，梵文真言陀罗尼是具有密教特色的咒术，有着借助他力之特性，所以从信仰的层面来看，有着祈福辟邪、现世求福的特点。第三，梵文真言陀罗尼通过雕刻在佛教艺术品上，通过其纹理来装饰并庄严器物。梵文真言陀罗尼虽然是言语，但是其纹理外形也被活用在佛教艺术品中，更加表现出宗教的象征意义，同时追求了视觉和内涵两种表现。基于这一点，韩国流传的梵文真言陀罗尼作为象征性的言语，更多的是作为表现在佛教艺术品中的象征要素与纹理要素同时使用。

（严基杓，檀国大学校教授）
（译者：郭磊，东国大学历史系博士生）

朝鲜时代《佛顶心观世音菩萨大陀罗尼经》卷首画研究

［韩］ 陈明华

引 言

朝鲜时代所刊行与观音信仰有关的佛书中，密教的陀罗尼经籍、真言集以及与灵验抄类可说占了绝大部分。陀罗尼经、真言集主要有《千手千眼观自在菩萨广大圆满无碍大悲心陀罗尼经》、《观世音菩萨六字大明王陀罗尼神咒经》、《佛顶心观世音菩萨大陀罗尼经》、《随求陀罗尼经》、《五大真言随求经》、《五大真言集》、《真言集》、《大悲心陀罗尼》、《佛说一切如来大光明王陀罗尼》等。① 观音灵验记类有《观音现相记》、《观世音菩萨持诵灵验传》、《持经灵验传》、《四经持验录》、《观世音菩萨灵验略抄》、《佛说高王观世音经》等。这些经籍中所附观音图，除去说明经文的插图以外，主要来自《佛顶心观世音菩萨大陀罗尼经》和《观世音菩萨灵验略抄》卷首画。

《佛顶心观世音菩萨大陀罗尼经》（又称《佛顶心大陀罗尼经》），经分上中下三卷。此经历代藏经未收，史志目录不录。现存文献计有敦煌写本 P. 3236 及 P. 3916 二件、上海图书馆南宋残本（8223825 号）、俄藏黑水城西夏汉文本、山西应县木塔佛像内装藏的辽代写本及房山石经金代1143 年刻经本、日本藏元刊西夏文本、台北故宫博物院藏明泥金写本、美国印第安纳波里斯博物馆（Indiana Polis Museum）藏明正统刊本以及回

---

① 李逢春：《朝鲜时代的观音信仰》，《韩国观音信仰研究》，首尔：东国大学校出版部1988 年版，第 176—179 页。

鹘文本等。此经形成于唐,普遍流行于中国西北的吐蕃、西夏、辽、金等密教盛行的地区。北宋以后传入中原,宋、明以后普遍流传于民间。① 卷上《佛顶心观世音菩萨大陀罗尼经》,主要劝人持诵陀罗尼,谓持诵此经,不但能灭十恶五逆,且在临终时将可往生净土。卷中《佛顶心观世音疗病救产方大陀罗尼经》为救助难产,强调以朱砂书写此陀罗尼及秘字的功德。卷下《佛顶心观世音菩萨救难神验大陀罗尼经》叙述了四个观音灵验的故事。经所收录的灵验故事,经考证已知是来自唐智通译《千眼千臂观世音菩萨陀罗尼神咒经》以及唐菩提流志译《千手千眼观世音菩萨姥陀罗尼身经》等②,是受到上述《千手经》类影响,中国当地所编撰的经书。

中国附有插图的木刻本《佛顶心大陀罗尼经》出现于宋,而在明代相当盛行,有多种刊本流通。现存经中附有插图,年代最早为宋崇宁元年(1102)刻《佛顶心观世音菩萨大陀罗尼经》引首,中央是观音跟释迦牟尼佛对话的场面,四周则有九个插图及抄录经文作为说明。这些插图及经文取自三卷,而不限于卷上。③ 浙江博物馆藏有丽水碧湖镇宋塔出土南宋乾道八年(1172)由叶岳布施的《佛顶心观世音菩萨大陀罗尼经》木刻印本,卷首有两页观世音化身解冤故事扉画,画面已残损。明代宣德、成化、弘治、嘉靖、万历等年间流通为数不少的刊印本。于君方曾在北京法源寺收藏的善本书目中,发现近百册明代刊本《佛顶心观世音菩萨大陀罗尼经》,最早的为宣德三年(1428),多数刻制于万历年间(1573—1620),卷首附有白衣观音画像,观音多半坐在竹林岩石上,右手边放置插杨柳的净瓶,眷属人物有善财和龙女,空中白鹦鹉盘旋,经文最后有韦驮像和说明印经缘由的牌记。④

---

① 郑阿财:《敦煌写本〈佛顶心观世音菩萨大陀罗尼经〉研究》,《敦煌学》2001年第23辑,第21—22页。

② 郑阿财:《敦煌写本〈佛顶心观世音菩萨大陀罗尼经〉研究》,第39—41页。

③ 于君方:《伪经与观音信仰》,《中华佛学学报》1995年7月第8期,第118页。目前韩国原州古版画博物馆藏《佛顶心陀罗尼经》上中下三卷(上卷前面部分缺失),经文后附有一幅与此完全相同的插图,此经无刊行地点及年代,推测是朝鲜前期翻刻。

④ 于君方:《观音菩萨中国化的演变》,陈怀宇、姚崇新、林佩莹译,台北:法鼓文化,2009年,第118页。

　　《佛顶心观世音菩萨大陀罗尼经》最初于何时传入朝鲜半岛，无史料可考。朝鲜半岛传入与观音信仰有关的密教经书，最初是在三国时代枕流王元年（384）摩罗难陀前往百济传法时，带去东晋竺难提译的《请观世音菩萨消伏毒害陀罗尼咒经》。① 依《三国遗事》载，新罗已有不少密教经书流通，如卷三《塔像第四台山五万真身》述新罗宝川太子入五台山修行，晚年在蔚珍国掌天窟诵随求陀罗尼，日夕为课。圆寂之前留书，谓宜在五台山东台北角下北台南麓之末设置观音房，安观音像，白天读八卷金经、仁王、般若、千手咒。夜念观音礼忏。② 或卷五《感通憬兴遇圣》条述观音化身为比丘尼，作十一种面貌为憬兴法师治病，而后隐身，所持手杖，出现在十一面圆通画像前。③ 从上述记载来看，由唐智通译《千眼千臂观世音菩萨陀罗尼神咒经》以及伽梵达摩译《千手千眼观世音菩萨广大圆满无碍大悲心陀罗尼经》的千手经类④、《随求陀罗尼经》或与十一面观音信仰有关的经书，应已传入新罗。⑤

　　现韩国所遗最早的《佛顶心大陀罗尼经》为13世纪初高丽小字本，无插图。经前附观音扉画，年代最早为朝鲜成宗十六年（1485）由王室发愿印刊，以中国明代版本翻刻，现遗湖林博物馆和国立首尔大学一石文库两藏本。之后依此王室发愿本为底本，在中宗（1536）、明宗（1561）、宣祖（1569）、仁祖（1631、1636、1642、1644）、肃宗（1711）、高宗（1870、1876、1881），总计有十余回次，在全国各地寺院刊印，称为"寺刹板本"。另外，收录《佛顶心陀罗尼》的《真言集》合本类，自宣祖二年（1569）起至纯祖二十六年（1826）年间，也有八次刊行。⑥ 16世纪以后，佛书的刊印多在地方寺院进行的原因，一方面是由于中央王室掌权者如燕山君（1476—1506在位）对佛教的打压，另一方面是由于寺院积极重刊于壬辰倭乱中被烧毁的经书。⑦ 此期间所刊印的佛书以真言类

---

① 金煐泰：《三国时代神咒信仰》，《韩国密教思想》，首尔：东国大学校出版部1977年版，第58页。

② （高丽）一然述《三国遗事》卷三，李丙焘译，首尔：明文堂，1990年，第124页。

③ （高丽）一然述《三国遗事》卷五，李丙焘译，第159—160页。

④ 正觉：《千手经研究》，首尔：云住寺，1996年，第71页。

⑤ 金煐泰：《三国时代神咒信仰》，《韩国密教思想》，第74—76页。

⑥ 李逢春：《朝鲜时代的观音信仰》，第176—179页。

⑦ 文化财管理局编：《全国寺刹所藏木版集》，首尔：文化财管理局，1987年，第54页。

占最多数，主要的原因是朝鲜时代的密教无法正规发展成密教仪轨的三密修行法，只能择取其中具有神咒力和可带来现实利益的真言或陀罗尼，添加在显教的仪式中。① 朝鲜中后期以后，《佛顶心大陀罗尼经》发刊次数与刊印最多的《千手千眼观自在菩萨广大圆满无碍大悲心陀罗尼经》可谓不相上下。由此可知，此经在朝鲜半岛各地广泛地流通，受到民众的信奉。

郑阿财曾指出《佛顶心大陀罗尼经》在宋、明时期的流行，与民间白衣观音的流行关系至为密切。② 笔者注意《佛顶心大陀罗尼经》观音扉画，始于撰写博士论文时。在搜集材料的过程中，发现高丽晚期的观音图以绢本着色的《水月观音图》为主，同时期 12—14 世纪间流行于中国宋元或日本室町幕府时代的禅宗绘画《白衣观音图》，似乎并不受此地青睐。进入朝鲜时代以后，观音图以着色的观音壁画或帧画为主，也少见由白衣观音信仰所转化而成的《送子观音图》，或是如明末以后，《佛顶心大陀罗尼经》或《白衣大悲五印陀罗尼》卷首中出现白衣观音手中抱着小孩的插图。另外，在宋以后中国观音形象转为女性的同时，朝鲜半岛的观音却始终是绘成蓄髭须的男子相。

中世纪以后为何中韩两地白衣观音图的发展有如此的差异呢？这个疑问，引起了笔者的注意。有关此问题，所需探讨领域极为广泛。包括中韩两地观音信仰的特征、观音与其他信仰的交互关系，以及民间俗文学或灵验记对观音信仰的影响与交流等。其中，涉及俗文学与经书类的部分，妙善公主故事在民间的传播，起到关键性的作用。自北宋河南汝州香山寺《大悲菩萨传碑》所载妙善公主舍身救父的传说，发展到杭州上天竺寺白衣观音信仰，并以此故事为架构，撰写的各种观音传记宝卷类，广为传诵，让观音信仰的传播无远弗届。诸如《香山宝卷》、《南海观音全传》或《普陀宝卷》等书中所陈述的观音形象，深植人心，更影响观音性别与图像的递变。有关这部分在于君方书中已有详细的论述。③ 但妙善公主与观音的传说，并没有在朝鲜半岛流传开来。与妙善公主有关的史料可说

① 参见洪润植《韩国佛教仪礼中融摄的密教信仰——与日本佛教仪礼的比较》，《佛教学报》1975 年第 11 期，第 123 页；金秀炫《朝鲜中后期观音经典刊行研究》，《文化史学》2005 年第 24 期，第 141 页。

② 郑阿财：《敦煌写本〈佛顶心观世音菩萨大陀罗尼经〉研究》，第 44 页。

③ 于君方：《观音菩萨中国化的演变》，陈怀宇、姚崇新、林佩莹译，第七章至第九章。

几无，或可相互联系的线索是来自《宋高僧传》所载新罗义相传记中，师创建浮石寺时所出现的"善妙娘子化龙"传说。"善妙"和"妙善"汉字相同，仅是顺序颠倒，都是出自佛教传说的人物。虽然有观点认为妙善公主与善妙娘子有可能是来自同一人，出自同一传说故事的原型和隐喻。① 但两地所流传的内容毕竟不相同，妙善公主的故事对朝鲜的观音图像也未见起过什么作用。如此说来，妙善公主传说对朝鲜半岛的影响是有限的，朝鲜白衣观音图像应有其他的发展脉络。

因此，本文从流传于朝鲜半岛的《佛顶心大陀罗尼经》卷首画着手，主要是试图从其他层面来探讨可能影响朝鲜白衣观音图图像的原因。以下本文将探讨朝鲜《佛顶心大陀罗尼经》卷首画所呈现的图像类型，以及此卷首画的内容是否对白衣观音图有所影响。当然，就上述笔者对中韩两地白衣观音图的疑问，此篇论文可能还不足以获得完整的结论。在此，仅是取其中可能涉及部分，作为先行的基础探讨和多界面的考察。

一　韩国境内遗存《佛顶心观世音菩萨大陀罗尼经》版本

就现遗文物来看，韩国密教经籍的刊印始于新罗时期，1966 年自佛国寺释迦塔内发现的《无垢净光大陀罗尼》被认为是世界现存最古老的木刻印本。《无垢净光大陀罗尼》单叶无扉画，关于此经刊印的年代，虽然各方仍还有不同的看法，但是往上可溯至公元 8 世纪初，最迟不晚于兴建释迦塔的 751 年。木刻本中附有插图，目前年代最早的是高丽穆宗十年（1007）于开城摠持寺刊行的《宝箧印陀罗尼经》。经文前有变相图，字体阳刻，笔画整齐精巧，技术已达相当水平。

---

① 曹永禄透过道宣（597—667）与义相的相交、《宋高僧传》撰者赞宁（919—1001）与道宣律师宗脉师学的关系，香山寺《大悲菩萨传碑》是道宣经由天神告知写下，以及浮石寺创建缘起传说中所蕴含神龙灵验等方面的考察，认为妙善公主与善妙娘子的出现，并非偶然，有可能是来自同一人，或相互借用的关联性。参照曹永禄《香山妙善公主与登州善妙娘子》，《东洋史学研究》第 115 辑（2011 年）。义相大师创建浮石寺缘起，参见（宋）赞宁等撰《宋高僧传》卷 4，《义解篇》第二之一，《大正藏》第 50 册，第 2061 号，第 729 页上。经文引用中华电子佛典协会《CBETA 电子佛典》，2012 年 3 月 15 日查询，取自 http：//tripitaka.cbeta.org/，以下经文引用亦同。

目前韩国境内遗存的《佛顶心大陀罗尼经》版本，从年代和版式来看，有高丽时代小字本、中国明刊行本和朝鲜时代刊行本，说明如下①

（一）高丽时代小字本

高丽由于战乱频繁，文物多遭焚毁。现海印寺藏经阁存有高丽雕《佛顶心观世音菩萨大陀罗尼经》（宝物第734—10号）经版一板，刻有住御梅县之人于乙亥年发愿所作，但确实年代不详。印刷本遗有护身用小字本或是从佛像秘藏品发现的小字折帖。

1. 高丽小字本《佛顶心观世音菩萨大陀罗尼经》（宝物第691号）

韩国国立中央博物馆典藏上中下三卷：卷上《佛顶心观世音菩萨大陀罗尼经》、卷中《佛顶心疗病救产方》、卷下《佛顶心救难神验经》（图1）。卷尾附《一字顶轮王陀罗尼》、《自在王治瘟毒陀罗尼》、《观世音菩萨普门品》以及发愿文。制作年代为高丽，经书放在银制镀金小盒（3.5×5.3cm）里，再以木制外函（12.8×13.8×6cm）保管。银盒上有两小环扣，正面雕护法神，背面为七层宝塔。经书打开后如屏风展开，长27.5cm，宽5.3cm。经尾发愿文书：

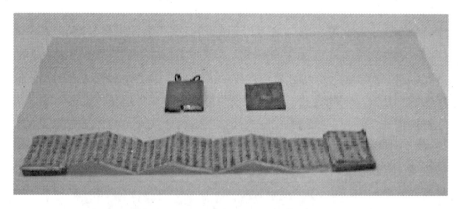

图1 高丽小字本《佛顶心观世音菩萨大陀罗尼经》

① 有关朝鲜时代《佛顶心观世音菩萨大陀罗尼经》版本与版画的相关研究，参照以下论文：南希叔《朝鲜后期佛书刊行研究——以真言集和佛教礼仪集为中心》，首尔：首尔大学，博士学位论文，2004年；金秀炫《朝鲜中后期观音经典刊行研究》，《文化史学》2005年第24期；禹秦雄《韩国密教经典中所收版画研究》，大邱：庆北大学校博士学位论文，2010年；尹慧真《朝鲜时代〈佛顶心陀罗尼经〉版画研究》，首尔：东国大学校硕士学位论文，2012年。本文对卷首画的调查和各版本的文献整理，主要是在上述论文的基础上进行。

特为晋康侯崔，兼弟男大内侍将军瑀，殿中内给事珦，灾难顿消，福寿无疆之愿。

晋康侯是高丽武人政权时期的权臣崔忠献（1149—1219），在熙宗二年（1206）封爵，与宋氏生有二子瑀和珦。崔忠献死后崔瑀（又称崔怡，? —1249）继承掌握大权，崔珦则因叛乱被处死。从发愿文可知是为崔氏父子三人消灾解难，祈福护身用的小字本。崔氏一家笃信佛教，与佛教界往来甚为紧密，曾大力扶持禅宗所主导的白莲社。在蒙古入侵高丽，两国交战期间，掌有政权的崔瑀为安抚反对他的势力和民心，1232 年将首都开京迁移到江华岛，主导完成第二次《高丽大藏经》的雕版，也就是今日海印寺所收藏的八万大藏经版。崔氏父子亦与观音结有因缘，高丽观音文献史料当中，与崔瑀有关的有两件，一件是李奎报（1168—1241）撰《崔相国攘册兵画观音点眼疏》①，述崔相国（崔瑀）攘丹兵入侵，起造大悲观音像；另一件则见《东文选》第 27 卷，述晋阳公崔怡因公劳累身体违安，洛山寺住持祖猷禅师忽然自千里之外的洛伽山到来，施展咒术治愈了崔怡宿疾。② 印本的字迹不甚清晰，应不是初印，可能是后刷本，推测是在崔忠献 1206 年封侯后至死前期间所印。经文放在金银制小盒，当是随身佩戴，作为消灾护身之用。

2. 凤林寺小字《佛顶心观世音菩萨大陀罗尼经》（宝物第 1095 号，京畿道华城市凤林寺典藏）

1979 年华城市凤林寺在进行阿弥陀佛坐像金身修复时发现腹中秘藏，计有《金刚般若波罗蜜经》、《绀纸银泥大方广佛华严经》卷四十八、《白纸墨书梵网经》、《白纸墨书妙法莲华经》、科注《妙法莲华经》、小字《金刚般若波罗蜜经》五页（第二页脱落）、小字《梵摁持集一部》以及小字《佛顶心观世音菩萨大陀罗尼经》八种经籍。《佛顶心观世音菩萨大陀罗尼经》上中下三卷，刊行年代不详（图 2）。依木造阿弥陀佛坐像改金记录作

① 李奎报：《东国李相国集》卷四一，释道疏：《崔相国攘册兵画观音点眼疏》，韩国古典综合 DB，2012 年 12 月 9 日查询，http://db.itkc.or.kr/itkcdb/mainIndexIframe.jsp。

② "洛山寺住持禅师祖猷。以颂得三昧力。能摄伏一切魔。当晋阳公累而未宁。自洛伽山千里而忽至。咒龙钵下。才扬金杵之音。映蜣杯中。旋觉角弓之影。洒然和气之遍集。"《东文选》卷二七"制诰"，《持念业禅师祖猷为大禅师教书》官诰，韩国古典综合 DB，2012 年 12 月 9 日查询，http://db.itkc.or.kr/itkcdb/mainIndexIframe.jsp。

于高丽恭愍王十一年（1362），此经应是佛像金身修复后放入的腹藏品。但此经卷尾有两行发愿文，述为清河相国祈求寿福，"清河相国"是前述高丽权臣崔瑀，崔瑀在父亲崔忠献死后于 1221 年握得大权，1234 年因迁都之功，册封为晋阳侯，亦有可能是这期间至其去世的 1249 年前所作。

图2   凤林寺小字《佛顶心观世音菩萨大陀罗尼经》

（二）中国明刊行本

明成化十三年刊行《佛顶心陀罗尼经》，江原道原州市明珠寺古版画博物馆典藏。

表1   明成化十三年刊行本

发行	明成化十三年（1477）
卷题称与内容构成	三卷一册：卷上《佛顶心陀罗尼经》、卷中《佛顶心疗病救产方》、卷下《佛顶心救难神验经》。卷末附能救产难印、自在王治瘟毒陀罗尼、一字顶轮王陀罗尼三道秘字印
封面题	《佛顶心陀罗尼经》
版心题	佛顶
卷首插图	观音扉画
祈愿牌记	成化十三年四月二十六日印施
卷尾插图	韦驮天图 1 幅
经文插图	计 45 幅

韩国境内少见的中国明成化年间佛经版画（图3）。从印刷到雕刻都相当精致，尺寸相较于韩国所流通的版本要大许多，应不是在民间流通的普及本。经后有著名收藏家周绍良（1917—2005）藏书印。

图3　《佛顶心陀罗尼经》明成化十三年（1477）

周心慧先生曾就此版本表示，卷首画的刻画非常优美杰出，样式与明正统十二年（1447）由何觉瑞布施的刊印本极为雷同；学者李之檀将此本与成化十一年（1475）刊行的《金刚般若波罗蜜经》比较，两者版式风格亦颇为相同，认为应是明代内府所刊行的珍藏本。[1]

（三）朝鲜时代刊行本

如前所述，现存朝鲜时期最早的版本是1485年王室的发愿本，以中国版本为底本在朝鲜刻印的汉文木刻本，现存两本，一为指定宝物第1108号，湖林博物馆藏本，卷首画缺失一面；另一为国立首尔大学图书馆一石文库的汉文加谚解本，卷首画完整。之后以此本为底本，续有金属活字汉文加谚解本或音译本出刊，如在小白山（1525）、黄海北道心源寺（1553）、平安道解脱庵（1561）、尚州奉佛庵（1631）、梵鱼寺（1644）等地开版发行的印本。版式与内容说明如下。

---

① 周心慧：《拜访韩国明珠寺古版画博物馆印象》，待版，感谢明珠寺古版画博物馆韩善学馆长提供上文。

图 4   《佛顶心陀罗尼经》卷首画（局部）明成化十三年（1477）

1. 湖林博物馆藏本《佛顶心陀罗尼经》（宝物第1108，首尔特别市湖林博物馆典藏）

表2　　　　　　　　　　　　　**湖林博物馆藏本**

发刊年代	朝鲜成宗十六年（1485）
卷题称与内容构成	三卷一册：卷上《佛顶心陀罗尼经》、卷中《佛顶心疗病救产方》、卷下《佛顶心救难神验经》。三卷尾皆以《佛顶心经》略称，卷末附能救产难印、自在王治瘟毒陀罗尼、一字顶轮王陀罗尼三道秘字印
版式	四周双边，有界，31.0×18.7cm，8行9字。无版心题，上下向黑鱼尾
跋	成化二十一年乙巳春二月比丘臣学祖谨跋
卷首插图	观音扉画（半叶缺失）
祈愿牌记	宗图盘石　王道弥隆　惠日长明　法周沙界
卷尾插图	韦驮天图
经文插图	计45幅

朝鲜成宗十六年（1485）以成宗之母仁粹大妃之名发刊。跋文由高僧学祖撰述："仁粹王大妃殿下为主上殿下□□灵长消殄魔怨爱。命工人效唐本详密而图之。楷正而写之。镂而刊之。"可知是学祖奉仁粹大妃之命，主导刻印发刊之事。经前卷首画缺失一面，只剩韦驮天、供养人及写有"宗图盘石。王道弥隆。惠日长明。法周沙众"的牌记。经中插图采上图下文方式，总共45幅（图5）。各图榜题如下（括号内数字为插图序号）：

卷上：观音菩萨白佛（1）｜菩萨救一切众生苦（2）｜从法座起说陀罗尼（3—5）｜天雨宝花缤纷而下｜善男善女供养此经（6）｜造罪杀生死入地狱（7—8）｜书写受持处（9）｜诵经人临命终众圣来迎｜霞光满室摩顶受记（10）｜女人厌女身（11）｜转女成男坐宝莲花｜百年婇女常随娱乐（12）｜口舌竞生｜钱财耗散（13）｜疾病缠身｜诵经之人善神卫护（14）｜独坐静处诵经（15）｜佛现目前｜香花供养｜诵经人常能见佛（16）｜观音菩萨化现阿难形相（17）

卷中：女人身怀六甲恶鬼为作障难（18）｜朱书陀罗尼处（19）｜吞朱书秘字推儿｜儿弃向水处（20）｜朱书秘字吞之治病（21—22）｜命终承此经力即得往生｜烧经作灰｜取西方净土｜面奉弥陀（23）｜供养此经衣食充足（24）｜鬼恼乱神供养此经悉皆奔走（25—26）

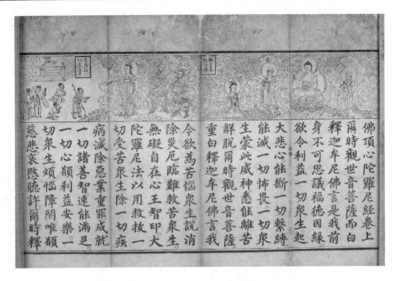

图5   《佛顶心陀罗尼经》朝鲜（1485）

卷下：观音化居士救众生疾病（27）｜卧病去处求医去处（28）｜劝人写经（29）｜抄写经所疾病除瘥（30）｜鬼使传报长者写经延年九十（31）｜妇人常持此经（32）｜此妇人前生冤家托荫胎中欲害其母（33）｜妇人生下亡儿弃向水处（34）｜妇人前生冤家三度欲害其母感得观音菩萨化作一僧现处（35）｜观音神通力指化夜叉沉水处（36—37）｜妇人归家发心造经（38）｜诵经之人随处有金刚神护卫（39）｜官人于普光寺借钱（40）｜官人与和尚同将一布袋盛和尚抛放水中处（41）｜官人到怀州府所忽见和尚在厅上坐（42）｜怀州县厅（43）｜官人发心印经后得加官任怀州刺史（44）｜密咒灵符救难（45）

插图榜题与古版画博物馆藏明成化本（1477）本相比对的话，有四字不同，分别为菩萨 救 （拔）一切众生苦、妇人前生冤家三 度 （次）欲害其母、观音神通 力 （左）指化夜叉沉水处、官人到怀州府 所 （厅）忽见和尚在厅上坐。（ ）内为古版画博物馆明藏本字。

此经本从变相图内容、人物描绘、背景表现等来看，均与原州古版画博物馆藏明宪宗成化十三年（1477）版本极为雷同，故有认为此本是以明成化1477年刊行本为底本所刻印的看法。① 但由于两者版式并不相同，

① 禹秦雄：《韩国密教经典中所收版画研究》，第55页。

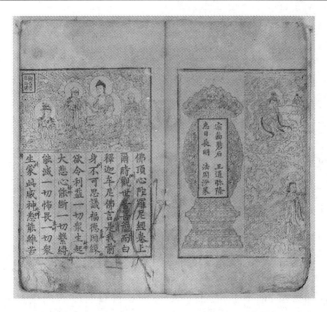

图6　《佛顶心陀罗尼经》卷首画（缺半）朝鲜（1485）

且刻画描绘的精细度差别颇大，榜题字亦有不同，不应是直接覆刻。只能说当时流通的《佛顶心陀罗尼经》可能经文插图排列构成都差不多。

2. 解脱庵刊本（1561）

典藏处：韩国国立中央图书馆，延世大学学术情报院，图7为国立中央图书馆藏本。

表3　　　　　　　　解脱庵刊本（韩国国立中央图书馆藏）

编著者	不详
刊行记	嘉靖四十年辛酉（1561）六月日平安道祥原地大青山解脱庵开版
卷题称与内容构成	三卷一册：卷上《佛顶心陀罗尼经》、卷中《佛顶心疗病救产方》、卷下《佛顶心救难神验》。卷末附一字顶轮王陀罗尼、自在王治瘟毒陀罗尼秘字印
版式	四周双边，半叶20.3×14.9cm，14行17字，黑口，内向黑鱼尾，30.2×19.5cm
封面题	佛顶心陀罗尼经
版心题	佛顶
跋	成化二十一年（1458）乙巳春二月学祖谨跋
合本收录	《佛顶心陀罗尼经》（上中下卷）谚解本

表4	解脱庵刊本（延世大学学术情报院藏）
编著者	不详
卷尾插图	韦驮天图、观音扉画、祈愿牌图
祈愿牌记	宗图盘石　王道弥隆　惠日长明　法周沙界
经文插图	计45幅

　　两处藏本与湖林博物馆版本完全相同，是以该本为底本，在朝鲜明宗十六年（1561）刊行。印刷线条清晰，仍保持得相当完善（图7）。参与发刊的施主有罗绣、金千年等90余人，以及化主云熙，刻字道成、性崇、仁气等人。又原州古版画博物馆藏有一本（图8）、延世大学学术情报院国学资料室还藏有四本年代不详、没有记录刊行地及跋记的《佛顶心陀罗尼经》，经合录《佛说高王观世音经》或附加谚解本。从版式与内容来看均与解脱庵本相同。但印刷较模糊，线条没解脱庵本清晰，可能是经过多次后刷的印本。卷尾如解脱庵本相同，附有扉画，但不知为何经中插图少了《女人厌女身》和《转女成男坐宝莲花·百年媒女常随娱乐》两幅，只有43幅。东国大学校中央图书馆藏新光寺版本，同样也是少了这两幅插图，只有43幅。

图7　解脱庵刊本《佛顶心陀罗尼经》卷首画［朝鲜（1561）延世大学学术情报院藏］

3. 熊岾寺刊本（1570）

高丽大学图书馆（大学院 C3 A135）典藏

表5 熊岾寺刊本

编辑者	不详
发刊年代	朝鲜宣祖三年（1570）
卷题称与内容构成	三卷一册：卷上《佛顶心观世音菩萨大陀罗尼经》、卷中《佛顶心观世音菩萨疗病救产方》、卷下《佛顶心观世音菩萨救难神验》
版式	四周单边，17.1×10.7cm，有界，半叶8行16字，上下大黑口，内向黑鱼尾
刊记	版刻成册独办施主前迎月寺前住持万辉 时隆庆四庚午全罗道南平地熊岾寺开版
卷首插图	无
其他插图	无

此经无插图。陀罗尼部分依悉昙文、韩文音、汉文序列出。

4. 奉佛庵刊本（1631）

典藏处：国立首尔大学奎章阁韩国学研究院（古 1730—12）、（伽蓝古 294.333—B872g），国立中央图书馆（古 1745—26），高丽大学图书馆（晚松 C3 A105A）等。以下为国立首尔大学奎章阁（古 1730—12）藏本。

表6 奉佛庵刊本

编辑者	不详
发行	朝鲜仁祖九年（1631）
卷题称与内容构成	三卷一册（37张）：卷上《佛顶心陀罗尼经》、卷中《佛顶心疗病救产方》、卷下《佛顶心救难神验》，汉文以及谚解本
版式	四周单边，半郭19.2×14.8cm，有界，半叶大字8行16字小字14行17字，版心上下内向黑鱼尾，28.5×18.5cm
封面书	观世音陀罗尼经
合录	汉文《佛说高王观音经》，高王观世音经序，各种真言（佛说如来藏经实章句，毗卢遮那摁归真言，大藏经七佛名号，十斋日，决定往生净土真言，延寿命陀罗尼，阿弥陀佛心咒，灭罪真言等
刊记	崇祯四年辛未四月日刊于庆尚道尚州牧地奉佛庵
卷首插图	观音扉画、浮屠图、韦驮天图、祈愿牌图
祈愿牌记	宗图盘石　王道弥隆　惠日长明　法周沙界

奉佛庵刊本为汉文和谚解本合本，同时合录《佛说高王观音经》、《高王观音经序》、《佛说如来藏经实章句》、《大藏经七佛名号》、《十斋日》以及各种真言。经文无插图，所附观音扉画、韦驮天图与解脱庵本同。启明大学东山图书馆亦收与奎章阁藏本（古1730—12）相同的版本。

5. 梵鱼寺刊本（1642）

典藏处：东国大学图书馆，国立中央图书馆（古1745—21），凤林寺，直指寺圣宝博物馆，以下为国立中央图书馆（古1745—21）藏本。

表7　　　　　　　　　　　　　梵鱼寺刊本

编辑者	不详
发行	朝鲜仁祖二十年（1642）
卷题称与内容构成	三卷一册：卷上《佛顶心观世音菩萨大陀罗尼经》、卷中《佛顶心观世音菩萨疗病救产方》、卷下《佛顶心观世音菩萨救难神验》。卷末书自在王治瘟毒陀罗尼、一字顶轮王陀罗尼、救产难印秘字印
版式	四周单边，半郭19.1×15.1cm，无界，半叶9行16字注双行，内向1—2叶花纹黑鱼尾，26.5×18.7cm
发愿开刊	敬悟道人
刻字	瑞旭比丘
刊记	崇祯十七年壬午孟夏东莱地金井山梵鱼寺开板
卷首插图	白衣观音图
经文插图	无
卷尾插图	无

刊记书写"崇祯十七年壬午"，从干支来看，年代可能为笔误，应为1642年开版。[①] 陀罗尼部分以悉昙文、汉字韩语音、汉字并列。卷尾最后书"己亥年于庆尚道载岳山灵井寺印经法华经七轴、秩九件、大字法华经几卷、地藏经二十余件、观音经二千卷等印施流布"。国立中央图书馆（古1745—21）藏本封面书"佛顶心观世音菩萨大陀罗尼经"，卷首白衣观音图，观音结跏趺坐于自水中浮起的莲花，头戴宝冠，衣着彩带较为简略，背后有身头光，右侧单竹伴随，左侧净瓶悬空，杨柳垂下。直指寺本亦有相同的白衣观音图，但经封面墨书"白衣圣言"（图8、图9）。

① 禹秦雄：《韩国密教经典中所收版画研究》，第59页。

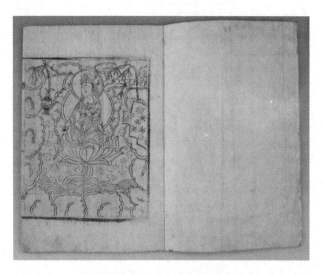

图8　梵鱼刊本《佛顶心观世音菩萨大陀罗尼经》卷首画　朝鲜（1642）
直指寺圣宝博物馆藏（1）

图9　梵鱼刊本《佛顶心观世音菩萨大陀罗尼经》封面　朝鲜（1642）
直指寺圣宝博物馆藏（2）

6. 新光寺刊本（1711）

东国大学图书馆典藏（213.19 佛 73 人）

表8	新光寺刊本
编辑者	不详
刊行年代	朝鲜肃宗三十七年（1711）
卷题称与内容构成	三卷一册：卷上《佛顶心陀罗尼经》、卷中《佛顶心疗病救产方》、卷下《佛顶心救难神验》。卷末附能救产难印、自在王治瘟毒陀罗尼、一字顶轮王陀罗尼三道秘字印
版心题	《佛顶心经》
跋	成化二十一年乙巳（1485）春二月比丘臣学祖跋
刊记	康熙五十年辛卯九月日淳昌郡回门山新光寺开板
卷首插图	观音扉画
卷尾插图	韦驮天图
祈愿牌记	宗图盘石　王道弥隆　惠日长明　法周沙界
经文插图	计 43 幅
画员	聪眼
刻手	斗心，信宝，友尚，重玄

从版式与插图，可知是以湖林博物馆 1485 年藏本为底本重刻。插图由画员聪眼重新刻画，新光寺版刻本插画，虽不似中国明代版本刻画精细，但刀法古朴带有拙趣，富有浓厚的韩国风貌。版刻技法和风格表现与湖林博物馆藏本大不相同（图 10、图 11）。

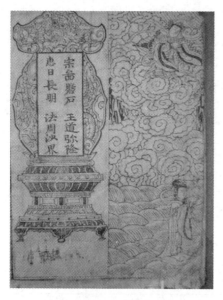

图10　新光寺刊本《佛顶心陀罗尼经》
　　卷首画　朝鲜（1711）东国大学
　　　　图书馆藏（左）

图11　新光寺刊本《佛顶心陀罗尼经》
　　卷首画　朝鲜（1711）东国大学
　　　　图书馆藏（右）

7. 宝晶寺刊本（1876）

东国大学图书馆典藏（D213.19 佛73曰）

表9　　　　　　　　　　　宝晶寺刊本

编辑者	不详
刊行年代	朝鲜高宗十三年（1876）
卷题称与 内容构成	三卷一册：卷上《佛顶心观世音菩萨姥陀罗尼经》、卷中《佛顶心观世音菩萨疗病救产方》、卷下《佛顶心观世音菩萨救难神验经》。汉字经文旁附有韩文音
版式	四周单边，半郭16.5×10.3cm，有界，半叶7行14字，上内向白鱼尾，22.8×14.6cm
版心题	《陀罗尼经》
跋	光绪赤鼠紫猿解制日龙冈山翁跋
刊记	京畿右道杨州天摩山宝晶寺印布
附录	《佛说救护身命经》
卷首插图	无
卷尾插图	无
经文插图	无

8. 三圣庵刊本（1881）

国立中央图书馆典藏（BC‑古朝21—291，21—291—2）

表10 三圣庵刊本

编辑者	不详
刊行年代	朝鲜高宗十八年（1881）
卷题称与内容构成	三卷一册：卷上《佛顶心观世音菩萨姥陀罗尼经》、卷中《佛顶心观世音菩萨疗病救产方》、卷下《佛顶心观世音菩萨救难神验经》。三卷尾皆以《佛顶心观世音经》略称。卷末附能救产难印、自在王治瘟毒陀罗尼、一字顶轮王陀罗尼三道秘字印以及补阙真言、所愿成就真言
版式	四周双边，半郭 16.6 × 11.2cm，有界，半叶 10 行 20 字，上黑鱼尾，22.0 × 15.0cm
封面题	佛顶心姥陀罗尼经
版心题	姥陀罗尼经
跋	智云书
刊记	光绪七年辛巳闰七月日三角山三圣庵藏经阁板
卷首插图	祇园说法图、祈愿牌图
祈愿牌记	邦图永固　王道遐昌　佛日增辉　法轮常转
卷尾插图	无
经文插图	无

卷首画为《祇园说法图》，后依序为祈愿牌、陈韩盝书序文、启请文《佛顶心姥陀罗尼经启请》、两真言（净口业真言、五方内外安慰诸神真言）、开经偈、开法藏真言、请四金刚、请四菩萨，上中下三卷经文和智云跋文。陀罗尼以悉昙文、汉字韩语音、汉字三种文字书写。每卷后皆书信女某某为谁祈愿祷福布施印行等语，如卷中尾书"信女戊戌生文氏为家夫己丑生闵氏印施一百卷仗此胜缘长享富贵桂子兰孙继绳之愿"。依跋文旁所书"隆熙二年戊申冬东庵居士姜在喜印施五百卷"，推测1881年在三圣庵刻经，1908年由姜在喜印制五百本流通。

9. 安心寺《真言集》刊本（1569）

延世大学学术情报院典藏（294.3823）

表11	安心寺《真言集》刊本
刊行年代	朝鲜宣祖二年（1569）
各卷题称	三卷一册：卷上《佛顶心陀罗尼经》、卷中《佛顶心疗病救产方》、卷下《佛顶心救难神验经》。卷末附能救产难印、自在王治瘟毒陀罗尼、一字顶轮王陀罗尼三道秘字印
版式	四周单边，半郭 18.3×13.3cm，无界，半叶 14 行 16 字，上下内向黑鱼尾，22.0×15.0cm
封面题	《真言集》
版心题	《真言集》
刊记	隆庆三年己巳仲夏全罗道安心寺重刊
跋记	校正兼书大禅师雪岂
插图	卷上前榜题"观世音白佛"插图 1 幅，卷中、卷下白衣观音化现图，卷尾韦驮天图、释迦说法图
经文插图	无

安心寺《真言集》是目前朝鲜时代所遗最早的真言集类版本，后以此为底本，陆续有江原道雪岳山神兴寺刊本（1658）、平安北道妙香山佛影台刊本（1688），以及在内容予以增补的全罗道和顺罗汉山万渊寺版（1777）和京畿道杨州道峰山望月寺版（1800）。此刊本封面题为《真言集》，最前面部分为《佛顶心陀罗尼》上中下三卷，经文无插图，但各卷前都附有插图一幅，分为卷上榜题为《观世音白佛》的插图、卷中和卷下各一幅《白衣示现图》，以及卷末《韦驮天图》。后面附各种真言，收录的诸真言集目录有结手文、志盘文、仔夔文、点眼文、正本楞严咒、佛顶心观世音菩萨姥陀罗尼、佛顶尊胜陀罗尼、药王菩萨陀罗尼、勇施菩萨陀罗尼等。陀罗尼以悉昙文、汉字韩语音、汉字三种文字书写。

10. 神兴寺刊本（1658）

典藏处：东国大学图书馆（213.19 第 79 人）、内院精舍、国立中央图书馆（韩古朝 21）

以安心寺《真言集》本为底本重刊。除跋文书顺治十五年戊戌六月于江原道雪岳山神兴寺重刊以外，其他内容均与安心寺刊本相同。

从上述韩国遗存的《佛顶心大陀罗尼经》来看，版本有以此经为主的单行本（编号 No.1—8）和与收录于《真言集》内的合本（No.9—10）。单行本多附录《高王观世音经》、《佛说救护身命经》，可知是与这两经一起流通的。就各刊本内所附扉画与插图，整理如下表。

表12　　　　　　　　　　**各刊本所附插图总览**

版本（刊行年）	插图内容
湖林博物馆藏本（1485） 首尔大学图书馆—石文库藏本（1485） 解脱庵刊本（1561） 新光寺刊本（1711）	观音扉画、祈愿牌图、经文插图、韦驮天图
奉佛庵刊本（1631）	观音扉画、韦驮天图、祈愿牌图
熊岾寺刊本（1570） 宝晶寺刊本（1876）	无
梵鱼寺刊本（1642）	白衣观音图
安心寺刊本（1569） 神兴寺刊本（1658）	榜题"观世音白佛"插图、白衣示现图、祈愿牌图、韦驮天图、说法图
三圣庵刊本（1881）	说法图

湖林博物馆藏本、首尔大学图书馆—石文库藏本、解脱庵、奉佛庵、新光寺等，属同一系列的版本。但奉佛庵刊本经文无插图。18世纪刊印的新光寺，经文和插图则是以湖林博物馆藏本为底本加以重雕，表现在地的画风。梵鱼寺本经中无插图，仅在卷首附一幅白衣观音图。较为特别的是三圣庵本出现《说法图》，安心寺和神兴寺本也附有《说法图》。又一般来说，《诸真言集》或《五大真言》内多附《画千手》，不附观音扉画。但1777年万渊寺刊行的《诸真言集》，除了《画千手》以外，还附有一幅如解脱庵《佛顶心陀罗尼经》的观音扉画。

二　观音扉画类型

透过以上考察，朝鲜时期刊行《佛顶心大陀罗尼经》的观音扉画，大致可分两种类型：一是附于卷首或卷尾，描绘观音坐于海上孤岩，以观音圣地所在的山水为背景，加上眷属人物所构成，底本来自明本；二是绘白衣观音坐在自海上升起的莲花上，说明如下。

（一）湖林博物馆藏本、解脱庵、奉佛庵、新光寺本观音扉画

大部分附于卷首，但解脱庵刊本置于卷尾（见图7）。观音头戴宝冠，中央有化佛或无，有头光，无身光，两手大多无持物，间有持数珠。多采盘坐或较为自在的半跏趺姿势，以蒲草编成的席子为垫，坐于波涛盘石上。一般座前有莲花浮起，身后竹林数株，怪石嶙峋。观音身后石台上放置插着杨柳的净瓶，瓶底有托碗。远方重山峻崖，笼罩于云端，护法韦驮天驾祥云瑞彩前来。眷属人物主要以善财童子在旁随侍，或有童女捧物献呈，或是身着官服（或谓龙王）和贵妇装扮（或谓帝妃）的供养人朝向观音礼拜，间有侍从随行在后。一般韩语论文中多将此插图，称为《水月观音图》[①]，但笔者觉得尚待商榷。因为随着中国普陀山观音圣地的成立，以及《香山宝卷》、《南海观音全传》等的传播流通，元明以后《佛顶心大陀罗尼经》所刻的扉画图像，多数反映出与普陀山观音圣地信仰有关的内容。就时空背景而言，与之前的《水月观音图》，在绘画元素、信仰内涵等方面，已有变化。透过普陀山观音圣地信仰所呈现的观音图，其特征是观音以更为自由轻松的坐姿呈现，手中多无持物，面为女相。画中伴随韦驮天、龙女、白鹦鹉等素材，也就是所谓的"南海观音图"。于君方指出南海观音与普陀洛迦观音最大的不同，便是她是女性。虽然它并不包含在三十三观音之中，但却结合了水月、白衣、杨柳与鳌鱼观音的元素。[②] 元及明宣德、成化、弘治、嘉靖、万历年间刊行，在民间普及流通的《佛顶心大陀罗尼经》卷首画，大多是呈现如上所述图像内容，其中京都顺天府大兴县张家湾陶氏施印本和宣德、万历本将部分朝圣者绘于陆地以外，基本上各刊印本所刻画的内容没有太大的不同（图12），可知附在此经内的观音扉画，已约定俗成，成为一种定型化的图像表现。

元明卷首画所增添的绘画元素，显现出受时空、地域性文化影响的痕迹。我们可借与此经常一起流通的《高王观世音经》卷首画，作为比对参考。黑水城出土西夏《高王观世音经》（TK117）卷首画，此图对于观音所在的山水世界，没有呈现出南方海上的风景，也没有鹦鹉鸟、韦驮

---

① 如尹慧真《朝鲜时代〈佛顶心陀罗尼经〉版画研究》第三章第一节，禹秦雄《韩国密教经典中所收版画研究》第三章第二节，均称此图为"水月观音图"。

② 于君方：《观音菩萨中国化的演变》，陈怀宇、姚崇新、林佩莹合译，第472页。

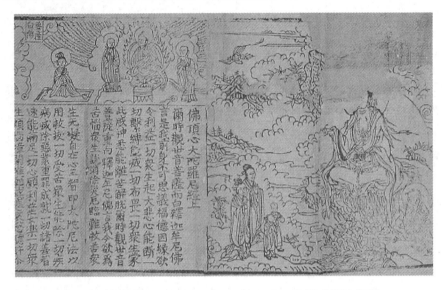

图12　《佛顶心大陀罗尼经》卷首画　元　浙江省博物馆藏

天、善财童子。画面上有身披彩带捧着果盘的飞天、两位像是西夏帝王与王妃的供养人。供养人后面，一人跪地，双手合十向着观音祷告，另一人站着，手持断成三段的大刀，描绘的是与此经名有关元魏定州募士孙敬德三斩免死的灵验故事（图13）。

图13　《高王观世音经》（TK117）卷首画　西夏　黑水城出土

（二）梵鱼寺本白衣观音图

　　梵鱼寺本扉画绘观音独坐于一枝自海中伸展而出的莲花上，观音背后有头、身光，手无持物，右侧有净瓶，瓶中插杨柳，左侧绘有竹子，画面四周以云彩装饰，没有善财童子和鸟。由封面所书《白衣圣言》，可知是绘白衣观音。这种观音图像，见周心慧编《中国古代佛教版画集》内所收明万历年间丁云鹏绘，徽州程幼博施刊本《观世音菩萨三十二相大悲心忏》版画（图14）或清初画谱《慈容五十三现》中的白衣观音。海上浮莲白衣观音的表现，除出现在朝鲜刊印的《佛顶心大陀罗尼经》以外，亦可见于《观世音菩萨灵验略抄》、《千手神妙章句大陀罗尼》单叶版画（图15）以及后期的观音壁画。例如1716年刊印的甘露寺《观世音菩萨灵验略抄》卷首画，比梵鱼寺本描绘要精细许多，观音坐在自海上浮起盛开的莲花当中，两侧各衍生出宝相华文连枝，一莲枝上善财童子合掌向观音致意，另一莲枝上托着柳枝净瓶，上方飞鸟盘旋。壁画可见庆尚南道梁山市通度寺观音殿昌枋所绘观音壁画、全罗南道丽水市兴国寺大雄殿《佛后壁白衣观音图》等。

图14《观世音菩萨三十二相大悲心忏》版画　明万历

图15 神兴寺《千手神妙章句大陀罗尼》版画 朝鲜后期（左）

《佛后壁白衣观音图》是指绘于主殿佛坛佛像身后两侧高柱后壁背面的白衣观音图。见于麻谷寺大光宝殿、无为寺极乐宝殿、兴国寺大雄殿、来苏寺大雄宝殿、云门寺大雄宝殿、威凤寺普光明殿、泉隐寺极乐宝殿等。作为朝鲜时代观音壁画主流的《佛后壁白衣观音图》，多绘观音身着白衣，坐于海中大石之中，身后有竹林、净瓶、鸟等，如《佛顶心大陀罗尼经》卷首画所见。但眷属大多只绘善财童子和供养人。也有像兴国寺大雄殿《佛后壁白衣观音图》，身穿白袍的观音半跏趺坐于盛开的莲花

上，缠枝莲花伸展而出，莲花上置杨柳净瓶，形似鹦鹉的鸟栖息在柳枝
上。下方善财足踏莲花，合十面向观音（图16）。从仪式的观点来看，佛
殿佛像后壁绘制白衣观音壁画，应与禅宗行持之法中的绕匝有关。绕匝仪
式有左绕、右绕，一般多指右绕，所绕有塔、佛像、尊者，旋绕时多课诵
佛名或陀罗尼以表敬意，或是忏悔罪咎、祈求获得各种利益功德。信众在
佛殿内对佛坛佛像礼拜之后，右绕佛像，行至后壁绘有白衣观音佛画处，
进行祈祷或礼拜仪式。①

图16　兴国寺大雄殿《佛后壁白衣观音图》　朝鲜后期（右）

---

① 关于朝鲜时代于大殿佛坛后壁所绘《佛后壁白衣观音图》与绕匝仪式的关联性，参照拙
文《大寂光殿佛坛后佛画配置形式之考察——以海印寺、金山寺、麻谷寺为例》，载《第四届华
严国际学术研讨会论文集》下（台北：2013 年 7 月 14 日），第 245—247 页。

　　除以上两种外，虽然不是卷首画，但出现于经文无插图的版本，如安心寺刊本卷中、卷下后各附有一幅《白衣示现图》。卷中观音披白巾身穿白袍，悬空立于云端之上，全身被祥云包围。卷下观音也是悬空立于云端之上，左手持净瓶，右手持杨柳，身后布满云彩，都是表现观音化现前来的模样（图17）。

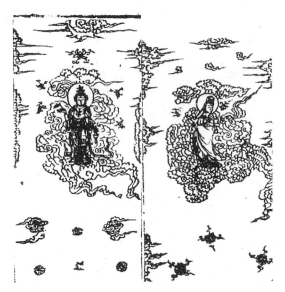

图17　安心寺《佛顶心大陀罗尼经》插画　朝鲜（1569）

　　此白衣观音多见于《法华经·普门品》插图或各种灵验录中，如原州古版画博物馆藏日本江户时代（1603—1867）《普门示现施无畏之图》版画，版面划分成19格，各格摘录出自《法华经·普门品》经文，配上插画，表现出观音现前救灾除难的各种场面。观音大多是身披白袍，乘云自天空而降（图18）或立于海中。壁画如康津无为寺极乐殿的《白衣观音图》（图19）。

三　《佛顶心大陀罗尼经》卷首画与朝鲜白衣观音图

　　以上对朝鲜时代所刊行的《佛顶心大陀罗尼经》，进行了版本文献整理和卷首画图像内容的分析。流传于朝鲜的《佛顶心大陀罗尼经》多以明版本为底本刊刻，基本上沿袭明代版本的样式。扉画包括绘普陀山观音

图18　《普门示现施无畏之图》版画　日本　江户时代

圣地的《南海观音图》和坐于海上浮莲的《白衣观音图》两种图样，都是在明代佛教版画或民间画谱中可见的插图。这些已概念定型化的观音图版，是当时大众所熟悉的观音形象，不管是官本、民间本，或是不同年间的刊本，大致上来说，只有刻画技法的精致与简略之分，图像元素组成的内容并没有太大的不同。透过对以上两种类型的考察，我们发现朝鲜后期所绘制的观音壁画或帧画，有受到佛经版画影响的痕迹，有些作品的表现

图19　无为寺极乐殿《白衣观音图》壁画　朝鲜后期

与《佛顶心大陀罗尼经》或《观世音菩萨灵验略抄》的扉画，颇为相似。但仔细观察，并比对高丽晚期《水月观音图》，可发现朝鲜观音佛画有几点特色：

第一，观音现大丈夫相：观音原是随类现身，教化众生，可以有男相，或是女相。高丽晚期《水月观音图》中观音嘴上都绘有蝌蚪形髭须，可知所呈现的是男相，大丈夫相。这应与《华严经》中所述"勇猛丈夫观自在，为利众生住此山"有关。[①] 但观音身上穿着雍容华丽的服饰，又表现出女性般的优雅和高贵气质，这种"男相女身"可说是高丽水月观音的特征。不过，韩国观音的性别，并没有如中国因时代的变迁，而有所改变。从18世纪重新翻刻的新光寺《佛顶心大陀罗尼经》，便见端倪（图20）。如前所述，湖林博物馆藏版本是1485年以明刊本为底本翻刻的第一代版本，服饰人物的描绘，犹有中国风韵，观音也与明代观音相同，显现女相。但1711年经由朝鲜画员聪眼重刻的新光寺本卷首画的观音长发披肩垂至背后，头上戴着宝冠，嘴上出现髭须。不仅如此，观音面貌少了南方女性容色婉约的气质，显现壮硕豪气，颇接近山西朔州崇福寺

---

① （唐）实叉难陀译《大方广佛华严经》卷68，《大正藏》第10册，第279号，第366页下。

弥陀殿壁画中菩萨的造型和风貌（图21）。

图20　新光寺《佛顶心大陀罗尼经》　　图21　胁侍菩萨　山西崇福寺弥陀殿
**　　　　插画　朝鲜（1711）　　　　　　　　　壁画　金代**

　　朝鲜时代《佛后壁白衣观音图》观音亦是现男相。例如庆尚南道梁山市新兴寺大光殿佛像高柱后壁有绘于17世纪的三尊观音像。此壁画极为独特，它不似一般壁画彩绘着色，而是黑底白描出三尊观音像。中央观音头戴宝冠，冠中有化佛，半跏趺坐，身后有竹林、杨柳净瓶，以及笼罩身躯的大圆光。左侧为韩国少见的鱼蓝观音，右侧是足踏莲花的白衣观音（图22）。这三尊观音，嘴上都蓄着髭须。鱼蓝观音和白衣观音在明代已完全描绘成妇女的姿态，新兴寺的这尊两观音形象，事实上和明代所绘并没有太大不同，但维持着观音蓄着髭须的传统。

　　第二，善财童子的移位：从高丽《水月观音图》与《佛顶心大陀罗尼经》扉画中我们可以发现善财童子在画面上的位置有所不同。高丽《水月观音图》中善财童子大多与观音目光呈对角线，采面向观音凝视的表现。如日本谈山神社藏《水月观音图》，在画面下端善财跪足恭敬合

图22　梁山新兴寺大光殿《佛后壁白衣观音图》朝鲜17世纪

掌，面向观音，目视不瞬，谛听说法（图23）。这样的描绘贴切《华严经》《入法界品》所述善财童子寻访五十三善知识，聆听观音说大悲行解脱法门的场面。① 明《佛顶心大陀罗尼经》扉画中善财童子多绘在观音左膝侧下方，随侍在观音身旁。

善财童子位置的变化，应与明以后《香山宝卷》或《南海观音全传》中讲述观音收善财童子作为随侍有关。朝鲜壁画中的善财童子，表现则较为多样自由，有如庆尚南道云兴寺《观音帧》（图24），双手合十随侍在观音座前；或是如麻谷寺大光宝殿《佛后壁白衣观音图》中，善财童子在观音身后，双手捧鸟（图25）。

第三，韦驮天的出现：韦驮天原为南方增长天王的八大神将之一。唐宋以来被视为佛教的护法神。印顺法师说中国之护法韦驮，其本质应为密迹金刚，以密迹金刚为主体，经韦琨将军说之联系，将之合化而成，北宋时护法韦驮已成佛教界共许之事实②，这也是写经或经书前后多附有韦驮天插图的原因。明代《佛顶心大陀罗尼经》卷首画中出现韦驮天，应与

---

① （唐）实叉难陀译《大方广佛华严经》卷68，《大正藏》第10册，第279号，第366页下—第367页上。

② 印顺：《护法韦驮考》，《佛教史地考论》，载《妙云集》下编之九，台北：正闻出版社1990年版，第245—250页。

图23　《水月观音图》　　图24　云兴寺《观音帧》　　图25　麻谷寺大光宝殿
　　　高丽绢本彩色　　　　　　　朝鲜1730年麻本　　　　《佛后壁白衣观音图》
　　　09.5×57.8cm　　　　　　　彩色292×206cm　　　　　　朝鲜后期
　　　日本谈山神社藏

各种宝卷或观音传记中将韦驮天视为观音的护法神将有关，如清同治癸酉1873年秋月彭门徐氏敬刻的《普陀宝卷》中所云：

　　　观音菩萨归宝殿，就唤金刚护法神，善才龙女听法旨，速召雷公电母神，值日功曹并揭帝，诸神力士众星君，六丁六甲伽蓝众，韦驮天灵官齐来临，风伯雨师忙拥护，雷声霹雳显神灵。①

但在高丽《水月观音图》或朝鲜时代观音壁画，没有韦驮天的踪影，画中不绘韦驮天。朝鲜时代韦驮天虽也作为护法神将，但多出现在三坛佛画中属中坛佛画的《神众帧》（图26）或《百四位神众图》。

第四，有关"鸟"的传说：出现于《南海观音图》中作为观音随侍的鹦鹉，主要是受到15世纪时盛行于民间的《新刊全相莺哥行孝义传》、

① （清）徐氏刻《普陀宝卷》，山西人民出版社1994年版，第161—162页。

图 26 惠国寺《神众帧》朝鲜 1781 年 麻本彩色 159.5×146cm
直指寺圣宝博物馆藏

《莺哥宝卷》等说唱文学的影响。[1] 现遗四十余幅的高丽《水月观音图》中出现鸟的作品并不多，称为青鸟、翠鸟。绘成飞鸟或是飞鸟衔花状，谓之"青鸟含花"。如日本大德寺所藏《水月观音图》（图 27）。观音与青鸟的渊源，或说与西王母图像造型中身边伴随着三只青鸟有关。[2] 韩国有关观音与青鸟的记载，见以下史料。一是《三国遗事》卷四《塔像第四观音正趣调信》中记载元晓法师为瞻拜观音真身，在前往江原道洛山寺途中青鸟显灵的故事。

> 初至于南郊水田中，有一白衣女人刈稻，师戏请其禾。女以稻荒戏答之。又行至桥下，一女洗月水帛。师乞水，女酌其秽水献之。师覆弃之，更酌川水而饮之。时野中松上有一青鸟，呼曰休醍醐和尚。忽隐不现。其松下有一只脱鞋。师既到寺，观音座下又有前所见脱鞋一只，方知前所遇圣女乃真身也。故时人谓之观音松。[3]

---

① 于君方：《观音菩萨中国化的演变》，陈怀宇、姚崇新、林佩莹合译，第 478—481 页。

② 于君方：《寻找女性观音的可能前身——观音和中国女神》，徐雅慧、张译心译，《香光庄严杂志》1999 年第 59 期，第 48—49 页。

③ ［高丽］一然述《三国遗事》，李丙焘译注，首尔：明文堂，1990 年，第 118 页。

图27　青鸟含花《水月观音图》局部　高丽
绢本彩色　日本大德寺藏

　　二是高丽文臣庾资谅前往洛山圣窟礼拜时，因至诚朝拜，观音化现青鸟之身，前来引导的故事。庾资谅（1150—1229），幼读儒学，踏上仕途，出任龙冈县令颇有治绩。后再任尚衣奉御、户部郎中、御史杂端、大府少卿等官职，晚年高宗时任尚书左仆射。李奎报（1168—1241）为其撰写的墓志铭中曾提到这一段逸事，谓"到洛山礼观音，俄有二青鸟含花落衣上"①。庾资谅至洛山寺朝圣，青鸟含花落于衣上的故事，广为世

---

① ［朝鲜］李奎报：《东国李相国全集》卷36，《银青光禄大夫尚书左仆射致仕庾公墓志铭》，韩国古典综合 DB，2012 年 12 月 9 日，取自 http：//db. itkc. or. kr/itkcdb/mainIndexIframe. jsp。

人所知。之后朝鲜《新增东国舆地胜揽》，1737 年撰《襄州地密记洛山寺事迹》、《洛山寺事迹》等文献亦都有记录。

世传有人到窟前至诚拜稽，则青鸟出现。明宗丁巳庚资谅为兵马使至十月到窟前，焚点拜稽，有青鸟含花飞鸣落花于袄头上，世以为稀有云云。①

这段逸事的流传，使得洛山青鸟成为诗作的素材，如朝鲜明宗时期僧侣普雨（1509—1565）诗中有"海岸孤峰是洛伽。倚云双竹影婆娑。野中青鸟来松上。呼我清平过突何"。肃宗（1674—1720 在位）游洛山寺御制诗中有"快登南里洛伽峰，风卷讖云月色浓，欲识圆通大圣理，有时青鸟衔花逢"等。② 韩国佛教传说中所出现的青鸟大多具有神灵和先知的特质，洛山观音圣地青鸟引导真诚求见观音的人，蕴含着灵验、神圣和庄严的象征意味。这和元明观音图中出现的鹦鹉鸟，受到《莺哥孝义传》、《莺哥宝卷》民间俗文学的影响有些不同。

五　结论

长久以来，人们深受印经布施流通可获功德的影响，使得经书成为传播信仰的重要媒介物。《佛顶心大陀罗尼经》于何时传入朝鲜半岛，已无史料可考。但从此经在中国北方地区极有影响力、北宋木刻版出现时期，以及现遗 13 世纪高丽小字本来看，应在高丽时期广为持诵流通。此经在朝鲜中后期多次被刊印，就现存的版本来看，始于 15 世纪，是以明代刊本为底本的王室发愿本，后陆续有在各地寺院刊印的"寺刹板本"，可知此经普受大众的信奉。

透过考察，朝鲜《佛顶心大陀罗尼经》卷首画呈现两种类型：一是底本来自明刻本，依普陀山观音圣地信仰所绘，观音的形象、山水背景、动植物、韦驮天等各眷属人物的构成，明显受到《香山宝卷》或《南海观音全传》等观音传记所述影响，图像接近《南海观音图》；二是在明代

---

① ［朝鲜］《新增东国舆地胜揽》卷44，江原道襄阳都护府佛宇洛山寺。

② 寺刹文化研究院编：《洛山寺》，首尔：寺刹文化研究院，1998 年，第 243、247 页。

佛教版画或民间画谱中可见，坐于海上浮莲的《白衣观音图》。

透过图像的内容及比对，我们发现仿刻自中国的《佛顶心大陀罗尼经》卷首画，对朝鲜观音壁画的图像产生影响。两者之间虽有雷同之处，但在部分细节的处理，朝鲜白衣观音图仍呈现其在地的特色，如观音现男相、不绘韦驮天、飞鸟有相关的传说等。

从此时期所刊印的观音经书以《真言集》或陀罗尼经类为最多，所绘观音壁画多以《佛后壁白衣观音图》为主，以及《佛后壁白衣观音图》与观音礼忏、绕匝仪轨的关联……以上所显现的各种因素，为我们在思索中、韩两地的白衣观音图之所以呈现不同的素材或图像的原因时，提供值得关注的启示。即，其中涉及的原因之一，有可能是中国江浙南方一带的观音图，自宋以来受到与妙善公主传说有关的各种宝卷传记影响，而逐渐形成观音形象的递变。而朝鲜时代的观音信仰延续高丽的祈福禳灾特质，主要来自各种观音灵验记抄录，或与持诵观音真言有关的《佛顶心大陀罗尼经》、《千手神妙章句大陀罗尼》、《大悲心陀罗尼》等经籍相互紧密联系。所奉为陀罗尼，对于图像就没有太多需求，沿袭自高丽传承下来的样式。至于送子观音图未能广为流传的原因，除上述的背景之外，和观音与七星信仰间的交互杂糅有关，当专文另述。

图版出处

图2　韩国文化财厅网页，http://www.cha.go.kr/（检索日期：2013年5月9日）。

图5，图6　湖林博物馆网页，http://www.horimmuseum.org/（检索日期：2013年6月9日）。

图7，图17　韩国延世大学学术情报院提供。

图8，图9　直指寺圣宝博物馆，http://www.jikjisa.or.kr/（检索日期：2013年6月12日）。

图12　浙江博物馆典藏大系《东土佛光》，浙江古籍出版社2008年版，第150页。

图13　《俄藏黑水城文献》第三册，上海古籍出版社1996年版，第36—40页。

图14　周心慧编：《中国古代佛教版画集》二，学苑出版社2002年版，第161页。

图15　朴相国编：《全国寺刹所藏木板集》，世信文化社1987年版，第149页。

图16　《佛国土　渴望成佛的心愿——寺院壁画展》，韩国国立大邱博物馆，

2006 年，第 185 页，图 140。

　　图 18　韩国明珠寺古版画博物馆提供。

　　图 19　《韩国佛画》31，大兴寺本末寺篇，圣宝文化财研究院，2004 年，第 66 页，图 16。

　　图 21　金维诺主编：《中国寺观壁画典藏·山西朔州崇福寺壁画》，河北美术出版社 2004 年版，第 3 页。

　　图 23　《高丽佛画大展》，韩国国立中央博物馆，2010 年，第 128 页，图 45。

　　图 24　《韩国佛画》25，双磎寺本末寺篇上，圣宝文化财研究院，2002 年，第 113 页，图 28。

　　图 25　《佛国土　渴望成佛的心愿——寺院壁画展》，韩国国立大邱博物馆，2006 年，第 182 页，图 138。

　　图 26　《韩国佛画》8，直指寺本末寺篇上，圣宝文化财研究院，1996 年，第 147 页，图 51。

　　图 27　菊竹淳一：《高丽时代的佛画》，郑于泽译，时空社 1996 年版，第 157 页，图 69。

（陈明华，韩国弘益大学助理教授）

韩国佛教仪式中的舞蹈种类与密教真言之伴奏的舞蹈现况

［韩］金香今

一　韩国的佛教式舞蹈

在韩国流传至今的佛教舞蹈中，仍使用梵呗来伴奏，器乐是三弦六角以及胡笛。佛教仪式舞蹈的起源可以追溯到公元前6世纪的印度，后来随着佛教传入中国再通过陆路传入朝鲜半岛，此外还有1世纪的海路传入伽耶，一共两条途径。

佛教舞蹈的仪轨舞作为宗教的仪轨何时传入韩国不详，只是通过梵呗、舞蹈的形式知其历史悠久。通过参考记录三国、高丽时代的16世纪朝鲜时代的甘露帧画，可以看到舞蹈的形式有铜钹舞、翩飞舞、法鼓舞等。

寺院僧人世代传承的佛教舞蹈被称为作法、作法舞、僧舞、法舞等，通过各种动作而表现出礼敬诸佛、称赞如来、常随佛学等佛教特征。

现行佛教仪轨在进行时，有辅助舞蹈者的专门的仪轨僧人负责梵呗的声乐伴奏以及乐器伴奏。这些仪轨僧学习的科目有常住劝供斋、各拜斋、灵山斋、水陆斋、生前预修斋等各种梵呗和舞蹈，并需要最少15年的时间才能完全掌握之，然后进行专门舞蹈仪轨的学习。佛教舞蹈与一般的民俗舞蹈或者传统舞蹈不同，有着称赞佛陀功德、修行、祈福、消灾、众生成佛的宗教特点。

二　佛教舞蹈的种类与真言的内容

佛教音乐是指在进行佛教仪轨时演奏的，称赞佛陀功德的全部音乐的统称。根据形式可以分为在家居士的念佛诵，以及僧人持诵的专门仪轨式梵呗。

现在在韩国的寺院中以传统教学方法教授的梵呗分为内赞（indoor chant）和外赞（outdoor chant）。内赞有致声、着语声、偏偈声、开铎声；外赞有短赞（short chant style）和长赞（long chant style）。

梵呗内赞的歌词主要是散文形式的汉字，配乐比较单调。外赞是简短的偈颂形式配以长音。此外还有回心曲、赞佛歌等和请，这些被称为祝愿和请，通过散文形式配以不同的曲目，根据每个人的不同而配合，所以形式比较自由。和请中的回心曲是用韩国文字书写的4.4组合，不局限于特定的形式，由作唱的僧人自由配曲的一种歌词创作形式。赞佛歌是用五线谱配合韩文歌词，通过西洋乐器或者韩国乐器创作演奏的音乐。

佛教舞蹈种类有四大类，即铜钹舞7种、蝴蝶舞18种、打柱舞1种、法鼓舞1种，共计27小类。有关这27种舞蹈的配乐，可以参阅法显法师的著作《佛教舞踊》、《韩国的佛教音乐》、《佛教音乐鉴赏》、《佛教仪式音乐研究》[1]，可知其主要以真言为伴奏的形式。

（一）铜钹舞的真言伴奏内容

佛教仪轨中的铜钹舞是穿长衫的僧人手持铜钹，通过两手的挥舞，并配以歌词念诵，同时有专门的仪轨僧演奏梵呗短赞，并配合各种乐器伴奏有太钲、大鼓等。铜钹舞的种类分为千手铜钹、四陀罗尼铜钹、绕匝铜钹、化衣财真言铜钹、来临偈铜钹、灌浴诵铜钹、鸣铜钹等7种。

1. 绕匝铜钹

绕匝铜钹也称为普通铜钹、幡盖铜钹、平铜钹。绕匝铜钹是铜钹舞中最基本的舞蹈。主要用于常住劝供斋、各拜斋、灵山斋、水陆斋、生前预修斋五种仪式。通常是在蝴蝶舞或者拥护偈结束后，没有乐器伴奏，只是

---

[1] 法显（金应起）著《佛教舞蹈》，云住寺，2001年；《韩国的佛教音乐》，云住寺，2005年；《佛教音乐鉴赏》，云住寺，2005年；《佛教仪式音乐研究》，云住寺，2012年。

图 1　铜钹舞

辅以简单的太钲、胡笛、鼓，时间大约是 2 分钟。

2. 化衣财真言铜钹

用于常住劝供斋、各拜斋、灵山斋、水陆斋、生前预修斋等的仪轨。通过绕匝铜钹的形式进行，随铜钹舞念诵化衣财真言召请魂灵来到佛堂并以灵山斋灌浴仪轨赋予法依的仪式，以真言伴奏为主。歌词：

南无三满哆母驮喃唵婆左那毘庐枳帝萨婆诃南无三满哆母驮喃唵

婆左那毘庐枳帝萨婆诃南无三满哆母驮喃唵婆左那毘庐枳帝萨

婆诃

上面歌词中的真言"南无三满哆母驮喃唵婆左那毘庐枳帝萨婆诃"通过 3 遍短赞念诵，同时配以太钲、鼓、胡笛进行 1 分钟左右的舞蹈。

3. 千手铜钹

用于常住劝供斋、各拜斋、灵山斋、水陆斋、生前预修斋等仪轨，在念诵观世音菩萨的秘密真言（大悲咒）的上坛劝供时使用。

歌词：（大悲咒）

（南无喝啰怛那　哆啰夜耶　南无阿唎耶）
○○∘∘○남무라다나다라야야나막알약바로
∘∘∘∘∘∘∘∘∘∘∘

（婆卢羯帝　烁钵啰耶　菩提萨埵婆耶　摩诃萨埵）
기제새동발야　○○∘∘○모지사다바야마하사다
∘∘∘∘●●∘∘∘

（婆耶　摩诃　迦卢尼迦耶　唵　萨皤啰罚曳）
바야마하가로니가야암살바바예수다라나가라야
∘∘　●●●●　∘∘∘∘∘∘∘∘∘∘

（数怛那怛写　南无悉吉栗埵　伊蒙阿唎耶　婆卢吉帝　室佛啰楞驮婆）
다사명나막가리다바이맘알야바로기제새동발
∘∘∘∘∘∘∘∘∘∘∘　∘∘

（南无那啰谨墀　醯利摩诃　皤哆沙咩）
다바니라간타나막하리나야마발다이사미살바타
∘∘∘∘∘∘∘　●●●●　∘∘∘∘∘∘

（萨婆阿他　豆输朋　阿逝孕　萨婆萨哆　那摩婆萨哆　那摩婆伽　摩罚特豆）
사다남수반아예염살바보다남바바말아미수다감다냐타오암
●●●●●　●●●●●　∘∘∘∘∘　●●●●　●●●●●

（怛侄他　唵　阿婆卢醯　卢迦帝　迦罗帝　夷醯唎）
아로계아로가마지로가지가란제혜혜하례
∘∘∘∘∘∘∘∘∘∘∘∘∘∘∘∘

（摩诃菩提萨埵　萨婆萨婆　摩啰摩啰　摩醯摩醯　唎驮孕）
마하모지사다바삼마라삼마라하리나야구로
●●●●　∘∘∘∘∘∘∘∘∘∘∘∘

（俱卢俱卢　羯蒙　度卢度卢　罚阇耶帝　摩诃罚阇耶帝）
구로갈바사다야사다야도로도로미연제마하미연제
●●●●　∘∘　●●●●　●●●●●　∘∘

（陀啰陀啰　地唎尼　室佛啰耶　遮啰遮啰　摩么罚摩啰）
다라다라다린나례새동발자라자라마라미마라
∘∘∘　●●●●　∘∘∘　●●●●　∘∘

（穆帝隶　伊醯伊醯　室那室那　阿啰参）

아마라몰제예혜혜로계새동발라아미사미나사야나베
●●●●●　●●●●　○○○○

（佛啰舍利　罚沙罚参　佛啰舍耶呼嚧　呼嚧摩啰）

사미사미나사야모하자라미사미나사야호로호로
●●●●　○○　●●●●　○○○○○○○

（呼嚧呼嚧醯利　娑啰娑啰　悉唎悉唎）

마라호로하례바나마나바사라사라시리시리
○○　●●●●　○○○○○○○○○○

（苏嚧苏嚧　菩提夜　菩提夜　菩驮夜　菩驮夜　弥帝唎夜）

소로소로못쟈못쟈모다야모다야매다리야니라간타
○○○○　●●●●　○○○○○○○

（那啰谨墀　地利瑟尼那　波夜摩那　娑婆诃　悉陀夜）

가마사날사남동발하리나야마낙살파가싣다야
○○○○○○○　●●●●　○○○○

（娑婆诃　摩诃悉陀夜　娑婆诃　悉陀喻艺　室皤啰耶　娑婆
诃）

살파가마하싣다야살파가싣다유예새동발야
●●●●●　○○○○○○○　●●●●

（那啰谨墀　娑婆诃　摩啰那啰　娑婆诃）

살파가니라간타야살파가바아라목카싱하
●●●●●　○○○○○　●●●●

（悉啰僧　阿穆佉耶　娑婆诃　娑婆摩诃　阿悉陀夜　娑婆诃
者吉啰　阿悉陀夜）

목카야살파가바나마하따야살파가자가라욕따야
○○○○○○○○○○○○○

（娑婆诃　波陀摩　羯悉陀夜　娑婆诃）

살파가샹카섭나녜모다나야살파가마하라구타다라야
●●●●●　○○　○○○○○○○

（那啰谨墀　皤伽啰耶　娑婆诃　摩婆利　胜羯啰夜　娑婆诃）

살파가바마사간타이사시체다가릿나이나야살파가
●●●●●　●●●●●　○○○○○○○

（南无喝啰怛那　哆啰夜耶　南无阿唎耶　婆嚧吉帝　烁皤啰夜
娑婆诃）

먀가라살——바사나야살파가나로라다나다라야야
○○　●—●●●　○○○○○○○○○○○

（唵　悉殿都　漫多啰　跋陀耶　娑婆诃）
나막알야바로기제새동발야살파가◦◦◦
◦◦◦◦◦◦◦◦　●●●●　◦◦

上述真言以梵呗短赞的形式，辅以胡笛、鼓、太钲等，进行大约 5 分钟的铜钹舞。

4. 鸣钵铜钹

灵山斋、生前预修斋、水陆斋的神众作法之后，在挂佛移运时进行的铜钹舞仪式，鸣钵代表阐述佛菩萨演说的经典内容，通过舞蹈表现，没有梵呗歌词，辅以简单的太钲、鼓、胡笛伴奏，二人一组进行约 5 分钟的铜钹舞。

5. 四多罗尼铜钹

常住劝供斋、各拜斋、灵山斋、生前预修斋、水陆斋五种上坛劝供仪轨时使用，四多罗尼主要用于饿鬼的施食，由四种真言构成。歌词：

南无十方佛法僧
【无量威德自在光明变食真言】南无萨缚怛他诶哆。缚噜枳帝唵。三跋罗。三跋罗吽。（3 遍）
【施甘露水真言】南无苏噜婆耶。怛他诶哆耶。怛侄他唵。苏噜苏噜。钵罗苏噜。钵罗苏噜。娑婆诃。（3 遍）
【一字水轮观真言】唵锓锓锓锓锓（3 遍）
【乳海真言】南无三满哆母驮喃唵锓（3 遍）

梵呗构成：四多罗尼铜钹（短赞）（5 段）

南无十方佛法僧（3 遍）
◦◦◦◦◦　●◦1—5 短赞
（无量威德自在光明变食真言）3 遍
무량위덕자재광명승묘력변식시다라니6—7 短赞나막
`、`、`、`、`、`、`、`、`、`◦—●◦◦◦◦
살바다타아다야바로기제오唵삼마라삼마라
◦◦◦◦◦●◦◦◦◦◦◦◦◦◦◦◦◦◦
오唵나막살바다타아다야바로기제오唵삼마라

∘∘∘∘　●●●●　∘∘∘∘∘∘∘∘∘∘

삼마라오唵나막살바다타아다야바로기제오唵

∘∘∘∘∘　●●●●　∘∘∘∘∘∘∘∘∘∘

삼마라삼마라아훔　　○○∘∘○ 7—13 까지短贊

∘∘∘∘∘●●●●

【施甘露水真言】3 遍

남무소로바아야다타아다혜혜다냐타암

∘∘●∘∘∘∘∘∘∘∘∘●●●●

소로소로동발소로동발소로살파가남무소로

∘∘∘　●●　∘∘∘∘∘∘　●●●●

바아야다타아다혜혜다냐타암

∘∘∘∘∘∘∘∘∘∘●●●●

소로소로동발소로동발소로살파가남무소로

∘∘∘　●●　∘∘∘∘∘∘　●●●●

바아야다타아다혜혜다냐타암

∘∘∘∘∘∘∘∘∘∘●●●●

소로소로동발소로동발소로○○∘∘○ 14—21 까지短贊

∘∘∘　●●　　∘∘　●

【一字水轮观真言】3 遍

암바암바암밤바암암바암바암밤바암암바암바암밤바암

∘　●●●●　∘∘∘∘　∘　●●●●　　○○∘∘○ 21—24 까지短贊

【乳海真言】3 遍

남무삼만치모타남오암바예염남무삼만치모타남오암바예염남무

∘●∘∘　●●●●—●　●●●●—∘　∘　●●●—●　●●●—●

삼만치모타남오암바예염

∘∘　●●●—●　　○○　∘∘○　　○○○∘∘∘∘○

以上真言通过梵呗短赞念诵 5 分钟后，辅以鼓、太钲的简单伴奏和舞蹈。

6. 灌浴偈铜钹

常住劝供斋，各拜斋，灵山斋，生前预修斋，水陆斋五种灌浴仪轨进行时，通过沐浴真言等灌浴诵灌浴孤魂野鬼，并辅以铜钹舞。

歌词：沐浴偈

我今以此香汤水灌浴孤魂及有情身心洗涤令清净证入真空常乐乡沐浴真言—唵婆多谟娑尼沙阿模佉阿隶吽（3 遍）

梵呗构成：辅以平念佛、太钲、鼓、胡笛等，时长约 6 分 20 秒，中间有 1 分 20 秒的舞蹈。

7. 来临偈铜钹

用于常住劝供斋、各拜斋、灵山斋、水陆斋、生前预修斋等仪轨进行时，在铜钹舞前有"向和请"，歌词由大众唱"散花洛（3 称）愿降道场受此供养（3 称）"，然后太钲随来临偈的节拍而进行铜钹舞。此时没有歌词，只是绕匝太钲配合伴奏节拍舞动，以平念佛、太钲、鼓、胡笛构成，时长约 4 分钟。

现传的铜钹舞七种形态中，梵呗短赞与太钲合奏的曲目不是化衣财真言铜钹、千手铜钹、四陀罗尼铜钹三种短赞伴奏曲，而是辅以太钲、鼓伴奏的绕匝铜钹、灌浴偈铜钹、来临偈、鸣铜钹等四曲，铜钹舞伴奏根据斋祭的规模而使用胡笛和六角。

（二）蝴蝶舞真言伴奏内容

蝴蝶舞如其名，像蝴蝶一样翩翩飞舞的舞蹈，也称作翩飞舞。在 16 世纪朝鲜时代的甘露帧画中是两手持手锣跳手锣舞的样子，20 世纪以后出现在甘露帧画中的是两手捧莲花舞蹈，并配以梵呗短赞和乐器伴奏。

僧人们跳蝴蝶舞时的身穿素色长衫，红色袈裟上有青黄赤白土等五色绸缎。翩飞舞的种类属于曼达作法，具体内容有起经作法、救度众生的发愿内容之久远劫众作法、清净法界的唵南作法、皈依佛法僧三宝的三皈依作法、牡丹赞作法、五供养作法、三喃太作法、运心偈作法、道场偈作法、自皈依佛作法、四方绕身作法、地狱饿鬼施食作法、香花偈作法、顶礼佛法僧三宝作法、赞叹大觉释迦尊作法、唱魂作法、茶偈作法 18 种作法，现在流传的有 17 种。翩飞舞如图 2 所示。

1. 三皈依作法

灵山斋仪轨中赞叹佛陀功德的蝴蝶舞。

歌词："三觉圆万德具天人阿调御师阿阿吽凡圣大慈父从真界等应持悲化报竖穷阿三际时横偏十方处震法雷鸣法鼓广敷阿权实教阿阿吽大开方便路若皈依能消灭地狱苦。"

图2　蝴蝶舞

梵呗构成：梵呗短赞、太钲、胡笛伴奏，时长22分。

2. 唵南作法

用于常住劝供斋、各拜斋、灵山斋、水陆斋、生前预修斋仪轨进行时，上坛劝供时首先唱诵"欲建曼荼罗先诵净法界真言"的短赞，然后独自念"唵南"，之后开始蝴蝶舞，其中包括茶偈作法，"唵南"（3遍）后开始茶偈作法。

歌词：唵南唵南唵南

梵呗构成：梵呗短赞、太钲、胡笛伴奏，时长1分25秒。

3. 三南太作法

灵山斋仪轨中用于表现佛前劝供的场面时使用的真言。

三南太是在开法藏真言中的"唵阿拉南阿拉达"之长赞反复2次后，（第二次念至"唵阿拉南"），结尾是"阿拉南""唵阿拉南阿拉达"，此时辅以茶偈诵配合蝴蝶舞。

歌词："阿拉达唵阿拉南阿拉达"

梵呗构成：梵呗短赞、太钲、胡笛伴奏构成，时长4分50秒。

（三）打柱舞真言伴奏内容

食堂作法是供养仪轨，以打柱舞为主，服饰与蝴蝶舞相同，身着素衣袈裟两手持打柱之器物。

食堂作法中打柱舞曲目如下：

图 3　重要无形文化遗产第 50 号"灵山斋"奉元寺食堂作法打柱舞场面

①○○○净手净巾○○○

②○○○摩诃般若波罗蜜多心经○○○

③○○○揭谛揭谛波罗揭谛菩提萨婆诃○○○

④○○○处无上道○○○

⑤○○○摩诃般若波罗蜜○○○

⑥○○○三德六味供佛及僧法界有情普同供养○○○

⑦供养疏和疏—舞者相反站立

⑧○○○大众当念无常慎勿放逸○○○

⑨○○○地狱饿鬼皆得饱满唵摩诃罗揭萨婆诃○○○

⑩○○○尽虚空遍法界不可数身清净顶礼无上尊○○○

⑪○○○今日我等至诚祈请○○○

⑫○○○今日祈请过去父母兄弟姐妹子女一切有缘众生○○○

⑬○○○今日至诚恳请十方三世诸佛菩萨佛光加被慈力救度○○○

⑭○○○令出三界○○○

食堂作法的打柱舞在以上 14 个阶段中①—⑥、⑧—⑭配合金堂座手锣的咣○咣○咣○，然后是平念佛偈颂，之后继续是手锣三次敲打咣○咣

图4　食堂作法打柱舞

○咣○，⑦供养疏和疏时不跳舞只是舞者相反站立。

　　一般的平念佛与手锣伴奏配合进行，打柱舞只是在食堂作法时出现，食堂作法在整个43阶段中插入打柱舞。食堂作法的时长在40分钟到一个小时之间，其中有14处配合平念佛的打柱舞。

（四）法鼓舞真言伴奏内容

　　站在大鼓前的僧人着袈裟长衫，手持鼓槌击鼓而舞。法鼓舞没有梵呗，只是通过节拍性的鼓声加上太钲等四物进行，表现超度虚空众生、畜生等一切苦难众生的意义。伴奏中没有声乐，只是简单的太钲、鼓、胡笛辅以舞蹈。

三　结论

　　韩国佛教仪轨中的佛教舞蹈代表着密教身、口、意三业的修行仪轨，具体表现为铜钹舞、蝴蝶舞、打柱舞、法鼓舞。铜钹舞细分为灌浴偈铜钹、千手铜钹、绕匝铜钹、来临偈铜钹、四陀罗尼铜钹、化衣财真言铜钹等7种。其中灌浴偈铜钹、千手铜钹、四陀罗尼铜钹、化衣财铜钹有真言念诵并辅以太钲、鼓、胡笛、三弦六角等进行伴奏。

　　翩飞舞中的三皈依作法、唵南作法、三南太作法在舞蹈时配合真言，17 种翩飞舞都辅以太钲、鼓、胡笛、三弦六角等进行伴奏。

　　打柱舞顺序中的"摩诃般若波罗蜜多心经"、"揭谛揭谛，波罗揭谛，波罗僧揭谛，菩提萨婆诃"、"摩诃般若波罗蜜"等三部分配合真言念诵。

图 5　法鼓舞

　　法鼓舞中没有真言念诵，只是使用胡笛等四物进行伴奏。

　　流传至今的铜钹舞、法鼓舞、打柱舞、翩飞舞等是韩国的重要无形文化遗产（第 50 号），灵山斋保存会的僧人们继续沿用传统的方式进行教学，作为密教仪轨中三密作法的一种仪轨舞蹈受到教内外的广泛关注。

　　　　　　（金香今，韩国国立昌原大学舞蹈系教授）

　　　　　　（译者：郭磊，东国大学历史系博士生）

灵山斋仪式梵呗中的密教真言构成

[韩] 金应起

一 韩国的佛教仪式传来考

发源于印度的佛教通过西域传入中国，又通过陆路传入韩国，这是北方传来说。此外笔者所著《佛教仪式音乐研究》中还揭示了通过海路传播的南方传来说。①

通过陆路的北方传来说是在汉明帝的永平十年（67），以后传播到了朝鲜半岛的，当时是三国时代，即高句丽小兽林王二年（372），百济第15代枕流王时代（384），新罗法兴王时代（527）。

通过海路的南方传来说，可以参考《三国遗事》中《驾洛国记》的记录，许黄玉从天而降，需找驾洛国王（48）到驾洛国之说：

> 谓曰：驾洛国元君首露者，天所降而俾御大宝，乃神乃圣，惟其人乎，且以新莅家邦，未定匹偶，卿等须遣公主而配之，言讫升天。形开之后，上帝之言，其犹在耳。你于此而忽辞亲向彼乎，往矣。妾也浮海遐寻于蒸枣，移天夐赴于蟠桃，蝤首敢叨龙颜是近。王答曰：朕生而颇圣，先知公主自远而届，下臣有纳妃之请，不敢从焉。今也淑质自臻，眇躬多幸遂以合欢。两过清宵，一经白昼，于是遂还，来船篙工楫师共有十有五人，各赐粮粳米十硕布，三十四，令归本国。②

---

① 法显：《佛教仪式音乐研究》，云住寺，2012 年，第 19—25 页。
② 朴承锋：《注解三国遗事》，西云社，1985 年，第 165 页。

《三国遗事》中《驾洛国记》的 16 岁阿踰陀国公主许黄玉需找驾洛国王，后于建武二年（48）与二十余名部下乘坐大船，历经两万五千里的长征最终回到南涯。①

许黄玉来到伽倻国后，许黄玉的哥哥长游和尚由宝玉禅师作为驾洛国的国师，把佛教传入驾洛国，金海佛母山长游寺内的舍利塔和纪念碑，以及在王与王后相见地建立的明月寺纪念碑中都有相关记录。法师在晚年入智异山建七佛寺。这都与王后的到来不无关系，不仅如此，200 多年以后通过她的女儿妙见公主更是把佛教传播到了日本九州岛，这要比记录上的百济佛教传入日本早 250 年。② 佛教通过海路传入时，佛教经典以及仪式也应该一同传来。

另外一则有关金首露王的传说有如下记录。首露王在建国后需找建皇宫的处所，在一处叫作新沓坪的地方，住着十六罗汉以及 7 位圣人，所以把宫城定在这里。十六罗汉是指佛陀的 16 位弟子，七圣是 7 位觉悟的修行者。此外，在首露王请佛说法，抵制毒龙和罗刹女的记录见于《三国遗事》。驾洛国也被称为"伽倻国"，"伽耶"来自于印度梵文，与大象、袈裟等语源相近。③

由上可知金首露王信仰佛教，如果这则传说是真实的，这就说明佛教通过海路传播的同时各种仪轨也同时传来，印度佛教传入中国在汉明帝永平年间，但是《三国遗事》中《驾洛国记》记载佛教通过海路传入朝鲜半岛是在公元前48 年，要早于佛教传入中国，对于这一点还有待进一步研究。

二　灵山斋构成与梵呗

1. 韩国重要无形文化遗产第 50 号【灵山斋】

灵山是指灵山会上，即世尊在灵鹫山说法的情形。灵山斋就是象征在灵山会上的仪式过程。是再现世尊作为说法者，座下十方众生云集，向诸

---

① 郑修日：《文明交流纪行》，四季节，2002 年，第 131 页。

② 同上书，第 217 页。

③ 朴承锋：《注解三国遗事》，西云社，1985 年，第 162 页；郑修日：《文明交流纪行》，四季节，2002 年，第 132 页。

菩萨以及人体人天说法，天花天香纷纷而降，梵呗齐鸣的场景。灵山斋为亡者生者同时祈福，在仪轨中有深刻的教理和思想意义，并包含着宗教的艺术价值，所以是韩国佛教中最具代表性的仪轨，被国家指定为重要的无形文化遗产第50号"灵山斋"。

灵山斋在仪式的进行中有铜钹舞、蝴蝶舞、打柱舞、法鼓舞等各种佛教仪式，传承至今的这一佛教传统在2009年被世界教科文组织认定为世界文化遗产。

2. 灵山斋的构成

图1 重要无形文化遗产第50号灵山斋梵呗长调

韩国代表性的佛教仪式有常住劝供斋、各拜斋、灵山斋、生前预修斋、水陆斋等。其中灵山斋和常住劝供斋主要是在白天进行的仪式，其他则是在晚间进行的仪式。但是到了现在，很多斋祭的仪式都从三天简化为一天，所以大部分的仪式在一天的昼夜中连续进行。

灵山斋在白天进行的根据，来自于1713年（肃宗三十九年）编撰的《五种梵音集》第二章，已时以灵山作法向佛陀献供，午时举行食堂作法，到日没时读《法华经》或者听法，日没后进行水陆斋或者预修斋、各拜斋等。总之，灵山斋与水陆斋、预修斋、各拜斋是一体的仪式，这点可从《删补梵音集》中的"妙经作法论"找到。其中说：

> 盖古法师《妙经》作法何为而作也？昼夜作法中请词及劝供早毕，则法众散在诸处，往往聚头喧哗，为杂谈故，古法师为亡人更读《妙经》也。灵山当日斋食供养早毕，而日已在高，则其间更读《妙经》也。①

在此强调读诵《法华经》，由此可知在思想体系上偏重《法华》。

灵山斋中的挂佛移运与灵山作法过程的第72—73部分进行后，进行食堂作法和诵读《法华经》，然后进行各拜斋或者预修上坛、水陆斋上坛。灵山斋仪式中上坛劝供的《上坛疏》中说明开设水陆斋的文句有5次灵山作法"大会所"，各拜斋、预修上坛的《上坛疏》提及一次。这说明水陆斋与灵山斋是不同的仪式，在大会所设立水陆道场的文句说明了灵山斋是在白天进行的。

这说明在晚间进行的各拜斋或者预修斋（上坛、中坛）、水陆斋（上坛、中坛）等仪式前，先进行灵山作法。晚上是为了超度冥府亡灵而进行，白天的灵山作法的仪式文是召请十方佛菩萨加持说法，《删补梵音集》中的《妙经作法论》说明了这一点。

3. 灵山斋仪式文与梵呗

每年6月6日都会在位于首尔新村的奉元寺举行灵山斋仪式，2013年是第24回。现在流传的灵山斋的构成是以1496年学祖法师编撰的《真言劝供》中的灵山斋上坛劝供灵山作法内容，1607年清虚休静的《云水坛歌词》中的灵山斋构韩文部分，肃宗三十九年（1713）伴云、应辉、智禅、真一等人编撰的《新刊删补梵音集》以及1721年知幻刊行的《天地冥阳水陆斋仪删补梵音集》中的灵山斋内容为主。但是收录于朝鲜时代的记录中的灵山斋的构成顺序是否如实地继承了传统还是在流传的过程中发生了某些变化，没有资料能够对此做出说明。灵山斋由内赞和外赞构

---

① 《韩国佛教全书》第11册，第497页上。

成，内赞之纯粹的佛教仪轨，外赞则是大众式的、受到民俗影响的仪式过程。①

内赞由由致声、请辞声、着语声、偏偈（评偈）声、祝愿声、开卓声等部分构成，内赞主要是以汉字为主的偈颂，采用散文的形式，采用四声（平声、上声、去声、入声）。

梵呗由密教的真言、陀罗尼构成。在梵呗偈颂的中间或者结束部分是真言，在仪轨文的中间部分也是由真言构成的，这可从灵山斋的构成顺序得知，真言分为内赞和外赞的梵呗种类如下：

图2 灵山斋中的蝴蝶舞

1）由致声——由致是对佛菩萨的赞叹，分为上坛由致和中坛由致，唱诵是以"直促"的形式为主，法主起立独唱。

2）着语声——下坛仪式中的施食（奠施食，观音施食，华严施食，救病施食），茶毘施食（返魂着语），灵饭施食（宗师灵饭，常用灵饭），对灵施食（对灵，四明日对灵）等，法主安坐独唱，祈祷佛陀加被孤魂

---

① 法显：《韩国的佛教音乐》，云住寺，2005 年，第89— 91 页。

野鬼的法文。

3）偏偈声——根据汉字的四声，一字一字地唱出，类似偈铎声的形式，以平声为主，一人站立或者安坐唱诵。

4）偈铎声——由"一字一字"的短调作声构成，把20—30分钟的内容缩短到5—10分钟，采用一人站立独唱的形式。

外赞由短调和长调构成，短调以独唱形式进行，长调以大众唱的形式从低音开始反复吟诵并配合简短的歌词。短调用于住劝供斋、各拜、灵山中。长调在学习了内赞之后即可掌握。外赞相比内赞，音节和演奏时间都比较长。外赞以独唱、大众唱的形式进行。短调和长调则配合直触、雌雄声、哀愿声、三四句声等实用。截至朝鲜半岛解放时（1945）长调的种类有72—73曲。

和清是为了祈祷斋者长寿健康，在上坛的祝愿和清与中坛的地藏祝愿和清的生前预修斋进行时使用。向十大冥王祈愿的六甲和清使用纯韩国文字的回心曲、参禅曲。

三　灵山斋仪式的顺序与密教真言唱诵

灵山斋在进行时通过20余名专门研习梵呗的僧人和一般僧人构成。进行的顺序分别是：（1）施辇→（2）对灵→（3）灌浴→（4）造钱点眼→（5）神众作法→（6）挂佛移运→（7）上坛劝供→（8）食堂作法→（9）云水上坛劝供→（10）中坛劝供→（11）神众退供→（12）观音施食/奠施食→（13）奉送和烧台仪式。

1. 施辇：为了举行灵山斋而在道场外设立施辇台，从此处恭迎佛菩萨以及被超度亡灵到来的过程。整个"斋道场"在南无大成引路王菩萨的引导下，辅以七宝庄严的青盖红盖和宝盖伞而进入道场。

仪式念诵真言
献座偈/献座真言《梵呗短调—歌唱1》

我今敬设宝严座，奉献一切圣贤前，愿灭尘劳妄想心，速圆解脱菩提果—唵迦摩罗僧贺　娑婆诃（3遍）

上文以短调唱出。

2. 对灵：在上坛佛前祈请佛力加被，祛除超度众生的无名和业报。

仪式念诵真言

　　普召请真言—南无部部帝唎伽哩哆哩怛哆诶哆耶（3 遍）〈梵呗短调—歌唱 2〉

上文以短调或者平念佛两种形式进行。

3. 灌浴：通过佛菩萨的加被以及真言的功德，祛除一切众生的贪、嗔、痴三毒，清净身心的沐浴仪式。

仪式念诵真言

（1）净路真言〈大众唱〉——唵苏爱地罗佐里多罗罗佐里多罗母罗多曳左罗左罗满多满多贺那贺那吽婆咤（3 遍）

（2）沐浴真言〈法主独唱〉——唵　婆多谟婆尼沙阿模佉阿隶　吽（3 遍）

（3）爵杨枝真言〈法主独唱〉——唵　婆阿罗贺　莎婆诃（3 遍）

（4）漱口真言〈法主独唱〉——唵　度度哩九鲁九鲁　莎婆诃（3 遍）

（5）洗手面真言〈法主独唱〉——唵　三满多婆哩述帝　吽（3 遍）

（6）化衣财真言〈法主独唱后配以大钲和铜钹舞〉
那摩三满多没多南　唵　婆左那毘庐枳帝　娑婆诃（3 遍）

（7）授衣真言〈法主独唱〉——唵　婆里摩罗婆缚阿里尼　吽（3 遍）

（8）着衣真言〈法主独唱〉——唵　缚日罗婆娑处　莎婆诃（3 遍）

（9）整衣真言〈法主独唱〉——唵　三满多婆多罗那婆多米吽泮（3 遍）

（10）指坛真言〈法主独唱〉——唵　曳二惠吠鲁佐那野　莎婆诃（3 遍）

（11）受位安座真言在迎请灵驾到下坛（甘露坛）时，真言——唵摩尼郡多尼　吽吽　莎婆诃

上文沐浴真言采用长调，其他以平念佛形式念诵。

4. 造钱点眼：给冥府世界中的孤魂野鬼移送金银钱和经函的一种仪式。

仪式念诵真言

（1）造钱真言——唵　叭阿拉吽　萨婆诃

（2）成钱真言——唵　班扎那吽　萨婆诃

（3）洒香水真言——唵　阿拉吽　萨婆诃

（4）变成金银钱真言——唵　班扎那班扎尼　萨婆诃

（5）开钱真言——唵　加纳尼吽　萨婆诃

（6）献钱真言——唵　阿加那吽　萨婆诃

上文以平念佛念诵。

5. 神众作法：是在进行灵山斋的主要仪式"上坛劝供"前进行的，祈求佛光加被、法会圆满、公卿神众的过程，没有真言念诵。

6. 挂佛移运：为了在户外举行灵山斋而进行的特别的设置巨幅佛陀画像的过程。

仪式念诵真言

（1）献座偈〈1、3 句先唱，2、4 句大众唱〉

妙菩提座胜庄严，诸佛坐已成正觉，我今献座亦如是，自他一时成佛道。

献座真言——唵　婆阿罗尾那耶　娑婆诃

上文以短调唱诵。

7. 上坛劝供：作为恭迎灵山会上佛菩萨，并对上坛佛陀劝供的过程，意义在于所有参加灵山斋的一切众生听到佛陀的教导后都可以觉悟，同时超度孤魂野鬼往生极乐，生者安康长寿。

仪式念诵真言

（1）燃灯偈〈大众唱〉

大愿为炷大悲油大舍为火三法聚菩提心灯照法界阿阿吽照诸群生愿成佛

（2）舒赞偈〈大众唱〉

我今信解善根力，及与法界缘起力，佛法僧宝加持力，阿阿吽所修善事愿圆满，我今二点解一点法众起立。

（3）三皈依

三觉圆万德，具天人阿调御师阿阿吽凡圣大慈父，从真界等应持悲化报，竖穷阿三际时，横偏十方处，震法雷鸣，法鼓广敷阿，权实教阿阿吽，大开方便路，若皈依，能消灭地狱苦。

（4）宝藏聚〈一位法师独唱，大众随其绕道场行走〉

宝藏聚，玉函轴，结集"阿"于西域。阿阿吽翻译传东土，祖师弘贤哲判成章疏，三乘阿分顿渐，五教定宗趣，鬼神钦龙天，护导迷阿标，月指阿阿吽，除热斟甘露，若皈依，能消灭饿鬼苦。

（5）五德师〈采用与宝藏聚相同的独唱形式，大众跟随行走〉

五德师，六和侣，利生"阿"，为事业，"阿阿"弘法是家务，避扰尘，常宴坐，寂静处，遮身"阿"，拂取衣，充肠采莘芋，钵降龙，锡解虎，法灯"阿"常偏照，"阿阿唵"，祖印相传付，若皈依，能消灭傍生苦。

（6）大悲咒
（7）普召请真言——南无部部帝唎伽哩哆哩怛哆誐哆耶
（8）献座偈/献座真言〈1、3句独唱，2、4句大众唱〉

妙菩提座胜庄严，诸佛座已成正觉，我今献座亦如是，自他一时成佛道，唵　缚阿罗弥那耶　娑婆诃

（9）开法藏真言（三喃太）——唵　阿拉南阿拉达（3遍）〈梵呗长调—歌唱3〉
（10）补阙真言——唵　户卢户卢婆耶目契　娑婆诃
（11）欲建而——净法界真言唵　南

（12）四陀罗尼〈梵呗短调—歌唱4〉——无量威德自在光明变食真言——南无萨缚怛他誐哆缚噜枳帝　唵　三跋罗三跋罗　吽（3遍）

施甘露水真言—南无苏噜婆耶怛他誐哆耶怛侄他　唵　苏噜苏噜钵罗苏噜钵罗苏噜　娑婆诃（3遍）

一字水轮观真言——唵鍐鍐鍐鍐鍐（3遍）

乳海真言——南无三满哆母驮喃唵　鍐（3遍）

（13）普供养真言——唵誐誐曩三婆嚩伐日啰斛（3遍）

（14）普回向真言——唵　娑摩啰娑摩啰弭摩曩萨缚诃摩诃斫迦啰嚩吽（3遍）

（15）愿成就真言——唵　阿姆卡萨巴塔拉萨达雅系达雅希呗　吽（3遍）

（16）补阙真言——唵　户卢户卢娑耶目契　娑婆诃（3遍）

上文的燃灯偈、舒赞偈、三皈依、宝藏聚、五德师、大悲咒、献座偈、普召请真言、欲建而、四陀罗尼以短调唱诵，开法藏真言等以长调唱诵，其他真言以平念佛形式唱诵。

图3　灵山斋中配合梵呗真言的钹舞

8. 食堂作法：给参加灵山斋的一切众生乃至孤魂野鬼布施佛陀加持法食的过程。佛菩萨加持的各种供养物，地狱、饿鬼、畜生根据各自的因缘得到施食的仪式。

图4　灵山斋食堂作法时的真言念佛

（1）展钵偈——唵　琶达纳亚　萨婆诃

（2）"揭帝　揭帝　婆罗揭帝　婆罗僧揭帝　菩提　娑婆诃"〈梵呗平念佛—歌唱4〉

（3）"摩诃般若婆罗密"

（4）佛三身真言——唵　呼尺摩尼　萨婆诃（3遍）

（5）法三藏真言——唵　卜摩圭卡拉赫　萨婆诃（3遍）

（6）僧三承真言——唵　苏丹卜达亥　萨婆诃（3遍）

（7）戒藏真言——唵　赫利布尼　萨婆诃（3遍）

（8）定决道真言——唵　旱布黎　萨婆诃（3遍）

（9）净食偈——五观一滴水八万四千虫若不念此咒如食众生肉—"唵　萨巴尼尤塔巴塔纳亚盘陀盘陀　萨婆诃"

（10）绝水偈——我此洗钵水如天甘露味，施汝饿鬼众，皆令得饱满—"唵　摩诃罗杰　萨婆诃"

上文以平念佛形式唱诵。

9. 云水上坛劝供：在进行中坛劝供仪式前，给上坛的佛菩萨劝供的仪式。

（1）净土结界真言——唵　苏噜苏噜　吽

（2）乭真言——南摩萨曼陀母驮喃　唵　呼卢呼卢庄那拉摩登伊萨婆诃

（3）开法藏真言〈三喃太〉——唵　阿拉南阿拉达（3遍）①

（4）补阙真言——唵　户卢户卢娑耶目契　娑婆诃（3遍）

（5）普召请真言——〈法主晃动铃铛，独唱真言〉

南无部部帝唎伽哩哆哩怛哆諴哆耶（3遍）

（6）献座偈——妙菩提座胜庄严，诸佛座已成正觉，我今献座亦如是，自他一时成佛道。唵　缚阿罗弥那耶　娑婆诃

（7）普供养真言——唵諴諴曩三婆嚩伐日啰斛（3遍）

上述净土结界真言、乭真言、普召请真言、献座偈以短调形式，其他以平念佛形式唱诵。

10. 中坛劝供：向冥府中的地藏菩萨、道明尊者、无毒鬼王以及十大冥王祈请，并向其眷属们劝供的过程。

（1）普召请真言——南无部部帝唎伽哩哆哩怛哆諴哆耶

（2）献座偈（短调）

我今敬说宝严座普献一切冥王众，愿灭尘劳妄想心，速圆解脱菩提果。

唵　迦摩罗僧贺　娑婆诃（3遍）

（3）四陀罗尼

无量威德自在光明胜妙力变食真言

_____

① 朴松岩法师说，到"唵阿拉南阿拉达，唵阿拉南阿拉达，唵阿拉南"为止是长调，从"阿拉达，唵阿拉南阿拉达"开始以茶偈声配合作法舞蹈，三喃太作法舞蹈结束后继续绕匝钵罗。

南无萨缚怛他誐哆缚噜枳帝唵三跋罗三跋罗　吽（3 遍）

施甘露水真言

南无苏噜婆耶怛他誐哆耶怛侄他　唵　苏噜苏噜钵罗苏噜钵罗苏噜娑婆诃（3 遍）

一字水轮观真言——唵锊锊锊锊锊（3 遍）

乳海真言——南无三满哆母驮喃唵锊（3 遍）

（4）普供养真言——唵　誐誐曩三婆嚩伐日啰斛

（5）普回向真言——唵　娑摩啰娑摩啰弭摩曩萨缚诃摩诃斫迦罗嚩吽

（6）愿成就真言——唵　阿姆卡萨巴塔拉萨达雅系达雅希呗　吽

（7）补阙真言——唵　户卢户卢娑耶目契　娑婆诃

（8）运心偈〈独唱〉之后紧接五供养

运心供养真言愿此香供遍法界普供无尽三宝海慈悲受供增善根令法住世报佛恩

那摩萨巴塔他奥特阿米色巴菩提嘎雅萨巴打卡乌那阿杰博罗哈玛唵　阿阿那卡　萨婆诃

（9）普供养真言——唵　誐誐曩三婆嚩伐日啰斛

（10）《般若心经》（《金刚经》赞）或者《华严经略纂偈》

（11）普回向真言——唵　娑摩啰娑摩啰弭摩曩萨缚诃摩诃斫迦罗嚩吽

（12）愿成就真言——唵　阿姆卡萨巴塔拉萨达雅系达雅希呗　吽

（13）补阙真言——唵　户卢户卢娑耶目契　娑婆诃

上述普召请真言、献座偈、四陀罗尼、运心偈以短调唱出，其他真言以平念佛形式唱诵。

11. 神众退供：上坛佛菩萨的供养结束后，对神众劝供的仪式。

（1）普供养真言——唵　誐誐曩三婆嚩伐日啰斛

（2）普回向真言——唵娑摩啰娑摩啰弭摩曩萨缚诃摩诃斫迦罗嚩吽

（3）《般若心经》《摩诃般若波罗蜜多心经》云云

（4）金刚心真言——唵　乌伦尼　娑婆诃

（5）佛说消灾吉祥陀罗尼

图5　梵呗真言配合下的钹舞

曩谟三满哆母驮喃阿钵啰底贺多舍娑曩喃怛侄他唵佉佉佉呬佉呬吽吽入嚩啰入嚩啰钵啰入嚩啰钵啰入嚩啰底瑟姹底瑟姹瑟致哩瑟致哩娑發咤娑發咤扇底迦室哩曳娑嚩诃

（6）愿成就真言——唵　阿姆卡萨巴塔拉萨达雅系达雅希呗　吽

（7）补阙真言——唵　户卢户卢娑耶目契　娑婆诃

上述真言以平念佛形式唱出。

12. 观音施食：施食是把供养物分派给孤魂野鬼的过程，通过观世音菩萨大悲咒的神通力加持救度地狱苦众生，让他们皈依佛法僧三宝。

（1）普召请真言——南无部部帝唎伽哩哆哩怛哆誐哆耶（3遍）

（2）破地狱真言〈合唱〉——唵　伽啰帝耶　娑婆诃（3遍）

（3）解冤结真言〈合唱〉——唵　三达拉卡达　萨婆诃（3遍）

（4）普召请真言〈合唱〉——南无部部帝唎伽哩哆哩怛哆誐哆耶（3遍）

（5）献座真言

（6）受位安座真言——唵　玛尼谷达尼吽吽　萨婆诃〈法主 3 遍唱〉

（7）普供养真言——唵　誐誐曩三婆嚩伐日啰斛

（8）普回向真言——唵　娑摩啰娑摩啰弭摩曩萨缚诃摩诃斫迦罗嚩吽

（9）地藏菩萨灭定业真言——唵　钵啰末邻陀宁　娑婆诃

（10）观世音菩萨灭业障真言——唵　阿噜勒继　娑婆诃

（11）普召请真言——南无部部帝唎伽哩哆哩怛哆誐哆耶

（12）三昧耶戒真言——唵　三昧耶萨埵镂

（13）施无遮法食真言——唵穆力陵娑婆诃

（14）发菩提心真言——唵钵底吉打母得巴达牙弥

上述真言以平念佛形式唱诵。

13. 奉送和烧台仪式：将斋戒道场中奉请的诸位送回原处的过程，上坛是佛菩萨，中坛是神众，下坛是孤魂，然后是烧台仪式。

（1）烧钱真言——唵毗鲁既帝娑婆诃

（2）奉送真言——唵缚日罗萨陀目叉目

（3）普回向真言——唵娑摩啰娑摩啰。弭摩曩，萨缚诃。摩诃斫迦罗嚩吽

上述真言以平念佛形式唱诵。

四　结论

灵山斋是再现佛陀灵山会上说法的场面，"斋"一词来自于梵语 up-osadha，即"布施"的意思。佛陀在灵鹫山为大众讲说《法华经》的情形通过"器、乐、舞"的表现形式形成灵山斋来再现当时的场景，仪式进行时需要三天的时间。

在信仰佛教的国家中，灵山斋只在韩国得以流传。灵山斋进行过程中的梵呗也称作梵音、印度音、鱼山等，主要用于斋戒礼拜，是没有拍节和和声的单声旋律。梵呗以外还有专门的舞蹈乐曲配合舞蹈。

灵山斋庄严肃穆，在梵呗或者舞蹈进行时配以纸花等装饰，用来显示华藏世界的庄严。仪式进行过程中吟唱的梵呗偈颂有些似禅师的话头，引导人觉悟。这样，通过法语、真言、陀罗尼的形态而构成整体。

本文考察了灵山斋仪式中的密教真言的使用情况，并做了详细的介

绍。以法华思想为中心而展开的灵山斋仪轨中，包含有一定的密教真言陀罗尼，有祈请佛菩萨的加持的，有超度众生的，有布施供养的，有祈福的，等等，有很多包含在仪轨中。

所有仪式最终的目标是通过念佛修行而引导一切众生获得涅槃乃至成佛，这也体现在很多真言的念诵中。

现传灵山斋的 13 个阶段中，梵呗通过内赞、外赞、和清等形式进行三天昼夜的仪式。比正式灵山斋规模小的是常住劝供，比常住劝供规模小的是巳时佛供，比巳时佛供规模小的是巳时摩旨。

寺院里无法举行大的密教真言仪轨时，可以念诵普供养真言和普回想真言等回小向大，通过这种念佛供养的形态，体现出密教真言与念佛直接的关联。

（金应起，东国大学韩国音乐系教授，世界文化遗产暨韩国重要无形文化遗产第 50 号"灵山斋"持有者，大韩民国文物专门委员）

（译者：郭磊，东国大学历史系博士生）

陀罗尼经幢

辽朝经幢及相关问题初探

杨富学　朱满良

经幢是始出现于唐代的一种多面体佛教石刻，因为其幢体多为石质，其上又多刻有《佛顶尊胜陀罗尼经》等佛教经咒，故而又有"陀罗尼幢"、"石幢"、"石经幢"等名称。同时，因经幢的形状、功能等方面的原因，又有"八楞碑"、"石塔"、"宝幢"、"法幢"、"功德幢"、"影幢"等别称。辽沿袭唐制，有辽二百余年间，石制经幢大量涌现，彰显出当时社会佛教信仰的流行与普及。因经幢形制较小，主要刻写经文，幢记叙事简略，大多为祈福之词以及立幢者姓名，故著录者多，但专题研究者却甚少。本文拟以前贤的裒辑为基础，编制辽朝经幢总目，继而就辽朝经幢的形制、刻文及其功用等问题略做探讨①，冀以就教于硕学大德。

一　辽代经幢总目

辽代经幢，前贤多有辑录，举其荦荦大端者，主要有：

（清）缪荃孙辑：《辽文存》（任继愈主编《中华传世文选》），长春：吉林人民出版社1998年版；

陈述辑校：《全辽文》，北京：中华书局1982年版；

向南编：《辽代石刻文编》，石家庄：河北教育出版社1995年版（以下简称《文编》）；

国家图书馆金石组编：《中国历代石刻史料汇编》，北京：北京图书馆出版社2000年版（以下简称《汇编》）；

---

① 至于经幢所涉佛教意蕴，内容复杂，拟另文探讨。

　　盖之庸编著：《内蒙古辽代石刻文研究》，呼和浩特：内蒙古大学出版社 2002 年版（以下简称《石刻文》）；

　　阎凤梧主编：《全辽金文》（上中下），太原：山西古籍出版社 2002 年版（以下简称《全辽金文》）；

　　向南、张国庆、李宇峰辑注：《辽代石刻文续编》，沈阳：辽宁人民出版社 2010 年版（以下简称《续编》）；

　　洪金富主编：《"中央"研究院历史语言研究所藏辽金石刻拓本目录》（"中央"研究院历史语言研究所目录所引丛刊），台北："中研院"史语所，2012 年（以下简称《拓本》）。

　　此外，在各种地方志、文集、学术专著、论文或考古报告中亦有零星刊布，资料比较分散，而且不同著作给出的名称常常互不一致，检索颇为不便，以至于会出现因名称不同而误将同一件文献理解为两件的情况。[①]有鉴于此，我们尽其所能，草编其总目，以为研究之便。唯因受资料所囿，尤其是时间短促，有关图书未能备检，遗漏与错讹在所难免，恭请识者不吝赐教，假以时日，俾使该目得以继续补充完善。

辽代经幢总目

	经幢名称	出土地点	刻写经文	立石年代	资料刊布与录文
1	僧义则造经幢记	北京	佛顶尊胜陀罗尼咒	会同九年（946）十二月二十一日	《日下旧闻考》卷 59；《辽文存》卷 6，第 81—82 页；《全辽文》卷 4，第 68 页；《文编》，第 1—2 页；《全辽金文》，第 723—724 页；《拓本》，第 9 页
2	北郑院邑人起建陀罗尼幢记	北京房山北郑村辽塔内	佛顶尊胜陀罗尼经、陀罗尼真言、咒语	应历五年（955）四月八日	齐心、刘精义：《北京市房山县北郑村辽塔清理记》，《考古》1980 年第 2 期，第 150—151 页；刘精义、齐心：《辽应历五年石幢题记初探》，《考古》1985 年第 4 期，第 32—36 页；《全辽文》卷 4，第 73—75 页；《文编》，第 11—12 页；《全辽金文》，724—728 页

---

　　① 如《文编》145，《全辽金文》第 818 页，据《全辽文》收录《为先祖舅姑等建幢记》，紧接着又据《辽代石刻文编》以《佛顶尊胜陀罗尼幢记》为名，重复收录。同样的情况又见于《文编》24《圣宗陵幢记》。

续表

	经幢名称	出土地点	刻写经文	立石年代	资料刊布与录文
3	承进为荐福大师造幢记	北京法源寺	尊胜陀罗尼经	应历七年六月二十一日	《日下旧闻考》；《八琼室金石补正》；《京畿金石考》；《鸿爪前游记》；《顺天府志》；《畿辅通志》；《文编》，第19—20页；《全辽金文》，第39—40页
4	李崇菀为亡父彦超造陀罗尼经幢记	河北涞源城大寺	尊胜陀罗尼经	应历十六年五月十二日	《辽文存》卷6，第82页；《全辽文》卷4，第81页；《文编》，第38—39页；《全辽金文》，第728页
5	宝峰寺尊胜陀罗尼幢记	河北昌黎宝峰寺	尊胜陀罗尼经	保宁元年（969）四月戊申	（民国）《昌黎县志》；《全辽文》卷4，第81—82页；《文编》，第40页；《全辽金文》，第872—873页
6	王恕荣为亡母再建经幢记			保宁元年六月十五日	《辽文存》卷6，第82页；《全辽文》卷4，第82页；《文编》，第45—46页；《全辽金文》，第729页
7	陀罗尼经幢	河北怀安张家屯乡瓦窑口村	佛顶尊胜陀罗尼	统和六年	怀安县文管所：《怀安县发现辽代经幢》，《文物春秋》1992年第4期，第92—93页
8	齐讽等建陀罗尼幢记	北京市门头沟区清水镇上清水村双林寺	陀罗尼经	统和十年（992）四月十二日	《全辽文》卷13，第369页；包世轩：《门头沟发现五座辽代经幢》，《北京考古信息》1990年第1期，第381页；《文编》，第98页；《续编》，第348—351页；《全辽金文》，第730页
9	大佛顶微妙秘密□陀罗尼幢记	北京密云		统和十四年九月十五日	《续编》，第33页
10	李翊为亡父母建尊胜陀罗尼幢记	北京衍法寺	佛说佛顶尊胜陀罗尼经	统和十八年四月七日	《辽文存》卷6，第83页；《全辽文》卷5，第105页；《汇编》第11卷，第12页；《文编》，第104—105页；《全辽金文》，第125—126页
11	刘继荣建陀罗尼经幢		佛说佛顶尊胜陀罗尼经	统和二十年二月四日	《拓本》，第3页

	经幢名称	出土地点	刻写经文	立石年代	资料刊布与录文
12	滦河新迁陀罗尼经幢记	河北迁安镇西夹河村西300密滦河古道处		统和二十六年四月一日	《续编》，第42页；迁安市文物管理所：《河北迁安发现辽代石刻》，《文物春秋》2008年第1期，第34—35页
13	许延密建尊胜陀罗尼经幢记	河北易县大士庵	佛说佛顶尊胜陀罗尼经	统和二十八年七月九日	缪荃孙：《艺风堂金石文字目》卷13；黄任恒《辽代金石录》卷2；刘声木《续补寰宇访碑录》卷22；吴式芬：《金石汇目分编》卷3《补遗》；黄彭年等：《畿辅金石志》卷150；邓嘉辑：《上谷访碑录》卷6；《续编》，第50页；《拓本》，第4页
14	白川州陀罗尼经幢记	辽宁朝阳	陀罗尼经	开泰二年（1013）	《热河志》；《承德府志》；罗福颐：《满洲金石志》；《文编》，第146—147页
15	净光舍利塔经幢记	北京顺义区城关乡	无垢净光大陀罗尼真言、法舍利真言	开泰二年四月二十二日	《续编》，第54页
16	佛顶尊胜陀罗尼石幢记			开泰二年	《承德府志》卷48；《全辽文》卷6，第115页；《全辽金文》，第169页
17	朝阳东塔经幢记	辽宁朝阳关帝庙东塔塔基	无垢净光大陀罗尼法舍利经	开泰六年七月十五日	《文编》，第149页；《全辽金文》，第732页
18	佛顶尊胜陀罗尼幢记	北京怀柔区杨宋镇凤翔寺内	佛顶尊胜陀罗尼经	太平二年（1022）三月三日	《续编》，第62页
19	陀罗尼经幢	河北固安王龙村		1012—1031年间	张晓峰、陈卓然：《固安王龙金代陀罗尼经幢》，《北京文博》2000年第2期；王新英：《金代石刻辑校》，吉林人民出版社2000年版；孙建权：《固安王龙村经幢不是金代文物》2011年第6期，第68—69页

续表

	经幢名称	出土地点	刻写经文	立石年代	资料刊布与录文
20	车轴山寿峰寺创建佛顶尊胜陀罗尼经幢记	河北丰润县宝峰寺	佛顶尊胜陀罗尼经	重熙元年（1032）	《全辽文》卷7，第170—171页；《文编》，第228—229页；《全辽金文》，第307—308页
21	朝阳北塔经幢记	辽宁朝阳北塔地宫内	大佛顶如来放光悉怛多钵怛罗陀罗尼经、大随求陀罗经、般若波罗蜜多心经、佛说金刚大摧碎延寿陀罗尼经、佛顶尊胜陀罗尼经、大轮陀罗尼经、大乘百字密语（经文有梵文）	重熙十三年四月八日	朝阳北塔考古勘察队：《辽宁朝阳北塔天宫地宫清理简报》，《文物》1992年第7期，第21—23页；《文编》，第236页；《续编》，第85页；《全辽金文》，第736页；辽宁省文物考古研究所、朝阳市北塔博物馆编：《朝阳北塔——考古发掘与维修工程报告》，文物出版社2007年版，第85页
22	沙门德显建陀罗尼经幢（上京弘福寺经幢记）	内蒙古巴林左旗哈达英格乡哈巴气村山谷	残	重熙十五年四月八日	鸟居龙藏：《考古学上よりたる辽之文化图谱》，东京：东方文化学院东京研究所，1936年，图63—66；《文编》，第715页；《石刻文》，第438页；《拓本》，第11页；《全辽金文》，第821页
23	空乡寺经幢记	河北定兴	佛顶尊胜陀罗尼经	重熙二十二年	《汇编》第12卷，第887页
24	圣宗陵幢记	内蒙古巴林右旗辽庆州故址	陀罗尼经	重熙间	罗福颐：《满洲金石志》；《全辽文》卷12，第357页；《文编》，第273—274页；《石刻文》，第380页；《全辽金文》，第742—743页（重复收录于第823—824页）

	经幢名称	出土地点	刻写经文	立石年代	资料刊布与录文
25	通州经幢记	北京通州		重熙间	《静悟室日记》卷160；《续编》，第109页
26	张宁石幢记	沈阳柳条湖	陀罗尼经	清宁二年（1056）九月二十九日	《全辽文》卷13，第373页；《文编》，第275页；《全辽金文》，第744页
27	豆店清凉寺千佛像石幢记	北京良乡豆店清凉寺内		清宁三年二月二十七日	《潜研堂文集》卷18《清凉寺题名》；《全辽文》卷8，第174页；《文编》，第279页；《全辽金文》，第745—746页
28	王守璘石幢记	河北涿州大兴寺	佛顶尊胜陀罗尼经	清宁三年十月十八日	《辽文存》卷6；《全辽文》卷8，第174页；《文编》，第280页；《全辽金文》，第353页
29	滦河重建陀罗尼经幢	河北迁安镇西夹河村西300密滦河古道处	佛顶尊胜陀罗尼经	清宁五年三月五日	《续编》，第116页；迁安市文物管理所：《河北迁安发现辽代石刻》，《文物春秋》2008年第1期，第35—36页
30	奉为没故和尚特建陀罗尼塔记		佛顶尊胜陀罗尼经	清宁六年四月二日	《全辽文》卷8，第176—177页；《文编》，第298页
31	沙门志果等为亡师造塔幢记	北京房山小西天	佛顶尊胜陀罗尼经	清宁六年四月二十八日	《全辽文》卷8，第176页；《文编》，第303页；《全辽金文》，第747页
32	沙门可训造幢记	北京房山	佛顶尊胜陀罗尼经	清宁七年三月五日	《文编》，第304页
33	奉福寺陀罗尼幢记	北京	陀罗尼经	清宁八年	《日下旧闻考》卷59；《文编》，第312页；《全辽金文》，第748页
34	纯慧大师塔幢记（非浊禅师实行幢记）	北京广恩寺	佛顶尊胜陀罗尼经	清宁九年五月	《日下旧闻考》；《全辽文》卷8，第180—181页；《文编》，第317—318页；《全辽金文》，第374—375页

	经幢名称	出土地点	刻写经文	立石年代	资料刊布与录文
35	运琼等为本师建幢记	赤峰市宁城县辽中京城附近	尊胜密言	咸雍元年（1065）四月十四日	《续编》，第122页；刘冰：《赤峰博物馆馆藏辽代石幢浅析》，《内蒙古文物考古》2008年第2期，第77—78页
36	新赎大藏经建立香幢记	河北涿州	烧香真言	咸雍元年四月	《续编》，第123页
37	法喻等为先师造幢记	笔记房山小西天附近		咸雍二年二月二十日	《全辽文》卷8，第186页；《文编》，第327页；《全辽金文》，第750页
38	曷鲁墓园经幢记	内蒙古巴林左旗	无碍大悲心陀罗尼经、真言	咸雍二年五月二十七日	《全辽文》卷8，第186页；《文编》，第328页；《石刻文》，第397页；《全辽金文》，第749页
39	赵文祐为父母造幢记	幢存辽宁省博物馆	尊胜陀罗尼经	咸雍三年十一月十日	《全辽文》卷8，第187页；《文编》，第329页；《全辽金文》，第750页
40	李晟为父母造经幢记	河北涞水西30里累子村大明寺	佛顶尊胜陀罗尼经	咸雍七年十一月十五日	《全辽文》卷8，第196—197页；《文编》，第347页；《全辽金文》，第751页
41	特建葬舍利幢记	河北新城县		咸雍八年四月三日	(民国)《新城县志》卷15；《全辽文》卷8，第201—202页；《文编》，第350—351页；《全辽金文》，第412—413页
42	刘镂墓幢记	辽宁朝阳市双塔区龙山街道中山营子村		咸雍九年二月十四日	《续编》，第152页
43	水东村傅逐秀等造香幢记	河北涞水西北20里水东村龙岩寺内		咸雍九年八月□日	《全辽文》卷8，第203页；《文编》，第364页；《全辽金文》，第752页

	经幢名称	出土地点	刻写经文	立石年代	资料刊布与录文
44	特建纪伽蓝功德幢记	河北新城县	佛说佛顶尊胜陀罗尼咒、观自在菩萨如意轮陀罗尼咒、法念相真言、大吉祥大兴一切顺陀罗尼咒	咸雍十年四月十二日	(民国)《新城县志》卷15；《全辽文》卷8，第202页；《文编》，第365页；《全辽金文》，第413—414页
45	上京开龙寺经幢	内蒙古巴林左旗林东镇林东旅社地沟内		咸雍年间（？）	《文编》，第714页；《石刻文》，第437页；唐彩兰编著：《辽上京文物撷英》，北京：东方出版社2005年版，第105页
46	行满寺尼惠照等建陀罗尼经幢记	北京西山戒坛明王殿门左侧	佛顶尊胜陀罗尼经（佛陀波利译）	大康元年（1075）七月二十四日	《辽文存》卷6，第84页；《金石萃编》；《全辽文》卷9，第211—212页；《汇编》第12卷，第497页；《文编》，第369—370页；《全辽金文》，第421页
47	石幢铭文	内蒙古巴林右旗辽庆州城址			《全辽文》卷9，第215页；《全辽金文》，第866页
48	开元寺重修建长明灯幢记	北京密云		大康元年三月二十六日	《续编》，第156—157页
49	普同塔经幢记	山西大同上华严寺	圣千手千眼观自在菩萨摩诃萨诃广大圆满无碍大悲心密言、佛说宝箧印真言	大康二年四月十七日	《山西通志·金石志九》；《大同府志》；《全辽文》卷9，第219页；《文编》，第382页；《全辽金文》，第755页

	经幢名称	出土地点	刻写经文	立石年代	资料刊布与录文
50	茔幢记	北京大兴区黄村火神庙内	广大圆满无碍大悲心陀罗尼经	大康二年七月二十六日	《续编》，第158—159页
51	关山经幢记	辽宁阜新关山马掌洼韩德让墓内		大康二年四月十七日	《续编》，第160页
52	顶尊胜陀罗尼幢记	北京房山云居寺		大康二年	《续编》，第161页
53	京西戒坛寺经幢	北京西山戒坛寺	佛顶尊胜陀罗尼经	大康三年	《汇编》第12卷，第498页
54	为故坛主传菩萨戒大师特建法幢记（尊胜陀罗尼幢序）	北京西山戒坛明王殿门右侧		大康三年三月十四日	《金石萃编》；《日下旧闻考》卷105；《辽文存》；《全辽文》卷9，第220页；《文编》，第383—384页；《全辽金文》，第877页
55	燕京大悯忠寺故慈智大德幢记			大康三年三月十四日	《辽文存》卷6，第84页；《京畿金石考》；《全辽文》卷9，第220页；《全辽金文》，第430页
56	武州经幢题记	山西神池县东北大辛庄		大康五年七月一（或二）十五日	《山西通志》；《宁武府志》；《山右石刻丛编》；《文编》，第385页
57	张景运为亡祖造陀罗尼经幢记	河北安次宁国寺	佛顶尊胜陀罗尼经	大康七年二月十九日	《辽文存》卷6，第84—85页；《全辽文》卷9，第224页；《文编》，第390—391页；《全辽金文》，第435—436页
58	□奉昌为其父母建墓幢	河北廊坊市杨税务乡前南庄村		大康七年	陈卓然：《廊坊市发现一座辽代墓幢》，《文物春秋》1997年第2期，第88页

	经幢名称	出土地点	刻写经文	立石年代	资料刊布与录文
59	归如等建梵字密言幢记	赤峰市宁城县辽中京城附近		大康八年七月二十四日	刘冰：《赤峰博物馆馆藏辽代石幢浅析》，《内蒙古文物考古》2008 年第 2 期，第 78—79 页；《续编》，第 175 页
60	石经幢	内蒙古巴林左旗福山乡塔子沟村辽墓	地藏密言、生天密言、净水密言、净花涂香烧香密言、灭罪密言、破地狱密言等	大安元年（1085）六月二十八日	唐彩兰编著：《辽上京文物撷英》，东方出版社 2005 年版，第 110 页；李学良：《巴林左旗发现两处辽代墓幢》，《辽金历史与考古》第 3 辑，辽宁教育出版社 2011 年版，第 323—324 页
61	郑口为亡人造经幢记	河北永清县茹荤村大寺	佛顶尊胜陀罗尼经（间梵书）	大安二年	《全辽文》卷 9，第 230 页；《文编》，第 406 页；《全辽金文》，第 756 页
62	觉相等建经幢记	赤峰市宁城县辽中京城附近		大安二年四月十六日	刘冰：《赤峰博物馆馆藏辽代石幢浅析》，《内蒙古文物考古》2008 年第 2 期，第 79 页；《续编》，第 183 页
63	刘楷等建陀罗尼经幢记	河北易县		大安三年六月二日	《续编》，第 186—187 页
64	固安县宝庆寺主持守立等建经幢记	河北固安		大安五年八月九日	《固安县志》4；《全辽文》卷 9，第 233 页；《文编》，第 415 页；《全辽金文》，第 766 页
65	经幢记	北京大兴区礼贤镇清真寺	千手千眼观自在菩萨摩诃萨诃广大圆满无碍大悲心经	大安六年四月十四日	《续编》，第 198 页
66	饶州安民县经幢记	内蒙古林西县土城子（辽饶州安民县故址）		大安六年八月六日	《续编》，第 199 页

	经幢名称	出土地点	刻写经文	立石年代	资料刊布与录文
67	沙门善存为吴德迁造幢序	河北乐亭城隍庙	尊胜陀罗尼经（前列骈体序文）	大安六年二月二十八日	黄彭年等：《畿辅金石志》卷143；黄任恒：《辽代金石录》卷3；《全辽文》卷9，第236页；《文编》，第430—43页；《全辽金文》，第520页；《拓本》，第16页；《全辽金文》，第520—521页
68	饶州安民县经幢文	内蒙古林西县土城子（辽饶州安民县故址）		大安六年八月六日	（民国）《经棚县志》；《石刻文》，第415页
69	饶州陀罗尼经幢残文	内蒙古巴林右旗小城子乡樱桃沟村饶州故城址		大安七年闰八月十日	《石刻文》，第416页
70	广宣法师塔幢记	河北固安崇胜寺	陀罗尼经	大安七年四月十一日	《全辽文》卷9，第239页；《文编》，第435页
71	文永等为亡父母造幢记	河北蔚县大探口石佛寺	尊胜陀罗尼经	大安七年五月七日	《全辽文》卷9，第240页；《文编》，第436页
72	饶州陀罗尼经幢残文	内蒙古巴林右旗小城子乡樱桃沟村饶州故城址附近	陀罗尼经	大安七年闰八月十日	《文编》，第441页
73	木井村邑人造香幢记	河北涞水西北30里木井村大寺	无动如来陀罗尼经	大安八年八月	《全辽文》卷9，第243—244页；《文编》，第446页；《全辽金文》，第772—773页
74	经幢	北京门头沟区大峪村	梵文	大安八年	包世轩：《门头沟发现五座辽代经幢》，《北京考古信息》1990年第1期，第381页

	经幢名称	出土地点	刻写经文	立石年代	资料刊布与录文
75	沙门法忍再建陀罗尼经幢记	北京密云	波若罗密多心经（梵文）、弗□□□陀罗尼神咒	大安八年九月二十五日	《辽文存》卷6，第85页；《全辽文》卷9，第242—243页；《文编》，第450页；《全辽金文》，第527页
76	辽上京松山州刘氏家族墓地经幢	内蒙古翁牛特旗亿河公镇小梁后	佛顶尊胜陀罗尼经	大安八年	李俊义、庞昊：《辽上京松山州刘氏家族墓地经幢残文考释》，《北方文物》2010年第3期，第87—92页
77	僧思拱墓幢记	河北易县		大安九年二月五日	《续编》，第211页
78	陀罗尼经幢			大安九年三月二十九日	《拓本》，第17页
79	观难寺石幢记	河北丰润观难寺		大安九年九月九日	《拓本》，第17页
80	澄湛等为师善弘建陀罗尼幢记	赤峰市宁城县辽中京城附近		大安以后	刘冰：《赤峰博物馆馆藏辽代石幢浅析》，《内蒙古文物考古》2008年第2期，第78页；《续编》，第224页
81	易州善兴寺经幢记	河北易县城北25里兴善寺		寿昌二年（1096）十月二十九日	缪荃孙：《艺风堂金石文字目》卷13；黄任恒：《辽代金石录》卷3；吴式芬：《金石汇目分编》卷3《补遗》；《全辽文》卷9，第246—247页；《文编》，第474页；《全辽金文》，第775页；《拓本》，第20页
82	云居寺志省塔幢	北京房山云居寺	尊胜陀罗尼密言	寿昌五年正月十九日	《文编》，第491页
83	史遵礼建顶幢记		智炬如来心破地狱真言	寿昌五年三月十二日	《匋斋藏石记》卷41；缪荃孙：《艺风堂金石文字目》卷13；黄任恒：《辽代金石录》卷3；《文编》，第492页；《全辽金文》，第778页

	经幢名称	出土地点	刻写经文	立石年代	资料刊布与录文
84	燕京大悯忠寺故慈智大德经幢记	北京陶然亭慈悲庵文昌阁前	佛顶尊胜大悲陀罗尼经	寿昌五年四月十三日	《辽文存》卷6，第85—86页；《日下旧闻考》卷61；缪荃孙：《艺风堂金石文字目》卷13；黄任恒：《辽代金石录》卷3；《畿辅金石志》卷138；《金石萃编》卷153；《八琼室金石补正》卷122；孙星衍、邢澍：《寰宇访碑录》卷10；刘声木：《续补寰宇访碑录》卷11；《全辽文》卷9，第257—258页；《文编》，第493—494页；杨宁华：《北京辽金史迹图志》下册，北京燕山出版社2003年版，第66页；《全辽金文》，第777—778页
85	义冢幢记	北京昌平		寿昌五年七月十五日	《全辽文》卷9，第258页；《汇编》第12卷，第459页；《文编》，第495页；《全辽金文》，第565—566页
86	龙兴观创造香幢	河北易县龙兴观后殿阶右		寿昌六年八月二十三日	《辽文存》卷6，第86页；《全辽文》卷9，第260页；《文编》，第508页
87	李氏石幢记残文			乾统二年（1102）	《全辽文》卷10，第277页；《文编》，第527页；《全辽金文》，第779页
88	宝禅寺建幢记	辽宁建平县桥头庙山西北		乾统二年七月十七日	《建平县志》；《续编》，第240页
89	施地幢记	河北新城	佛顶尊胜陀罗经（波利译）	乾统二年正月六日	（民国）《新城县志》卷15；《全辽文》卷10，第277页；《文编》，第526页；《全辽金文》，第780页
90	杨卓等建经幢记	辽宁彰武四堡子乡小南洼村辽豪州古城址西墙外	破地狱真言（梵文）	乾统三年正月壬午日	《文编》，第530页；《全辽金文》，第781页

续表

编号	经幢名称	出土地点	刻写经文	立石年代	资料刊布与录文
91	师哲为父造幢记		尊胜陀罗尼经	乾统三年	缪荃孙：《艺风堂金石文字目》卷13；黄任恒：《辽代金石录》卷4；吴式芬：《金石汇目分编》卷1《补遗》；《辽文存》卷6，第86页；《全辽文》卷10，第280页；《文编》，第538页；杨宁华：《北京辽金史迹图志》下册，北京燕山出版社2003年版，第61、264页；《全辽金文》，第780页
92	□□禅师残墓幢记	北京香山静宜园买卖街		乾统三年正月十八日	《续编》，第246页
93	释师□等建陀罗尼幢	北京香山静宜园买卖街	佛顶尊胜陀罗尼（梵文）	乾统三年四月二十二日	《拓本》，第27页
94	沙门道冲为亡母造陀罗尼幢记	北京房山城西3里三官庙	陀罗尼经	乾统四年三月二十七日	《文编》，第546页
95	佛顶尊胜陀罗尼幢记	北京房山		乾统四年三月二十七日	《续编》，第247页
96	经幢	北京大兴富强东路		乾统四年	未刊
97	奉为亡过父母法幢	北京门头沟区齐家庄乡	佛顶尊胜陀罗尼真言	乾统四年十一月二十日	包世轩：《门头沟发现五座辽代经幢》，《北京考古信息》1990年第1期，第381页
98	广大圆满无碍大悲心陀罗尼幢记	北京顺义	广大圆满无碍大悲心陀罗尼经	乾统五年三月廿四日	《续编》，第248页
99	沙门谛纯为亡师造塔幢记	和别易县	陀罗尼经	乾统五年九月二十七日	《文编》，第547—548页

	经幢名称	出土地点	刻写经文	立石年代	资料刊布与录文
100	白怀友为亡考妣造陀罗尼经幢记	北京良乡琉璃河	陀罗尼经	乾统五年十月二十一日	《辽文存》卷6，第86—87页；《文编》，第549页
101	白继琳幢记			乾统五年十月二十一日	《全辽文》卷10，第271—272页；《全辽金文》，第580—581页
102	造长明灯幢记	北京昌平崇寿寺		大康元年三月二十六日	《辽文存》卷4，第43—44页；《昌平外志》；《全辽文》卷10，第286页；《文编》，第553—554页
103	涿州固安县刘绍村沙门口惠为祖父造陀罗尼经幢记	河北固安西南50里刘绍村	华严经	乾统五年	《全辽文》卷10，第284页；《文编》，第555页
104	栖灵寺石幢残文	山西朔县东北40里西影寺遗址		乾统五年	《文编》，第556页
105	沙门即空造陀罗尼经幢记	河北涿州市北20里清江寺	佛顶尊胜陀罗尼经、真言（梵文）	乾统六年二月九日	《辽文存》卷6，第87页；《全辽文》卷10，第287页；《文编》，第557页；《全辽金文》，第598—599页
106	为法遍造真言幢记	北京房山		乾统六年四月十五日	《全辽文》卷10，第288页；《文编》，第560页；《全辽金文》，第787页
107	李氏石幢记残文			乾统六年	《全辽文》卷10，第277页；《文编》，第527页；《全辽金文》，第786页
108	沙门可炬幢记	辽宁义县城内西南街广胜寺塔内		乾统七年二月二十九日	园田一龟：《满洲金石志稿》；罗福颐：《满洲金石志》；《续编》，第255页
109	为先师志延造陀罗尼经幢记	北京房山中峪寺	尊胜陀罗尼经	乾统八年	《辽文存》卷6，第88页；《全辽文》卷10，第305页；《文编》，第581页；《全辽金文》，第791页

	经幢名称	出土地点	刻写经文	立石年代	资料刊布与录文
110	郑佛男为祖父造经幢记	北京房山南50里杨树村		乾统八年四月六日	《辽文存》卷6，第87—88页；缪荃孙：《艺风堂金石文字目》卷13；黄任恒：《辽代金石录》卷4；吴式芬：《金石汇目分编》卷3《补遗》；《全辽文》卷10，第307页；《文编》，第599页；杨宁华：《北京辽金史迹图志》下册，北京燕山出版社2003年版，第270页；《全辽金文》，第628页
111	刘庆为出家男智广特建幢塔记	河北固安	佛顶尊胜陀罗尼经	乾统八年十月十一日	（民国）《固安县志》卷4；《全辽文》卷10，第307页；《文编》，第596页；《全辽金文》，第791—792页
112	佛顶尊胜陀罗尼幢记	北京大兴区礼贤镇清真寺	佛顶尊胜陀罗尼经（梵文）	乾统八年□月一十四日	《续编》，第260页
113	李从善经幢	北京房山区石窝镇天开村		乾统九年五月日	《续编》，第263页
114	上京开化寺经幢记	内蒙古巴林左旗查干达乡哈巴气村昭庙	佛顶尊胜陀罗尼经	乾统九年四月三日	李逸友：《内蒙古巴林左旗前后昭庙的辽代石窟》，《文物》1961年第9期，第23页；《文编》，第600页；唐彩兰编著：《辽上京文物撷英》，东方出版社2005年版，第106页
115	上京石窟尊胜陀罗尼经幢记	辽上京真寂寺遗址		乾统九年十月三日	《全辽文》卷10，第307页；《全辽金文》，第792页
116	唐梵佛顶尊胜陀罗尼经幢记	北京大兴芦城镇东芦城村	佛顶尊胜陀罗尼经及真言	乾统九年十月十四日	《续编》，第264页
117	僧智福坟幢记			乾统九年	《全辽文》卷10，第307页；《文编》，第601页；《全辽金文》，第793页

	经幢名称	出土地点	刻写经文	立石年代	资料刊布与录文
118	佛说佛顶尊胜陀罗尼经幢（云门寺经幢记）	内蒙古巴林左旗丰水山乡洞山村	佛说佛顶尊胜陀罗尼经	乾统十年三月十七日	《文编》，第602页；《石刻文》，第420页；《全辽金文》，第794页
119	赵公议为亡考造陀罗尼幢记	北京房山瓦井大寺	佛顶尊胜陀罗尼经	乾统十年三月四日	《全辽文》卷10，第305页；《文编》，第605页；《全辽金文》，第629页
120	李惟晟建陀罗尼经幢记	河北蔚县大水门头村三官庙	佛顶尊胜陀罗尼经	乾统十年五月二十二日	《续编》，第268页；邓庆平编录，赵世瑜审订：《蔚县碑铭辑录》，广西师范大学出版社2009年版，第642页；《拓本》，第34页
121	李惟准建陀罗尼经幢记	河北蔚县大水门头村三官庙	佛顶尊胜陀罗尼经	乾统十年五月二十二日	《续编》，第269页
122	李惟孝亡妻秦氏经幢记（朔州李谨造幢记）	山西朔州东南2里处	阿閦如来灭轻重罪障陀罗尼经	乾统十年八月二十四日	孙学瑞：《辽朔州李氏墓地经幢》，《辽金史论集》第6辑，社会科学文献出版社2001年版，第230页；《文编》，第613页；《全辽金文》，第794页
123	高孝思为亡父母造幢记	河北涿州市西40里高村宝兴寺	佛顶尊胜陀罗尼经	天庆元年（1111）二月	《全辽文》卷11，第314页；《文编》，第617页
124	奉为先内翰侍郎夫人特建尊胜陀罗尼幢			天庆元年四月十一日	《全辽文》卷11，第314页；《文编》，第616页；《全辽金文》，第796页
125	沙门印章为先师造幢记	北京房山		天庆二年二月二十七日	《文编》，第621页
126	白怀祐造幢记	北京良乡琉璃河	佛顶尊胜陀罗尼经	天庆二年七月十八日	《辽文存》卷6，第88—89页；《全辽文》卷11，第315—316页；《文编》，第630—631页；《全辽金文》，第797—798页

	经幢名称	出土地点	刻写经文	立石年代	资料刊布与录文
127	朔州李省为亡考建经幢记	山西朔州	无垢清净光明陀罗尼经、智矩如来心破地狱真言	天庆三年五月十一日	孙学瑞：《辽朔州李氏墓地经幢》，《辽金史论集》第6辑，社会科学文献出版社2001年版，第230页；《文编》，第632页；《全辽金文》，第799页
128	张世卿为先妣建幢记	河北固安	佛顶尊胜陀罗尼经经咒（波利译）、报父母恩重真言、生天真言	天庆三年十月一日	（民国）《固安县志》卷4；《全辽文》卷11，第318页；《文编》，第642页；《全辽金文》，第798页
129	惠州李祜墓幢			天庆三年	《全辽文》卷11，第316页；《文编》，第638页
130	沙门积祥等为先师造经幢记	河北永清茹荤村大寺	尊胜陀罗尼咒	天庆四年二月十四日	《辽文存》卷6，第89页；《全辽文》卷10，第297页；《文编》，第643—644页；《全辽金文》，第647—648页
131	杜□□奉为亡□□过去□阑兄建置法幢	北京门头沟区齐家庄乡	佛顶尊胜陀罗尼真言	天庆四年十月八日	包世轩：《门头沟发现五座辽代经幢》，《北京考古信息》1990年第1期，第381页
132	沙门法笋建陀罗尼经幢记	河北阳原大觉寺		天庆五年十月二十五日	黄彭年等：《畿辅金石志》卷149；梁建章等：《察哈尔金石志》卷21；李泰棻：《阳原金石志》卷15；黄任恒：《辽代金石录》卷4；《拓本》，第37页
133	忏悔正慧大师遗行造塔幢记	北京房山张坊镇二郎庙	佛顶尊胜陀罗尼经	天庆六年四月二十七日	《辽文存》卷6，第89—90页；《文编》，第658—659页
134	奉为亡祖先生身父母造陀罗尼幢	北京门头沟区齐家庄乡	佛顶尊胜陀罗尼真言	天庆七年十月七日	包世轩：《门头沟发现五座辽代经幢》，《北京考古信息》1990年第1期，第381页

续表

	经幢名称	出土地点	刻写经文	立石年代	资料刊布与录文
135	经幢记	山西朔州平鲁区败虎堡村		天庆八年	《续编》，第300页
136	经幢记	北京大兴区礼贤镇	佛顶尊胜陀罗尼经	天庆九年	《续编》，第303页
137	沙门积进遗行塔幢记			天庆九年	《文编》，第677页
138	松寿等为亡父特建法幢记	辽宁义县城隍庙	佛说佛顶尊陀罗尼经（梵文）	天庆十年四月十五日	罗福颐：《满洲金石志》卷2；《全辽文》卷11，第333—334页；《汇编》第11卷，第776页；《文编》，第681页；《全辽金文》，第806页；《拓本》，第39页
139	张楚璧等造幢记（尊胜陀罗尼幢记并序）		尊胜陀罗尼经	天庆十年	《全辽文》卷12，第343页；《文编》，第694—695页；《全辽金文》，第721—722页
140	李公幢记			天庆十年三月二十九日	《续编》，第308页
141	郭仁孝为耶耶娘娘建顶幢记	河北固安	甘露王陀罗尼经	天庆十年十月二十日	《续编》，第309页
142	郭仁孝为父母建顶幢记	河北固安	甘露王陀罗尼经	天庆十年四月二十七日	《艺风堂金石文字目》卷13；黄任恒：《辽代金录》卷4；《续编》，第310页；《拓本》，第41页
143	石幢			天庆二年九月①	《永清县志》；缪荃孙：《艺风堂金石文字目》卷13；《文编》，第702页
144	惠能建陀罗尼经幢记	辽宁朝阳口碑营子附近	佛顶遵胜陀罗尼经		罗福颐：《满洲金石志》；《文编》，第696页；《全辽金文》，第897—898页

① 缪荃孙《艺风堂金石文字目》卷13谓该石幢记尾书"天定二年九月立"，"天定"或为"天庆"之讹。见向南编《辽代石刻文编》，河北教育出版社1995年版，第702页。

	经幢名称	出土地点	刻写经文	立石年代	资料刊布与录文
145	为先祖舅姑等建幢记（佛顶尊胜陀罗尼幢记）		佛顶尊胜陀罗尼经（梵文）		《匋斋藏石记》；《全辽文》卷9，第245页；《文编》，第697页；《全辽金文》，第818页（又以《佛顶尊胜陀罗尼幢记》为名，于第819—820页重复收录）
146	赵文建幢记	河北新城龙泉寺	佛顶尊胜陀罗尼经	□年□月二十一日	（民国）《新城县志》；《文编》，第704页；《全辽金文》，第817页
147	厖延则造幢记	内蒙古巴林左旗		□年丁亥朔六日	园田一龟：《满洲金石志稿》；罗福颐：《满洲金石志》；《全辽文》卷12，第359页；《文编》，第700页；《石刻文》，第439页；《全辽金文》，第817页
148	云居寺经幢记	北京房山云居寺	佛顶尊胜陀罗尼经	□年二月二日	《续编》，第322页
149	大灌顶光梵甲陀罗尼幢记	北京房山区阎村镇南梨园村	梵文佛经		《续编》，第325页
150	奉为三师建寿塔幢记	北京房山区韩村河镇天开村			《续编》，第326页
151	佛说般若波罗密[多]心幢记	北京大兴区黄村火神庙内			《续编》，第327页
152	真寂之寺佛顶尊胜陀罗尼经幢	辽上京真寂寺遗址	佛顶尊胜陀罗尼经		《续编》，第336—337页
153	经幢	内蒙古林东北山	佛顶尊胜陀罗尼经		唐彩兰编著：《辽上京文物撷英》，东方出版社2005年版，第104页
154	经幢（残存基座）				唐彩兰编著：《辽上京文物撷英》，东方出版社2005年版，第104页

	经幢名称	出土地点	刻写经文	立石年代	资料刊布与录文
155	石经幢残片	内蒙古巴林左旗辽上京皇城遗址			唐彩兰编著：《辽上京文物撷英》，东方出版社 2005 年版，第 111 页
156	上京开化寺经幢基座	内蒙古巴林左旗昭庙			唐彩兰编著：《辽上京文物撷英》，东方出版社 2005 年版，第 108—109 页
157	佛顶尊胜陀罗尼幢				《全辽文》，第 287 页
158	福惠幢记	河北新城县东柳林庄洪福寺			（民国）《新城县志》卷 15；《全辽文》卷 10，第 278 页；《文编》，第 703 页；《全辽金文》，第 816 页
159	赵文建幢记	河北新城县曲隄村礼泉寺前		□年□月二十一日	（民国）《新城县志》卷 15；《全辽文》卷 12，第 348 页；《文编》，第 704 页
160	沙门志诠建胜陀罗尼幢记	河北新城县		□□四年九月初二日	（民国）《新城县志》卷 15；《全辽文》卷 12，第 358 页；《全辽金文》，第 820 页
161	和龙山石幢记	辽宁朝阳			（民国）《朝阳县志》卷 10；《全辽文》卷 12，第 348 页；《文编》，第 705 页；《全辽金文》，第 817 页
162	凤凰城石幢连名记	辽宁凤凰城附近，现村旅顺博物馆			《文编》，第 710—711 页；《全辽金文》，第 821—822 页
163	张世俊造幢记	河北固安现成西南大王村崇胜寺			《固安县志》卷 4；《全辽文》卷 12，第 358 页；《文编》，第 699 页；《全辽金文》，第 445 页
164	杨氏坟幢记	河北新城北趾杨庄			《文编》，第 701 页

	经幢名称	出土地点	刻写经文	立石年代	资料刊布与录文
165	田氏建陀罗尼幢记	河北省定兴县固城东南宝峰寺，清光绪七年运至清苑县莲池六幢亭内			《全辽文》卷12，第347—348页；《文编》，第693页；《全辽金文》，第645页
166	□□为亡父李进亡母阿王造墓幢	内蒙古巴林左旗林东镇北山	智炬如来心破地狱真言、毗卢遮那佛灌顶光真言、六字真言、无垢净光陀罗尼经		李学良：《巴林左旗发现两处辽代墓幢》，《辽金历史与考古》第3辑，辽宁教育出版社2011年版，第324—325页

二　辽代经幢的形制及特点

辽朝文化遗存中有大量经幢，就目前已知资料来看，其地理分布在北方草原地区和契丹人后来据有的长城以南地区是不尽相同的。据上表所列经幢看，能明确看出其所在地的经幢，在长城以南约占3/4，而长城以北仅占1/4左右，总体分布情况是南多北少。何以如此？究其原因，大致可归结为以下几点：

首先，与契丹族有自己本民族的原始宗教信仰有关。契丹族本是游牧民族，逐水草而居，在916年建国以前尚处于原始社会状态，敬信萨满教，他们崇拜日、月，敬畏神灵，《辽史》中即不乏契丹人祭神祭天的记载，说明这种信仰在契丹的社会内部广泛流行，并且存在很大影响。后来，随着社会的演进，契丹统治者逐渐懂得了利用宗教对人民实行精神统治的重要性，于是对儒、佛、道教采取兼收并蓄的态度。辽太祖耶律阿保机在他升任大部落夷离堇的次年（902）即建开教寺于龙化州①，即皇帝

---

①　《辽史》卷1《太祖纪》，中华书局1974年版，第2页。

位的第六年（912），建天雄寺于西楼,[1] 建元称制的第三年（918）"诏建孔子庙、佛寺、道观"于皇都上京。[2] 从此，辽朝崇佛之风渐盛。据统计，当时仅在上京一带（今内蒙古巴林左旗）建立的 16 座寺观中，属于佛教的就有 14 座。[3]

尽管契丹人在建国后的封建化过程中不断摄取中原文化以丰富本民族文化，但作为精神深处的信仰是不可能在几年间轻易改变的。而契丹本土流传的佛教是在其建国后才传入北方草原地区的，建立经幢之俗形成较晚，故而经幢数量不多。而长城以南地区，由于佛教传入较早，影响较深，在唐朝时，即已有立幢之俗，到辽朝时，这种习俗已经有了一定的历史积淀。有些家族立有多座经幢，据发现于北京的《重移陀罗尼幢记》记载，王恕荣母亲在会同九年建经幢，其后"家道吉昌"，于是又建三座经幢，立于奉福寺和祖坟（文编 6）。

其次，在金朝于 1125 年灭辽后，毁掉了大量的契丹本土的经幢。例如，在辽上京地区的开龙寺、云门寺、弘福寺、开化寺以及辽庆陵中，都有经幢残片发现。这样，在经幢数量本就不多的北方草原地区，再加上金朝灭辽后对辽朝经幢的毁坏，造成北方草原地区目前留存的经幢较少。

再次，在辽代统治的南部即当时的幽云十六州地区，因为本为汉地，早有佛教寺院之兴建，特别是隋唐以来，佛教炽盛，是佛教寺院分布较密集区域，故而经幢所建较多。在辽占领其地以后，归附的汉人多是虔诚的佛门弟子，为了使其安于生活与生产，统治者遂利用佛教进行统治，广修寺庙，很多经幢由是而相继建立。

经幢是刻写经文的塔状石柱，形状类塔，从幢座到幢身再到幢盖和宝顶都是仿照塔的形制而建，正因为如此，有时也称之为塔幢。它与塔的区别在于塔上不刻经，幢上刻经；塔的形体高大，经幢的形体矮小精致。有学者认为经幢是糅合了刻经于塔所衍生出来的一种特殊的"塔"。[4] 这种说法不无道理。但是，塔和幢却是两种不同的佛教建筑形式，二者具有不同的功用。塔有法舍利塔和舍利塔，菩萨戒大师法幢是在遗塔前建立的经

---

① 《辽史》卷 1《太祖纪》，第 6 页。

② 同上书，第 13 页。

③ 《巴林左旗志》，《巴林左旗志》编委会编印，1985 年，第 540—541 页。

④ 刘淑芬：《经幢的形制、性质和来源——经幢研究之二》，《"中央"研究院历史语言研究所集刊》第六十八本第三分，1997 年，第 643 页。

幢（文编54），法均大师圆寂后，于坟塔旁建尊胜陀罗经幢。[①] 这些都说明塔与经幢的功用是不同的。

经幢由幢座、幢身、幢盖和宝顶组成。幢座有圆形、六角形和八角形，常雕饰莲花。幢身平面呈八角、六角、四角以及圆形，以八角和六角为多，幢身刻写经文以及记文。幢盖常作八角或六角飞檐状。宝顶多呈宝珠或葫芦形。

下面择几例辽东京、南京、西京和上京地区经幢介绍如下：

朝阳地宫经幢，幢座三层，第一层八角形，八个侧面的四个面刻莲盆，另四个面刻飞天图案，上面雕伎乐；第二层八角形，侧面浮雕八菩萨像，上面刻覆莲；第三层为仰莲圆座。幢身为八角形，由四节组成，每节有座，座下面为佛像，上面为仰莲。（文编21）

北京房山北郑村辽塔经幢，幢座八角形，雕刻覆莲；幢身八角形；幢盖八角形，垂幔纹宝盖飞檐；宝顶为莲花头（文编2）。

朔州李谨经幢，幢座八角形，雕刻莲花；幢身八角形；幢盖八角飞檐；宝顶以两层仰莲拱托宝珠（文编112）。

内蒙古巴林左旗昭庙经幢，幢座、幢身和幢顶各部不成套，似为后人拼装而成，幢身上部有浮雕佛、子弟和菩萨像（文编114）。

经幢的高度各不相同，因为目前著录的经幢，有些没有高度的记载，故而关于经幢高度的数据并不全面，就目前所知，较高者为朝阳北塔地宫经幢，高5.26米，比地宫高0.87米（文编21）。新城县衣锦村有两座辽经幢，"各高二丈余"（文编44），当在6米左右。经幢各部通常卯榫相接。

经幢新建之时，刻写文字时有时还加以粉饰，《张楚璧等造经幢》言："彩镂银字，若文星之点碧空。"（文献139）即此谓也。今天所见经幢历经岁月的侵蚀，早已不见当年的色彩。

三　辽代经幢的种类

受建幢人建幢目的、主人以及经幢矗立场地不同等因素影响，辽代的佛教经幢还可细分为以下几种类型：

---

① 《文编·法均大师遗行碑铭》，第439页。

（一）普通经幢

普通经幢是指建立在佛教寺院内或城（村）镇的通衢路口处，无特定幢主、功能普及的经幢。考古资料证明，辽代普通经幢多建于寺院附近。如辽圣宗统和十年（992），南京道幽都府玉和县县令齐讽等官员及该县斋堂村、胡家林村、清水村、青白口村、齐家庄村等"邑众"二百余人于当地一佛寺内（今北京市门头沟区清水镇上清水村双林寺）建造的经幢（文献8）。又如辽兴宗重熙元年（1032），南京道蓟州玉田县的佛教信徒于大□村车轴山寿峰寺建造的经幢（文献20）。辽代佛教信徒建于城（村）镇街道路口的经幢尚少见。佛教信徒之所以将经幢建在寺院附近，其原因主要是所建经幢需要僧人的指点。[1]

（二）墓幢

墓幢亦是辽代经幢中的主要一类。罗福颐先生在《满洲金石志补遗》中说，辽金两代是"墓幢"建立的兴盛期。不仅俗家居士坟墓内外置幢，僧尼坟前、塔侧树幢，就连皇帝的陵墓前亦有建幢者。所以，辽代的"墓幢"又可细分为以下几个小类。诸如：

帝王贵胄陵寝前的经幢。唐末五代时期，中原乃至南方某些割据政权的统治者死后，有在陵寝前建立经幢的，比如前蜀高祖王建的永陵前即建有"陵幢"。辽代契丹皇帝的陵前也建有经幢。但因辽末女真军兴，在灭辽过程中，女真人对契丹皇帝陵墓多有摧残，因而，到20世纪初期，仅在内蒙古赤峰市巴林右旗白塔子辽庆陵陵域的辽圣宗陵前和辽兴宗陵前尚见"陵幢遗存。时人曾在内蒙古巴林右旗白塔子辽庆州城遗址南门之北、砖塔之南发现了'陵幢'的三段残石，其上有'幢记'残文数百字，大致记述了辽圣宗死后葬礼上的一些情况"。[2]

普通百姓坟前经幢。辽代由于统治者的推广，普通百姓多有信仰佛教，而诸多俗家佛教居士出于为已故亲人（包括先祖、父母、夫妻、兄

---

① 刘淑芬：《〈佛顶尊胜陀罗尼经〉与唐代尊胜幢的建立——经幢研究之一》，《"中央"研究院历史语言研究所集刊》第六十七本第一分，1996年，第159页。

② 王璞：《从经幢记看辽代的密教信仰》，载怡学主编《辽金佛教研究》，金城出版社2012年版。

弟姐妹、子女等）追荐冥福等缘故，多在其坟前或墓中建经幢，俗称"坟幢"。辽代俗人坟幢以在坟前所建者为多。辽代俗家佛教居士所建之"坟幢"也有置于墓内者。

僧尼坟幢、塔幢与舍利幢。经幢原本的主要功能为刻经，这也是其与塔的最根本的区别所在，但是辽朝晚期出现了塔幢合璧的现象，出现了幢下埋舍利和僧人遗骨的经幢。咸雍八年（1072），涿州新城县衣锦乡所建葬舍利幢，幢记言："若起塔则止藏其舍利，功德惟一。建幢则兼铭其秘奥，利益颇多。况尘飐影覆，恶脱福增，岂不谓最胜者欤？"（文编41）

寿昌五年（1099），慈悲庵慈智大德经幢立，幢下埋葬慈智大德遗骨，记中称"瘗灵骨于其下，树密幢于其上"（文献84）。忏悔正慧大师塔幢，更具有塔幢合一之特征，其高二十尺，十五层，先刻《佛顶尊胜陀罗尼经》，后刻大师遗行。记文称之为"幢塔"（文编133）。

辽代僧尼圆寂火化后，其骨灰（舍利）的葬式大致有三种方式：坟葬、塔葬及幢葬，并且每一种葬式都要立幢，于是，便出现了与墓幢相关的"僧尼坟幢"（河北易县大安九年《僧思拱墓幢记》，文编77）、"僧尼塔幢"（北京房山小西天清宁六年《沙门志果等为亡师造塔幢记》，文编31）和"僧尼舍利幢"（河北新城咸雍八年《特建葬舍利幢》，文编41）。一些高僧大德圆寂火化后多为塔葬，因而，有辽一代于塔侧立幢者也较多。如契丹人耶律合里只等为纯慧大师建立的"塔幢"（文编34）。

（三）记事用经幢

是指佛教信徒采用"幢记"的形式记载其佛事活动内容所建之幢，一般没有特定的立幢地点。辽代出土经幢石刻资料中显示，辽代佛教"记事幢"记事的内容比较广泛，主要有如下几种：

其一，记载经幢迁移、重建原因及过程的，如保宁元年（969）王恕荣之移经幢（文编6）；其二，记载佛教信徒做道场，葬感应佛舍利的过程，如北京顺义区城关乡发现的开泰二年《净光舍利塔经幢记》（文编15）；其三，记载佛教信徒植"福田"，义葬无名骸骨过程的"记事幢"，如北京昌平发现的寿昌五年《义冢幢记》（文编85）；其四，记载佛教信徒施财舍物建佛寺的"记事幢"，如河北新城所出乾统二年《施地幢记》（文献89），还有记载佛教信徒营造佛像的"记事幢"，如北京良乡所见《豆店清凉寺千佛像石幢记》即为其例（文编27）。诸如此类，不一而足。

（四）灯幢与香幢

因形制、用途与其他经幢稍异，灯幢与香幢应是辽代经幢中的两种变形幢。

所谓"灯幢"，即矗立在佛寺、佛塔附近的仿经幢形制之灯台，兼具经幢之宗教和灯台之实用两种功能，只是这种类型现存不多，主要有北京密云发现的《开元寺重修建长明灯幢记》（文编 48）和北京昌平崇寿寺之《造长明灯幢记》（文编 102）。

"香幢"则是立于寺院或佛塔前的仿经幢形制的香炉，亦兼具经幢之宗教和香炉之实用两种功能，如佛教居士傅逐秀等人于咸雍九年修建的香幢（文编 43）、河北涿州于咸雍元年新赎大藏经而建造的香幢（文献 36）、大安八年河北涞水木井村邑人所造香幢（文编 73），还有下文将提到的道教龙兴观所造香幢也属于此类情况（文编 86）。

四　辽代经幢之刻文

经幢刻文，主要有经文和题记。

（一）经文

经幢刻写的经文主要是密宗《佛顶尊胜陀罗尼经》（通常又称《尊胜陀罗尼经》、《尊胜经》等），此种经幢常称为《佛顶尊胜陀罗尼经幢》、《陀罗尼经幢》、《尊胜经幢》等（有时简称某某幢，省去经字），经文之外，也刻写佛顶尊胜陀罗尼咒、真言和序文。北京房山北郑村辽塔经幢刻写《佛顶尊胜陀罗尼经》、序文、真言和咒语（文编 2）。善存为吴德迁造经幢中，前列骈体序文（文编 67）。

朝阳出土的惠能建经幢有启请文："佛顶尊胜陀罗尼启请：稽自千叶莲花座，摩尼殿上尊胜王，广长舌相遍三千，恒沙功德皆圆满，灌顶闻持妙章追各句，九十九亿世尊宣……"（文献 144）《佛顶尊胜陀罗尼经》在唐朝时已有多种译本。① 辽朝流行的主要为佛陀波利译本和不空译本，

---

① 刘淑芬：《〈佛顶尊胜陀罗尼经〉与唐代尊胜幢的建立——经幢研究之一》，《"中央"研究院历史语言研究所集刊》第六十七本第一分，1996 年，第 155—162 页。

普同塔经幢和张世卿为先妣建经幢为佛陀波利译本（文编49），而菩萨戒坛法师法幢、行满寺陀罗尼经幢和慈智大德经幢为不空译本。① 除《佛顶尊胜陀罗尼经》以外，还刻写其他经文，朝阳北塔经幢除《佛顶尊胜陀罗尼经》之外还刻有《大佛顶如来放光悉怛多钵怛罗陀罗尼经》、《大随求陀罗经》、《般若波罗蜜多心经》、《佛说金刚大摧碎延寿陀罗尼经》、《大轮陀罗尼经》、《大乘百字密语》（文编21）。可兴等建塔幢，刻《佛顶尊胜陀罗尼经》和《悲心陀罗尼经》被称为尊胜悲心陀罗尼塔。② 有的经幢不刻《佛顶尊胜陀罗尼经》，刻写其他陀罗尼经，赵文祐为亡父母造经幢，镌刻《无碍大悲心陀罗尼经》（文编39）；李惟孝秦氏经幢刻写《阿閦如来灭轻重罪障陀罗尼经》（文编122）；朝阳东塔经幢刻写《无垢净光大陀罗尼经》（文编17）。有的经幢刻写经文和真言、咒语，史遵礼造陀罗尼经幢刻《智炬如来心破地狱真言》（文编83）；李惟孝亡妻秦氏经幢记刻写《无垢清净光明陀罗尼经》和《智矩如来心破地狱真言》；法忍于大安八年（1092）所建经幢刻写《波若罗密多心经》和《弗□□□陀罗尼神咒》（文编75）。1992年内蒙古巴林左旗林东镇北山发现的某氏为亡父母所造墓幢所刻经文除常见的《智炬如来心破地狱真言》、《无垢净光陀罗尼经》外，还有《毗卢遮那佛灌顶光真言》、《六字真言》，后二者在辽代经幢中仅此一见（文编166）。

经文刻写中用汉文也有梵文。朝阳北塔经幢经文刻有梵文（文编21），杨卓等建经幢之《破地狱真言》用梵文镌刻（文编90）。

由上文所列辽朝经幢总目可以看出，经幢所刻经文多为《佛顶尊胜陀罗尼经》，这篇经文主要渲染佛陀的无边法力，宣称："天帝有陀罗尼名为如来佛顶尊胜，能净一切恶道，能净除一切生死苦恼，又能净除诸地狱阎罗王界畜生之苦，又破一切地狱能回向善道。天帝此佛顶尊胜陀罗尼，若有人闻一经于耳，先世所造一切地狱恶业，悉皆消灭，当得清净之身。"③ 这对生活于战乱并受尽剥削压迫的信众来说，诱惑力自然是强大的；而对统治阶级来说，更有期望因果得善报的诱因，他们更渴望借助佛陀的力量在现世得到幸福，入土之后减灭生前的罪恶，祈求来世的幸福，

① 刘淑芬：《经幢的形制、性质和来源——经幢研究之二》，第662页。
② 《文编·可兴等建尊胜悲心陀罗尼塔记》，第381页。
③ （唐）佛陀波利译《佛顶尊胜陀罗尼经》，《大正藏》第19卷，第350页中。

这也是当时造经幢刻经较为普遍的一个社会原因吧。

（二）题记

经幢中刻文格式为先经后记，经文之后题写立幢的目的、经文的效用以及建幢人的信息等。如果经幢是为故去的人而立，还有幢主生平的介绍。这一部分记载内容较为丰富，记录了当时宝贵的历史与社会信息。

如王恕荣母于会同九年（946）立幢，并镌刻经文和题记。及至保宁元年（969），王恕荣重移经幢，并在会同九年经幢后面续刻题记（文编6）。又如空乡寺经幢，所刻经文与题记文字风格不一，经文可能是唐人所刻，后辽人延用再刻题记（文编23）。

应历十六年，李崇菀为其父彦超造陀罗尼经，记曰："特立法幢，上祷金仙，福佑慈父。意者保延禄寿，被惠日以长荣。"（文编4）保宁元年《重移陀罗尼幢记》谓："都亭驿使太原王公恕荣，为皇姑自会同九年□舍资□广陈胜事，□于兹金地，特建妙幢，在经藏前集功德□，□□果报，家道吉昌。既稍备于珍财，乃更□□利益，就奉福寺文殊殿前，又建经幢。"（文编6）从上述两则题记中可以看出，幢主此行为的目的为"保延禄寿"，"家道吉昌"，意在实现现世的安康。

五　辽代经幢的功用

唐朝最初刻写经幢的经文主要是密宗《佛顶尊胜陀罗尼经》，此经认为如果书写此经，安于高幢上、高楼上、高山上，"或见或与相近，其影映身；或风吹陀罗尼上，幢等上尘，落在身上。天帝，彼诸众生，所有罪业，应堕恶道地狱、畜生、阎罗王界，饿鬼界，阿修罗身，恶道之苦，皆悉不受，亦不为罪垢染污"[1]。郑□造经幢中言："能书此陀罗尼，安高幢上，或安高山，或安楼上，乃至安置窣堵坡中。若有四众族姓男，族姓女，于幢等上或□或□□近其影身，或覆□咒陀罗尼幢等上尘落在身上。彼诸众生，所有罪业，皆悉消灭。"（文编61）《文永等为亡父母造幢记》言："夫尊胜陀罗尼者，是诸佛之秘要，众生之本源。遇之则七逆重罪，咸得消亡；持之则三涂恶业，尽皆除灭。开生天路，示菩提相，功之最

---

[1]　（唐）佛陀波利译《佛顶尊胜陀罗尼经》，《大正藏》第19卷，第351页中。

大，不可稍也。"（文编 71）辽代经幢所刻经文也基本沿袭了这些内容，多以这些经文为主。

而通过前文的论述我们可以看出，经幢的宗教功用主要源于其上镌刻的佛教经文及咒语，辽代存世经幢资料中，经幢上所刻最多、最常见的就是《佛顶尊胜陀罗尼经》，这在前文的统计表格中已有明了的显示。而《佛顶尊胜陀罗尼经》主要的经义则是"阐述因果，祈求来世"，通过经幢所镌刻的内容，我们可以大致归结出辽代经幢的主要功用有如下几点。

（一）教化与普度

这主要是由僧人或佛教信众为传播佛教教义劝化世人行善而刻写的经幢，这种经幢常常立于寺院，如上文列举经幢大多位于寺院，《洪福寺碑》称寺"前有尊胜陀罗尼幢一所，宝茎上耸，高凌碧汉之心；莲座下磉，永镇黄金之地"（文编 158）。辽代三盆山崇圣院中即有后晋、后唐时所立石幢一座。[①] 寺院中经幢常常两座对峙。涿州新城县的一座寺院内，寺前对峙两座经幢，"如双刹竿，各高二丈余，凡五级作六角形"[②]。大安八年（1092），法忍同时建两座经幢，于寺院中对峙而立（文编 75）。大康元年（1075），在法均大师坟塔左右建尊胜陀罗幢各一。[③]

（二）超度与脱罪

这主要是为故去的僧人或者家人立幢，以免除其罪业，超度亡魂。这种经幢一般立在墓地或者墓中，故也称为墓幢。为故去僧人立的幢也称为塔幢，法幢，主要由门人和俗家信徒所立，以免除其罪业。如大康三年，为菩萨戒大师立法幢者，有诸多的门人、沙门、邑人等（文编 54）。

为故去的家人立幢，大部分是子女为亡父母所立，以超度亡魂，追荐冥福。如咸雍七年，李晟为先亡父母造幢，"特建尊胜陀罗尼幢子一座于此茔内。亡过父母先亡等，或在地狱，愿速离三涂；若在人世，愿福乐百年"（文编 40）。白怀友为亡考妣造经幢称："我教东流，□被幽显，则建幢树刹兴焉。其有孝子顺孙，信而乐福者，虽贫贱殚财募工市石，刻厥

---

① 《文编·三盆山崇圣院碑记》，第 30 页。
② （民国）《新城县志》卷 15。
③ 《文编·法均大师遗行碑铭》，第 439 页。

密言，表之于祖考之坟垅。冀其尘影之霯庇者，然后追悼之情塞矣。"（文编100）也有父母为早逝的子女所立的经幢，乾统八年，刘庆为出家男智广造身塔幢，智广自幼出家，十岁非命而卒。父为亡子建幢（文编111）。

目前发现有辽朝义冢幢一座。记文称："大安甲戌岁，天灾流行，淫雨作阴，野有饿殍，交相枕藉。时有义士收其遗骸，仅三千数，于县之东南郊，同瘗于一穴。"（文编85）当年发生水灾，百姓有很多饿死弃尸荒野，有"义士"收敛了三千具骸骨，为他们立幢。皆有超度与脱罪的意义在内。另外，乾统九年僧智福坟幢（文编117）与天庆三年惠州李祐墓幢（文编129）之性质亦与此同。

值得注意的是，道教也有石幢之建，如寿昌六年勒立的《龙兴观创造香幢》即为其例，其中有言："今我观院，虽殿堂像设，夙有庄严，而祭醮供仪，素乏□□，乃采诸翠琰，琢以香幢，每圣诞嘉辰，且元令节，或清斋消忏，□旦良宥，用然沉水之烟，式化真仙之侣，所愿九清降祉，百圣垂洪，延皇寿以无疆，保黔黎而有赖。风雨时调，禾谷岁登。"（文编86）显而易见，道教此举是受佛教影响所致。

（三）祛灾与祈福

这主要是为还在世的人立幢祈福消灾。祛除灾祸、祈求幸福是辽代佛教信徒特别是居士们的人生追求，欲达此目的，多有建幢并刻经。如辽景宗保宁元年（969）《重移陀罗尼幢记》记载建幢人王恕荣即认为：建经幢"可荫及子孙，门风不坠"，并且"□□果报，家道吉昌"（文献6）。当然，一些佛教信徒立幢"祈福"还不仅仅是为生者，也有的是为已故亲人"祈冥福"。也有一些佛教信徒建造经幢已不仅仅局限于为自己和已故亲人祛灾祈福。这种经幢中有的是为皇室而立，为皇帝、皇后、文武大臣等祈福，以求国家风调雨顺。开泰二年，监察御史武骑尉同监魏务张翼等诸多官员立幢"奉为神赞天辅皇帝、齐天彰德皇后万岁，亲王公主千秋，文武百僚恒居禄位。风调雨顺，海晏河清，一切有情，同沾利乐。"[1]

（杨富学，敦煌研究院民族宗教文化研究所教授；朱满良，西北民族大学历史文化学院研究生）

---

[1]　国家图书馆金石组编：《中国历代石刻史料汇编》第12卷，北京图书馆出版社2000年版，第146页。

文物资料中所见辽代密教信仰
在山西的流行

赵改萍

一　陀罗尼信仰在山西的流行

辽代，佛顶尊胜陀罗尼经幢在山西的流布范围很广，几乎遍及全省。在此，笔者根据《山右石刻丛编》、《山西通志》、《三晋石刻大全》、《辽代石刻文编》以及山西各地地方志、碑刻和近年来的考古发掘等资料，对山西各地的陀罗尼经幢进行粗略的统计。列表如下：

辽代山西各地陀罗尼经幢

名称	时间	形制、结构	出处
李翎为考妣建陀罗尼经幢记	统和十八年（1000）	先经后记，八面刻，正书	向南：《辽代石刻文编》，河北教育出版社 1995 年版，第 104 页
无垢净光舍利塔	辽开泰八年（1019）	"文化大革命"中塔身丢失，现存底座和顶部	《天镇县志》，山西人民出版社 2009 年版
净土寺经幢	辽崇熙九年（1040）	塔高约 10 米，五层八角串珠顶，塔身全部石刻，刻有太子游四门，正中刻莲花盆，塔的下身刻陀罗尼经文，并有"（重）熙九年岁次庚辰八月"字样	山西省应县净土寺
普同塔经幢	太康二年（1076）	高五尺，径尺余，方隅八面，面各有字	向南：《辽代石刻文编》，河北教育出版社 1995 年版，第 382 页

续表

名称	时间	形制、结构	出处
武州经幢题记	太康五年（1079）	高0.77米，宽1.33米，29行，字数难稽，八面刻，正书	向南：《辽代石刻文编》，河北教育出版社1995年版，第385页
大同下华严寺经幢	辽道宗寿昌元年（1095）	高2.87米，设六角形须弥座，幢身亦为六角，分上下两部分，下刻《佛顶尊胜陀罗尼经》，上部四面分别刻一尖拱龛，龛内分别供四方佛。幢顶为仿木结构的六角攒尖顶	李彦、张映莹：《〈佛顶尊胜陀罗尼经〉及经幢》，《文物世界》2007年第5期
古尊胜幢	寿昌二年（1096）	在宁武县北四十五里旧寨村路傍古庙中庭前石柱一，上有石烬柱凡下面刻云："唯寿昌二年二月十五日立佛顶尊幢，其制颇奇，古字皆双行，一中国书，一为西域其制颇奇，古字皆双行，一中国书，一为西域梵书。"	清《宁武府志》卷九祠庙
尼曼罗耶经幢	辽乾统二年（1102）	幢青石质。残存六棱柱体，高48厘米、边长28厘米。楷体竖刻陀罗尼经和梵文，经、梵文相间，共56行1000余字，经、梵文各28行、500余字，经文因缺字无法断句。但文中首题"大辽国朔州鄯阳县……"大部文字漫漶不清	《三晋石刻大全·朔州平鲁区卷》
朔州崇福寺经幢	乾统四年（1104）	高1.17米，平面八角形，风化严重	李彦、张映莹：《〈佛顶尊胜陀罗尼经〉及经幢》，《文物世界》2007年第5期
兰公佛顶尊胜陀罗尼记	乾统四年（1104）	此幢白石，八角形，高1.25米边长1.5米，直径0.5米	应县木塔鼓楼南端
灵岩寺石幢残文	乾统五年（1105）	幢高57厘米，宽18厘米，八面刻，已漫漶残破	向南：《辽代石刻文编》，河北教育出版社1995年版，第556页

名称	时间	形制、结构	出处
朔州李谨建幢记	乾统十年（1110）	记文后刻《阿閦如来减轻重罪障陀罗尼》经文，书体优美，行楷相间	向南：《辽代石刻文编》，河北教育出版社 1995 年版，第 613 页
朔州崇福寺经幢	辽乾统十年（1110）	高为 1.15 米。幢基座保存不完整，幢身为八角，上刻《佛顶尊胜陀罗尼经》，幢设宝珠组成的幢刹	李彦、张映莹：《〈佛顶尊胜陀罗尼经〉及经幢》，《文物世界》2007 年第 5 期
朔州崇福寺经幢	天庆三年（1113）	高为 1.27 米，幢基座保存不完整，幢身为八角，上刻《佛顶尊胜陀罗尼经》，幢设宝珠组成的幢刹	李彦、张映莹：《〈佛顶尊胜陀罗尼经〉及经幢》，《文物世界》2007 年第 5 期
朔州李省建幢记	天庆三年（1113）	中间刻有《无垢清净光明陀罗尼》、《智炬如来心破地狱真言》	向南：《辽代石刻文编》，河北教育出版社 1995 年，第 632 页
朔州市平鲁区败虎堡村辽代经幢	天庆八年（1118）	呈六面柱体形，残高 0.18 米，对宽 0.27 米，其余各边长分别为：0.3 米、0.075 米、0.11 米、0.17 米、0.16 米。此经幢顶、身、基座均不存，正文一共 19 行，每行仅存四五字，残缺严重	《浅述辽代山西地区的佛教和寺院——以朔州辽天庆八年经幢为中心》，《文物世界》2009 年第 2 期
辽代经幢（一截）	时间不详	高 45 厘米，为八棱体，刻有"南无阿弥陀佛"	《天镇县志》，山西人民出版社 2009 年版
陀罗尼经幢（一截）	时间不详辽代经幢	高 39 厘米，直径 37 厘米，面宽 16 厘米，为八棱体，八面有经文。有一龛，内刻释迦牟尼坐像一尊	《天镇县志》，山西人民出版社 2009 年版
《大悲心陀罗尼》经幢	无年代，应是辽金物	沙石质，六面体，楷书，有拓本，惜尾部无佳拓。石高 60 厘米，双面宽 23 厘米，6 行，共 14 行，每行约 23 字，凡 300 余字。"迦罗野怛写铭"六字似非经文，像与此经幢书写者有关	《大同新出唐辽金元志石新解》，三晋出版社 2012 年版

下面对上述经幢实例做以下分析：

第一，建幢缘起。佛陀波利译《佛顶尊胜陀罗尼经》曰："佛告天帝，若人能书写此陀罗尼，安高幢上，或安高山或安楼上，乃至安置窣堵波中。天帝若有苾刍苾刍尼优婆塞优婆夷族姓男族姓女，于幢等上或见或与相近。其影映身，或风吹陀罗尼，上幢等上尘落在身上，天帝彼诸众生所有罪业，应堕恶地道狱畜生阎罗王界鬼界阿修罗身恶道之苦，皆悉不受亦不为罪垢染污。"①《佛顶尊胜陀罗尼经》渲染佛陀的无边法力对当时社会的善男信女都产生了很大的诱惑，建幢之风在辽代的山西非常盛行。

辽人造幢主要表达如下三种期望：首先，造经幢能净除一切生死苦恼，祈福于现世。保宁元年《重移陀罗尼幢记》谓："都亭驿使太原王公恕荣，为皇妣自会同九年舍资，广陈胜事，于兹金地，特建妙幢，在经藏前集功德，果报，家道吉昌。既稍备于珍财，乃更利益，就奉福寺文殊殿前，又建经幢。"②乾统二年《尼曼罗耶经幢记》："大辽国朔州鄯阳县诸满山施之南安集，为闻□住攻，空□门兑留，刻激□□□□□纯，万北口堂曷它，尝自善增□，□□唤浪□，表□为之□妙用之相，冀□久也。□石塔口地古□村挨贞珉，往□□之，未心在□塔古洗面尘，生采□般氏雕镌四龙□□□、四协八菩萨，而□八位轩□别悉外传端，并□□祥樽楹玲珑，□克奴妇百比戏剑，龙总忿力士雄□。崔嵬兮，欠角傍张□帆兮，千层密尘沾而不随于三涂，影覆□富□□十地，察儿陷依九率。尔公□□□□□□□□□□□□□□□□□巧布□□□几□□□图然同口□□□怒□□□佛钩齐你，玉荣耻芳将□比□□。"③从上述两则经幢的题记中可以看出，幢主建幢之目的是为现世服务，意在达到家道吉昌之目的。

其次，将人生前一切恶业皆悉消灭，免遭地狱之苦。在一般情况下，辽人为使亡故的先人净除诸地狱之苦，得清净之身，遂建"尊胜陀罗尼幢"，以实现此凤愿。《朔州李翊为考妣建陀罗尼幢记》云："若能轻埃沾处，微影覆时，非惟获果于未来，兼亦除殃于过去者，莫若佛顶尊胜陀罗尼矣！靡托高材，蔫幽灵而勿替。伏愿惊禽骇兽，依圣影以获安；孝子顺孙，蔫幽灵而勿替。"④《朔州李谨建幢记》云："大辽朔州陇西郡李公谨为先翁祖母、叔祖、考妣已建高幢一座，刻诸佛密语。及小幢四，中之一

---

①　（唐）佛陀波利译《佛顶尊胜陀罗尼经》，《大正藏》第 19 卷，第 351 页中。

②　向南编：《辽代石刻文编》，河北教育出版社 1995 年版，第 45 页。

③　《三晋石刻大全·朔州平鲁区卷》，三晋出版社 2012 年版，第 5 页。

④　向南编：《辽代石刻文编》，河北教育出版社 1995 年版，第 104 页。

即为亡男副知客惟孝、亡新妇秦氏立。诸胜陀罗尼经幢冢首安措。呜呼！惟孝男黑和、春哥。观夫法幢高树，空增不侍之悲；神咒明刊，愿报罔极之德。乾统拾年八月廿四日丙时特建。"①

再次，某些寺院高僧在圆寂之后，门人弟子为回报师恩，也会建造经幢。如慈云寺舍利塔经幢，《山西通志》卷97《金石记》云："谨案塔幢刻无垢净光陁罗尼经，详见沙门崇雅舍利塔碑。"② 该碑云："今无垢净光陁罗尼经者。自大唐天册金轮皇帝万岁元年。天竺荫藏□□罗国沙门□声译布中夏焉。其或依言禀奉□□修崇抛五趣之纶。二□六天之快乐。有功德主沙门□□苏门人也。识□高远。行解淹通。杖锡而来。住持于此。遇前宰公文林郎试大理评事□天成县令武骑尉刘□□官于兹邑也。德树芳以荫人。学也清而鉴物。乃从异日。寔启愿心。□谓诸英□□圣王恩在人伦。敷若不竖于胜幢。即建于灵塔。欲使众生□种种□命□宰公□行可□直言成轨□□在□诸维那等推郎匠采贞珉。誓□一心。终当劝力。未见成山 □□□□□□□□□□□□□□□□ 天成县令武骑尉牛□□官于□□□□□□□□□□桐而化俗□哉。若是□集于斯。宜将□固之基立在□□□□□时□□不□成□□□□玉屑飞。彩笔结来银□布嵬峨□□□映红日之□□耸凌空□□□清风之韵□几乎。憩其塔影。传其塔名。□重殃而功不唐□□□而无□障□□□□□□□□□□玉润唯增□喜用纪远长。时开泰八。"③

以目前山西出土的辽代石刻看，僧俗社会建造"佛顶尊胜陀罗尼经幢"之缘起大体为上述三种，其他为某事而建幢的实例为数不多，兹不详述。

第二，建幢内容。就经幢内容而言，刻有《佛顶尊胜陀罗尼经》、《无垢净光陀罗尼》、《智炬如来心破地狱真言》、《阿阇如来减轻重罪障陀罗尼》等。

上述经幢中所刻《佛顶尊胜陀罗尼经》（大967）比较流行。如在太康二年《普同塔经幢记》中说："佛顶尊胜陀罗尼经沙门佛陀波利奉诏

① 向南编：《辽代石刻文编》，河北教育出版社1995年版，第613页。

② 《续修四库全书·史部·地理类》。

③ 向南编：《辽代石刻文编》，河北教育出版社1995年版，第157页。

译。立幢人司文显。"① 又如朔州市平鲁区败虎堡村发现一辽代经幢，该幢刻"佛顶尊胜陀罗尼经"，正文共 19 行，每行仅存四或五字，残缺严重。幢文共计 84 字，录文如下：　"佛顶尊胜，曩谟婆诚，野没驮野，□□野娑，哆，惹野惹野，没驮地瑟，嚩视么么舍，第萨嚩诚帝，嘴婆演视萨，帝没地野没，冒驮野尾冒没驮，怛他蘖哆纥，捺□娑嚩贺。大辽国山西云，和尚僧行该，座僧志的，尘沾影。维天庆八年。"② 经幢中第一句"佛顶尊胜"，即为"佛顶尊胜陀罗尼经"。这部分当为《佛顶尊胜陀罗尼经》的音译，阐述佛经意旨，但文字基本缺失，难以窥其全貌。自"曩谟婆诚"起至"捺□娑嚩贺"止，虽均有脱字，然与佛典进行对照后发现，该残存文字与波利所译《佛顶尊胜陀罗尼经》音译部分一致，因此可推知，"辽天庆八年经幢"为波利本。《佛顶尊胜陀罗尼经》宣称"天帝有陀罗尼名为如来佛顶尊胜，能净一切恶道，能净除一切生死苦恼。又能净除诸地狱阎罗王界畜生之苦，又破一切地狱能回向善道天帝此佛顶尊胜陀罗尼。……若有人闻一经于耳。先世所造一切地狱恶业。悉皆消灭当得清净之身。"③ 这对当时社会的善男信女来说，其强大的诱惑力是不言而喻的。因而，《佛顶尊胜陀罗尼经》的流行与其宣扬的功能自然分不开。

《无垢净光陀罗尼经》为弥陀山与法藏所译。《宋高僧传》载："释弥陀山，华言寂友，覩货逻国人也。自幼出家，游诸印度遍学经论，楞伽俱舍最为穷核。志传像法不恪乡邦，杖锡孤征来臻诸夏。因与实叉难陀共译《大乘入楞伽经》，又天授中与沙门法藏等译《无垢净光陀罗尼经》一卷。"④ 该经宣扬"若有闻此陀罗尼者，灭五逆罪闭地狱门，除灭悭贪嫉妒罪垢，命短促者皆得延寿，诸吉祥事无不成办。"⑤ 《无垢净光陀罗尼经》的出现应与其宣扬的功能密切联系在一起。

《佛顶心陀罗尼经》是我国佛教徒所撰的疑伪经之一，故不为历代大藏经所收，但在民间有较大的影响，一直流传不衰。⑥ 乾统二年《尼曼罗

---

① 向南编：《辽代石刻文编》，河北教育出版社 1995 年版，第 382 页。
② 翟禹：《山西省朔州市败虎堡发现辽代经幢残件》，《中国长城博物馆》2010 年第 4 期。
③ （唐）佛陀波利译《佛顶尊胜陀罗尼经》，《大正藏》第 19 册，第 350 页中。
④ （宋）赞宁撰《宋高僧传》卷，《大正藏》第 50 卷，第 719 页下
⑤ （唐）弥陀山译《无垢净光大陀罗尼经》，《大正藏》第 19 册，第 719 页下。
⑥ 方广锠编：《藏外佛教文献》第 7 册 No.0065，《宁夏西夏方塔出土汉文佛典叙录》。

耶经幢记》进一步说明此经在山西民间有所流行。该经幢云："佛顶心陀
罗尼真言：那谟喝啰，怛那怛啰夜，□□口谟阿哩耶，婆□啼极□，啰
哪，菩提萨睡跋耶，谟诃萨棰跋耶，谟诃迦卢尼迦耶，怛侄他阿钹陁，阿
钹陁钹哩跋□□酿夷，□□口□□□口啰婆陁□尼□荼啰耶，口□□□发输
咪菩□耶，□萨婆□□迦耶，陁啰尼迦地利耶，怛侄他婆□枳□摄伐啰
耶，萨婆咄瑟□鸣诃。"这里的《佛顶心陁密尼真言》与宁夏西夏方塔出
土汉文佛典《佛顶心陀罗尼经》中真言一致。本经也进一步证明在辽代
的山西盛行观世音信仰。

《智炬如来心破地狱真言》主要作用是拔除地狱之苦。道殿《显密圆
通成佛心要》卷下曰："若救地狱，诵智炬如来心破地狱真言一遍。无间
地狱碎如微尘，于中受苦众生，悉生极乐世界。若书此陀罗尼，于钟鼓铃
铎作声木上等，有诸众生得闻声者，所有十恶五逆等罪，悉皆消灭不堕诸
恶趣中。"①

从上述这些内容看，有一个共性的因素是这些佛经都宣扬能拔除地狱
之苦、祈福于现世，正是这一核心思想，使它们在民间具有很深的影
响力。

第三，建幢时空分布。依据上表看，辽代佛顶尊胜陀罗尼经幢建立时
间集中在辽圣宗、道宗及天祚帝期间，尤以天祚帝乾统年间和天庆年间为
多。这应与辽代后期统治者崇佛政策密切相关。辽兴宗溺于浮屠法②，亲
幸佛寺受戒③，皈依佛门。他对待僧人礼遇有佳，甚至"僧有正拜三公，
三师兼政事者，凡二十人"④。与兴宗相比，道宗有过之而无不及，他是
辽帝中最为崇佛之人。咸雍八年（1072）三月，"有司奏春泰宁江三州三
千余人愿为僧尼，受具足戒，许之"⑤。大康四年（1078）七月，"诸路奏
饭僧尼三十六万"⑥。《续通鉴》卷八十七云："唯一岁饭僧三十六万，一
日而祝发者三千人，崇尚佛教，罔知国恤，辽亡征见矣。"⑦ 天祚朝国势

---

① （辽）道殿集《显密圆通成佛心要集》，《大正藏》第 46 册，第 1005 页。
② （元）脱脱撰《辽史》卷 62《刑法志》，中华书局 1974 年版。
③ （元）脱脱撰《辽史》卷 68《游幸表》，中华书局 1974 年版。
④ （宋）叶隆礼撰《契丹国志》卷八《兴宗文成皇帝纪》，上海古籍出版社 1985 年版。
⑤ （元）脱脱撰《辽史》卷 32《道宗纪》，中华书局 1974 年版。
⑥ 同上。
⑦ 张焯：《云冈石窟编年史》，文物出版社 2006 年版，第 238 页。

衰落，内外交困，但是佞佛程度仍不减于前朝。天庆三年（1113）正月，"诏禁僧尼破戒"①。从中看出这些政策在积极支持佛教发展的同时，也给社会带来了相当的危害。从现今山西出土的经幢数量也充分说明此时佛教在辽代已发展到顶点。截至目前，在山西出土道宗时期经幢3件，天祚帝时期经幢为9件。

在地域上，主要集中在大同地区。究其原因，应与大同地区固有的崇佛传统和当时的宗教政策不无关系。首先，北魏拓跋氏在该地区首倡佛教，形成了浓郁的崇佛之风。《应州续志》卷四祠祀志谓："炳按，云中为北魏拓跋氏故都，其俗较前代事佛尤甚。鸠木为宫范，金为像，竭民力成之，莫可纪积。"北魏云冈石窟被开凿，此后历朝都陆续增凿，这也影响着民间的崇佛之风。如辽太康四年（1078）就有普通百姓张间□妻等修云冈石窟像。记云："广马□张间□妻赛女□□□微……契丹……郭四□耶律……教征妻……郭署传……妻□氏，张通判官行……妻张氏□□大小一千八百七十六尊戊午十二月一日建，六月三十日毕。"② 其次，辽朝政府采取了积极支持和保护大同地区的佛教政策。辽朝官方虽未有类似北魏开窟造像之活动，却对云冈石窟的佛像及其石窟寺周边进行了有效的维护，采取了诸多措施。重熙十八年（1049），母后再修石窟。③ 母后者，辽圣宗钦哀皇后、兴宗母萧氏，也称章圣皇太后。清庆八年（1062），建华严寺，奉安诸帝石像、铜像。④ 咸（熙）雍五年（1069），禁山樵牧，又差军巡守。⑤ 寿昌五年（1099），委转运使提点。⑥ 天庆十年（1121），赐大字额。⑦ 从这些记载来看，辽政府在经济、政治上都给予大同佛教积极支持和保护，这无疑推动着该地区佛教及寺院的发展。从陀罗尼经幢的修建亦可见一斑。

第四，建幢人群。据现有的石刻资料来看，辽代山西地区修建陀罗尼

① （元）脱脱撰《辽史》卷27《天祚帝纪一》，中华书局1974年版。

② ［日本］《云冈金石录·辽代修像记》第十三洞南壁《张间□妻等修像记》。又见向南编《辽代石刻文编》，河北教育出版社1995年版，第713页；张焯《云冈石窟编年史》，文物出版社2006年版，第237页。

③ 张焯：《云冈石窟编年史》，文物出版社2006年版，第235页。

④ 同上书，第236页。

⑤ 同上书，第237页。

⑥ 同上书，第238页。

⑦ 同上书，第241页。

经幢的主体有普通民众和邑社组织两种。千人邑组织协力唱和，结一千人之社，合一千人之心邑众同心协作，春不妨耕，秋不废获，立其信，道其教。无贫富先后，无贵贱老少，施有定例，纳有常其，贮于库司，补兹寺缺。因具体的佛事不同而名号不一，如"佛顶邑"、"螺钹邑"。千人邑的组织者称之为"邑首"或"邑长"。如《武州经幢题记》云："伏以圖明大□□宣秘□之□□□□□□□之罪，其功最大，□力希闻□沾□□□□□□□诸佛护佑党发门信心□题□□□□□□□□□□芳□号。夏□□□□□。大康五年己未□七月丁卯□十五日书。佛顶邑拔肆人。（此处两行不可辨）。壬戌□□五日。□上共□□□□□信起□□□□□。螺钹邑起办后堂上安□□□□□□□□□□□□。邑长王匡胤、刘惠、刘重瞻、（下缺）冯文善、田人□（下缺）全村主户温孝中弟孝长□□、韩□□、张得、一户□苏善、男再一□、一户前都勾□押官温泽田□□、□□、一户田寿男朝贵、一户□□书男士民、宋唯升男赛奴、男□田奴、一户温禄田、一户马全弟得□、一户芳晟男宪、李从善、温友、马（缺）、王唯宁、□□□胡（缺）、张信、宫友、张守宁、安文秀、王□、米□、龙□□、赵恒□、都首领温善男□方□□、□恒邑壹□□□邑□□、胡□荣、□□□（余俱模糊）。"① 在这篇经幢题记中，"佛顶邑"、"螺钹邑"，应为千人邑的名称。他们应当是当地社会颇具影响力的人物，负有领导邑人和维系人心之责。

第五，建幢地点。因所造经幢的目的不同，故而它们所立的地点不一而足，有的在坟墓之侧，或寺院之中，乃至道路水井之旁。如《朔州李翊为考妣建陀罗尼幢记》云："今于坟所建斯幢者，奉为荐亡考妣之亡灵也。"又如朔州李谨建幢记："诸胜陀罗尼经幢冢首安措。"可见，将幢立于坟墓之侧，是为了达到为亡者消除罪业而往生于净土之目的。朔州李谨所建幢和朔州李省所建幢，均在距离地表 1 米深处发现，并刻有《阿阇如来减轻重罪障陀罗尼》、《智炬如来心破地狱真言》等内容。可见，这些陀罗尼经幢事实已经成为墓葬之附属，也是陀罗尼信仰在发展过程中扩大的一种标志。

---

① 向南编：《辽代石刻文编》，河北教育出版社 1995 年版，第 34 页。

二　墓志中所见密教信仰在山西的流行

就辽代山西佛教发展情况看，主要的宗派有华严宗、密宗、净土宗等。山西五台山原来是华严学的重镇，对辽境各地的佛学有较大影响。上京开龙寺圆通悟理大师鲜演，即以专门研究华严著名。撰《华严悬谈抉择》六卷，以阐扬澄观之说。道宗对华严学也有偏好，曾撰《华严经随品赞》十卷。辽代华严学兴盛，不是表现在对唐代原有教义的创新方面，也不是表现在独立传播的范围扩大方面，而是表现在与密教的融合方面。辽代最著名的密教学问僧是精通华严的，而倡导显教和密教融合的学僧，也是研究华严的学者。其中一位代表人物便是五台山金河寺道㲀大师，著有《显密圆通成佛心要集》二卷，提倡显密相通。这种显密融通思想在墓志和出土的文物资料中均有反映。

1958 年，出土于山西大同的《刘承遂墓志》曰："公然身居俗谛，念契佛家，天庆三年，充维那，妆印大藏经全。四年，请诸师读大藏经，其于斋楪之资，皆自供拟。又于王子寺画毗卢会，泊暖汤院绘大悲坛及慈氏相，并楼内画观音菩萨相，皆威容庠雅，侍从端凝。公焚课筵僧，不可尽纪。天庆五年八月十二日，忽疾而逝，享年七十有四。公终之次，请王子寺僧录演《菩萨戒经》讲一百日。泊三祥，请诸师德读大藏经三遍。其余斋僧，不可胜数。"[①] 毗卢即为"毗卢舍那佛"之简称，又译为"毗卢折那佛"、"毗卢舍那佛"、"卢舍那佛"、"遮那佛"、"大日如来"。密家以毗卢舍那为理智不二之法身佛称号，或译大日，或译遍照，或译最高显广眼藏。而华严则以为报身佛之称号，译曰光明遍照，或单译遍照。大悲坛即指密教之胎藏界曼荼罗，又作大悲胎藏曼荼罗、大悲曼荼罗、悲生曼荼罗。乃《大日经》所说，谓胎藏界之曼荼罗，为自大悲胎藏出生之曼荼罗。[②] 民间在佛寺内绘毗卢会及大悲坛，应有密教影响之痕迹。

在葬俗上，人们多在葬具或墓室内刻写咒语真言，以求死者灵魂得以超升或解脱。1956 年 10 月在大同西南郊十里铺村东南约 1 里处发掘的三座辽代墓葬，都出土了陀罗尼石棺，9 号石棺上题有汉文"吕孝千妻马

---

① 　向南编：《辽代石刻文编》，河北教育出版社 1995 年版，第 576 页。

② 　《大日经》卷一、《大日经疏》卷五，《丁福保佛学大词典》。

氏"，10 号石棺上刻有汉文"吕孝遵妻陈氏"，这三个石棺盖上均刻有梵文陀罗尼。[①] 1957 年在大同北郊卧虎湾发掘的两座辽壁画，墓棺床朱绘莲花毯，石棺上书写梵文，1 号墓北壁绘花卉围屏五条，上画帷幔，在帷幔的上部，有梵文墨迹。[②] 1961 年 3 月至 1962 年 7 月在大同北郊约五公里卧虎湾发掘的辽墓中，石棺盖内竖写行书墨迹六行："……诸法因缘生，我说是因缘。一字法舍利塔记。唵引步噜唵三合。因缘尽故灭，我作如是说。乾统柒年拾月捌日再建，孙僧怀谦、公孝、公义写记。亏壬唵齿临。重孙策哥、庆哥、僧德拱记。""诸法因缘生，我说是因缘；因缘尽故灭，我作如是说。"是《佛说造塔功德经》末尾偈语。墓中另出土净法界真言碑一块，碑正面刻"智炬如来心破地狱真言"，背面刻"净法界真言"。墓志及葬具上普遍存在的咒语真言，说明密教在民间广为流行。

另外从华严寺大定二年碑记载"礼药师佛坛"，刘承遂墓志记载"绘慈氏像"、"观音像"来看，药师佛信仰、弥勒净土信仰、观音信仰也流行于民间。

总之，我们从大同地区目前发现的辽晚期墓可以窥见在山西，密教信仰是人们精神生活的重要组成部分之一，并已作为民俗融入人们的日常生活中。

三 壁画中所见密教准提佛母信仰在山西的流行

关于准提佛母，在金刚智译《佛说七俱胝佛母准提大明陀罗尼经》、不空译《七俱胝佛母所说准提陀罗尼经》、光宗撰《溪岚拾叶集》、良佑撰《三昧流口传集卷下》、实运撰《诸尊要抄第七》等经文中都有提及。依据佛典，以此尊为本尊之修法，称为准提法、准提独部法，乃为除灾、祈求聪明、治病等所修之法。据金刚智所译《七俱胝佛母准提大明陀罗尼经》等所载，诵持准提陀罗尼，会得光明烛照，所有罪障皆消灭，寿命延长，福慧增进，并得诸佛菩萨之庇护，生生世世离诸恶趣，速证无上菩提。因此，自辽代道殿《显密圆通成佛心要集》问世以后，准提佛母

① 山西云冈古物保养所清理组：《山西大同市西南郊唐、辽、金墓清理简报》，《考古通讯》1958 年第 6 期。

② 山西省文物管理委员会：《山西大同郊区五座辽墓壁画》，《考古》1960 年第 10 期。

信仰便开始在民间流行起来。山西大同善化寺大殿内所存壁画《准提佛母图》即是准提佛母信仰在民间流行的实证。

准提佛母造像在经典中有八臂、十八臂、二十六臂等记载。《觉禅钞》卷五十二《准胝法》中，准提佛母为八臂形象，其手中的持物分别是：右手第一手结施无畏印，第二手持金刚杆，第三手结予愿印，第四手执钩。而左手第一手持莲花，第二手持轮，第三手持澡瓶，第四手执钩。金刚智译《佛说七俱服佛母准提大明陀罗尼经》云："其像作黄白色，种种庄严其身。腰下着白衣，衣上有花文，身着轻罗绰袖天衣，以绶带系腰，朝霞络身。其手腕以白螺为钏，其臂上钏七宝庄严。一一手上着指环，都十八臂面有三目。上二手作说法相，右第二手施无畏，第三手把剑，第四手把数珠，第五手把微若布罗迦果（汉言子满果此间无西国有），第六手把钺斧，第七手把钩，第八手把跋折罗，第九手把宝鬘。左第二手把如意宝幢，第三手把莲花，第四手把澡灌，第五手把索，第六手把轮，第七手把螺，第八手把贤瓶，第九手把般若波罗蜜经夹。菩萨下作水池，池中安莲花，难陀拔难陀二龙王共扶莲花茎，于莲花上安准提菩萨，其像周圆安明光焰。其像作怜愍眼看行者在下坐，手执香炉，面向上看菩萨，于菩萨上画二净居天，像法如是。"[1] 宋法贤所译《佛说瑜伽大教王经》中则出现了三面二十六臂尊那菩萨，"其每面各有三目，正面脸呈微笑善良状，右面脸呈青色忿怒状，左面脸呈黄色。该菩萨或者坐着，或者立着如同跳舞状。中间二手结本印，安于胸前。右面第二手作无畏印，第三手持剑，第四手持宝缨珞，第五手持海甘果，第六手持箭，第七手持钺斧，第八手持宝棒，第九手持骨朵，第十手持钩，第十一手持金刚柞，第十二手作期克印，第十三手持数珠。左面第二手持如意宝幢，第三手持莲花，第四手执军持，第五手持媚索，第六手持弓，第七手持烁吉帝，第八手持轮，第九手持螺，第十手作期克印，第十一手持贤瓶，第十二手持频尼波罗，第十三手持般若经。"[2] 但这种三面二十六臂的造像只见于此部经典，不见于现实中。另在西藏有四臂准提菩萨像。

善化寺南壁东尽间《准提佛母图》，画面高5.23米，上边宽3.95米，下边宽3.85米，平均宽3.90米，面积20.40平方米。壁画右上角和右下

---

① （唐）金刚智译《佛说七俱胝佛母准提大明陀罗尼经》，《大正藏》第20卷，第178页。

② （宋）法贤译《佛说瑜伽大教王经》卷2，《大正藏》第18卷，第565页。

端颜色脱落严重，曾经修复但部分图像已经模糊。依壁画现存状况，可将其大体可分为上、中、下、左、右五部分，即以主尊为中部，主尊上端为上部，其右手方向为右部，左手方向为左部。除顶部人物太小难以辨认，其余部分大体均可认清。左部主尊及身边共18人；中部主尊1人，下部共5人；右部主尊及身边共19人，共43人。天宫图以三宫为一组，左边两组右边两组，共四组12宫。画面上端正中一覆莲盛开如华盖向外展开，边缘垂挂缤纷的香花、缠枝和璎珞，生有三面八臂的准提佛母位居中央，呈结跏趺持姿势。菩萨脸作一正两侧，正面呈肉黄色，细眼弯眉，作慈悲相；脸部两侧各画一白色侧脸，瞠目咧嘴露白牙，均作狰狞相。该善化寺准提佛母形象与佛经对比，发现衣着冠戴首饰与佛典基本相类，但手臂及手中执物则同中有异。八臂中，左边第一手持宝铎、第二手举宝幢、第三手捧宝壶、第四手执孔雀羽毛；右边第一手下握宝卷、第二手举宝剑、第三手指顶金火轮、第四手托金钵，钵中有化佛。[1] 手臂数虽与《觉禅钞》数量一致，但手中执物又不同；而与其他经对比时发现，不仅手臂数量不同，而且手中执物也是同中有异，同者有幢、轮、般若波罗蜜经夹、剑，余者兼不同。在此，笔者以为出现这一现象的主要原因在于两方面：从理论上说，经典中菩萨形象本有变化空间，绘制者可依据经轨，相互参照补充，灵活运用。《准提大明陀罗尼经》记载："若求不二法门者，应观两臂。若求四无量者，当观四臂。若求六神通者，当观六臂。若求八圣道者，当观八臂。若求十波罗蜜。圆满十地者，应观十臂。若求如来普遍广地者，应观十二臂。若求十八不共法者，应观十八臂，即如画像法观也。若求三十二相，当观三十二臂。若求八万四千法门者，应观八十四臂。"由此可知，善化寺八臂准提菩萨，则目的在于求得正见、正思惟、正语、正业、正命、正精进、正念、正定等八正道成就。从实际状况而言，一从准提佛母法坛的设立情况看，需要根据经济条件的不同进行建造，经济条件好的情况下可以建得复杂些，可以广造佛像多造供具，对着佛像念诵经文效果会更好，如果经济条件不太好则可以去繁就简；二从善化寺所处环境看，应受显密融合影响所致。准提菩萨形象虽未能完全与某一"准提佛经"相吻合，但从经典载述内容与壁画绘图内容比较，特别是从持物的内容与左右位置，以及相互对应问题等方面考察，

---

[1]　许明远：《论善化寺大雄宝殿壁画图像的时代性》，《山西大学学报》2008年第6期。

笔者推测准提佛母像可能是根据宋法贤所译《佛说瑜伽大教土经》，并参考金刚智译《佛说七俱服佛母准提大明陀罗尼经》之内容制作完成的。

我们在研究壁画时有一般的原则，美国芝加哥大学的艺术史教授巫鸿先生在他的著作《何为变相》中谈道："研究宗教艺术包括佛教石窟绘画有一个总的原则，即单体的绘画和雕塑形象必须放入其所在的建筑结构与宗教仪式中去进行观察。"① 因此，按照这一原则，我们应将《准提佛母图》与西壁的《七处九会说法图》和西尽间的《弥陀法会图》② 一起进行观察。

善化寺《七处九会说法图》，虽仅存五铺佛像，但全图宏伟壮观，依然能使人从视觉上感受到五色彩云升腾的背景下，五位佛陀端坐说法，十位胁侍菩萨恭敬伫立，四十天神和爪掌围绕听经说法的殊胜情景。从此图来看，涉及了十方诸佛的内容。《十住毗婆沙论》卷第五曰："若菩萨欲于此身得至阿惟越致，地成就阿褥多罗三藐三菩提者，应当念是十方诸佛称其名号。"③ 从经文中可以看出，十方诸佛的法力是非常强大的，菩萨成就无上正觉修成佛身也需念诵十方诸佛的名号。而《佛说七俱胝佛母准提大明陀罗尼经》说："右绕菩提树像，行道念诵满一百万遍，即见佛菩萨罗汉为其说法，意欲随菩萨即得随从，所求如愿，乃至现身成大咒仙，即得往诣十方净土。"④ 通过对准提咒的念诵可以进入十方净土。可见，对准提佛母的信仰可以得见十方诸佛。

《弥陀法会图》画面顶端以齐天的琼楼玉宇展开，下接翻卷滚动的五色彩云及许多放射光明的七宝幢和七宝花树，花树上垂挂诸多璎珞及放光的摩尼宝珠，西方三圣——阿弥陀佛、观世音菩萨、大势至菩萨位居中心。围绕三圣，从上至下、由中间到两边画成组连排的诸菩萨众、比丘众和伎乐天。从中我们可以看见阿弥陀佛的西方极乐世界。而在密宗里，准提咒的首要功能就是灭无量劫造十恶、四重、五无间罪等一切重罪，可以到达阿弥陀佛的极乐净土。法贤译《佛说瑜伽大教王经》卷第二曰："如

① 巫鸿：《何为变相》，载《礼仪中的美术——巫鸿中国古代美术史文编》，生活·读书·新知三联书店 2005 年版，第 352 页。

② 柴泽俊：《山西寺观壁画》，文物出版社 1997 年版。

③ （后秦）鸠摩罗什译《十住毗婆沙论》，《大正藏》第 26 卷，第 41 页。

④ （唐）金刚智译《佛说七俱胝佛母准提大明陀罗尼经》，《大正藏》第 20 卷，第 174 页。

是阿阇梨若常观想持此真言，彼人不久证大菩提，若入此三摩地，刹那之间能除一切罪。何况别成就法，此名无边胜大智尊那大力金刚最胜三摩地。"① 可见，修持准提法的最终目标和念诵阿弥陀佛经文的目标是一致的，即最终进入极乐净土。

　　总之，我们看到准提佛母凸显密教的内涵和作用，而大殿壁画《弥陀法会图》和《七处九会说法图》又在凸显显教的内涵和作用，二者在此有一种相互呼应、相互相通的关系。这种现象也是当时辽代显密结合的实证。尤其是道殿对华严经和密宗准提佛母咒的论述，与善化寺壁画中的《华严七处九会图》和《准提佛母说法图》的图像系统颇为吻合。而更有意思的是华严密教的代表人物觉苑和道殿都是山西人，他们活动的年代都在辽道宗时期。这些都不应该只是一种巧合，应视为辽道宗以来华严密教思想影响下的产物。在此影响下，在山西民间社会中有持诵"准提咒"的事例。如乾统三年（1103）朔州马邑县事王企卫在《崇圣院故华严法师刺血办义经碑铭并序》中，歌颂李氏华严法师"日讲花严菩萨戒准提密课"之功德。② 这可以窥见密教准提信仰在山西的流行。

　　此外，在山西社会里还流行着千手千眼观音信仰。如大同上华严寺大雄宝殿前檐南末间还绘有千手千眼观音像。主像观音取站势，跣足站于硕大的莲台（莲梗）上，头部呈梯形状重叠头像 17 个，应为十八面观音。主尊身四周出臂、手若干，手指细长，掌中俱饰眼，宛如千手千眼，各执法器如：刀、剑、戟、果品、动物等等，种类繁多，身置白云间，犹如天境。主像身下左右两侧为吉祥、如意二菩萨分立，再侧为力士各一，跪地拱手作奉侍状。大同上华严寺中千手千眼观世音菩萨手势及所托的法器，以及各双手所放置的位置都与朔州崇福寺弥陀殿南壁西尽间所绘千手千眼观世音菩萨如出一辙。大同华严寺与朔州崇佛寺仅距 100 公里，辽金以来同属塞外古刹，在文化上属于一个体系，在宗教传播方面亦属同源，且地域特点与佛寺建造的时间跨度几无差异。③

---

　　① （宋）法贤译《佛说瑜伽大教王经》卷 2，《大正藏》第 18 卷，第 564 页。

　　② 向南编：《辽代石刻文编》，河北教育出版社 1995 年版，第 45 页。

　　③ 华严寺大雄宝殿建于金天眷三年（1140），朔州崇佛寺弥陀殿建于金熙宗皇统年间（1141—1149）。

四　塑像中所见密教曼荼罗信仰在山西的流行

有辽一代，不仅有大量的壁画能反映密教信仰在山西的流行，而且在不少寺院中的塑像也充分印证了这一点。特别是当我们将壁画与塑像结合起来考察时，就进一步发现了二者在佛教思想的宣讲和播扬上存在的紧密关系。

目前山西所存五方佛彩塑造像中，应县佛宫寺木塔第三层内有四尊坐佛，分别位于东南西北方向，当为阿閦、宝生、阿弥陀、不空成就四佛，未出现大日如来，是以塔本身代表毗卢遮那佛，即佛之法身。此外，在大同善化寺大雄宝殿内塑有五方佛、二十四诸天。因此，善化寺是以完整的五方佛供奉样式而出现的现存古代彩塑。

以大日如来为主尊的五方佛在密教经典中，有金刚界五佛与胎藏界五佛之别。金刚界五佛，即毗卢遮那、阿閦、宝生、阿弥陀、不空成就，居于金刚界曼荼罗中央的五解脱轮。其中，大日如来位于中央，身呈白色，作智拳印。阿閦如来位于东方，身呈黄金色，左手握拳，安于胁部，右手下垂触地。宝生如来位于南方，身呈金色，左手握拳，置于脐部，右手向外结施愿印。阿弥陀如来位于西方，身呈金色，作三摩地印。不空成就如来位于北方，身呈金色，左手握拳当脐，右手舒五指当胸……胎藏界五佛，谓大日、宝幢、开敷华王、无量寿、天鼓雷音，即胎藏界曼荼罗中台八叶院中的五佛。大日如来位于中央，身呈黄金色，作法界定印。宝幢如来位于东方，身呈赤白色，左手握拳安于胁部，右手作触地印。开敷华王如来位于南方，身呈黄金色，作离垢三昧印。无量寿如来位于西方，身呈黄金色，作弥陀定印。天鼓雷音如来位于北方，身呈赤金色，为入定之相。因此，根据佛典，可知善化寺大雄宝殿五佛分别是：中央为毗卢遮那佛，主尊左手为南方宝生佛，其次为东方阿閦佛；右手为西方阿弥陀佛，其次为北方不空成就佛。

善化寺大雄宝殿的五方佛，皆作结跏趺坐的吉祥坐。不空译《金刚顶瑜伽护摩仪轨》曰："息灾本尊火天，及炉衣服饭食花皆用白，作吉祥坐。两脚交竖膝右押左，与慈心相应，增益皆用黄全跏坐。降伏皆用黑蹲踞坐，以左足大指而履右足大指甲上，钩召皆用赤半跏坐，敬爱同钩召色贤坐跂物垂脚坐。迎请从三昧耶至迎请皆依本法，或随五种护摩，随部主五相成身。"① 可见，照善化寺表示的是生佛不二之义。然从善化寺五方佛的手印来看，并不是经文所讲的如来于菩提树下成正觉时降魔印。其中，除阿弥陀佛右手抚左脚，左手抚左膝，看不出是右手压左手外，其余佛像的手势，确为右手在上，左手在下，或右手握左手。善化寺五方佛的辅坐样式，为并列共置一坛的模式。这种供奉样式的来源，张明远先生认为，"结合善化寺五方佛的髻顶珠饰、台座样式上所反映出来的一些特征，其图像来源或多或少仍保留有从古代印度密像初传至唐时的一些式样特点"②。

佛坛下沿大殿东西山墙下又立二十四诸天。二十四天分别为：东侧，由南向北分别为焰摩天、深沙大将、鬼子母、增长天、持国天、摩利支天、火天、地天、日天、散脂大将、大梵天；西侧，由南向北分别为水天、密集金刚、吉祥功德天、广目天、多闻天、大辨才天、风天、菩提树神、大黑天、罗刹天、月天、伊舍那天、帝释天。综观上文所列诸天造像名号，其中有许多天神并不见于《金光明经》或《重编诸天传》所列的金光明道场诸天，而属于密宗金刚界或胎藏界仪轨中的护法天神，如风天、大黑天、罗刹天等天就属于密宗仪轨中独有的天神。对比密宗经典中的仪轨记载，善化寺二十四诸天中实际上包含了密宗所尊奉的十二诸天。据《十二天供仪轨》记载，十二天为：外院东北方大自在天，东方帝释天，东南方火天，南方焰摩天，西南方罗刹天，西方水天，西北方风天，北方毗沙门天，内院四隅为上方梵天，下方地天，日天（配七曜），月天（配二十八宿），中央则为本尊不动明王。③（见下图）密宗将十二位重要的护法天神作为修行的保护神和供养对象，认为"何唯供养此十二天。安立国土万姓安乐。谓十二天总摄一切天龙鬼神星宿冥官。是故供养了知此十二天。即得一切天龙等护也。所以然者地天与地上诸神树下野沙诸鬼神。俱来入坛场同时受供"④。

① （唐）不空译《金刚顶瑜伽护摩仪轨》，《大正藏》第18卷，第991页。
② 张明远：《善化寺五方佛塑像的创建年代及其相关问题研究》，《敦煌研究》2009年第4期
③ 佚名译《十二天供仪轨》，《大正藏》第21卷，第386页。
④ 不空译《供养十二大威德天报恩品》卷1，《大正藏》第21卷，第383页。

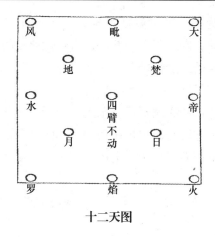

十二天图

善化寺十二诸天与唐代密宗仪轨的规定又不完全相同。首先，该寺以具有火神与厨神神格的大黑天代替了火天，大黑天为胎藏界诸天之一，而唐密中的火天为"身色深赤、鬓发皓白，若行仙形，在火焰中"的老仙人形象；其次，以娑竭龙王作为水天，虽然唐代密宗将水天视为龙主或龙王，但没有具体将娑竭龙王等同于水天。① 这种独特的诸天布置应当与辽代密宗自身的特点有关。吕建福先生总结辽代密教发展的特点是："有辽一代，密教极为盛行，不仅新译瑜伽密教流传，而且密教义学兴盛，传统的密教信仰也在民间更为普及。"② 可见，一方面，辽代的密宗保持了传统信仰和密法。其中对善无畏所传的《大日经》为代表的胎藏界密法和金刚智、不空所传的《金刚顶经》为代表的金刚界密法进行了融合，善化寺诸天可以说是这种综合的表现之一。另一方面，辽代密教在唐密基础上新引入了无上瑜伽密法，辽代高僧慈贤所译的《妙吉祥平等秘密最上观门大教王经》就属于这一类密法。善化寺大黑天可以说是无上瑜伽密法的表现之一。此外，我们也在山西发现了无上瑜伽密教活动的遗迹，如建于道宗清宁二年（1056）的应县木塔第五层，内设八大菩萨曼陀罗坛，坛中央为智拳印大日如来，周围布列八大菩萨。木塔内发现契丹藏《大法炬陀罗尼经卷第十三靡》原刻"隋天竺三藏朋那崛多等译"，千字文编号为"靡"，石经此经为"隋朋那崛多等译"，千字文编号为"短、靡"。

---

① 袁志伟：《大同善化寺二十四诸天像考辨》，《世界宗教研究》2011 年第 4 期。

② 吕建福：《中国密教史》，中国社会科学出版社 1995 年版，第 378—385 页。

两者一致。该扉页为八大菩萨曼荼罗画，中尊大日如来，左右侧八大菩萨，座前四供养菩萨，座下正中一菩萨，有可能此曼陀罗与慈贤所传妙吉祥平等瑜伽曼陀罗相同。这一推断如果能成立，便可说明当时在大同一代无上瑜伽密法较为盛行。

本文在钩沉辽代山西文物资料基础上，分析了辽代密教信仰在山西的流行。笔者发现，一方面密教中传统信仰，如陀罗尼信仰、准提佛母信仰等非常盛行；另一方面新引入的无上瑜伽密法也很流行。

（赵改萍，山西师范大学马克思主义学院副教授）

忻州新发现金代七通"佛顶尊胜陀罗尼幢"考释

侯慧明

2011 年，山西忻州市南郊一处佛寺遗址重修大殿时挖掘发现了七通经幢，主体与基座分离，质地为清白石灰岩，均为金代遗物。幢石上镌刻有文字、图像，记载了多位高僧与佛寺等多方面的内容。这是研究金代密教的珍贵资料，对于补充史籍之不足具有重要的参考价值。现对此七通幢石加以介绍，并对其中涉及的一些问题进行探讨。

一　幢石情况介绍及文字释读

按照幢石现场排列顺序介绍。

（一）天德三年（1151）幢石

经幢残高 70 厘米，8 面，单面宽 23 厘米，直径 52 厘米。经幢上部和下部边沿刻 5 厘米宽缠枝纹一周，幢石的八个棱面上均刻有文字；前三面半刻《加句灵验佛顶尊胜陀罗尼》每面 7 行，整行 22 字；余三面半，刻《故兴化寺米寺主墓幢志铭》，每面 8 行，整行 22 字，这部分文字比陀罗尼经文字体稍小，字体俊秀挺拔。经幢上部有碎裂黏合痕迹，经幢文字内容如下：

> 加句灵验佛顶尊胜陀罗尼/
> 罽宾国三藏法师佛陀波利译/
> ……女捺隶萨缚贺。加句灵验佛顶尊胜陀罗尼终/
> 故兴化寺米寺主墓幢志铭/
> 殿试　胡瑀　撰/

> 窃闻尼之德行孤高者多矣。其有存所以为诗人之敬，没/所以为后世之稍者，鲜矣！其于慈航济渡，慧露沾霈，每拯/苦海之沉流，不为爱河之汨没，施之于外者无增无爱，得/之于内者，不灭不生。故生则释俗皈依，终则悼毫哀感。今/见之于故兴化寺米寺主者也，其师俗姓米氏，法讳善德/，寰州之襄宣锐营人也，其祖父皆以善称。自七岁出家，礼/本寺尼郭寺主为师，虽在幼稚，动止礼法悉如成人。诵法/华经至十八岁，试经时中选奏，十九岁具戒，至二十五岁/日持《法华经》一部、《梵网经》一卷、《金刚经》一卷至终。虽风雨/、事疾，未尝或辍。三十五岁，众尼选补，充本寺尚座寺主，固/让再四而受，遂盖现殿一所，供讲斋僧十余年，所费不可/数言也。其师于天会十二年（1134）七月六日卯时，以寝疾迁化/于本院，享年七十九岁。卜宅兆于先师茔之西以安措之/。有门人二，长曰：清严，俗姓郭氏，年五十七岁，代州五台虎/铍里人也。自九岁礼师出家，

十六具戒，三十七岁院众补/充本寺维那，四十三岁院众复补充尚座。
翻瓦慈氏殿，雕/造装饰卢舍那佛、观音、势至一会。次曰：清信，
俗姓张氏，本/秀容子颜里人也，年四十一岁。自五岁出家，九岁具
戒，三十三岁院众补充本寺尚座，三十九岁院众复补寺主。/重修翻
瓦门楼一所，兼创建缠腰。师孙七人，长曰：法□，前/充本寺维那，
业《上生经》，诵《法华经》；次曰法慧，讲华严法界/观，诵《法华
经》；幼曰法能，习《法华经》；明济诵《法华经》；余三曰/法深、
明秀、法玉，咸习《法华经》，悉有礼法，皆出师讯诲之力也。至天
德三年（1151），其门人清严等追悼师之德行，无以表显，/故泣血
于余而言，以求表墓之文，余虽庸才琐削，常熟游/精室，稔闻师昔
日之行事，义不获辞，因撰其实以为铭曰：

　　　　愚俗笑诱　　斯人世生　　虽禀柔顺　　亦有刚贞/
　　　　□入佛刹　　已断尘情　　智慧辩达　　戒律孤清/
　　　　浊水湛然　　心灯炳若　　青空入真　　白云无着/
　　　　化人以慈　　修身以约　　物饭僧尼　　财管殿阁/
　　　　暗室之烛　　迷津之舡　　行成于世　　身化于天/
　　　　法既了了　　道自绵绵　　为铭遗后　　赫号永传/
　　　　天德三年（1151）闰四月一日门第尼清严等立石/
　　　　石匠郭辛，婿安林刊/
　　　　管内表白诵《法华经》沙门　道仁　书/

（二）明昌五年（1194）幢石

经幢残高 83 厘米，6 面，单面 25 厘米，直径 42 厘米；经幢上部和
下部边沿刻 5 厘米宽缠枝纹一周，幢石的五个棱面刻有文字，其中，两面
刻《佛顶尊胜陀罗尼经》，每面 9 行，整行 24 字。三面刻《忻州兴化寺
尼法广幢铭》，每面 10 行，正行 25 字，每字 2 厘米见方，余一面刻菩萨
像，字体俊秀挺拔。经幢上下部有小部分毁损，经幢文字内容如下：

　　　　佛顶尊胜陀罗尼经/
　　　　……
　　　　忻州兴化寺尼法广幢铭/

　　观夫比丘尼者俗姓杨，是本郡人也。父杨颜，母王氏，外祖王五/官人，妻李氏。法广幼年而意乐空门，和颜而生其善根，年始七岁/投兴化寺礼尼真禧出家，持诵如来性海，时克不乏，□怀贞慤之/心，长舍四忍之行，□且水月未足，比其清采仙露珠明讵能方其/郎润。十有九年，试经中选得戒，削发批服，坚持如来三叶之教，酬/同极之恩，报二亲快捷长命。门弟子开"上生经论"，自诵《法华经》，终/无怠堕。度弟子七人长曰惠圆、次曰惠深、曰惠秀、曰惠仙、曰惠诠、/曰惠宝。已上弟子殪辞逝，永难有见在弟子。/

　　惠念是崇化乡张村人也。俗姓张，父张武，母杨氏，师亦得具戒，善/诵《法华经》，度弟子明玉，是郡南东村人也。父刘浩，母张氏，七岁出/家，十二试经中选得戒，持诵《法华经》，屈指□二师，惠念充当三纲。/寺主于大定二十一年（1181）启盖法堂，瞻仰钦崇，是法门之梁桂也。念/处正勤，三十七品为其行慈悲喜舍四无量法，运其心寒暑迁变。/旨系大定二十三年（1183）正月初九日。/法广年六十有九，天命将临，曰：大造作五蕴迁变，染疾正寐而化。/徒众甚哀□□三日，殡于西南偶竜岗，峰峦之内，祖茔之次，□时/祭祀不忘，弟念昔日之功劳，启立所报，乃命工刊石为文，建立经幢/一坐。报先师之遗训，□□养之深恩，悲矣，弟子□□义见/乃为铭曰：/

　　法广比丘尼，常行起大悲。安禅降六贼，入定按猿龟。/性静如潮水，心清似岳齐。遗骸埋冢地，灵性证菩提。/祖师比丘尼法广建立幢，弟子惠念，弟子明玉，孙弟普全、□□/师妹法妙、法真，弟子惠诚/明昌五年（1194）岁次甲寅季春三月二十五日刊石记/东新典薄永昌撰并书/

　　刻石元□、元经、元春、元振/

（三）丁巳岁（1077）幢石

经幢残高63厘米，8面，单面宽19厘米，直径43厘米；经幢顶部有圆锥形凸起之石榫，下有小部毁损，上下边沿部刻5厘米宽缠枝纹一周，幢石的八个棱面上均刻有文字，五面刻《佛顶尊胜陀罗尼》，三面刻

"智净行事"，每面 10 行，正行 25 字，每字 2 厘米见方。经幢上下部有小部分毁损，经幢文字内容如下：

佛顶尊胜陀罗尼／

……

敕兴化寺比丘尼智净者，本代郡五台县虎铍里人也，俗／姓郭氏，生而性善，长立殊常，遂乃父母听从释元来本寺，礼尼／妙泪为师，师即严训经法，不逾三载而具哉，卓然迥异，道行日新，可／谓仁矣哉，留乎寺务，不劳才力，可齐丈夫才刃也。数语法汝智善曰：／先师化去，累稔然，坟已置。合宅兆祭，灵枢尚沾埃尘。地／浅水近，岂可便耶？智净等虑负除发之息，是以竭囊捐赂，／别筮胜地，迫乎选得九原岗右胁脉，接西岑，斯则启功负畚／荷插，于龠于囊，登登凭凭，不日，围就塔，立葬，□□，毕葬。／仪非常率门人堵者矣，时丁巳岁（1077）八月戊寅朔十九日丙申迁葬。／

长发善德、善知／

先师门人，智普、智遇、智升、智净、智善／

尼僧善闰，善广、善行、善亨、善吉、善佼、善福/

（四）无明确纪年幢石

经幢残高87厘米，8面，单面18厘米，直径40厘米；上下边沿部刻5厘米宽缠枝纹一周，幢石的八个棱面上均刻图像，主像为一坐佛，端坐于束腰须弥座之上，身后置圆形头光和圆形背光，头顶螺发，面容安详，上身着双领下垂袈裟，袒胸，腰系带结，左手结印置于腹前，右手结印置于右腿之上，印相漫漶不清，结跏趺坐，前置一宝瓶，圆光环绕。图像下面刻文字"南无西方极乐世界/三十六万亿一十一/万九千五百同名同号/大慈大悲阿弥陀佛"。两侧分别为比丘形象的侍者，身位比主尊低，右侧侍者身体侧向阿弥陀佛方向，着圆形头光，披僧衣，立于仰莲花上，手部损毁，姿势不清；左侧侍者，身体亦侧向阿弥陀佛方向，圆形头光，立于仰莲花上，长寿眉隐约可见，应是一位老者；侍者两侧是两位护法天王，左侧天王头戴宝冠，身披甲胄，着大耳铛，左手持剑，身体微侧向阿弥陀佛方向，右侧天王头戴宝冠，二目圆睁，身披甲胄，双手横托一兵器，身体微侧向阿弥陀佛方向；另外三面主像是"昊天玉帝"，头戴冕冠，留八字髭须，眉目朗润，双手捧笏，置于胸前，端坐于有靠背的椅子上，椅背伸出两端，其下方有文字"昊天玉帝，十号玉皇，穹苍真老。妙圆清净，智惠辩才，至道至尊。三界师，混元祖，无能胜主，四生慈父，高天上圣，大慈仁者。十号圆满，万德周身，无量度人，拨生死苦"。两侧为侍女，身位比主尊低，右侧题侍香玉女，头发曾八字形分开，表情肃穆虔诚，手捧香炉，左侧题传言玉女，中年妇人形象，双手托一拂尘。

（五）无明确纪年幢石

经幢残高86厘米，8面，单面20厘米，直径42.5厘米，上下部均有损毁，表面多处漫漶不清，八面均刻图像。

（六）明昌二年（1191）经幢

经幢残高84.5厘米，6面，单面25厘米，直径43.5厘米；经幢顶部有圆锥形凸起之石榫，下有小部毁损，上下边沿部刻5厘米莲花纹一周，幢石的六个棱面上均刻有文字，二面刻《忻州兴化寺比丘尼明济预建幢铭》，每面9行，整行23字，一面刻一菩萨，头戴宝冠，繁如团花，表情肃穆，眉间一痣，饰头光，延伸出两道豪光，盘旋直上，右手倚于右膝之上，手臂直伸，右手自然下垂，右侧珊瑚台上宝瓶内插柳枝，左手臂自然倚放于珊瑚台上，盘腿而坐，右膝略高，左腿平置于右脚之上，右脚五指显露，整体上菩萨作悠闲自得状。三面刻《佛顶尊胜陀罗尼经》每面8行，整行22字，文字为楷体，每字2厘米见方，字体俊秀挺拔。经幢上下部有小部分毁损，经幢文字内容如下：

　　佛顶尊胜陀罗尼神咒/

　　……

　　忻州兴化寺比丘尼明济预建幢铭/

　　夫此比丘尼者，俗姓郭，本□郡清凉白泉乡虎板村人也，曾/祖父郭弁，曾祖母智氏，祖父郭固，祖母张氏，父郭颜，母传氏/张氏，兄郭惠、郭辅、郭羡，弟郭裕、郭益。师自幼年，知浮生幻化/之虚，乐空门妙理之诀，始自九岁出家，投忻州兴化寺礼尼/法真为师，持诵《法华经》不舍昼夜，恒终梵行，如素日以当天。/顿悟真如，似红莲而出水。年一十四岁，具戒披剃，诵如来大/乘之教，报父母罔极之恩，时而法雨普洽，群明免轮回六趣/之中，济没溺三途之下，迎送十方无怯惜。师于大定二十二（1182）/年，充当三纲寺主。馨衣盉之资，构建法堂，并其中绘画圣像/砌□堦基，金碧光辉，令众瞻仰，为演法之金地也。度弟子亲/姪女义妙，始自八岁出家，一十一岁试经中选，得戒师，谓门/弟子曰：我今预修茔葬并建经幢，吾当灭后依礼殡埋□其/祭祀，故书记示义示，昭然乃为铭曰：/知色身虚幻，抛荣别二亲。如莲芳水沼，侣月□□津。/性静无贪爱，心清不染尘。六舟常运动，苦海济沉沦。/建幢尼明济，门人义妙，师孙普升，瑶仙招见清凉华老郭益撰。/师妹明示□姪义演、□□，明昌二年（1191）岁次甲寅四月初八日建石□元□刊。/

（七）大定二十五年（1185）幢石

经幢残高71厘米，6面，单面24厘米，直径42厘米。经幢顶部有圆锥形凸起之石榫，石幢严重毁损破裂，又被以特殊材料黏合。上下边沿部刻5厘米宽荷花纹一周，幢石的六个棱面上均刻有文字，三面刻《忻州新化寺故尼清信幢铭》每面9行，整行25字，二面刻《佛顶尊胜陀罗尼神咒》每面8行，整行20字，文字为楷体，每字2厘米见方，字体俊秀挺拔。经幢上下部有小部分毁损，经幢文字内容如下：

佛顶尊胜陀罗尼经/

……

尼师本自秀容县九源乡子颜北里人也，俗姓张氏。父张明湛，/母王氏。师自于生世，□好清静，□慕出家。至年六岁，父母送在州兴化/寺，礼尼善德为师，训□法名清信，□□经典，未尝有辍。功懿礼念，/凤夜匪懈。敬侍师长，恭谨靡□。至年十三，买戒受具讫，增以焚诵，/□操纪纲，由是阖寺尼众长幼咸推充当寺主，遂完本寺□□□/楼一新精舍，管勾院事，供待十方，恒无护悋。及其闲暇□□□□，/仍摄闻善，遐迩咸遵，盖师之德也。时大定十二年（1172）六月□□□□，/因小疾，知命弗疗。谓门人法明等曰："吾今□□□□□□□□□/矣，汝等法众，各持道念，珍重调摄。"言讫乃逝。□寿五十岁□□□/十三，遂迁葬于祖师东南之侧，其后追修节次，饭僧讲诵，无□□，/至今十有余年，未尝忘也。法明亦秀容县城坊乡原头社人氏，俗/姓金。父曰金□，祖曰元，高祖曰庆。法明元自八岁，□好出家，于是/天德元载（1149）四月十二日□□，母张氏送寺礼□尼大德为师，训号/法明，共年五月十五日□具，至今四十四岁，历既绵远，犹思师恩，/重瑜溟岳，无以所报，遂建幢铭一座，以酬师德。故辞铭曰：/辞亲割爱，入奉空王。节操贤□，仁慈纪纲。/遵师敬法，守道和光，高下无踈，论谈有□。诵经典兮，或时不忘。完梵刹兮，功实宣良。/以铭垂后兮，久为昭彰。但详斯善兮，万古称扬。/大定二十五年（1185）五月初一日，门人前知院事诵《法华经》尼法门云□、云显立石，/师法亲侄诵上生经尼法真，/孙前寺主诵《法华经》尼明济，主持诵《法华经》尼明珍，重孙诵《法华经》尼义妙、义宝，/僧孙□□□□□□□，/法明□眷属金佐，新妇马氏、侄男金让，新妇赵氏，道僧禧僧，□□□□，妹张金氏，妹许金氏，/赵金氏，外生张益，新妇刘氏、师俗眷兄张明、张元，□□□新妇□氏/南粥院前知□沙门法宣，□东□石匠元深、王宪、元春□□□□□□□□□。

佛顶尊胜陀罗尼神咒/

二 关于陀罗尼经幢的建立

幢最初应指幢幡，为竿幢高出，以种种之丝帛装饰，其主要的作用是庄严道场。密教象征主义的流行，直接推动幢之实体形态和功能的变化。《大毘卢遮那成佛经疏》卷九曰："梵云驮嚩若，此翻为幢。梵云计都，此翻为旗。其相稍异，幢但以种种杂彩幖帜庄严，计都相亦大同，而更加旗旗密号。"① 密教在建立曼荼罗时，在门及四方等处建幢作为标帜，"漫荼罗夹门，皆竖幢旗以为幖帜，谓之门幖帜"。② "涂饰八肘曼拏罗，四面别竖一竿幢。四幢头上系悬一丈六尺素帛长幡，于幡掌面各画释迦牟尼如来形像，佛右画执金刚秘密主菩萨，左画阿伽悉底仙人，幡掌向下，写斯真言经文。"③ 幢的最初形制是，以丝绸物围以圆周形，并下垂悬挂于高杆之上，"幢以竹为茎缠以净迭，更悬垂一丈以来，如幡状，上作层形，其上安跋折罗也。然刀以镔作骨柄，伞有上中下成，谓金银孔雀也。舄履以皮作，先种种勋洗，极净无气。更以药治之，乃至火不能烧。又极香，方中用也，如意取净好宝置之幢上"。④ 此幢已经与旗有了重大区别，成了具有立体高度的柱体，如将竹竿悬挂之丝绸质柱幢改为实体之幢则被称为幢台或幢柱，此幢台或幢柱应是后世经幢之初态。如《苏悉地羯罗经》卷2曰："复次我今说成就物，依是等物真言悉地。所谓真陀摩尼、贤瓶、雨宝、伏藏、轮、雌黄、刀此等七物。上中之上，能令种种悉地成就，增益福德，乃至成满法王之果，况余世事。佛部、莲花部、金刚部等此三部真言，皆有如是胜上成就。于此之中，随取受持，获具五通，为上悉地。前说七物，今又细演。长一肘量，作一金台，或用银作，庄严精细，安摩尼珠，着以摩尼红玻璃，光净无翳，或好水精，置于台头。成就此宝者，应夜念诵。次作台样。……若欲成就佛顶法者，以金作佛顶犹如

---

① （唐）一行撰《大日经疏》卷九，《大正藏》第39卷，第673页上。
② （唐）一行撰《大日经疏》卷六，《大正藏》第39卷，第644页中。
③ （唐）菩提流志译《金刚光焰止风雨陀罗尼经》卷一，《大正藏》第19卷，第737页中。
④ （唐）一行撰《大日经疏》卷十一，《大正藏》第39卷，第698页下。

画印，安置幢台，苓用颇知迦。"① 幢台形制如下：

可见，此幢台与后世之经幢已经完全一致。

幢之作用，在密教是将其作为象征性之"器物印"而使用，如《大毘卢遮那成佛经疏》卷一三曰："次即告金刚手，有印名为如来庄严，具同法界趣标帜同者。言一切佛以此为庄严故，得成如来法界之身。若有众生行此法者，以印加持故，亦同如来法界身也，此印者即是法界之标帜。以此印故，标示法界之体，即名法界幢也。"② "印者元印玺也，图章也，印于文书、器仗以为信，印于封检以为缄，故又云契。取于记验有征，符合不滥，而决定无疑也。佛徒凤用之。……后陀罗尼门兴而有字印……印契兼标帜之意。故印梵言母陀罗，亦有标帜义。既而咒法之兴也，三密之思想发达而伴之，因欲印成意密所观之境，口密所诵之咒。铜牙刻形印，

①　（唐）输波迦罗译《苏悉地羯罗经》卷二，《大正藏》第18卷，第622页下。

②　（唐）一行撰《大日经疏》卷十三，《大正藏》第39卷，第714页上。

不可以印于观想、音声之上，乃代之以印契者，乃借标帜义而道尔。”①
“印”最初是“封缄”、“存藏封锁”的含义。在印度瑜伽术中，通过手、足等身体动作“禁闭呼吸之气”，修瑜伽之术。“存藏封锁”类的肢体动作被引申为“印”。“印”在身体修行的实践活动中具有实际意义，主要是与肉体生命的修炼密切联系，是其修炼的基本运动方法。与印度瑜伽术相比，密教中之“印”的意义和功能都发生了根本的变化，印成为一种具有浓厚象征色彩的形象化的“标志”，标志一种“威德”或“境界”，作为各种神秘威德力和功德力的象征。

作为“器物印”之竿幢、幖幢、幢台、幢柱成为密教修持仪式中象征性表达修行思想的重要载体，自然也成为陀罗尼外显化、形象化的重要载体。“幖幢上而安呵字，能除自他一切罪苦也。”② 陀罗尼作为一种无形无象的事物，密教为了最大限度地宣传其所谓威神力和功德力，最佳的办法就是庄严其形象，以象征的形式将“无形无象”转变为“有形有象”，也就是将其象征性物化。这种物化，最初体现在与神灵结合，进而是围绕陀罗尼行持而设置庄严的“坛场”，与曼荼罗法结合，而与幢之结合只是密教行法中之最外围之支分，但却成为密教中国化、民间化最重要的部分。

忻州新发现的七通幢石中，五通幢石均载《佛顶尊胜陀罗尼》，北宋熙宁十年（1077）《丁巳岁幢石》是妙泪圆寂多年后，其弟子因经济条件改善，为报师恩而迁葬，围塔建幢，此幢也可视为墓幢，主要记智净为其师父妙泪迁葬之事，并旌扬妙泪功德。幢石附刊经名曰：“《佛顶尊胜陀罗尼》”，经中标有侧注，未言何人译，与赵城经藏本佛陀波利译《佛顶尊胜陀罗尼》比勘，文字差别很大，而与高丽藏佛陀波利译《佛顶尊胜陀罗尼》很接近，但也有同音而汉译用字不同，或多字少字的差别。赵城经藏本佛陀波利译《佛顶尊胜陀罗尼》与高丽藏佛陀波利译《佛顶尊胜陀罗尼》文字翻译以及语句差别很大，其中很可能有一部出现了张冠李戴的情况。如果以《丁巳岁幢石》所刊《佛顶尊胜陀罗尼》比勘，笔者认为，高丽藏《佛顶尊胜陀罗尼》与幢石经文基本一致，其为佛陀波利译更为可信，而赵城经藏版署名佛陀波利译《佛顶尊胜陀罗尼》则与

---

① ［日］大村西崖：《密教发达志》卷一，载蓝吉富编《世界佛学名著译丛》第97册，华宇出版社1986年版，第148页。

② （唐）一行撰《大日经疏》卷十一，《大正藏》第39卷，第704页上。

高丽本义净译文极为接近，很可能是义净译本之误署佛陀波利之名。

金天德三年（1151）《故兴化寺米寺主墓幢志铭》主要记兴化寺米寺主善德之德行，并述其弟子行迹，以及再传弟子传承。此幢是善德圆寂17年后，其弟子追悼师恩而建，兼具墓志铭的功能。附刊经名曰"《加句灵验佛顶尊胜陀罗尼》"无侧注，明确该经为"罽宾国三藏法师佛陀波利译"。与《大正藏》载日本续藏经版《佛顶尊胜陀罗尼加字具足本》文句相同，字数相同，只是个别梵音汉译用字不同。《佛顶尊胜陀罗尼加字具足本》载于唐朝议大夫兼侍御史武彻述《加句灵验佛顶尊胜陀罗尼记》①，此记是《一切经音义》撰者慧琳"于成都府右经藏中得之，时如意二年三月二十三日"②。如意为武则天年号，如意元年为692年，无如意二年。《宋高僧传》卷五载："释慧琳，姓裴氏，疏勒国人也。始事不空三藏为室洒，内持密藏外究儒流。印度声明、支那诂训，靡不精奥，尝谓翻梵成华。……琳以元和十五年（820）庚子卒于所住，春秋八十四矣。"③

此文是宣扬新本《佛顶尊胜陀罗尼》之灵验记，文中讲述永泰（765—766）初，殿中侍御史蒋那诵新本《佛顶尊胜陀罗尼》，并声称受之于王开士，开士受之于金刚智。开元中，五台山王居士从一老人处得新本；东京王少府从梵僧处得新本；"五台王山人及王开士与王少府，既同业因，各陈其所持本，勘校文句，多少并同，如一本焉，彼此相庆贺。王山人曰：'吾本受之于台山圣公。'王少府曰：'吾本受之于神僧。'王开士曰：'吾本受之于金刚智三藏。'梵夹见存，三人惧然，共勘其本，音旨字数如一。故知众生闻法有时流传教法，亦有时叹真实世间希有，此即是金刚智三藏梵本译出者。令勘佛陀波所利传本，文句大同，多于旧本，九句六十九字，余悉波利。僧惠琳因修大藏目录，收未入藏经六百余卷，并遂略武彻所叙陀罗尼感应神验，亲自勘同，序之卷末。"④ 文中提到以"金刚智译本"等后出三本校勘"佛陀波所利传本"，故事可能有虚构，也未具载新出三种版本经文，但透露出的信息是，后世有人将"佛陀波所利传本"、"金刚智传本"等多种版本的《佛顶尊胜陀罗尼》进行了合

---

① （唐）武彻述《加句灵验佛顶尊胜陀罗尼记》卷一，《大正藏》第19卷，第386页上。
② 同上书，第386页下。
③ （唐）赞宁撰《宋高僧传》卷五，《大正藏》第50卷，第738页上。
④ （唐）武彻述《加句灵验佛顶尊胜陀罗尼记》卷一，《大正藏》第19卷，第386页下。

校，并形成了"具足"本。"前后约二百余年，已经八度出，本经则五翻，念诵法即三种差别，唯有善无畏所译是加句尊胜陀罗尼，中加十一句六十六字，仪轨法则乃是瑜伽，与前后所译不同，多于诸本，余七译陀罗尼字数多少相似，慧琳音至此经，遂捡勘译经年岁先后，故书记之，晓彼疑繁之士，贞元十八年（802）壬子岁记。"①"由于陀罗尼的梵音难以汉译完全表达，为了追寻回归梵音的汉译，是陀罗尼系经典一译再译的最基本的原因。"②

考现存之"金刚智本"比"具足本"增加了"敬礼毘婆尸如来"等八句③，内容出入较大，而"善无畏本"与"具足本"则几乎完全相同，因此，所谓"具足本"很可能就是"善无畏传本"。

大定二十五年（1185）《忻州兴化寺故尼清信幢铭》主要记兴化寺寺主清信之德行，兼及传法弟子。此幢是清信圆寂 13 年后，其弟子缅怀师恩而建。幢石附刊经名曰"《佛顶尊胜陀罗尼经》"无侧注，未言译者。与各种译本比勘，其与高丽藏"佛陀波所利传本"较为接近，但语句也多有出入，经幢文字多于丽本，如在"驮耶戍驮耶"与"諯諰曩尾秌第邬瑟抳"之间增加了"裟婆羯么曼尾尾奴佛么挐"，此句只在丽本地婆诃罗译《佛顶最胜陀罗尼经》中有，而不见于其他版本《佛顶尊胜陀罗尼经》，但汉译为"萨婆羯摩婆啰挐（引）你谜卢跋啰"④。汉译用字基本相同者见于南宋思觉集《如来广孝十种报恩道场仪》曰："娑婆羯摩，尾尾奴，佛么挐"⑤。侯冲认为，南宋思觉集《如来广孝十种报恩道场仪》的撰述时间，不早于南宋孝宗隆兴元年（1163）。就内容来看，乃引述宗密《佛说盂兰盆经疏》、慈觉《孝行录》（一般记载作《孝友文》或《劝孝文》）和契嵩《孝论》，并摘取经藏而成，集中国古代佛教孝道著述之大成，是研究中国佛教报恩行孝思想的重要资料。⑥

---

① （唐）慧琳撰《一切经音义》卷三十五，《大正藏》第 54 卷，第 544 页中。

② 刘淑芬：《灭罪与度亡——佛顶尊胜陀罗尼经幢研究》，上海古籍出版社 2008 年版，第 14 页。

③ 佚名译《佛顶尊胜陀罗尼》卷一，《大正藏》第 19 卷，第 385 页上。

④ （唐）地婆诃罗译《佛顶最胜陀罗尼经》卷一，《大正藏》第 19 卷，第 356 页上。

⑤ （南宋）思觉集《如来广孝十种报恩道场仪》卷八，赵文焕、侯冲整理，《藏外佛教文献》第八辑，第 356 页上。

⑥ （南宋）思觉集《如来广孝十种报恩道场仪》题解，赵文焕、侯冲整理，《藏外佛教文献》第八辑，第 53 页上。

此二版本之《佛顶尊胜陀罗尼经》文句亦不完全一致，幢石刊文多于《如来广孝十种报恩道场仪》。此二版本之《佛顶尊胜陀罗尼经》被使用的时间接近，基本为同一时代。这就说明，加"娑婆羯摩，尾尾奴，佛么拏"句之版本经文在社会上广泛流传。

明昌二年（1191）《忻州兴化寺比丘尼明济预建幢铭》主要记兴化寺寺主明济之德行。此幢是明济生前为自己预建。天德三年（1151）《故兴化寺米寺主墓幢志铭》已经提到"明济诵《法华经》"，因此，到明昌二年（1191）时，明济在兴化寺已经40年。幢石附刊经名曰"《佛顶尊胜陀罗尼神咒》"无侧注，未言译者。与各种译本比勘，其与高丽藏佛陀波利所传本较为接近，但语句也多有出入。如同大定二十五年（1185）《忻州兴化寺故尼清信幢铭》幢石在"驮耶戍驮耶"与"誐誐曩尾枤第鄥瑟扭"之间增加了"裟婆羯么曼尾尾奴佛么拏"，但两通幢石经文或多字，或少字之处有18处不同，而同音用字也不完全相同。

明昌五年（1194）《忻州兴化寺尼法广幢铭》主要记兴化寺法广之德行，兼及传法弟子。此幢是法广圆寂13年后，其弟子为报师恩而建。幢石附刊经名曰"《佛顶尊胜陀罗尼经》"无侧注，未言译者。与各种译本比勘，其与高丽藏杜行颛译本较为接近，但语句有9处不同，或多字少字，或音同而用字不同。

综上，五通幢石除明济建幢是自己为自己预建之外，都是弟子为追念师恩而建。另一共同特点是，基本都是师父圆寂多年以后建幢，具有墓志铭的功能，立于墓旁。其中"丁巳岁幢石"墓地是智净为其师父妙泪迁葬之后的选择的坟茔，距离寺院应该不会很远，甚至就在寺院之内。

受密教影响，墓幢之上普遍刻《佛顶尊胜陀罗尼经》，概因此经自唐代以来被认为"救拔幽显，最不可思议"[1]。但值得注意的是，同一个寺院之中，弟子为师父建立的经幢，经文差别很大。其中，大定二十五年（1185）、明昌二年（1191）、明昌五年（1194）所立幢石，应是同一批石匠所刻，三通幢石最后分别刊，"石匠元深、王宪、元春□□□□□□□□□□"、"明昌二年岁次甲寅四月初八日建石□元□刊"、"刻石元□、元经、元春、元振"。可见，这三通幢石所载石匠除王宪外，都姓"元"，很可能是同一家族之人。同一寺院，同一批石匠，为同一法脉传

---

① （唐）佛陀波利译《佛顶尊胜陀罗尼经》卷一，《大正藏》第19卷，第349页下。

承群体所刻同一部经，所刊经文却差别很大。其一，版本不同，五通经幢，至少有"佛陀波利传本"、"具足本"、"杜行顗译本"三种版本，兼吸收"地婆诃罗译本"、"善无畏译本"之内容；其二，即使是相同的"佛陀波所利传本"幢石，文字也多少不等，梵音汉译用字、侧注、断句也多有不同；其三，经名也不完全相同，或称经，或称咒。这些情况一方面是因为"以汉字传达梵音，即使有注音、侧注的辅助，而因唐、梵音的差异，亦难以从汉译掌握陀罗尼的梵音，因此陀罗尼的受持，通常需要僧人的指点传授。……各师在传授过程中，或也作了改动"①。这是同本在流传中变异的原因之一。另一方面，对于同一寺院，同一批石匠所刊同一部经，出现较大差异，则可能是立幢之僧尼提供之经文本身存在差异，而他们对此并未在意，甚至刊刻哪个版本的经文也不固定，而较为随意；再则，刊刻之石匠，由于不精通密教陀罗尼，刊刻过程中也可能出现疏漏，而立幢者似乎也并未在意。可见，墓幢上刊刻《佛顶尊胜陀罗尼经》只是成为"消除一切罪业"、"破地狱"的一种象征，只要刻上经文则可，至于版本、经名、经文的具体内容有无差池，则不加深究。密教传持中，陀罗尼作为重要的修行法门，要求严格，"陀罗尼不仅要求回归梵音，同时也要求陀罗尼完整、无有脱漏，才有效力"②。因此，金代兴化寺经幢《佛顶尊胜陀罗尼》经文各异的情况说明，陀罗尼经幢，甚至陀罗尼本身已经变成了一种象征性符号，这是密教严格仪式化、程序化修持发展至民间化、大众化的集中体现，也是密教被边缘化的体现。

三 历任寺主及其兴建活动

忻州新发现的幢石共七通，其中，有明确纪年的有五通，最早一通为"丁巳年"，综合考证为北宋熙宁十年（1077），最晚一通纪年为明昌五年（1194），前后共 117 年，通过幢石记载，可一窥兴化寺的发展历史，亦作为金代佛教发展的缩影。

---

① 刘淑芬：《灭罪与度亡——佛顶尊胜陀罗尼经幢研究》，上海古籍出版社 2008 年版，第16 页。

② 同上书，第 18 页。

　　兴化寺是一个女尼寺庙，始建情况不可考。"丁巳年"应为北宋熙宁十年（1077）。《丁巳岁幢石》载及智净"本代郡五台县虎钹里人也，俗姓郭氏"。同时提及其弟子"长发善德、善知"。长发即式叉摩那，又名学法女，指沙弥尼之学六法者。另《故兴化寺米寺主墓幢志铭》载及"米寺主"即长发善德。因此，《丁巳岁幢石》立石时间应在《故兴化寺米寺主墓幢志铭》立石之前，故推断为北宋熙宁十年（1077）。

　　北宋，忻州属河东路，金属河东北路。北宋时采取崇道抑佛政策，佛教发展受到一定影响。宋徽宗宣和七年（1125）"金人乾离不、粘罕分两道入攻，郭药师以燕山叛，北边诸郡皆陷，又陷忻、代等州"①。金兵占领忻州。宋辽金时期，忻州处宋辽、宋金边界，战事频仍，加之天灾不断，庆历三年（1043）五月"忻州地大震，虎翼卒王伦，叛于忻州"②。民力贫蔽，佛教在当地的发展应非常艰难。金代以后，因金朝推崇佛教，佛教获得较大发展，这可以从兴化寺累年持续兴建、扩展规模、收徒讲学、传经授道、供讲斋僧的发展中得到证明。

　　据北宋熙宁十年（1077）《丁巳岁幢石》载，智净礼妙泪为师，妙泪是已知兴化寺谱系传承最早的一位，其生平不详。其弟子及其传承总结如下：

　　兴化寺尼众法脉传承过程中，已知第一辈妙泪具体情况不详，只知其传智净、智普等弟子。智净"留乎寺务"，应是充任寺主之类的职事，于北宋熙宁十年（1077）将其师妙泪迁葬。"竭囊捐赇，别筮胜地，迨乎选得九原岗右胁脉，接西岑，斯则启功负畚荷插，于龠于囊，登登凭凭，不日，围就塔，立葬。"智净之目的是为报妙泪师恩而起塔迁葬，并在塔前立《佛顶尊胜陀罗尼经幢》。"九原岗"即发现幢石之地，乾隆《忻州志》载："九龙岗在州西，一名九原岗，仍有九。"③元好问《募修学疏华表》亦曰："覆窥于双鹤连岗，雄镇于九龙，由《天庆观记》吾州跨西岗，而城岗占城之半，是谓九龙之原，《擅弓》志晋大夫之葬，直谓之'九原'。《水经》谓滹沱经九原北流，此其地也。岗势突起，下瞰井邑，

---

① （元）脱脱撰《宋史》卷二十二，中华书局1975年版，第417页。
② （元）脱脱撰《宋史》卷十一，中华书局1975年版，第216页。
③ （乾隆）《忻州志》卷一，《中国地方志集成》，凤凰出版社2005年版，第15页。

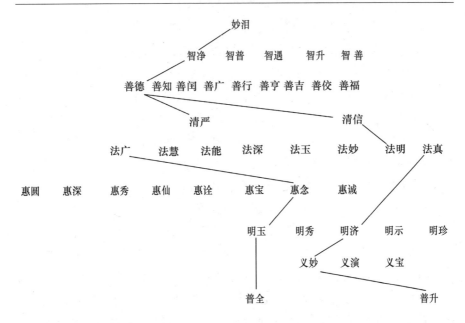

故以庙学、道观、佛寺镇之。"① 智净度弟子善德、善知等。

《故兴化寺米寺主墓幢志铭》载，善德"十九岁具戒"，但《丁巳岁幢石》提及善德时仍称其为"长发"，表明她是准备受具足戒之学法女，尚未受具足戒。《故兴化寺米寺主墓幢志铭》是善德弟子清严所立，对善德圆寂时间和其寿龄记载应不会有误，故"丁巳岁"时，善德已22岁，因此，《故兴化寺米寺主墓幢志铭》言善德"十九岁具戒"的说法应该是不准确的。善德于宋元祐五年（1090），充尚座寺主，"遂盖现殿一所，供讲斋僧十余年，所费不可数言也"。天会十二年（1134）七月圆寂。度弟子清严、清信。

金天会九年（1131）清严任兴化寺维那，天会十五年（1137）充尚座，"翻瓦慈氏殿，雕造装饰卢舍那佛、观音、势至一会"。

善德另一弟子是清信，关于其行迹，《故兴化寺米寺主墓幢志铭》和《忻州新化寺故尼清信幢铭》两通幢石中均有载述，但所记不尽相同，主要是关于生卒年、出家受戒年龄、任尚座寺主时间上载述不一。因《故兴化寺米寺主墓幢志铭》为清严所立，其时，清严、清信仍健在。时间上早于《忻州兴化寺故尼清信幢铭》，故其生年、出家、受戒年龄、任尚

---

① （金）元好问撰《元好问全集》下册，山西古籍出版社2004年版，第15页。

座、寺主时间问题上采《故兴化寺米寺主墓幢志铭》之说应更为可信。而《忻州兴化寺故尼清信幢铭》的建幢时间距清信卒年较近，故清信之卒年采其说。清信于皇统三年（1143）任尚座，天德元年（1149）充寺主，"重修翻瓦门楼一所，兼创建缠腰"。大定十二年（1172）圆寂，度法明等徒。

清信之后，明确提到担任寺主者是法广弟子惠念，惠念的继任时间据《忻州兴化寺尼法广幢铭》是大定二十一年（1181），从清信到惠念中间有 9 年时间中可能是法字辈中某位充任寺主，幢石未明确提及。此间，也未见有修葺之事。法广之师明确提及为真禧，应非该寺主流传承。惠念亦于大定二十一年（1181）"启盖法堂，瞻仰钦崇"。

大定二十二年（1182），明济充当三纲寺主。"馨衣盔之资，构建法堂，并其中绘画圣像砌□堦基，金碧光辉，令众瞻仰，为演法之金地也。"度弟子亲姪女义妙等。大定二十五（1185）年，《忻州新化寺故尼清信幢铭》提及明济时称："孙前寺主诵《法华经》尼明济"，证明在大定二十五（1185）年明济已经卸任寺主，很可能寺院管理已经由"义妙"等"义"字辈接任。

从宋熙宁十年（1077）到明昌五年（1194）的 117 年中，兴化寺概历八代，五次较大规模修建扩充，平均 20 年就有一次较大规模兴建活动。宋金战争以及王朝更迭对该寺没有造成破坏性影响。这一点也可从元好问《忻州天庆观重建功德记》中对天庆观的载述中得到证明，天庆观与兴化寺同处于忻州之九原岗，"宣和末，金兵入郡境，并东城而南，观以不废。承平之久，道化大行，土木之役，岁月不绝"[1]。这与山西并州情况形成鲜明对比，"并州，唐以来图经所载，佛塔庙处□他郡为尤多。宣、政之季，废于兵者凡十之七"[2]。入金后，因金廷崇佛政策，"曾不百年，瓦砾之场，金碧相望，初若未尝毁者。浮屠氏之力为可见矣"[3]。忻州兴化寺在入金后也获得了较快的发展。门楼、缠腰殿、慈氏殿、法堂等建筑渐次修缮，陆续周备，徒众星稠，讲学斋僧，佛事严谨。明昌后，兴化寺历史阙如。

---

① （金）元好问撰《元好问全集》下册，山西古籍出版社 2004 年版，第 11 页。
② （金）元好问《遗山集》卷三十五《威德院功德记》，辽宁人民出版社 1995 年版。
③ 同上。

四　兴化寺佛教传承的表现

（一）兴化寺尼众非常重视读诵《法华经》

"智净者礼尼妙泪为师，师即严训经法，不逾三载而具哉，卓然迥异，道行日新。"妙泪训经法于智净，虽然未言教授何经，但从智净之弟子善德从 7 岁出家则诵《法华经》可推知，其训示经法极可能为《法华经》。善德"自七岁出家……诵法华经至十八岁，试经时中选奏，十九岁具戒，至二十五岁日持法华经一部、梵网经一卷、金刚经一卷至终。虽风雨、事疾，未尝或辍"。之后，其弟子继承这一传统，"法□前充本寺维那，业《上生经》，诵《法华经》；次曰法慧，讲华严法界观，诵《法华经》；幼曰法能，习《法华经》；明济诵《法华经》；余三曰/法深、明秀、法玉，咸习《法华经》，悉有礼法，皆出师讯海之力也。"法广"门弟子开上生经论，自诵《法华经》，终/无怠堕"。惠念"持诵法华经""门人前知院事诵《法华经》尼法门云□、云显立石，师法亲侄诵《上生经》尼法真，孙前寺主诵《法华经》尼明济，主持诵《法华经》尼明珍，重孙诵《法华经》尼义妙、义宝"。

兴化寺尼众以诵持《法华经》为主，一方面是受到社会风气的影响，唐宋以来，《法华经》破权归实，宣扬众生皆可成佛思想，被称为经中之王。《妙法莲华经》卷七曰："若有受持、读诵，正忆念，解其义趣，如说修行，当知是人行普贤行，于无量无边诸佛所深种善根，为诸如来手摩其头。若但书写，是人命终，当生忉利天上，是时八万四千天女作众伎乐而来迎之，其人即着七宝冠，于婇女中娱乐快乐；何况受持、读诵，正忆念，解其义趣，如说修行。若有人受持、读诵，解其义趣，是人命终，为千佛授手，令不恐怖，不堕恶趣，即往兜率天上弥勒菩萨所。弥勒菩萨，有三十二相大菩萨众所共围绕，有百千万亿天女眷属，而于中生，有如是等功德利益。是故智者，应当一心自书、若使人书，受持、读诵，正忆念，如说修行。"① 如唐惠详撰《弘赞法华传》② 专门宣扬《法华经》的灵验与功德，如果信奉受持《法华经》被认为可获得神佑、顺遂心愿，

---

① （姚秦）鸠摩罗什译《妙法莲华经》卷七，《大正藏》第 9 卷，第 61 页中。
② （唐）惠详撰《弘赞法华传》卷七，《大正藏》第 51 卷，第 74 页上。

发生奇迹，往生兜率。唐代以后，《法华经》在僧俗之中，特别是在士大夫中传播兴盛。如景祐元年（1034）"诏试天下童行诵《法华经》，中选者得度。命参政宋绶、夏竦同监试，有童行，诵经不过，问：'习业几年?' 对曰：'十年矣。' 二公笑且闵之，约归各取经诵。绶十日，竦七日，不遗一字"①。宋绶、夏竦诵《法华经》不遗一字，不免有所夸张，但也足证士大夫阶层对此经应非常熟悉。

另一方面，金代童行试经规定，经典中《法华经》是最主要的科目之一，"僧童能读《法华》、《心地观》、《金光明》、《报恩》、《华严》等经共五部，计八帙。《华严经》分为四帙，每帙取二卷，卷举四题，读百字为限。尼童试经半部，与僧童同"②。金廷试经度僧的规定，使欲获得度牒者，必须熟悉《法华经》，这可能也是兴化寺尼众幼年入道即开始诵《法华经》的主要原因之一。

再则，兴化寺从善德以来，一直重视持诵《法华经》，可能与其往生弥勒净土信仰有关。《法华经》宣扬其重要功德之一是可往生弥勒净土。有的僧尼除诵《法华经》外，还业《上生经》，也表明其对往生弥勒净土之期许。天会十五年（1137）清严充尚座，"翻瓦慈氏殿，雕造装饰卢舍那佛、观音、势至一会"。从"翻瓦慈氏殿"，可见，是重修慈氏殿，说明慈氏殿是兴化寺早已有的建筑，也说明了其信仰的倾向性。兴化寺中无明确纪年的一幢石刻阿弥陀佛，说明其也向往西方阿弥陀净土。

（二）试经受戒，传持严格；诵讲风行，学风严谨

兴化寺尼众修行经历基本都是因缘早契，幼年即入佛门，平均年龄不到 8 岁。经过数年的严格经业学习，试经得度。

试经即系帐童行参加经业考试，合格者取得度牒。唐代为加强对僧侣的管理，防止寺院隐匿人口，"唐中宗始诏天下试经度僧"③。宋代沿袭这一制度，"宋太祖诏沙门殿试经律论义十条，全中者赐紫衣。太宗雍熙诏天下系帐童行并与剃度，今后读经及三百纸，方许系帐。至道诏两浙福建路，每寺三百人，岁度一人，尼百人度一人，诵经百纸。读经五百纸，为

---

① （宋）志盘撰《佛祖统纪》卷四十五，《大正藏》第 49 卷，第 409 页下。
② （金）元好问《金史》卷五十五，中华书局 1975 年版，第 1234 页。
③ （宋）志盘撰《佛祖统纪》卷四十五，《大正藏》第 49 卷，第 414 页上。

合格"①。真宗大中祥符四年（1011）"乙酉，诏自今诸寺院童行，令所在官吏试经业，责主首僧保明行止，乃得剃度。如百属试验不公，及主首保明失实者，并實重罪。先是岁，放童行剃度皆游惰不逞之民，靡习经戒，至有为寇盗犯刑者甚众，故条约之"②。宋仁宗还规定了试经科目，景祐元年（1034）"诏试天下童行诵《法华经》，中选者得度"③。宋神宗时因财政困难而买卖度牒，熙宁元年（1068）七月"司谏钱公辅言：祠部遇岁饥河决，乞鬻度牒以佐一时之急。自今圣节恩赐，并与裁损，鬻牒自此始"④。

金太宗攻取黄河以北宋地后，于天会八年（1130），五月癸卯"禁私度僧尼"⑤。金代何时开始实行试经度僧，史无详载。刘浦江认为"世宗时仿唐宋旧制，实行试经度僧"⑥。但从忻州兴化寺经幢来看，最迟在金太宗天会十一年（1133）已经开始实行试经度僧。

《忻州兴化寺故尼清信幢铭》载：清信"至年六岁，父母送在州兴化寺，礼尼善德为师，训□法名清信，□□经典，未尝有辍。功懿礼念，夙夜匪懈。敬侍师长，恭谨靡□。至年十三，买戒受具讫"。清信13岁时，按《故兴化寺米寺主墓幢志铭》年龄推定，其时为宋徽宗宣和五年（1123），按《忻州兴化寺故尼清信幢铭》年龄推定其时为金太宗天会十三年（1135）。参以《忻州兴化寺尼法广幢铭》"法广幼年而意乐空门，和颜而生其善根，年始七岁投兴化寺礼尼真禧出家，持诵如来性海，时克不乏，□怀贞懃之心，长舍四忍之行，□且水月未足，比其清采仙露珠明讵能方其郎润。十有九年，试经中选得戒"。法广19岁试经，按年龄推定其时为金太宗天会十一年（1133）。也就是说，金太宗在天会八年（1130）下令"禁私度僧尼"⑦后，至迟在天会十一年（1133）就开始实行试经度僧。至于清信"买戒受具"，是否说明太宗朝已经开始买卖度牒，则因为清信生年记载有两说，也可能是宋徽宗朝之事，加之无其他史

---

① （宋）志磐撰《佛祖统纪》卷五十一，《大正藏》第49卷，第452页下。
② （宋）李焘编《续资治通鉴长编》卷八十。
③ （宋）志磐撰《佛祖统纪》卷四十五，《大正藏》第49卷，第409页下。
④ 同上书，第414页上。
⑤ （元）脱脱撰《金史》卷三，中华书局1975年版，第61页。
⑥ 刘浦江：《辽金的佛教政策及其社会影响》，《佛学研究》1996年。
⑦ （元）脱脱撰《金史》卷三，中华书局1975年版，第61页。

料佐证，则难以断定。金章宗时开始买卖度牒，承安二年四月尚书省奏："比岁北边调度颇多，请降僧道空名度牒，紫褐师德号以助军储。"①

兴化寺尼众除清信是"买戒受具"外，其余皆是由参加经试中选，而获得度牒。一般情况，从出家到试经得度，平均经历6年，随即受具足戒，其间精勤诵经，毫无懈怠，如明济"持诵《法华经》不舍昼夜，恒终梵行，如素日以当天。顿悟真如，似红莲而出水。年一十四岁，具戒披剃"。弟子精勤用功也说明师父训诲严格。兴化寺尼众诵读《法华经》成为寺院传持之风，善德"至二十五岁日持《法华经》一部、《梵网经》一卷、《金刚经》一卷至终。虽风雨、事疾，未尝或辍"。师父垂范力行，化人以慈，修身以约；弟子谨守师训，学无怠懈，"悉有礼法"。师徒之间上行下效，使兴化寺形成了严整寺风，百年传承而枝繁叶茂。

诵经是佛教最基本的修行方式，兴化寺尼众多能以虔诚的心态恪守，研习经法，供讲斋僧，佛事严谨，可见金代佛教发展之一斑。这与元代初年形成鲜明对比，《佛祖历代通载》卷21载，"万松长老叹曰：'自国朝革命之来，沙门久废讲席，看读殊少，乃同禅教诸老宿请师董其事。'师从容对曰：'诸师当以斯激厉众僧习应试经典，主上必有深意。我观今日沙门，少护戒律，学不尽礼，身远于道。故天龙亡卫而感朝廷励其考试也。三宝加被必不辜圣诏。'"② 万松历经金元两朝，所讲乃蒙古入主中原之初的情况，可见，因兵乱佛教传讲到元朝时已经受到了极大影响。

（三）孝义相传，出家而在家

兴化寺尼众多因缘早契，意乐空门，幼岁即迈入佛门。甚至像清信5岁就已经出家，师父对于弟子而言真正是亦师亦母，师徒恩重情深。建造经幢即是门人弟子回报师恩的方式之一，"报先师之遗训，□□养之深恩，犹思师恩，重踰溟岳，无以所报，遂建幢铭一座，以酬师德"，兴化寺这批经幢基本都是弟子为报师恩而建，且代代相传，孝义报恩思想尽显其中。

兴化寺部分尼众出家后仍与家庭保持联系，一方面表现在其为亲情眷属发愿祈福，"诵如来大乘之教，报父母罔极之恩"；另一方面，影响其

---

① （元）脱脱撰《金史》卷十，中华书局1975年版，第241页。

② （元）念常集《佛祖历代通载》卷二十一，《大正藏》第49卷，第703页下。

家庭成员皈依佛门，如明济"度弟子亲姪女义妙，始自八岁出家，一十一岁试经中选，得戒师"。无论对寺院师父抑或家庭成员，在出家者看来都是慈悲奉养、感恩祈福的对象。

总之，忻州兴化寺百年的发展历史是金代佛教发展的一个缩影，也是山西佛教发展的一个缩影。

附：幢石提及人物生平列表

	生卒年岁	籍贯	俗姓	出家年岁	试经年岁	受戒年岁	职守	诵经	营建活动	出处
妙泪	不详	不详		不详	不详	不详		不详	不详	《丁巳岁（1077）幢石》
智净	不详	代郡五台县虎钹里人	郭	不详	不详	不详	寺主	不详	不详	《故兴化寺米寺主墓幢志铭》(1151) 《丁巳岁（1077）幢石》
善德	1055—1134	忻州之襄宣铳营人	米	7	18	19	1090年，充尚座寺主	法华经、梵网经、金刚经	1090年盖现殿一所	《故兴化寺米寺主墓幢志铭》
清严	1094—?	代州五台虎钹里人	郭	9	不详	16	1131年维那 1137年尚座	不详	1137年，翻瓦慈氏殿，雕造装饰卢舍那佛、观音、势至一会	《故兴化寺米寺主墓幢志铭》
清信	1110—?	秀容子颜里人	张	5	不详	9	1143年尚座 1149年寺主	不详	1149年，重修翻瓦门楼一所，兼创建缠腰	《故兴化寺米寺主墓幢志铭》
	1122—1172	秀容县九源乡子颜北里人	张	6	13	13	寺主	不详	本寺 □□□/楼一新精舍	《忻州兴化寺故尼清信幢铭》(1185)

	生卒年岁	籍贯	俗姓	出家年岁	试经年岁	受戒年岁	职守	诵经	营建活动	出处
法广	1114—1183	本郡人	杨	7	19	19	不详	开上生经论,自诵《法华经》	不详	《忻州兴化寺尼法广幢铭》(1194)
法真	不详	不详	不详	不详	不详	不详	不详	不详	不详	《忻州兴化寺故尼清信幢铭》《忻州兴化寺尼法广幢铭》《忻州兴化寺比丘尼明济预建幢铭》(1191)
法明	1141—	秀容县城坊乡原头社人	金	8	不详	8	不详	不详	不详	《忻州兴化寺故尼清信幢铭》
惠念	不详	崇化乡张村人	张	不详	不详	不详	1181年,三纲	善诵法华经	1181年启盖法堂	《忻州兴化寺尼法广幢铭》
明玉	不详	郡南东村人	刘	7	12	12	不详	持诵法华经	不详	《忻州兴化寺尼法广幢铭》
明济	不详	本□郡清凉白泉乡虎板村人	郭	9	不详	14	1182年,充当三纲寺主	诵法华经	构建法堂,并其中绘画圣像	《忻州兴化寺比丘尼明济预建幢铭》(1191)
义妙	不详	本□郡清凉白泉乡虎板村人	郭	8	11	11	不详	不详	不详	《忻州兴化寺比丘尼明济预建幢铭》(1191)

(侯慧明,山西师范大学历史与旅游文化学院副教授)

石窟造像

敦煌藏经洞出土金刚界
五佛图像及年代

阮　丽

在敦煌藏经洞出土的密教绘画品中，发现有数幅金刚界五佛或包含有金刚界五佛的作品，即法国集美美术馆藏伯希和收集金刚界五佛MG. 17780、不空罥索观音曼荼罗 EO. 3579、《金刚峻经》白画 Pel. Chin2012 及写本等，这些作品引起日本学者的注目。主要有柳泽孝、秋山光和以及田中公明等先生对 MG. 17780、EO. 3579 的内容、风格、年代等方面进行了详细的释读，对图像的理解具有指导性意义。①《金刚峻经》白画 Pel. Chin2012 又据田中先生的研究，其尊像构成反映的是仅见于藏文文献《秘密集会怛特罗》佛智足派（Jnānapāda）的内涵，因此该作品可能要早到吐蕃占领敦煌时期。② 田中先生还将藏经洞出土密教图像和文献的研究成果收录于其所著《敦煌、密教及美术》中，为我们全面了解敦煌密教系统提供了极大的方便。③ 由于《金刚峻经》写本还涉及中国禅宗、水陆法会等显教内容，除日本学者外，我国的一些学者亦从这一角度对写本进行了多方探讨。在断代问题上，大多数学者放置到晚唐、五

---

① 秋山光和监修，杰克杰斯主编：《国立美术馆　西域美术》第二合集，东京，讲谈社1995 年版，第325—330、365—367 页，图像说明为秋山光和。

② 田中公明：《〈金刚峻经〉与藏传密教疑伪佛典的综合研究》通号，2000 年，第8—24页。

③ 田中公明：《敦煌密教与美术》，法藏馆2000 年版，第195—216 页。

代至宋初之间。① 就此笔者在博士论文中亦对上述作品的年代做过尝试性讨论，认为这些作品皆属曹氏归义军时期的宋初之作。②

之后，笔者在梳理藏经洞密教绘画过程中，又发现了几例金刚界五佛及其相关的作品，即印度新德里国家博物馆中亚部收藏的绘画品 Cf. Ch. lvi0027－0031、Ch. 00383 的六幅断片，以及法国集美美术馆藏伯希和收集的五佛冠 Pel. Chin4518（7）和曼荼罗 Pel. Chin4518（33）。③ 关于这几幅作品现研究不多，仅限于一些简单的图版说明。其中断片 Cf. Ch. lvi0027－0031、Ch. 00383 由于图像的不完整，对尊像尊格的判定上仍存疑义。关于断片的年代，有学者推测为8—9世纪的作品。④ 此外，秋山光和在《西域美术　集美美术伯希和藏品2》中亦对五佛冠 Pel. Chin4518（7）做过介绍，并将作品的年代定在10世纪后半。⑤ 纸本曼荼罗 Pel. Chin4518（33）至今尚未定名，也未见有学者涉及。

本文旨以密教图像学的方法对上述作品进行释读，通过分析藏经洞绘画品中金刚界五佛的图像特征，从而判断这些作品的所属年代。

金刚界五佛概说

金刚界五佛即是指大日如来、阿閦如来、宝生如来、阿弥陀如来和不空成就如来，分别代表佛部、金刚部、宝部、法部、羯磨部五部族的部族主，居于金刚界曼荼罗中央的五解脱轮。

金刚界曼荼罗是依据《金刚顶经》所绘。《金刚顶经》大约成立于7

---

①　相关研究主要有：田中良昭《敦煌禅宗文献研究》，大东出版社1983年版，第603页；侯冲《金刚峻经金刚顶一切如来深妙秘密金刚界大三昧耶修行四十九种坛法经作用威仪法则大毗卢遮那佛金刚心地法门密法戒坛法仪则》，《藏外佛教文献》2008年第2期，第17—231页；罗照《海外回归五重宝塔佛像系统的宗教内容与意义》，载《佛舍利五重宝塔》编纂委员会编《佛舍利五重宝塔》，人民出版社2008年版，第136—165页。

②　阮丽：《敦煌石窟曼荼罗图像研究》，博士学位论文，中央美术学院，2012年，未刊。

③　除此以外，本文还包括与金刚界五佛密切相关的大日如来与四转轮王菩萨，以及未表现出明确的金刚界五佛的五佛冠。

④　Klimburg-Salter, Deborah E., *The silk route and the diamond path*：*esoteric Buddhist art on the trans-Himalayan trade routes*, Los Angeles, Calif：Published under the sponsorship of the UCLA Art Council, 1982, p. 137.

⑤　秋山光和监修，杰克杰斯主编：《国立美术馆　西域美术》第二合集，东京，讲谈社1995年版，第313页。

世纪末的南印度，略晚于《大日经》，是十八会十万颂的庞大的密教经典
的总称。而我们通常所说的《金刚顶经》是指十八会的初会，即《初会
金刚顶经》（又称《真实摄经》）。《真实摄经》的汉译本有三种：最早译
出的是开元十一年（723）金刚智的《略出念诵经》；其后，天宝十二年
至十四年间（753—755）不空于河西译出《金刚顶一切如来真实摄大乘
现证大教王经》三卷（以下略称《三卷本大教王经》）①；以及北宋大中
祥符八年（1015）施护译《佛说一切如来真实摄大乘现证三昧大教王经》
三十卷（以下略称《三十卷本大教王经》）②，三译本逐渐增广，其中以
施护译三十卷本与梵、藏文本最为接近，又称为完本。不空译三卷本相当
于施护译三十卷本的最初六卷，六卷中仅缺第五教理分的部分。金刚智译
《略出念诵经》形式最早，内容还不够完备，是以《真实摄经》为基础记
述修行瑜伽观法和灌顶的经典。但从经中主尊大日如来为四面，并带鸟兽
座等特点看，与不空、施护译本不属于同一系统。《真实摄经》的梵文本
和藏译本内容亦与完本基本相同，8 世纪前后，印度瑜伽怛特罗学匠佛密
（Buddhaguhya）、释友（Śākyamitora）和庆喜藏（ânandagarbha）三人还
著有注疏。

表1 **金刚界曼荼罗五佛的特征**

五佛	部族	方位	身色	印	鸟兽座	三昧耶形	五智
大日如来	佛部	中央	白	智拳印（或智拳印并持五钴杵）	狮子	佛塔（或五钴杵）	法界体性智
阿閦	金刚部	东	青	触地印	象	金刚杵	大圆镜智
宝生	宝部	南	黄	与愿印	马	宝珠	平等性智
阿弥陀	莲花部	西	赤	禅定印	孔雀	莲花	妙观察智
不空成就	羯磨部	北	绿	施无畏印	金翅鸟	羯磨杵	成所作智

《真实摄经》是由金刚界品、降三世品、遍调伏品、一切义成就品四
大品，以及教理分、流通分构成。四大品中又各包含大、三昧耶、法、羯

---

① （唐）圆照撰《贞元新定释教目录》卷第十五，《大正藏》第55卷，第881页。

② 《卍新纂续藏经》第74卷，第911页。

磨、四印、一印曼荼罗六部分，也就是六章。每章均由大曼荼罗开始，大曼荼罗是其他五种曼荼罗的根源。其中本文涉及的有第一章的大曼荼罗和四印曼荼罗两种。第一章金刚界品所说的金刚界大曼荼罗是由五佛、十六大菩萨（即四佛的各四亲近菩萨）、四波罗蜜菩萨、八供养菩萨和四摄菩萨的三十七尊构成，通常称为"金刚界三十七尊"，相当于金刚界九会曼荼罗的成身会（图1、图2）。[①] 有时还会再加入十六贤劫菩萨，构成金刚界五十三尊曼荼罗。四印曼荼罗是由成身会、三昧耶会、微细会、供养会四种曼荼罗统合而成的一种简约式曼荼罗，表示四曼相互不离，相当于金刚界九会曼荼罗的四印会。曼荼罗是以大日如来为中心，四方配金刚萨埵、金刚宝、金刚业、金刚法四转轮王菩萨。四转轮王菩萨是由阿閦、宝生、阿弥陀和不空成就四佛各自的真言中所说，亦即四佛各四亲近菩萨中具有代表性的第一尊菩萨。

图1　金刚界九会曼荼罗

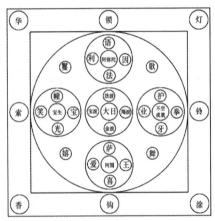

图2　成身会

从现存的文献和图像资料来看，无论是唐密系统还是印藏系统，金刚

---

① 金刚界九会曼荼罗是唐代时由日僧弘法大师空海请回日本的金刚界曼荼罗系统，在日本流传最为广泛，九会由成身会、三昧耶会、微细会、供养会、四印会、一印会、理趣会、降三世羯磨会、降三世三昧耶会构成。此外，唐代传入日本的金刚界曼荼罗还有《五部心观》和"青莲院旧藏金刚界曼荼罗诸尊图像集"。

界五佛的尊形差别都不大。面数上，中尊大日如来有一面和四面两种，唐密系统图像中大多为一面，仅金刚智的《略出念诵经》具四面，而印度、西藏文献中多为四面。卫藏地区早期的金刚界曼荼罗塑像多见有一面。印契上，大日如来通常是智拳印（觉胜印），印度波罗朝后期塑像的背光上部五佛中大日如来多为转法轮印。此外，在印度、西藏文献中五佛还持有其代表性持物，尊形多表现为菩萨形，均有鸟兽座。唐密系统中如来形四佛见于现图金刚界曼荼罗、《五部心观》中，鸟兽座仅见于金刚智系统。

表2   经典与图像中金刚界五佛尊形比较①

	资料来源	中尊面数	中尊印契	五佛持物	鸟兽座	四佛尊形
印藏系统	Tatattvasaügraha 真实摄经	一切面（四面）	觉胜印/智拳印（羯磨印）	无	无	不明
	Sarvavajrodaya 一切金刚出现	四面	觉胜印（持五钴杵）	有	有	菩萨形
	Tattvalokakari 真实作明	四面	觉胜印（持五钴杵）	有	有	菩萨形
	Nishpannyogàvalā 究竟瑜伽鬘	四面/一面	觉胜印（持五钴杵）	有	有	菩萨形
	塔波寺	一切面（四面）	转法轮印	有	有	菩萨形
唐密系统	略出念诵经	四面	菩提最上印	无	无	不明
	三卷本大教王经	一切面（四面）	觉胜印/智拳印（羯磨印）	无	无	不明
	现图金刚界曼荼罗	一面	智拳印	无	无	如来形
	五部心观	一面	智拳印	无	五佛在内全尊	如来形
	八十一尊曼荼罗	一面	智拳印	无	五佛在内全尊（除内供养、四摄）	菩萨形

① 引自松长惠史《印度尼西亚密教》，法藏馆1999年版，第216页。

　　但是有关五佛的身色方面情况比较复杂。金刚界五佛的身色大约确立于8世纪后半叶，在《真实摄经》经轨的佛密、庆喜藏释疏中均有记述，即五佛的身色（见表1）是大日如来为白色，阿閦如来为青色，宝生如来为黄色，阿弥陀如来为赤色，不空成就如来为绿色。汉译经典晚唐般若译《诸佛境界摄真实经》亦同样记载有："五方如来其色各异，第一白色，第二青色，第三金色，第四红色，第五杂色。"[①] 但是，敦煌出土绢画MG. 17780、EO. 3579中金刚界五佛的身色与《真实摄经》经轨中所说不同，大日如来为黄色，阿閦为白色，宝生为青色，阿弥陀为赤莲色，不空成就为绿色。赖富本宏认为敦煌五佛的身色可能与中国阴阳五行的说法相吻合。但此后，田中公明在藏文文献中发现了几种与敦煌五佛身色一致的说法。如敦煌出土吐蕃时期藏文文献《初会金刚顶经》系"金刚吽迦罗成就法"中，安置在身体的五处还有一种身色系统的五佛，就与这两幅绢画的身色完全相同。这种身色还见于莲花金刚（Padmavajra）在佛密本复注中所引用的《金刚顶经》十万颂广本"瑜伽百千"中，但《金刚顶经》十万颂广本尚未发现。此外，在8世纪后半叶传入吐蕃的《月密明点怛特罗》（Zla gsang thig le）偈文中亦能找到相似的内容："常恒者（毗卢遮那）轮为黄色，阿閦为白色，宝生为浓青色，无量寿为赤色。杂色为广大最胜光鬘极为奇特的大金刚不空，持金刚者观想。"[②]

　　《月密明点怛特罗》属宁玛派大瑜伽十八大部口密的根本怛特罗，属于无上瑜伽怛特罗，但内容又涉及金刚界三十七尊，应是瑜伽怛特罗向无上瑜伽怛特罗发展过程中形成的怛特罗，还说明了在一段时间内这种五佛身色与通常所说的五佛身色可能同时并存。[③] 田中公明认为这种五佛的身色与须弥山和四天色一致，《俱舍论》云："妙高山王四宝为体，谓如次四面北东南西。金银吠琉璃颇胝迦宝，随宝威德色显於空，故赡部洲空似吠琉璃色。"[④] 意思是太阳从南赡部洲升起，须弥山上四大洲四面的四宝颜色从天空中映出，南赡部洲的琉璃色在天空中映出青色，北俱卢洲映出金黄色，东胜神洲映出银白色，西牛贺洲映出玻璃赤色。可见，四大洲所

---

① （唐）般若译《诸佛境界摄真实经》卷中，《大正藏》第18卷，第274页。

② 田中公明：《宇宙学与曼荼罗》，"密教图像"13，1994年版，第33—47页。

③ 同上。

④ （唐）玄奘译《阿毗达磨俱舍论》卷十一，《大正藏》第11卷，第57页。

映出的四种颜色只有北方与敦煌五佛中北方的身色不同，而北方如来的绿色（或杂色）可能是为了区分大日如来的身色而生成。①

藏经洞出土金刚界五佛图像辨析

（一）MG. 17780 与 EO. 3579

1. MG. 17780 北宋（10 世纪后半叶，图 3）绢本 101.5cm×61.0cm

MG. 17780 画面中央是金刚界五佛，周围还配有眷属尊内、外四供养菩萨。从供养人榜题"施主亡过父邓义昌"、"施主亡过母李氏"、"亡过女员泰"，可知此幅作品是为了供养施主的父母邓义昌、李氏和女员泰身亡发愿而作。据研究"邓义昌"之名还见于铭文为开宝五年（972）的敦煌文书 P. 2985，邓义昌时任"营田"。文书中还记载邓氏与李氏家族当时都是敦煌的望族，李氏家族的名望甚至还超过邓氏。女"员泰"之名又在推测为开宝元年（968）的写本 P. 3489 中发现。可见，972 年正是邓义昌的活跃之年，他的身亡或许是在十几年或二十年之后，由此推测作品的上限是 990 年，即第六代曹氏节度使延禄期（976—1002），亦即宋初太宗时期（976—997）。②

画面色泽鲜艳，五佛均着红色袈裟，戴三角形宝冠，冠内有五佛，红色冠带下垂于肩两侧。主尊大日如来袒上身，五佛冠为白色，冠上方竖两条细线，冠带垂于两肩外侧。背光配狮羊、摩羯鱼，上方饰华盖。其余四佛着红色袈裟搭于左半身，腰间系宽带，五佛冠皆为黄色，冠上方见半金刚杵。五佛的面部五官小巧，脖颈上画三道线，二手均左手下、右手上叠于腿上，并在手上置各自的代表性持物。

中尊大日如来身黄色，下方金黄色的须弥座内有十狮子分置两侧。大日如来两侧是四佛及八供养菩萨，由左下方呈顺时针配列，阿閦如来身白色，二手上置金刚杵，座下方壶门内画八象。两侧配身白色持香炉的香菩萨（左），以及双手于腰间作拳的嬉菩萨（右）。宝生如来身青色，二手上置摩尼宝，台座壶门内画四马。台座下方两侧绘身青色持宝鬘的鬘菩

---

① 田中公明：《曼荼罗在印度的形成和发展》，春秋社 2010 年版，第 410 页。

② 秋山光和监修，杰克杰斯主编：《国立美术　西域美术》第一合集，东京，讲谈社 1994 年版，第 325—330 页，图像说明为秋山光和。

图3　MG. 17780

萨，以及双手托花盆的华菩萨。阿弥陀如来身色为赤莲色，二手上置莲花，台座壶门内画八孔雀。台座下方两侧配身赤莲色持灯明的灯菩萨，以及弹琵琶的歌菩萨。不空成就如来身绿色，双手上置似羯磨杵，台座壶门内为八迦楼罗。两侧配身绿色作舞状的舞菩萨，以及双手捧持海螺的涂菩萨。八供养菩萨同样由左下方呈顺时针排列。

此外，尊像间还绘有八吉祥纹样，上方两侧为供养天女和奏乐天女，主尊下方还置一坛城，坛城内中心八叶莲瓣内似为三昧耶形，四门内画四身三面二臂的忿怒尊（其中一尊为三面四臂），尊像和标识物与北宋太平兴国五年（980）的大随求陀罗尼轮曼荼罗有相似之处。① 坛城的周围配有香炉、水瓶、烛台等供养物。

---

① 秋山光和监修，杰克杰斯主编：《国立美术馆　西域美术》第一合集，东京：讲谈社1994年版，第325—330页，图像说明为秋山光和。

2. EO. 3579（五代至宋，10 世纪，图 4）绢本 115. 0cm×65. 0cm

图 4　EO. 3579

　　EO. 3579 中部是由不空羂索五尊、八供养菩萨、四摄菩萨构成的十七尊曼荼罗。曼荼罗上方画金刚界五佛，两侧配不空羂索观音和如意轮观音。下方画供养人，无榜题。秋山光和认为从画面颜色保存的鲜艳度，男供养人幞头冠的样式与太平兴国六年（981）MG. 17659、天福八年（943）MG. 17775 的千手千眼观音菩萨图中的供养人形象相近，女供养人的发髻、宝冠的样式，以及供养人像间的绿色柱子、台座形状与莫高窟第61 窟腰壁和第 108 窟甬道供养人像间的立柱相似等几点特征看来，作品可能要晚至曹氏归义军后半期，即 10 世纪中叶前后。[①]

　　曼荼罗中央大月轮内呈八辐轮，中心主尊是四臂观音，四方画不空羂索、马头、一髻罗刹及毗俱邸，四隅内配四供养菩萨，八辐轮间红色底上

---

　　① 秋山光和监修，杰克杰斯主编：《国立美术馆　西域美术》第一合集，东京：讲谈社1994 年版，第 367 页，图版说明为秋山光和。

饰白色线描的摩尼宝珠置于莲花上，大月轮外侧四隅配外四供养菩萨，菩萨身旁由东北方顺时针画金刚杵、摩尼宝、莲花和羯磨杵。曼荼罗的金刚墙内还画八吉祥纹样，四门内配四摄菩萨。据田中公明研究，以不空羂索五尊组合的文献不见于汉地，而是在西藏与不空羂索关联的经轨中频出，但在藏文文献《不空羂索仪轨王》中亦未明确有这五尊的组合。此幅曼荼罗中不空羂索五尊的尊容虽然与西藏流传的图像不能——吻合，不过就尊像的尊格来说，将其判定为不空羂索五尊应是比较妥当的。[①] 关于图像的来源，田中先生认为，即使此曼荼罗在《藏文大藏经》中发现有完全一致的文献，但从图像出现在 10 世纪以后的情况看，也很难从中找到与吐蕃之间的关系。[②]

图5　榆林第35窟东壁北侧

金刚界五佛均为菩萨形，左肩斜披条帛，头戴五佛冠，负圆形身光。结跏趺坐坐于莲花座上，座两侧各见一鸟兽。中尊大日如来身淡黄色结禅定印，手上置八辐轮，狮子座。左下方阿閦如来身白色，右手下垂施与愿

---

① 田中公明：《敦煌密教与美术》，法藏馆 2000 年版，第 39—53 页。
② 同上。

印，左手抬至胸前手上置一立金刚杵，象座。左上方宝生如来身青色，右手同下方阿閦如来施与愿印，左手抬至胸前手上置摩尼宝，马座。右上方阿弥陀如来身赤莲花色，右手下垂作触地印，左手抬至胸前，手上置青莲花，孔雀座。下方菩萨身绿色，右手同上方菩萨作触地印，左手抬至胸前，手上置羯磨杵，台座配二金翅鸟，为不空成就如来。四佛的印契与经典不符，仅表现为对称形式。

值得注意的是，与 MG. 17780 与 EO. 3579 同样布局的金刚界五佛还发现在榆林第 35 窟和第 28 窟。榆林第 35 窟根据《敦煌石窟内容总录》（以下略为《总录》）开凿于唐，经五代、宋、清重修。主室呈覆斗形顶，设中心佛坛，现存壁画绘于五代。甬道南壁垂幔下画曹延禄、曹延瑞供养像。[①] 金刚界五佛绘于东壁北侧（图 5），刘永增先生已对此铺做出过图像解说。[②] 五佛皆身着右祖袈裟，饰耳珰、戴五佛冠，结跏趺坐坐于莲花座上，下方并各有五鸟兽座。主尊上方配华盖。中央大日如来手结智拳印，智拳印的手指上置八辐轮，轮上饰摩尼宝珠，结跏趺坐坐于莲花座上，下方须弥座上配五绿鬃毛狮子。大日如来上方华盖高悬，华盖上方的摩尼宝中涌出日轮，两侧有二飞天相拥而舞。日轮高悬，象征主尊大日如来光明遍照。左下方如来左手置胸前上立一金刚杵，右手向外手心向上，为阿閦佛如来。右侧下方如来右手胸前捧摩尼宝，左手施与愿印，为宝生如来。左上方如来双手胸前捧开敷莲华，为阿弥陀如来。右上方如来双手于腹前结禅定印，上置羯磨杵，为不空成就如来。画面最下方中央为二天王跪于莲花上，双手合十。两侧是外四供养菩萨中持香炉的香菩萨和持海螺的涂菩萨。最外侧又绘二天王，胡跪于莲花座上，双手合十。画面以五代开始出现的绿色为主基调，并兼用白黑两色，以赤色线勾勒轮廓。与之相对的东壁南铺残损严重，仅可辨认为画七佛一铺。

榆林第 28 窟根据《总录》洞窟开凿于初唐，经宋、西夏、清重修，现存壁画为宋代绘。[③] 金刚界五佛绘于西壁北铺。五佛为如来形，结禅定印，着偏祖右肩式袈裟，结跏趺坐坐于莲花座上。中尊大日如来上方配华

---

① 敦煌研究院编：《敦煌石窟内容总录》，文物出版社 1996 年版，第 218 页。

② 刘永增：《敦煌壁画所见的密教系菩萨经变之研究》，博士学位论文，高野山大学，2007 年，第 270—272 页。

③ 敦煌研究院编：《敦煌石窟内容总录》，文物出版社 1996 年版，第 214—215 页。

盖，图像残毁难辨，双手于腹前结禅定印，未绘持物。两侧四如来戴五佛宝冠，面部带绿色髭须，其左上尊禅定印手上立金刚杵，当为阿閦如来；右上尊禅定印上置摩尼宝，为宝生如来；左下尊禅定印上置莲华，为阿弥陀如来；右下尊禅定印上未置物，应为四佛的不空成就如来，但羯磨杵似漏绘。从整体上讲，四方如来方位顺序是按照"и"字形配置。莲池四周由左下方顺时针配华、香、灯、涂四供养菩萨，下方摆放供桌，供桌上置香炉及花瓶。与金刚界五佛相对的东壁北铺与榆林第35窟同样是画七佛一铺。

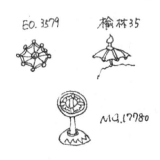

图6　大日如来所持八辐轮

从上述四幅金刚界五佛图像明显可以看出，其画面构图相同，均是以大日如来居于中央，两侧各配置二佛。五佛皆戴五佛冠，且尊像的风格极其相近。四幅作品略有出入的是：

（1）榆林第35窟中尊大日如来结智拳印，智拳印上置八辐轮，这种手印极少见。而MG.17780、EO.3579大日如来均结禅定印，手上并置八辐轮（图6），榆林第28窟仅结禅定印。

（2）榆林窟两幅五佛皆无身色变化，MG.17780、EO.3579五佛为敦煌特殊的身色系统，即大日如来为黄色、阿閦为白色、宝生为青色、阿弥陀为赤色、不空成就为绿色，与《真实摄经》记述相异。而且，与MG.17780、EO.3579同样的方位色在西夏时期的榆林窟和东千佛洞的金刚界曼荼罗中仍然沿用，但仅绘在曼荼罗的四院色，五佛皆为肉身色。[1]

---

[1]　西夏时期的金刚界曼荼罗发现有四幅，榆林第3窟北壁西铺和天井、东千佛洞第2窟天井及第5窟中心柱北。但中央大日如来均结智拳印，与藏经洞五佛虽身色相同，但尊形相异。关于这一问题暂不做本文重点讨论，西夏时期的金刚界曼荼罗详见笔者博士学位论文第三章。

（3）榆林第 35 窟的四佛是由左上→右上→左下→右下的顺序，而榆林第 28 窟四佛是由左下→右下→左上→右上的顺序排列，两幅均与金刚界曼荼罗的方位不一致。相对于此，MG. 17780、EO. 3579 的四佛均是由左下方顺时针排列，与金刚界曼荼罗中的方位一致。

（4）榆林第 35 窟、榆林第 28 窟、MG. 17780 为如来形着袈裟。EO. 3579 为菩萨形。

（二）《金刚峻经》白画 Pel. Chin 2012

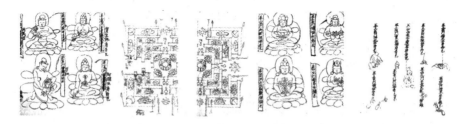

图 7a　Pel. Chin 2012　　　图 7b　Pel. Chin 2012　　图 7c　Pel. Chin 2012
　　　　局部　　　　　　　　　　　局部　　　　　　　　　局部

白画 Pel. Chin2012 是依据敦煌文献《金刚峻经金刚顶一切如来深妙秘密金刚界大三昧耶修行四十九种坛法经作法仪轨法则》（以下略称《金刚峻经》）所绘，其中亦出现金刚界五佛图像，作品现藏于巴黎国立图书馆（Bibiotheque Nationle）。

《金刚峻经》题作"大兴善寺三藏沙门大广智不空奉诏译"，但写本既不见于唐宋经录，又不载于不空译经目录。这是由于写本内容涉及了"水陆坛"、"地藏、水藏、火藏、风藏"等显著的中国化思想，大多学者认为写本应是中国僧人结合显密诸派典籍撰述的"疑经"、"伪经"，从而未被收入《大藏经》中。[1] 文献中虽然包含了金刚界五佛、金刚界十六大菩萨等金刚界系尊像，但实际上并不见有与《真实摄经》直接对应的部分，说法场所王舍城的耆阇崛山等表现的亦是一般显教特点。曼荼罗中卢左曩、摩计、婆拏啰缚悉泥、哆啰你尾当是佛眼佛母、摩摩枳、白衣、多

---

① 赖富本宏：《〈金刚顶经〉入门：即身成佛之道》，大法轮阁 2005 年版，第 337 页。

罗四佛母的音写，即《秘密集会怛特罗》（Guhyasamàjatantra，以下略为《秘密集会》）中的四佛母，噜波缚唧哩及其后六尊也就是《秘密集会》中的六金刚女，也满哆歌及其后四尊是《秘密集会》中的四忿怒。其中六金刚女是《秘密集会》佛智足派所特有的尊格群，而四结界、八供养、四忏悔、四无量等是《金刚峻经》曼荼罗中出现的独特尊格群。①

《金刚峻经》写本遗存数量较多，可见在当时相当的流行。写本分为两种类型，一种名为《金刚峻经金刚顶一切如来深妙秘密金刚界大三昧耶修行四十二种坛法经作法仪轨法则》主要是叙述各种坛法仪则和传法世系。有近十件，大多为残本。另一种是主要叙述安坛之法和佛菩萨尊名、身色、坐位之处，仅存上述北敦 BD2074（B. 7667，冬 74，散 1279）一件。与第一种还有"四十九种"和"四十二种"坛法之区别。②

关于《金刚峻经》的年代，田中良昭根据 P. 3913 "部第三十五"记载的禅宗祖统谱认为写本应属 10 世纪以后。③ 田中公明认为《金刚峻经》的编者应是对《秘密集会》佛智足派有着深刻的认知，但《秘密集会》佛智足派至今并未发现与此相应的汉译本，却仅见于敦煌出土《金刚顶经》系藏文文献以及吐蕃时期藏文文献中。由此推测作品的时代有可能追溯到吐蕃统治时期，是吐蕃占领前后敦煌汉族密教与藏传密教结合下的产物。④ 侯冲对这些写本进行了整理，他指出从第一种写本的"四十二种"坛法中混杂的内容看，很可能是唐末、五代归义军时期中国僧人出于行持法会的需要，根据密教金刚部经典、禅宗灯史和自己对密教的理解编纂而成，并把文献假托到不空名下。⑤ 罗炤考证《金刚峻经》应是北宋前期的抄本，其中卷1—3 的祖本可能形成于唐朝，而卷 4 前半部分的祖

---

① 田中公明：《〈金刚峻经〉与藏传密教》，《疑伪佛典综合研究》2000 年通号，第 8—24 页。

② 侯冲：《金刚峻经金刚顶一切如来深妙秘密金刚界大三昧耶修行四十九种坛法经作用威仪法则大毗卢遮那佛金刚心地法门密法戒坛法仪则》，《藏外佛教文献》2008 年第 2 期。

③ 田中良昭：《敦煌禅宗文献之研究》，大东出版社 1983 年版，第 603 页。

④ 田中公明：《〈金刚峻经〉与藏传密教》，《疑伪佛典综合研究》2000 年通号，第 8—24 页。

⑤ 侯冲：《金刚峻经金刚顶一切如来深妙秘密金刚界大三昧耶修行四十九种坛法经作用威仪法则大毗卢遮那佛金刚心地法门密法戒坛法仪则》，《藏外佛教文献》2008 年第 2 期。

本应是光化二年（899）之后，也可能出现在开平年间（907—911）或稍前。①

白画 Pel. Chin2012（图 7a、7b）亦为断片，尊像榜题栏内大多标注有尊名、位置、身色等，田中公明通过考证，发现尊像的配置与 BD2074 曼荼罗一致。画面仅绘有金刚界五佛中的四佛，位于三昧耶形坛城的两侧，但不见大日如来。四佛皆戴五佛冠、持物硕大。图 7a 坛城左侧阿閦如来持金刚杵，宝生如来持如意宝；图 7b 最左侧阿弥陀如来持莲花，不空成就持羯磨杵，与 BD2074 曼荼罗 "部第一" 的配置相同，即 "先安五佛，后安菩萨并四摄，中心安毗卢遮那，身黄色，手执总持之印，顶戴五佛之冠。第二阿閦佛，在东门，身白色，手结身忍印，右手垂触地，左手安脐偎，是名身忍印。第三宝生佛，在南门，身青色，顶戴五佛冠，右手垂膝偎，左手如意宝，是名施愿印，愿一切众愿满足。第四阿弥陀佛，在西门，身赤色，顶戴五佛冠，二羽仰相叉，进力竖相背，禅智横其端，等心青莲花，是名长寿印。第五不空成就佛，在北门，身是绿，顶戴五佛冠，左手安总持，右手施无畏。愿一切众生，速证无畏法"②。可知，五佛的身色与 MG. 17780、EO. 3579 一致，其他眷属尊身色亦与五佛相对应。但需要注意的是，大日如来的尊形是身黄色，手执总持之印（即禅定印），与 MG. 17780、EO. 3579 不同。此外，在 Pel. Chin2012 的另一幅断片中画有大日如来和四佛的三昧耶形，其中大日如来的尊形似结智拳印（图 7c）。

BD2074 其后又出现有另一种身色系统的五佛安置在身体的五处，与《真实摄经》中通常的五佛身色一致，云："修行之人入大乘者，观此身印，即是佛身。更莫异缘，速得成佛。顶上毗卢遮那佛，白色。额上阿閦佛，青色。右边宝生佛，黄色。后面阿弥陀佛，赤色。左边不空成就佛，绿色。"③ 也就是说《金刚峻经》同时并存两种金刚界五佛的身色体系，大日如来亦出现有两种印契。

刘永增在榆林第 20 窟主室东壁北侧毗卢遮那与八大菩萨一铺眷属中，

①　罗炤：《海外回归五重宝塔佛像系统的宗教内容与意义》，载《佛舍利五重宝塔》编纂委员会编《佛舍利五重宝塔》，人民出版社 2008 年版，第 136—165 页。

②　中国国家图书馆编：《国家图书馆藏敦煌遗书》，北京图书馆出版社 2006 年版，第 125—148 页。

③　同上。

也发现了仅见于《金刚峻经》的金刚拳、金刚索、金刚语、金刚爱四供养菩萨。[1] 这一线索为写本的时代提供了有力的证据。据《总录》榆林第20窟开凿于唐代，五代、宋、清代重修，其中主室绘于五代。[2] 但亦有学者考证甬道的供养人像是曹延禄及夫人，因此主室壁画亦应绘于宋代，而不是五代。[3] 笔者认为白画的年代应与榆林第20窟的时间比较接近，与田中良昭的观点一致，其理由详见下文相关讨论。

（三）金刚界曼荼罗白画 Pel. Chin 4518（33）（图8）

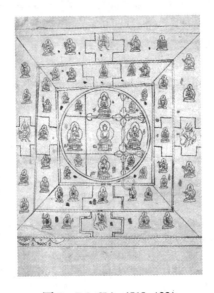

图8　Pel. Chin 4518（33）

　　白画 Pel. Chin 4518（33）现藏于巴黎国立图书馆，保存状态完好，著录中仅将此幅作品定名为曼荼罗，且尚未引起学者的关注。

　　曼荼罗有三重，第一重的中心大月轮内呈九宫格型，中央与四方画五佛，四隅配嬉鬘歌舞内四供养菩萨，但方位是由东北方（右下方）起始，而不是通常的东南方。大月轮外侧是外四供养菩萨。第二重是四方各配置

---

① 刘永增：《敦煌石窟八大菩萨曼荼罗图像解说》（上），《敦煌研究》2009年第4期。
② 敦煌研究院编：《敦煌石窟内容总录》，文物出版社1996年版，第211页。
③ 罗瑶：《榆林窟第20窟新发现"供养人像"考》，《敦煌研究》2004年第2期。

四菩萨及四门内有四菩萨。第三重是同样在四方配置四菩萨，四门内配四摄菩萨的五十三尊构成。从曼荼罗结构看，与金刚界曼荼罗和恶趣清净曼荼罗的一切智毗卢遮那曼荼罗颇相似。但问题在于，金刚界曼荼罗从未出现有主尊大日如来禅定印持轮，而一切智毗卢遮那曼荼罗虽然主尊大日如来见有结禅定印并持轮，但一般为四面，或一面二臂结禅定印不持轮，并且曼荼罗四方配一切恶趣清净王、宝幢、释迦族王、开敷华王四佛的手印和四隅配佛眼佛母、白衣、摩摩枳、多罗四明妃的持物，皆与此图像不符。饶有兴趣的是，在五佛的须弥座旁还画有代表各如来鸟兽座的鸟兽首，可能是作为画稿的提示。

在中央主尊上身和空白处注有黄色色标，东方（下方）尊像的上身及空白处注有灰色，南方青色，西方深灰色，北方绿色。再从五佛的持物、手印及主尊、南方、北方的配色看，无疑是敦煌系金刚界五佛。由此，东方呈现的灰色应是白色的变色，西方的深灰色则是赤色的变色。

接下来看第二重和第三重诸菩萨的持物，第二重四门内由东方顺序为金刚杵、摩尼宝、莲花和羯磨杵，与金刚界曼荼罗的四波罗蜜菩萨尊形一致。四方各四菩萨的东方由右向左顺序是：持金刚杵的金刚萨埵；持金刚钩的金刚王菩萨；持箭的金刚爱菩萨；第四尊持物形似二半羯磨杵，为金刚喜菩萨。南方由下向上是持宝的金刚宝菩萨，持日轮的金刚光菩萨，持宝幢的金刚幢菩萨，第四尊持物难辨，似为持齿鬘的金刚笑菩萨；西方由左向右是持莲花的金刚法菩萨，持轮的金刚因菩萨，第三尊和第四尊持物无法辨识，第四尊持物似为莲花上置舌，为金刚语菩萨，但按照经典金刚因菩萨应为第三尊；北方由上向下是持羯磨杵的金刚业菩萨、持甲胄的金刚护菩萨、第三尊和第四尊持物不明，第四尊菩萨二手于胸前，似为二手作拳的金刚拳菩萨。因此十六身菩萨大多与金刚界十六大菩萨尊形一致，但金刚喜、金刚宝、金刚笑、金刚语等图像与西藏系统有一定的差异，似乎更接近于唐密系《五部心观》。

第三重四方又各配四菩萨，从持物看似为十六贤劫菩萨。① 但尊形仅可辨识出东方左第一尊持宝幢的菩萨应是南方智幢菩萨，南方上方第一尊持剑的菩萨应为北方普贤菩萨，西方左第三尊持梵箧的菩萨为灭恶趣菩

---

① 十六贤劫菩萨是东方弥勒、不空见、灭恶趣、除忧暗；南方香象、大精进、虚空藏（库）、智幢；西方无量光、月光、贤护、光网；北方金刚藏、无尽慧、辩积、普贤。

萨，第四尊持光网的菩萨为光网菩萨，北方上方第一尊持半月的菩萨为西方月光菩萨，第四尊持梵箧的菩萨为北方无尽意菩萨。十六贤劫菩萨方位排列似有错乱，或图像所属系统不明。此外，四门内由东方顺时针为钩、索、锁、铃四摄菩萨。

通过对诸尊图像的分析表明，此曼荼罗确是金刚界53尊曼荼罗。内外供养菩萨由东北方起始可能受到《金刚顶经》系后期曼荼罗方位的影响。与西夏时期的榆林窟和东千佛洞的4例金刚界曼荼罗的五佛图像差异较大，即西夏时期壁画的大日如来均为一面二臂结智拳印，四佛手中无持物。Pel. Chin4518（33）作为敦煌石窟中出现最早的金刚界曼荼罗弥足珍贵。

（四）断片 Ch. 00383c（图9）

图9 断片 Ch. 00383c

印度国家博物馆藏断片 Ch. 00383c 是由三幅拼接而成，两幅较大的断片各见有三身菩萨，最右侧一幅较小，隐约见有二菩萨。松本荣一曾提及过此断片，仅描述断片原可能是一幅曼荼罗，但原状现难以推测，中央似为一六角形或八角形坛，坛上有三尊像，两侧内院的六菩萨似与金刚界曼荼罗中十六贤劫菩萨的六尊尊形相近。① 卡娅·巴塔查里亚（Chhaya Bhattacharya）在图版说明中介绍：图像年代是8—9世纪，原作品或许是一幅"观音曼荼罗"。左侧右手胸前上托金刚杵菩萨和右侧右手胸前托莲花菩萨应是金刚手和莲花手菩萨。两外侧菩萨中左侧手持莲花，莲花上置

---

① 松本荣一：《敦煌画研究》，同朋舍1937年版，第616页。

金刚杵的一身同样为金刚手菩萨。下方多半已残毁的持剑的一身为文殊菩萨。右侧菩萨中右手持莲花亦同样为莲花手菩萨。最右侧一小幅断片还有两身菩萨，亚瑟·威利（Arthur Waley）和斯坦因未定名。上方一身巴塔查里亚（B. Bhattacharya）认为菩萨尊形是结金刚吽迦罗印并持金刚杵，因此推测是金刚多罗。但卡娅·巴塔查里亚注意到尊像并未持金刚杵。下方菩萨持三叶莲可能是大势至菩萨（mahàsthàmapràta），图像保留着西藏、克什米尔的艺术风格。[①] 画面色调鲜艳，菩萨皆戴三叶冠，曲发垂于肩部，肩上挎点状璎珞绕至莲花座上。上身饰腕钏、项饰，上身斜披条帛。菩萨耳部上方还饰有两朵小花，画为十字形。值得注意的是，不论从面部、脖颈三道线，还是三叶冠、臂钏、项饰、条帛以及身上挎点状璎珞的样式看，皆与莫高窟天王堂、榆林窟第 35 窟、第 20 窟（图 10）的八大菩萨等这一时期的图像风格特征极其相近。显而易见，断片的年代与上述洞窟壁画当属同一时期，即 10 世纪后半叶。

图 10　榆林第 20 窟东壁北侧局部

---

① Klimburg-Salter, Deborah E. , *The Silk Route and the Diamond Path*: *Esoteric Buddhist Art on the Trans-Himalayan Trade Routes*, Los Angeles, Calif: Published under the sponsorship of the UCLA Art Council, 1982, p. 137.

　　两幅断片靠近中央在拱形柱内有两身菩萨结跏趺坐坐于莲花座上，左侧菩萨身白色、持金刚杵，右侧菩萨身赤色、持莲花。从中央两身菩萨的身色、持物可以看，无疑是我们已经熟知的与 MG. 17780、EO. 3579 身色系统一致的金刚界五佛。因此虽然两断片之间背光残缺处似为同一尊像的背光，但是五佛的可能性较大。即拱形柱内不仅有三尊，而是五尊。

　　而两外侧呈游戏坐菩萨按照曼荼罗的配置而言，亦不应在五佛外侧直接排列十六贤劫菩萨。笔者认为可能是这一时期榆林窟流行的八大菩萨像，左侧莲花上置金刚杵和剑的菩萨是八大菩萨中的金刚手和虚空藏，右侧持莲花的菩萨是观音菩萨。最右侧小幅断片二手交叉的菩萨可能是金刚界曼荼罗中十六大菩萨的尊像，而不是金刚多罗。

（五）断片 Cf. Ch. lvi0027—0031 （图11—图15）

图11　断片　　　　　图12　断片　　　　　图13　断片
Cf. Ch. lvi0027　　　Cf. Ch. lvi0028　　　Cf. Ch. lvi0029

图 14　断片 Cf. Ch. lvi0030　　　　图 15　断片 Cf. Ch. lvi0031

Cf. Ch. lvi0027—0031 五幅断片现藏印度新德里的国家博物馆，年代与 Ch. 00383c 同样定于 8—9 世纪，然而关于五菩萨的尊格，学者们的看法尚存分歧。卡娅·巴塔查里亚在图版说明中介绍到：五断片斯坦因当初认为是五佛。弗雷德·安德鲁斯（Fred Henry Andrews）及亚瑟·威利（Arthur Waley）则将其比定为五方菩萨，分别是 0027 持八辐轮的普贤菩萨（Samantabhadra），即大日如来的化身。另四菩萨是金刚手（Vajrapàõã）、宝手（Ratnapàõã）、莲花手（Padmapàõã）和交杵手（Vi ÷ vapàõã）。巴塔查里亚·卡娅否定了弗雷德·安德鲁斯和亚瑟·威利的这一看法，然而对于尊格的推测仍持谨慎的态度，认为 0027 可能是观音菩萨十五变化身之一的金刚法菩萨，此后又说 0027 和 0031 亦可能是五佛中的大日如来和不空成就，并认为五断片可能是出自一幅曼荼罗的中心部。[①] 舒曼（Schumann）还推测莲花手菩萨出自于 DKS p71 中阿育王所建 Cirandeva 塔的北方，因为除了 DKS 之外，没有发现其他文献中提到过五菩萨的说法。[②] 赖富本宏认为断片是四印曼荼罗的金刚萨埵、金刚宝、金刚法和金刚业，但未提及持轮菩萨的身份。[③] 洛克什·钱德拉（Chandra Lokesh）与那玛拉·莎玛（Nirmala Sharma）对尊像的比定更倾向于五方

① Klimburg-Salter, Deborah E., *The Silk Route and the Diamond Path*: *Esoteric Buddhist Art on the Trans-Himalayan Trade Routes*, Los Angeles, Calif: Published under the sponsorship of the UCLA Art Council, 1982, p. 141.

② Hans Wolfgang Schaumann, *Buddhistiche Biderwelt*: *ein ikonographisches Handbuch des Mahàyàna-und Tantryàna-Buddhismus*, Köln, Eugen Diederichs Verlag, 1986, p. 148.

③ 赖富本宏：《〈金刚顶经〉入门：即身成佛之道》，大法轮阁 2005 年版，第 338—339 页。

菩萨，认为这五菩萨尊形不见于汉地和日本的文献中，可能是来自于尼泊尔。[1]

五尊均为菩萨形、高发髻，顶戴五佛冠，面圆、五官小巧。菩萨体躯肩阔、细腰，左肩斜披帔帛，项上装饰有珠串，上身挎点状璎珞，戴臂钏、下着裙，结跏趺坐坐于莲花上。五断片莲花座的颜色略有不同，0027莲瓣为青莲和赤莲二重，0028与0030对应为赤莲和青莲色二重，0029与0031对应为赤莲色。五尊尊形分别是0027身黄色，右手持八辐轮，左手作金刚慢印。0028身白色，右手向外翻转持金刚杵，左手置右腿上持金刚铃。0029身淡青色右手于胸前托如意宝，左手作金刚慢印。0030身略带赤色，右手于胸前托莲花，左手作金刚慢印。0031身绿色，右手于胸前托羯磨杵，左手作金刚慢印。除0027持八辐轮的菩萨下方破损以外，均画有二蛇。对比MG.17780等可以看出，五尊像的身色与金刚界五佛完全一致，而持金刚杵和金刚铃从图像学的角度上，应是阿閦如来的化身金刚萨埵。因此，笔者赞同赖富本宏的看法，0028—0031可能是四印曼荼罗，或《金刚顶经》系曼荼罗中的断片。

再仔细对比五幅断片发现，0027菩萨虽然从尊形看与其他四菩萨似出于同一组画面，但又存有异议。主要有：（1）0027菩萨背光基本不见有火焰纹，火焰纹仅在最下方莲花座两侧且画得很少。（2）菩萨结跏趺坐坐于火焰辐轮内，但另四幅却不见。（3）从0028–0031四幅下方二蛇的位置看，两侧蛇头部分已经延至上方菩萨莲座的外侧，但0027莲座左下方纸本仍残留空白，说明菩萨下方可能未画有蛇。这些差异证明，五幅断片可能并不是同一幅作品，或者说至少不在曼荼罗的同一重内。但是0027菩萨居于火焰辐轮内，还说明此尊可能不是曼荼罗的主尊，如此看来，与0028—0031不属于同一幅作品的可能性较大。就0027尊像而言，身白色持轮的菩萨与敦煌金刚界五佛的大日如来一致，位于火焰辐轮内，图像可能属于《秘密集会》系统。

值得一提的是，从菩萨的面部、五佛冠、身躯、点状璎珞、臂钏样式等诸多特点看，与天王堂、榆林第20窟、第35窟的八大菩萨、EO.3579等尊像都有共通之处。因此，笔者推测五断片与这些作品属同一时期即宋

---

① Chandra Lokesh, Nirmala Sharma, *Buddhist Paintings of Tun-Huang: In the National Museum*, New Delhi: Niyogi Books, 2012, pp. 181–183.

初应大致无误。

（六）五佛冠 Pel. Chin4518（7）（图16）、MG. 17781（图17）及其戴五佛冠的作品

图16　Pel. Chin4518（7）

图17　MG. 17781

纸制五佛冠 Pel. Chin4518（7）是五叶莲瓣形，莲瓣内置五佛。五佛冠是大日如来、金刚萨埵、虚空藏菩萨等诸佛顶尊等所戴之宝冠。戴五佛冠意味着修法者与以五佛代表的有五种生起的本识力合一，从而控制世界，并且能施行法术。西藏通常在驱魔、葬礼甚至灌顶仪式中使用。[①]

五佛尊像皆着红色袈裟，戴三叶冠，红色冠带，结跏趺坐坐于莲花座上，外侧是一周联珠纹和火焰纹，作品推测属10世纪。五佛显然是敦煌系金刚界五佛，皆一面二臂，主尊大日如来身黄色、持八辐轮。四佛分别为阿閦身白色持金刚杵、宝生身青色持摩尼宝、阿弥陀身赤色持莲花和不空成就身绿色持羯磨杵[②]，硕大的持物令人想起《金刚峻经》白描图中的五佛。

藏经洞绘画作品中还见有一幅五佛冠 MG. 17781，推测为北宋的10世纪后半。[③] 冠两侧略有残毁，主尊为菩萨形、戴三叶冠，二手结禅定印，结跏趺坐坐于莲花坐上，周围配四佛，四佛无方位表现。田中公明认为主尊禅定印应为胎藏大日如来，但从戴有五佛冠的金刚界五佛实例中看，五佛冠内的五佛明确有金刚界五佛的手印较少，反而常见有中尊是结禅定印

---

① 图齐（Tucci Giaseppe）：《梵天佛地》第三卷第一册，魏正中、萨尔吉编译，上海古籍出版社2009年版。

② 感谢敦煌研究院考古所所长刘永增老师提供图像的信息。

③ 秋山光和监修，杰克杰斯主编：《国立美术馆　西域美术》第二合集，东京：讲谈社1995年版，第313页。

如来，另四佛手印不明，笔者认为这种五佛图像很难判断其中尊的尊格是胎藏大日如来。

斯瓦特或克什米尔地区出土有一例戴五佛冠金刚界大日如来青铜像（图18），造像年代约9世纪。此尊大日如来五佛冠的形状，以及上方的点状装饰与敦煌石窟壁画中的天王堂、榆林窟三叶冠样式颇为相似。

图18 大日如来青铜像

五佛冠的五佛排列方式有两种，一种如 Pel. Chin4518（7），中央为主尊，四佛围绕主尊周围，呈下方三身、上方二身的形式，敦煌石窟中大多为此样式，亦与斯瓦特或克什米尔出土一例排列相同。另一种如 MG. 17781，五佛并列一排，在敦煌石窟中仅此一例，这种排列方式还见于唐密系《五部心观》金刚界五佛和拉达克地区阿奇寺等大日如来的塑像所戴的五佛冠。

戴五佛冠的尊像在敦煌石窟壁画中仅见于前述榆林窟第35窟、第28窟的金刚界五佛。在藏经洞绘画品中还有 MG. 17780、EO. 3579、Pel. Chin2012、EO. 1148、Cf. Ch. lvi0027—0031 断片、Stein Painting 173. Ch. 00428 中，尊格均为金刚界五佛或四转轮王菩萨。其中除上文已涉及的作品外，我们下面再来具体分析 Stein Painting 173. Ch. 00428 和

EO. 1148 两幅作品的年代。

Stein Painting 173. Ch. 00428（图 19）四印曼荼罗的大日如来和四转轮王菩萨皆戴五佛冠。曼荼罗是由大日如来、四转轮王菩萨、八供养菩萨、四摄及四天王构成。松本荣一早年就已对图像有详细的解读，还特别指出曼荼罗外院四方布置的八吉祥纹样可能是在唐代由吐蕃传入，值得重视，作品推测为五代。[①] 田中公明还发现四天王中持琵琶的持国天亦是典型的藏传风格，因此作品自然来源于吐蕃，断代在 9 世纪的晚唐时期。[②]笔者以为上述两种看法仍值得商榷，作品的时代放在宋初（10 世纪后半叶）比较妥当，理由将在下文中详细阐述。

图 19   Stein Painting 173. Ch. 00428

EO. 1148 寂静四十二尊曼荼罗（67.2×68.0cm，图 20）中的五佛皆戴五佛冠，五佛冠的样式呈三角形，顶部有半金刚杵，与 MG. 17780 颇相似。此曼荼罗是由法身普贤双身、五佛、五佛母、八大菩萨、八供养菩萨、六道佛、四忿怒尊、四忿怒妃构成。五佛的主尊是《秘密集会》系金刚萨埵。大日如来位于南方，持八辐轮。不空成就如来位于东方，持剑。《真实摄经》以后，瑜伽怛特罗系《恶趣清净怛特罗》、无上瑜伽怛特罗系《秘密集会》、《幻化网大怛特罗王》（Màyàjàlamahàtantraràja）等

① 松本荣一：《敦煌画的研究》，同朋舍 1937 年版，第 616 页。
② 田中公明：《敦煌密教与美术》，法藏馆 2000 年版，第 10 页。

后期密教经典虽然仍沿用金刚界五佛，但在方位、尊形上都发生了较大的变化。

图20　EO.1148

　　据田中公明的研究，此曼荼罗是《秘密集会》系五佛、四明妃、四忿怒尊与《金刚顶经》系八供养及四摄相结合而成，尊像的配置反映了原初的《秘密集会》向佛智足派及圣者派（Phags lugs）发展过程中的混合体系，还体现了印度后期密教的初期思想。[①] 但与其相关的《秘密集会》佛智足派、法身普贤双身佛等未流传于汉传系统，而在吐蕃旧译却早已出现，因此曼荼罗应是受到吐蕃密教的影响。[②] 秋山光和认为这一看法值得重视，尽管以面部特征、宝冠及脖颈三道线等尊像风格推测，作品大约应绘于10世纪。但从所依经典与吐蕃密教有密切关系看，对于时代的判断还需谨慎。[③]

---

　　① 田中公明：《曼荼罗在印度的形成和发展》，春秋社2010年版，第306页。

　　② 田中公明：《敦煌密教与美术》，法藏馆2000年版，第112—113页。

　　③ ［日］秋山光和监修，杰克杰斯主编：《国立美术馆　西域美术》第一合集，东京：讲谈社1994年版，第331页。

结　语

（一）藏经洞出土绘画品中的金刚界五佛

归纳藏经洞出土金刚界五佛或包含有金刚界五佛的绘画作品有，金刚界五佛 MG. 17780、不空羂索观音曼荼罗 EO. 3579、《金刚峻经》白画 Pel. Chin2012、金刚界曼荼罗 Pel. Chin4518（33）、五佛冠 Pel. Chin4518（7）、曼荼罗断片 Ch. 00383c 等六例，但其中 Pel. Chin2012 未绘大日如来，Ch. 00383c 仅绘阿閦和阿弥陀如来。此外，断片 Cf. Ch. lvi0027—31 推测为大日如来和四转轮王菩萨，五断片可能不属于同一幅作品。四印曼荼罗 Stein painting 173. Ch. 00428 是《金刚顶经》系大日如来和四转轮王菩萨。

五佛冠出现有两例 Pel. Chin4518（7）和 MG. 17781。作品中顶戴五佛冠的尊像亦较多，除了上述 MG. 17780、EO. 3579、Pel. Chin2012、Cf. Ch. lvi0027 - 0031 断片以外，还有四印曼荼罗 Stein Painting 173. Ch. 00428 的大日如来和四转轮王菩萨、寂静四十二尊曼荼罗 EO. 1148 的五佛。除 Pel. Chin4518（7）明显是金刚界五佛，尊像所戴五佛冠亦皆无方位表现，而且大多中尊结禅定印。

通过以上对藏经洞绘画作品中金刚界五佛及其相关作品的梳理，发现遗存数量之多令人吃惊，反映了《金刚顶经》系密教图像在当时流行的盛况。

藏经洞出土金刚界五佛的独特特征是：五佛均一面二臂、大多戴五佛冠。大日如来身黄色、持八辐轮，阿閦身白色、持金刚杵，宝生身青色、持摩尼宝，阿弥陀身赤色、持莲花，不空成就如来身绿色、持羯磨杵。与唐密和西藏的金刚界五佛图像均不相同。

除了五佛的身色以外，还需要特别注意的是，金刚界大日如来禅定印上置八辐轮不见于《真实摄经》，经典中大日如来的标识物为佛塔，唐密金刚界三昧耶曼荼罗中的大日如来亦绘为"佛塔"。庆喜藏本的大日如来三昧耶形是五钴杵。西藏的金刚界曼荼罗仪轨和实例中大日如来均结智拳印，或智拳印并持五钴杵，不见有一面二臂持轮的大日如来。

《真实摄经》以外的文献和图像中发现有一面二臂持轮的大日如来，但有别于金刚界五佛系统：

1. 经典文献中仅见于不空译《大乐金刚不空真实三昧耶经般若波罗蜜多理趣释》（大正藏 No.1003），依据此经典所绘补陀洛版说会曼荼罗中的大日如来即是一面二臂持轮，但并不是金刚界五佛的组合。

2.《蒙文〈甘珠尔〉佛像大全》NO.109 亦是一面二臂持轮的大日如来，但是图像亦仅为单尊，所属系统不明。

3. 标识物为八辐轮的大日如来还见于西藏的恶趣清净曼荼罗，但仅有四面二臂持轮的实例。敦煌藏经洞出土的恶趣清净曼荼罗的大日如来均一面二臂结禅定印，不持轮。榆林第 3 窟恶趣清净曼荼罗中大日如来结转法轮印。

4. 寂静四十二尊曼荼罗 EO.1148 中出现有一面二臂持轮的大日如来，但属于《秘密集会》系五佛，其主尊为金刚萨埵，不空成就如来持剑。《秘密集会》系统以后，无上瑜伽部大日如来的标识物是轮，印契多表现为转法轮印，五佛大多呈多面多臂像。

在发现敦煌金刚界五佛的特殊图像的同时，在藏经洞出土绘画作品和敦煌石窟中还有几种新出现的后期密教图像。如《金刚峻经》白画 Pel.Chin2012 及写本中出现的《秘密集会》佛智足派的尊格体系，榆林第 20 窟八大菩萨像中绘有《金刚峻经》的眷属。寂静四十二尊曼荼罗反映的是《秘密集会》佛智足派及圣者派发展过程中的混合体系。天王堂的《幻化网大怛特罗王》。此外，还有不见于汉地的八吉祥纹样在 MG.17780、EO.3579、Sein Painting 173.Ch.00428、九佛顶曼荼罗 Pel.Chin4519 和榆林第 35 窟前室天井千手千眼观音像中等多例。

（二）关于这些作品的年代

上述藏经洞作品中有明确年代的仅 MG.17780 一幅，据供养人像的活动年代推测作品绘于 990 年后的曹延禄时期。另外，认为是 10 世纪后半的作品还有 EO.3579 和 MG.17781。除此以外，大多图像至今被推测为 8—9 世纪。然而，通过本文的梳理，笔者认为这些作品应均应为曹延禄时期前后的宋初所绘，即 960 年以后的 10 世纪后半。其原因是：

1. 供养人像多次出现曹延禄或曹延禄时期的人物：除 MG.17780 以外，石窟壁画中出现曹延禄的供养人像还见于绘有金刚界五佛的榆林第 35 窟甬道、绘有《金刚峻经》眷属的榆林第 20 窟甬道。

2. 八吉祥纹样的八吉祥不见于唐密，通常被认为仅见于藏传佛教，却在敦煌石窟中发现较多数量的作品。但是敦煌的八吉祥中不见有西藏八吉祥图像中的盘长，西藏的八吉祥亦不见有敦煌图像中的跋折罗。其中MG.17780 和榆林第35 窟前室天井千手千眼观音像可以为断代提供有力的证据。

3. 天王堂是依据《幻化网大怛特罗王》所绘。供养人像同样出现曹延禄，说明了这与法贤、施护兄弟二人在曹延禄执政时期的太平兴国五年（980）二月前"从北天竺国诣中国，至敦煌，其王固留不遣数月"的密切关联。

4. 上述图像既不同于以往唐密的传统，又有别于藏传密教，还夹杂了一些篡改，表现出显著的汉地风格的后期密教。正如上文所述，田中公明亦指出即使在《藏文大藏经》中发现了与 EO.3579 不空羂索五尊相同的文献，亦很难说作品与吐蕃之间的关系。

综上所述，藏经洞出土的金刚界五佛图像反映了印度后期密教的初期思想，是《金刚顶经》系与后期密教相混杂的结果。图像传入汉地的时间当是在宋初，即敦煌曹氏归义军时期的曹延禄执政前后。

晚唐、五代末年两次排佛，加之五代的藩镇割据、战乱连绵，在这样的历史环境下，密教几乎无力复兴。新的密教文献与图像亦少有发现，五代时期记载中仅见有五代末中印度密教译经僧慈贤一人游历至中原，慈贤译《妙吉祥平等秘密最上观门大教王经》中涉及的金刚界五佛身色也与《真实摄经》一致，且内容体现的是在《秘密集会》佛智足派与圣者派形成前的因素，说明其表现内容略早于天王堂、寂静四十二尊曼荼罗和《金刚峻经》曼荼罗等。

相对于此，到了宋代密教状况发生了巨大变化。乾德二年（964），"诏沙门三百人，入天竺求舍利及贝多叶书，至开宝九年（976）始归寺"。[①] 乾德四年（966）"有求经僧行勤等一百五十七人之众等"多次大规模赴西域求经。[②] 还翻译了大量的密教怛特罗，如法贤于北宋至道元年（995）译《瑜伽大教王经》（相当于《幻化网大怛特罗王》）、《佛说大乘观想曼拏罗净诸恶趣经》（相当于《恶趣清净怛特罗》）、《最上根本大乐

---

① （宋）范成大撰《吴船录》卷上，《文渊阁四库全书》史部七传记类，第21页。

② 《宋史》卷四九〇，列传第二四九，《天竺传》，中华书局标点本1977年版，第14104页。

金刚不空三昧大教王经》（略称《理趣广经》），施护北宋大中祥符八年（1015）译《三十卷本大教王经》（又称《金刚顶经》完本）、《一切如来金刚三业最上秘密大教王经》（相当于《秘密集会》）等，这些密教怛特罗均与在这一时期敦煌石窟特别是藏经洞盛行的题材相关。

总之，再三强调这些作品年代皆属于宋初是由于，长期以来宋代密教被认为虽然翻译了相当数量的中后期密教怛特罗，却至今未发现一件与此相关的作品，所以通常被我们忽视。而在敦煌石窟的密教图像中，使我们重新认识了敦煌石窟，乃至宋代在密教传播中的历史地位。

（阮丽，中央美术学院博士）

飞来峰元代造像的分布及其功德主

赖天兵

飞来峰位于浙江省省会杭州市西湖风景区西北，与江南名刹灵隐寺隔冷泉溪相望，峰东南麓又有天竺寺（下天竺）。飞来峰又名灵鹫峰，为武林山诸峰之一，西南最高处海拔 168 米，至东北端降至 120 余米。其西北、西南与东南为连绵不断的山峦所环绕：西有北高峰、美人峰，东南有天马山，南为笔架山，西南为天喜山。飞来峰与这些山岭间有洞谷与坡地相隔，加之飞来峰不同于周围石英砂岩的石灰岩山体，它就像是一只独立栖息于武林山中的孤鹫。

飞来峰平面略呈卵形，长轴由西南向东北延伸，长约 800 米，宽约 400 米，为西南高东北低的走势，石灰岩质（$CaCO_3$）山体由于长期受地下水的溶蚀，形成了不少奇幻多变的洞壑，主要有峰东麓的青林洞（金光洞，理公岩）、玉乳洞（岩石室），东北麓的龙泓洞（通天洞、观音洞）、一线天，以及峰西面的呼猿洞。现存五代宋元诸朝 330 余尊石刻造像分布于飞来峰玲珑滋润的山石与幽幽明明的洞窟之中。

元代飞来峰的 70 个像龛、百十余尊造像，多属高度超过 2 米的大型像龛，汉传佛教的造像与藏传密教造像济济飞来峰一崖。在现存可辨题记造像中，至元十九年（1282）为飞来峰元代造像的最早纪年。元代飞来峰造像的分布与功德主，此前已有著述涉及[①]，但尚缺乏造像分布的整体

---

① 主要有：洪惠镇《飞来峰"梵式"造像初探》，《文物》1986 年第 1 期；高念华主编《飞来峰造像》，文物出版社 2002 年版；杨晓春《杭州飞来峰元代佛教造像的开凿过程、开凿者与造像风格》，《元代杭州研究论坛文集》，中国元史研究会、杭州文史研究会，2010 年 11 月；廖旸《飞来峰元代石刻造像叙录》（待刊）。

梳理与功德主身份的系统考察，没有或者较少从造像间的关联度的有无来思考其分布现状，没有这方面的专门的研究，不利于对飞来峰元代造像开凿性质的把握。本文尝试对造像的时空分布与功德主身份做一专题探讨。

飞来峰造像五代、北宋造像分布于青林洞内外，峰东北顶端与玉乳洞内，有大小造像 200 余尊，以中小型造像为主。宋德祐二年（1276）正月，元军兵临南宋临安府，宋帝显纳降。从东南麓、北麓到峰西呼猿洞一带都有元代造像的分布。除了东南麓青林洞洞口上方元代纪年造像中最早的至元十九年（1282）第 3 号华严三圣龛、玉乳洞出后洞口石径旁山崖上的第 29 号无量寿佛龛与飞来峰西法云弄东的面溪崖壁第 94 号宝瓶无量寿佛，这几个离散的像龛外，元代造像绝大部分呈相对集群的分布状态。兹大体按由东偏南向西偏北的顺序，将这批造像大致划分成 4 个自然分布区域，即第 30—34 龛的理公塔区；第 35—48 龛（其中第 38 号为空龛）的龙泓洞主洞口区与第 51—58 龛的龙泓洞后洞口区；第 59—93 龛（不含明代的第 85 号）的山麓沿溪石径区；第 95—100 龛的飞来峰西南呼猿洞区。这些像龛加上个别离散龛，总计 70 龛 120 余尊造像在元代的飞来峰麓破壁而出，形成了"白石皆成佛，苍头半是僧"的壮观场景。

由于五代吴越国与北宋经营的青林、玉乳两洞窟内已无多少可供造大龛的空间，洞外嶙峋、逼仄的崖壁也太不适合大规模的开造；从城里去灵隐寺观瞻的游客一般无须经过这两个洞窟。因此，元初的造像功德主们基本放弃了旧有的造像区域，转而经营崖面高耸壁立的龙泓洞外崖，极易被去灵隐朝觐者观瞻的沿溪石山径旁的峭壁，以及环境幽僻的呼猿古洞一带崖壁。峰西呼猿洞区远离飞来峰主造像区与灵隐寺，而与江淮诸路释教都总统杨琏真伽居住的永福寺隔溪相望。

一　造像的空间分布

（一）理公塔区

理公塔坐落于通往灵隐寺的回龙桥丁字路口的大道南侧，与龙泓洞正洞口隔断崖相望。从塔前向南拐通玉乳、青林两洞，从大道直行则可达龙泓洞乃至灵隐寺，所谓"全身当谷口，一塔压回龙"，位置十分显要。对于理公塔，《灵隐寺志》卷二曰：

　　理公塔：在龙泓洞口，砌高三丈。万历丁亥（1587）六月为霖雨所圮，中获石刻，云：开宝八年（975）募众重建释迦砖一座，在清绕桥灵山里。则回龙桥旧名"清绕"矣。又有铁小塔一、铁盒一，内沉香四片、帛一方，触手如蝶翅。阅庚寅（1590）二月，僧如通重建，开其基，见一孔甚坚，以手探得陶龛之底，遂复封瘗而藏之。郡人虞考功淳熙为之铭。①

虞淳熙所撰塔铭即"慧理大师塔铭"②，故僧如通在原址重建之石塔称"理公塔"，纪念灵隐的开山慧理法师。石塔七层、平面六边形，第二层东面刻"理公之塔"四个大字，东北面刻晚明钱塘文人虞淳熙的塔铭。

　　理公塔区造像分布于塔西面因风化崩坍而与山体若即若离的几堵岩面上，这批雕刻是从灵隐寺外山门（今不存，原址在现灵隐景区正大门附近）步入灵隐景区的游人最先见到的飞来峰造像。区域内的 5 龛、5 尊造像均处于石塔以西，分布不规则，造像体量相差悬殊。最引注目的是理公塔旁面向大道、体量高大的第 30 号③藏传佛教黄财神像，游戏坐姿的黄财神高两米，形象，具有南亚次大陆石雕的韵味。该像西北，与第 30 号龛呈 90 度夹角的一块三角形孤岩上刻高 1.6 米的忿怒相金刚手立像。这两个典型的藏传佛教造像龛之间，较第 30 龛稍稍靠后的一块矮岩上凿第 31 号汉传佛教圣观音坐像，后者的体量明显小于前两像。

　　第 31 号龛右后方④有一堵与龙泓洞主洞口外崖壁呈垂直的断崖，崖面雕第 33 号杨枝观音与第 34 号捧莲蕾观音两龛造像及大型六字真言摩崖，两像均为典型的汉传佛教造像，前者为立像，后者为结跏趺坐姿，体量均不大。第 34 号龛外右侧空余的崖壁横刻兰扎体梵文六字真言。第 33、34 号龛处于塔的后方，位置较高，需仰视，要绕过第 30、31 号龛才能抵达；而第 30—32 号 3 个像龛则基本与地面齐平，就在塔旁，人们可

---

　　① （清）孙治辑，徐增重修：《灵隐寺志》卷二"古塔"，魏得良标点，杭州出版社 2006 年版，第 22 页。

　　② 《灵隐寺志》卷六下"塔铭"，杭州出版社 2006 年版，第 129—130 页。

　　③ 编号系 1991 年冬至 1992 年春杭州市文物保护管理所在浙江省文物考古所的指导与杭州市园文局灵隐管理处的配合下完成。

　　④ 本文关于飞来峰造像龛或造像位置的"左"、"右"，均以造像龛自身或龛中主尊的视角为准。

以直接抵近作品做多角度的观瞻。

北魏至隋唐的汉传石窟开凿，有的会在窟口外一左一右各雕造一尊护法神来作为全窟的守护[①]，这种情况在开放的摩崖造像中则很罕见。东千佛洞西夏第 5 窟前壁窟门北侧下栏绘藏传黄财神与二忿怒金刚，西夏第 7 窟与元代第 6 前壁窟门两侧各绘一身藏传忿怒金刚，后者也应该充当了全窟守护神的角色。第 30 龛黄财神与第 32 号金刚手菩萨皆属忿怒相，位置似乎也可以认为是在飞来峰元代主体造像的开首，那么两像是否可以类比为整个飞来峰元代摩崖造像的守护神呢？黄财神像龛的体量明显大于第32 号金刚手菩萨，但前者在藏传佛教神系中的地位未必高于后者，这两龛似不太可能同时开造，黄财神像占据的位置十分优越，或许开造在先。本区的造像，唯金刚手菩萨有功德主造像记，其中至元二十九（1292）年闰六月的纪年表明此龛刊造于飞来峰元初造像的末期（详见后文）。有意识地在此雕黄财神与金刚手作为造像群的守护神不是完全没有可能，但可能性似不太大。从理公塔前行十余步，龙泓洞主洞口外造像即展现面前。

（二）龙泓洞区

龙泓洞区是飞来峰元代造像最为密集的区域。龙泓洞前当回龙桥，后通冷泉石涧。洞顶因风化形成了一井口大小的漏斗，可见天光，后人题"通天洞"三字。因洞内凿有一尊观音像，龙泓洞又俗称"观音洞"。龙泓洞内之一侧还有小洞，相传经此洞可穿过钱塘江底到达浙东。[②] 宋代郭正祥有诗云：

> 洞口无凡木，阴森夏亦寒。曾知一泓水，会有老龙蟠。

龙泓洞有两个洞口，面对回龙桥（桥上有春淙亭）、理公塔的前洞口为主洞口（西洞口），洞口上方摩崖曾题"龙泓洞"三字，系南宋朝奸相贾似

---

① 如陕西北魏宜君花石崖石窟、龙门药方洞北魏至北齐石窟、麦积山西魏第 43 窟、南响堂北齐第七窟与安阳灵泉寺隋代大住圣窟窟门外或窟口内侧雕二力士、二神王或二天王。

② （明）田汝成撰《西湖游览志》卷十"北山胜迹"，载施奠东主编《西湖文献丛书》，上海古籍出版社 1998 年版，第 111—112 页；（清）孙治辑，徐增重修：《灵隐寺志》卷一之"武林山水"，魏得良标点，杭州出版社 2006 年版，第 8 页。

道门客王廷所书，此题额后被铲去，铲除三字所遗划痕依稀可辨，题额的落款"金华王廷书"尚存。而靠近冷泉溪石洞的出口为次洞口（后洞口、东洞口），出后洞口过一线天即可沿傍溪石径上行。除第49号善财童子、第50号水月观音雕于龙泓洞内善财童子显然是配水月观音而造，洞窟为不规则形石灰岩溶洞，水月像龛的位置最接近于洞窟的中心，拱券龛的顶部被后人截平，嵌入一块石板做护顶。第51号凿于后洞口对面的临溪低崖上外，其余造像均开造于两洞口外壁立的崖面，第35—48号龛凿于主洞口外壁，第52—58号龛凿于次洞口外壁。

1. 主洞口外壁造像

主洞口外壁面基本与洞口平行，面对从灵隐寺外山门通往本寺所要跨越的回龙桥，洞外崖壁陡俏高耸，横向开阔，为连续开造高大的摩崖像龛提供了十分有利的条件。飞来峰体量超过两米高的造像共计13尊，其中7尊（第36、37、39、41、42、43、44龛）雕凿在龙泓洞主洞口外壁。这些造像的功德主多应具有一定的社会地位或具备较强的经济实力。

第35—45号的11个造像龛，在洞外高崖大体以东南向西北的走向呈平行展开之势，高低上有错落，虽然多为大型龛，但诸龛的尺寸仍参差不齐。由东南向西北，造像依次为第35号观音、韦驮天龛，第36号阿弥陀接引佛，第37龛炽盛光佛，第38号残存火焰纹背光的空龛①，第39号如来立像②，第41号药师佛，第42号倚坐如来形弥勒，第43号金刚座释迦牟尼③，第44号数珠手观音与第45号布袋弥勒④（参见表1）。其中，第

---

① 现龛正中有纵贯全龛的大型摩崖题刻——"天子万寿"四字，龛内背光右缘刻"□□都御史臣苏茂相恭立"，左缘刻"天启元年（1621）春四月吉旦"。龛上方开有水平凹槽，凹槽下方等距开三个方形榫孔，孔间阴刻类似于木构建筑阑额上的"七朱八白"的装饰。龛中部偏下开两个较大的欠规则榫孔，龛下方两侧各有一个细小的竖长方形榫孔。龛左侧中部位置磨竖长方形题刻一方，已无字迹可辨，似为开龛时的功德碑。近龛边缘的火焰纹所在龛壁壁面明显较摩崖题字壁面浅，估计当时铲去造像或铲去造像遗迹时将龛正壁挖深了。龛底已无，或在刊刻"天子万寿"时被打掉。

② 龛上部两侧各有一个方形小榫孔，龛下方并列3至4个较大的榫孔。第38、39两龛龛形相近，规模相仿。与青林洞第22、23龛相似，据这些榫孔、凹槽推测龛前曾建木构龛檐、框。

③ 第43龛右下方磨竖长方形题刻"南无阿弥陀佛"，上覆莲盖，下托仰莲。右侧题款"嘉□二十一年□□立"，左侧题款"信士陆锦同妻何氏"。

④ 第45龛上方两侧各有两个榫孔，从龛高1/2处龛到龛上方榫孔的这段崖面向里挖深，似为支撑立柱之用。

36 号、第 39 号与第 44 号三龛为立像，第 36 号阿弥陀接引佛、第 44 号数殊手观音在飞来峰造像中高度排在前两位。第 41 号药师龛拱券顶的上方按龛顶的形状刻一倒 V 形凹槽，似为保护龛像而做的排水槽，第 43 号金刚座释迦的龛顶似也有类似的凹槽。释迦佛仰莲座的下方刻梵文一行，是为十二因缘咒。①

这 11 个造像龛的题材内容，除以佛部造像为主外，总体似无规律可循。在第 42、43 龛下方的一段崖面上雕刻连续排列的三段浮雕取经图，距主洞口由远及近依次编为第 46、47 与 48 龛，从风格与布局看，这三龛浮雕当为统一刊造。

上述龙泓洞主洞口外造像，第 39、40 龛尚留可辨文字的造像记，纪年为至元二十四年（1287）三月。② 其中，第 39 龛题记刻于龛的外右上方，铭文曰：

> 至元二十四年岁次丁亥三月十五/功德主江淮诸路释教都总统所经历郭建第 40 龛题记刻于龛外右侧原龙泓洞洞额的右缘，铭文曰
>
> 至元二十四年岁次丁亥三月/功德主江淮诸路释教 都 总 统 所经历郭

"经历"为首领官的一种，在金、元两代设置，但普遍设置是在元代，首领官的主要职责是总领吏员、掌管案牍，协助长官处理政务。首领官也被称为"幕职"、"参佐官"，即为长官出谋划策，参谋佐助，元代的首领官由吏部而非所在机构长官任命，因此在辅助过程中，可以行使自身的职权。③ 经历在首领官中地位最高，在路总管府或品秩高于路总管府的官署中才设经历职，江淮诸路释教都总统所秩正三品（相当于上路总管府的品秩）或从二品（相当于宣慰司或宣慰司都元帅府的品秩）④，若为

---

① 廖旸：《飞来峰元代石刻造像叙录》（待刊）。
② 赖天兵：《飞来峰郭经历造像题记及相关的元代释教都总统所》，《文物世界》2008 年第 1 期。
③ 许凡：《元代的首领官》，《西北民族学院学报》1983 年第 2 期。
④ 参见赖天兵《关于元代设于江淮/江浙的释教都总统所》，《世界宗教研究》2010 年第 1 期。

前者郭经历秩从七品，若系后者则秩从六品。① 由于元代统治者对汉族传统制度不甚了解，为维持统治机器的正常运转，必须在一定级别的官府中配置首领官，以减少具体事务对蒙古、色目贵族的压力，首领官成为行政机构中具体事务的主要执行者。② 路总管府、（按察）廉访司与宣慰司皆设以经历为首的首领官三人。鉴于江南地区路总管府的长官及首领官的绝大多数往往是北人，南人则为凤毛麟角③，总统所的郭经历恐怕也非南人。

　　飞来峰龙泓洞第 39、40 龛造像记及《普宁藏》之《大方广佛华严经入不可思议境界普贤菩萨行愿品》卷末的刊经题记所署劝缘者名衔均表明江淮诸路释教都总统所设置了首领官④，《普宁藏》上述刊经题记所列劝缘者名衔，其中都总统所的官员有 6 人，3 人系长官（1 位都总统、2 位都总摄），其余 3 人均为首领官（经历郭氏、主事白氏与提控顾氏）。由此可窥见首领官在处理都总统所事务中的作用，刊经题记对劝缘者的排位秩序也表明经历在三位首领官中地位最高。至元二十八年（1291）下半年杨琏真伽的不法行径败露，"致蒙朝廷差官前来，抄出杨总摄并首领官一切党羽人等公私物件"⑤，故此造像功德主总统所经历郭氏在杨失势后应受到了清算。

表1　　　　　　　　　飞来峰龙泓洞主洞口崖壁造像龛

第 35 龛	第 36 龛	第 37 龛	第 38 龛	第 39 龛	第 40 龛	第 41 龛	第 42 龛	第 43 龛	第 44 龛	第 45 龛
观音与韦驮天	阿弥陀来迎佛	炽盛光	（空龛）	如来立像	四臂观音	药师佛	倚坐弥勒	金刚座释迦	数珠手观音	布袋弥勒
		题记泐	题记泐	1287 年	1287					
		有梵文咒				有梵文咒		有梵文咒		
□	□	○	？	□	○	□	○	○	□	□

　　□：表示属汉传风格造像；○：表示属藏传风格造像。

---

　① 许凡：《元代的首领官》，《西北民族学院学报》1983 年第 2 期。
　② 刘晓：《元史研究》，福建人民出版社 2006 年版，第 106 页。
　③ 李治安：《元代行省制度研究》，南开大学出版社 2000 年版，第 418 页。
　④ 《大正藏》第 10 册，台北：新文丰出版公司 1983 年影印本，第 851 页中下。
　⑤ （元）佚名撰《庙学典礼》卷三，王颋点校，《元代史料丛刊》，浙江古籍出版社 1992 年版，第 63—64 页。

　　注意到该崖段面（不计底端的取经浮雕）除佛陀外菩萨像均为观音，但我们不认为这一定是由一个设计者来确定的，因为无论在藏地或是汉地，菩萨像中的观音题材都是最受欢迎的。

　　2. 次洞口（含一线天）外壁造像

　　龙泓洞次洞口至紧挨着的一线天洞口外壁雕第52—58号造像①，内容依次为第52号大白伞盖佛母，第53号金刚摧碎（摧破金刚）、第54号水月观音、第55号金刚勇识（金刚萨埵）、第56号黄文殊、第57号与第58号无量寿佛（表2）。第52—55号像龛壁面与洞口平行，其余像龛与洞口垂直分布。第56号与第57号之间有一个空龛，龛正壁有后人题刻的"一线天"摩崖大字，左侧落款"道光十七年（1837）九月丙子朔丁酉"，龛顶壁刻兰扎体梵文六字真言一方。龛上方两侧各刻一方形槽孔，下方还有一个槽孔。

　　次洞口（含一线天）外也是藏传造像与汉传造像一并开造，与主洞口外造像有所不同的是这里的藏传佛教造像似有一个相对集中的分布，第52、53、55与56号均属藏传造像，前三龛接近于一字排开。第55龛左侧是一个豁口，没法造像，故第56龛不得不将高度提高了一个龛高的位置，并随崖面的转折与第55龛形成一个近乎直角的夹角。处于第53、55号之间的第54号汉传佛教的水月观音像位置较第52、53、55龛高，独处一方，没有掺入其下方的藏传佛教造像行列之中，推测第54号汉传造像与第53、55号藏传造像的开造有一个时间差。在四个藏传佛教造像龛中唯第53号金刚摧碎有造像题记：

　　　　至元二十五年八月日建，功德主石僧录液沙里兼赞。②

第56号黄文殊左面的第57号汉式无量寿佛龛外左侧刻题记：

---

　　① 一线天洞紧挨龙泓洞后洞，规模远逊于后者，两者洞外崖壁连通。

　　② 此功德主是飞来峰现存题记中唯一像是藏人的施主。"液沙里兼赞"为藏语人名，不过，西夏僧人好取藏名，西夏人也有汉姓者，西夏人姓名有"汉藏合璧"的，如杨琏真伽、高沙剌巴（即沙罗巴，见《佛祖历代通载》卷二十一，《大正藏》第47册，第733页上）。由于僧录为僧录司的长官，"石僧录液沙里兼赞"一般可解读为石姓僧录，名液沙里兼赞，这样该施主为西夏人的可能似较大。谢继胜先生此前已提出相似观点。

至元二十八年僧永□施财镌造。[①]

次洞口外壁造像，4 个藏传密教龛像的分布是否有一定的局部安排尚难下定论，但就整个崖面而言，我们无法找到更多的设计意图，造像并非同时建造，有纪年的两龛（第 53 龛与第 57 龛）有约 3 年的时间差，第 52—58 号造像恐非作为一组造像开造。

次洞口（含一线天）外可资利用的崖面相对低矮，故像龛规模逊于主洞口外壁，所造龛像中佛部像与菩萨或佛母像的数量比也恰好与主洞口外壁相反——菩萨（包括佛母像）雕造得多，佛陀像制作得少。或许只要财力足够，元代的功德主多会选择率先在主洞口外开凿像龛。主洞口外壁多刻大型佛陀像，后洞口外多刻中型菩萨、佛母像，如果认为这是有一个指挥者在操纵，似也说得过去；但若不存在指挥、设计者，两洞口外造像题材分布有这样的差异也属自然。

表 2   飞来峰龙泓洞次洞口（含一线天）外崖壁造像龛

第 52 龛	第 53 龛	第 54 龛	第 55 龛	第 56 龛	空龛	第 57 龛	第 58 龛
白伞盖佛母	金刚摧碎	水月观音	金刚勇识	黄文殊	?	无量寿佛	无量寿佛
	1288 年					1291 年	
有梵文咒	有梵文咒		有梵文咒		有六字真言		
○	○	□	○	○	?	□	◨

□：表示属汉传风格造像；○：表示属藏传风格造像；◨：表示汉藏结合造像。

龙泓洞两洞口外崖壁呈锐角于冷泉溪上方交汇，交汇处的面溪悬崖上刻横书兰扎体梵文真言摩崖碑，碑两侧刻竖书汉文各一行，似为提示真言的种类。梵文真言摩崖碑下方有汉文造像功德一则，形状呈悬崖末端的不规则形。汉文功德记曰：

[宣] 授江淮诸路释教都总统永福大师，施财命工镌造佛像，[伏] 愿

---

① 杭州市历史博物馆、杭州市文物保护管理所等编：《飞来峰造像》，文物出版社 2002 年版，第 141 页。目前能辨认"至元二十八年僧永□"几字。

皇固巩固、帝道遐昌、佛 [日] 增辉、法轮常 [转]。［至］元 [二] 十五年 [戌] 子三月日 [答] 西夏僧冯□□广（后几字泐）。①

这是永福杨总统琏真伽的造像功德记，功德记中所说的佛像却无从确认。第45龛布袋弥勒是距题记最近的一龛造像，龛沿下方岩石内凹，无法刻题记，但龛内两侧尚有刊刻题记的壁面。将题记刊在与龛分离、要绕到冷泉溪对岸才能看正面观察的悬崖上，这样做似不合情理。因此难以认定它是第45龛的题记。而龙泓洞其他造像的功德记就更不可能刊刻在这个位置上。包括第89、98号杨琏真伽造像记在内的其他元代造像记，均会说明所施造像的尊格——佛像为何种佛、菩萨像为何菩萨等——但本造像记仅说"镌造佛像"，而未言佛像的尊号，也非同寻常。那么这里说的佛像会不会是泛指龙泓洞区这一片造像？但龙泓洞前、后洞口外均有明确的他人造像功德记（总统所郭经历、石僧录液沙里兼赞），故这样的泛指似也难以成立。此功德记周边似未见山崖崩塌的痕迹，也没有人为破坏的迹象，因此这则造像功德记所记镌造佛像之事今天看来似显诡谲。

功德记上方的梵文摩崖横书，共10行，每行约15字，梵文摩崖表面有长短与向走向不一的裂缝10道。摩崖实际包含了5段经咒，依次为：三皈依、大宝楼阁随心咒与根本咒、光明真言及缘起法颂。② 与飞来峰绝大多数梵文经咒不同，此梵文碑的经咒似并不针对飞来峰的某龛、某尊造像。

（三）沿溪山径区

飞来峰麓临溪上山石径临溪旁崖，东接龙泓洞后洞口外的冷泉涧，西抵山腰处与灵隐寺天天殿隔溪遥对的翠微亭，山道上下高低，回转曲折，绵延近200米。沿溪山径一线是飞来峰造像分布最广的区域，共存元代造像34龛，明代造像1龛（第85号）。造像龛的分布时疏时密，题材有单尊的阿弥陀/无量寿、金刚座释迦、东方不动如来、圣观音、宝钵观音、水月观音、四臂观音、白文殊、普贤、大势至、般若佛母、绿度母与多闻

---

① 赖天兵：《关于元代设于江淮/江浙的释教都总统所》，《世界宗教研究》2010年第1期。
② 廖旸：《飞来峰元代石刻造像叙录》（待刊）。

天王；多尊组合的像龛有西方三圣，尊胜佛母九尊坛城，狮子吼观音与两龙王、大成就者以及杨琏真伽三僧龛，大致包括了飞来峰元代造像70%的题材。

出龙泓洞次洞口，登沿溪山径，第一个山径平台处的第59号西方三圣大龛迎面而来，过三圣龛崖面及山径转向，前行数步即过第60号阿弥陀坐像大龛。下一个正对上行石径的小平台旁则凿第62号骑象普贤与第63号持莲观音，这两龛造像的里侧高崖还雕第61号圣观音龛。第62、63龛并排开造，规模相当，第61号处于第62号的右侧上方，两者间有两三个龛位的距离。入宋后佛教艺术中出现了观音居中，普贤、文殊分居左右的"三大士"像，同时也偶见三种不同形象的观音并列一处的三观音组合像。飞来峰第61、62、63龛在相对位置与造像内容上均不属上述情况。并列等规模的第62、63号有可能同时雕造，但两龛不构成固定的搭配，形成适配的应该是地藏与观音、势至与观音、普观与文殊或两种形态的观音像。

第59—63号5龛汉传佛教造像，留有可辨文字的造像记是第59号与第62号，第63号龛外右侧刻题记一方，惜字迹全部漫漶。第59龛题记刻于龛左下方的龛外壁面：

> 昭毅大将军，前淮安万户府管军万户杨思谅仝妻朱氏，发心施财，命工镌造阿弥陀、观音、势至圣像三尊，祝延皇帝圣寿万万岁者。至元二十□年□月丙午吉辰建。[①]

淮安路（治今江苏淮安），唐代为楚州或临淮郡，宋为淮安州。初置于至元十三年（1276），至元二十年（1283）升淮安府路（上路）。[②] 在至元二十八年（1291）十二月割江北州郡隶河南江北行省前，该路隶属

---

① 题记漫漶较多，本文系结合阮元《两浙金石志》卷十四（浙江出版联合集团、浙江古籍出版社，2012年影印光绪十六年刻本，第327页）与《飞来峰造像》公布的拓文照片（文物出版社2002年版，第135页）而成。题记中"昭毅"中的毅字，系廖旸女士最先辨识，见《飞来峰元代石刻造像叙录》（待刊）。

② 《元史》卷五十九《地理二》，第1415—1416页。

江淮行省。① 淮安万户府为下万户府，管军三千之上，设达鲁花赤一员，万户一员，俱从三品，虎符。② 昭武大将军、昭勇大将军与昭毅大将军均为元代正三品武官散官衔③，第59龛功德主杨思谅恐属北人。至正七年（1347）胡长孺撰《重建凤山上乘寺记》载，上虞凤山上乘寺于至元二十九年（1292）毁于火灾，仁育法师等重建宝殿，"前淮安路万户杨思谅感师诚悫，率其家人作佛诸天像，庄严崇饰，事与殿称"④。杨思谅从淮安路万户府万户职退下后或已迁居江南。

第62龛题记刻于龛内右侧壁，字迹较清晰：

平江路僧判王邦⑤麻斯诚心施财，命工镌造普贤菩萨一身，上答圣恩，以祈福禄、寿命绵远者，至元庚寅（1290）五月初三日。

平江路（治今江苏苏州）宋为平江府，至元十三年（1276）升平江路（上路）。⑥ 功德主王邦麻斯为平江路僧录司的官员，从名字上看可能属色目人。平江路隶属江淮/江浙行省，平江路僧录司为江淮诸路释教都总摄/总统所的下级机关。

过第62、63龛，来到山道岔路口，上行可达峰顶或绕至青林洞方向下山，下行则仍缘溪而行。下行之初，山径变窄变陡，两侧的面溪崖壁散布着第64—67号四个造像龛，内容依次为无量寿、四臂观音、不动佛与白文殊，前两个龛开造于石径外侧的面溪岩崖，两龛之间有90度的夹角，龛前有岩石作为小平台。第66号处山径内侧，紧贴山径，而第67号白文殊距石径较高，且侧对着山径，需要攀爬上去或绕至冷泉溪对岸才能窥见龛像全貌。第66龛与第67龛相距较远，且朝向不一，山道上的观瞻者无法同时看到这两龛造像，造像龛中唯第67龛龛外左侧岩刻题记一方，惜

　①　《元史》卷十六《世祖十三》，第353页。

　②　《元史》卷九十九《兵二》，第2543页。

　③　《元史》卷四十一《百官志》，第2321页。

　④　（清）唐煦春修《上虞县志》卷三十八《金石》，光绪十七年刊本影印，《中国方志丛书·华中地方·第六三号》，台北：成文出版社有限公司印行，1970年，第767—768页。

　⑤　"王邦"二字，字体似较题记其他文字有些区别，因二字在《两浙金石志》卷十四中是作磨损处理的，而此题记不在难以攀爬的高处，故似不排除"王邦"非原刻的可能。

　⑥　《元史》卷六十二《地理五》，第1493页。

文字已泐。这4龛均属藏传佛教题材，但从龛像分布看似不构成有意设置的一组造像。藏传佛教造像中，有无量寿佛与四臂观音、大势至金刚手①，或者无量寿佛与尊胜佛母、白度母构成长寿三尊，这里的几尊藏传造像没有这种关联性。

缘沿溪山径继续下行至石径平坦处，首先见路南侧第68号布袋弥勒与十八罗汉大龛②，大龛在后方高处崖壁并排雕凿第69—72号4个造像龛，造像前方为一块长满藤草的小空地，4龛造像依次为右手持莲花、左手与愿印菩萨、摩利支天、宝钵观音与双手捧莲蕾观音，均为坐像。其中，摩利支像体量高大，犹如鹤立鸡群，但摩利支天的神格显然无法统摄其余诸尊。汉传佛教艺术中有双观音的题材，如杭州烟霞洞口的北宋杨枝观音与数珠手观音。而本区第71、72号两个并列的观音龛，体量完全不对等，看不出双观音组合的意图，因此，这4龛造像虽并排而列，龛的基线划一，但在尊像选择上好似各自为政，只是几位施主都选中了这片崖面。

过第68号龛后，石径栈道贴溪水驳岸而筑，头顶悬崖上方凹入处刊造第73号杨琏真伽三僧龛。前行数步，同一侧山崖上开造第74号汉传佛教阿弥陀佛龛，龛左侧壁刻题记一方，但已无文字可辨。过阿弥陀龛到过溪石桥桥堍，居高临下、北瞰溪桥的第75号多闻天王大龛正对桥头，体量较小的第76号绿救度母像位于大龛的左侧，救度佛母左上方山崖雕第77号宝钵无量寿佛，龛前的小平台上雕圆形矮供台，左上方崖壁雕第78号狮子吼观音与第79号摩利支天龛，两者并不形成固定搭配。摩利支天以西（左侧）距离较远的嶙峋山岩间雕第81号无量寿佛坐像，而第76号绿度母左前方石径旁突兀的孤岩上雕第80号汉传佛教圣观音龛。第73—76号与第80号龛靠近缘溪石径，其余诸龛则开造于距石径有一定距离的南侧高崖。其中，第75龛左侧壁有至元二十九年七月行宣政院使杨氏的造像功德记（功德记内容详后），第74、77龛右侧壁，第78龛左右侧壁都曾刻题记，惜文字均泐。

第67—81号，15龛造像皆坐南向北，所在崖面始终处于石径以南，

---

① Alice Getty, *The Gogs of Northern Bubbhism*, *Their History and Iconography*, Oxford: Claerndon Press, 1928, p. 40.

② 《飞来峰造像》（文物出版社2002年版，第111页）定此龛为南宋。

亦平行于冷泉溪。造像的分布时密时疏，疏大于密，造像内容罕见彼此的关联，不像是统一设计所为。

过第 81 号龛前行（西行），从第 68 龛开始与冷泉溪平行的东西向石径转向偏南，并再次转为上行，渐渐远离溪涧。这时山径一侧的崖壁高度递增地连续分布 10 个造像龛（第 91—82 号），除第 85 号为明代小龛外①，其余均为元代造像，内容依次为大成就者铺象、大势至菩萨、宝钵无量寿佛、金刚座释迦、般若佛母、持莲花观音、顶髻尊胜佛母九尊坛城、金刚座释迦与说法相释迦。过第 82 号龛沿石径上行，可达峰顶。过第 91 号西行则可抵达翠微亭②。其中，第 82—89 龛处于同一方向的崖面，过第 89 号龛崖面有约 70 度的转向，然后是处于与溪流平行坐南向北的第 90、91 号两龛。上述造像龛，藏传与汉传造像糅杂分布，藏传佛像占优。朝向大致相同的第 82—89 龛，其中处于高处的第 82、83、84、87、88、89 号佛陀或佛母龛虽皆属藏传造像，但造像间关联度不高，题材有重复，第 88、83 龛皆为金刚座释迦。

第 91 号密理瓦巴大成就者龛前方平台下侧，与壑雷亭隔溪相望的断崖上开凿第 92 号水月观音与第 93 号四臂观音，两者位置的高度与朝向均有落差，后者正对冷泉溪壑雷亭前石涧。尽管上述崖面是沿溪石经区龛像分布最为密集的区域，但无论是前面所说的 9 个造像龛，还是加上大成就者龛下方断崖上的第 92、93 龛（表 3），诸龛像的分布、内容题材并无多少关联。这批雕像与东面平行于冷泉溪坐南面北开造的第 67—81 龛造像间也无多少相互呼应的关系。第 82—93 龛造像中，第 89—92 龛题记文字大部分可辨，第 91、92 龛题记主要文字可辨，第 82 龛题记个别文字尚可辨，第 91 龛正壁题记曰：

　　平江路僧录范□真缮（？）谨发诚心，施财命工刊造密理瓦巴一堂，上祝 皇 帝 圣寿③（后漶）。

---

① 主尊为菩萨结定印跏趺坐像，身下龛沿刻仰莲，龛两侧壁各刻一双手当胸，接近世俗面貌的立像，后者或为供养人。龛内左侧壁刻题记一方，惜文字已漶。

② 翠微亭原为南宋韩世忠为纪念岳飞而建，今亭非原物。

③ 铭文后四字系谢继胜先生协助辨认。

第92龛的题记刻于龛外右侧：

> 总统所董□祥特发诚心，施财命工刊造观音圣像，上答洪恩，以祈福禄增崇。大元戊子三月吉日题。①

可辨知年号的是第82龛（1290）、第89龛（1289）与第92龛（1288）；功德主身份已知的为第89龛的都总统杨琏真伽，第91号江淮行省平江路（今江苏苏州）管理佛教事务的僧录司长官范僧录，第92龛施主出自江淮诸路释教都总统所。

沿溪山道区元代造像的开造，可谓因地制宜，随势造龛。山径平缓，道旁山崖开阔时，佛、菩萨像好似在高处嶙峋的山岩间隐居，山径盘旋险峻、崖壁隔仄之处，佛、菩萨诸像则贴近山径，似欲与攀登于山道上娑婆世界的有情众生为伍。对于第59号西方三圣、第60号阿弥陀、第64号无量寿，第65号四臂观音、第66号阿閦佛、第86号持莲观音与第91号密理互巴一堂诸像，观瞻者完全可与之平视，乃至触手可及，其中的第60、64、65、66与86号龛，人们还可以在山径上对其俯视。如此，不禁令人感觉到佛、菩萨像的可敬可亲，拉近了佛国神祇与人世间的距离。

表3　　　　　　　　　飞来峰第82—93龛造像龛

（前9个造像龛大致处于同一崖面，第85号系明代菩萨龛，故未列入）

第82龛	第83龛	第84龛	第86龛	第87龛	第88龛	第89龛	第90龛	第91龛	第92龛	第93龛
说法释迦	金刚座释迦	尊胜母九尊坛城	持莲观音	白般若佛母	金刚座释迦	无量寿佛	大势至	密理瓦巴一堂	水月观音	四臂观音
1290	题记泐	题记泐	题记泐			1289			1288	
		有梵文咒				有梵文咒				
□	○	○	□	○	○	○	□	○	□	◨

□：表示属汉传造像；○：表示属藏传造像；◨：表示藏汉结合造像。

---

① 此题记所在崖面斑驳，位置较高，文字不易辨认，录文参照阮元《两浙金石志》卷十四，浙江出版联合集团、浙江古籍出版社2012年影印光绪十六年刻本，第329—330页。

（四）呼猿洞区

从壑雷亭西行，沿灵隐寺南院墙外大道入法云弄，傍弄的冷泉溪由此开始变窄，溪水由原先大体的西东走向渐渐变为南北走向，行约百米，可见溪东岸崖壁孤悬一龛，是为第94号藏传佛教宝瓶无量寿佛像。再沿法云弄南偏西行百余米，向东跨越冷泉溪上山，此地已是飞来峰西部的莲花峰麓，古树、芳草与枯藤掩映着灵隐山中极富传奇色彩的呼猿古洞。

灵隐山古时多猿猱，相传东晋时云游到此的中印度僧慧理称这座山峰为印度中天竺灵鹫峰之小岭，飞来中土。世人不信，慧理言灵鹫岭中向来有黑白二猿在修行，它们必随山岭飞来。为证明所言不虚，慧理就冷泉溪岸呼猿，果然二猿从洞中应声跃出。宋人郭正祥诗云：

> 隔洞白猿子，呼来验是真。一从沧海别，啼啸不知春。

慧理呼猿验真之事，今已无考。六朝刘宋时，钱塘僧智一善啸，于洞边畜一白猿，人称他为"猿父"。后来山中众猿便聚集于洞边，众僧会将一些斋食送至洞侧饭猿台。唐武宗灭佛后，饭猿于台事皆堙没。[①]《灵隐寺志》卷二言"饭猿台：在呼猿洞口，广丈许，高二尺，僧智居此畜猿，好事者每来施猿食，故有台也"[②]。呼猿洞一带偏离灵隐寺与飞来峰主造像区，与其他几个洞窟相比呼猿洞海拔最高。此洞洞口狭隘，为一条大型岩裂缝，洞内又有叉洞，曲折幽深。

> 其洞门甚狭，侧身乃容，内广堂皇，冥如长夜。又一洞炬火伛行数百武（步），或高平如砥，或龃龉如牙。又一洞，非腾蚺不入，故人惮而未详。[③]

[①]（宋）赞宁撰：《宋高僧传》卷二十九"南宋钱塘灵隐寺智一传"，范祥雍校点，中华书局1987年版，第717页。

[②]（清）孙治辑，徐增重修：《灵隐寺志》卷二"古迹"，魏得良标点，杭州出版社2006年版，第29页。

[③]（清）孙治辑，徐增重修：《灵隐寺志》卷一"武林山水"，魏得良标点，杭州出版社2006年版，第8页。笔者曾进入该洞90余米，洞底积细沙，因积水与洞高已不足60厘米而折返。

洞口前方有一高约 1 米的平面近圆形的大土墩，应即文献中所言的"饭猿台"，今土墩上树木茂盛。呼猿洞或云可通飞来峰西南的中天竺或云可通距杭城数十里的余杭县，明代文人、画家陈洪绶作《呼猿洞》小诗四首，其一曰：

> 洞黑复幽深，恨无巨灵力。余欲锤碎之，白猿当自出。①

与呼猿洞隔溪遥对的是永福寺，江淮诸路释教都总统杨琏真伽即住于寺内。

呼猿洞区的 6 龛 12 尊造像分两处刊刻，洞口外壁凿第 95、96、97 龛合 5 尊，洞西南山坡雕第 98、99、100 号龛凡 7 尊。洞口外的 3 龛造像距地面的高度大体相同，龛的体量较大，龛间的距离也大致相当，第 96 龛尊胜佛母开于洞口正上方，第 95 号观音、善财与持杵金则位于洞口北侧上方，第 97 号阿弥陀龛位于洞外南侧壁，第 95、97 龛为汉传佛教造像，第 96 号为藏传佛教造像，第 96、97 龛下方均置磨刻题记，惜字已不可辨认。佛教艺术中有以阿弥陀/无量寿为中心，左右胁侍分别为尊胜佛母与白度母的"长寿三尊"组合，也有无量寿与文殊、金刚手组成的三尊②，呼猿洞口的三龛造像虽分布集中，但显然没有这样的关联。不过，第 97 龛大于第 95、96 两龛显示了阿弥陀佛的地位要高于两个佛母、菩萨龛。

洞外西南 20 米处山坡的高崖上刊造第 98、99、100 号 3 个造像龛，总体规模大于洞口的 3 龛。尊像依次为汉传风格的西方三圣、藏传风格的无量寿与文殊、救度佛母三尊及藏传风格的绿度母单尊像，3 尊汉传造像、4 尊藏传造像，凡 7 尊。③ 第 98 龛右侧壁与第 99 龛正下方均磨刻题

---

① （明）张岱撰《西湖梦寻》之《西湖西路》，张家骥校注，浙江文艺出版社 1985 年版，第 70—71 页。

② 实例见玛丽琳·M. 莱因、罗伯特·A. F. 瑟曼著，葛婉章等译《慈悲与智慧——藏传佛教艺术大展》图集卷，台北：时广企划有限公司 1988 年版，图版 174 为阿弥陀西方极乐世界石雕。

③ 杨晓春先生认为，第 98、99 两龛均是一佛二胁侍，"却一为藏式，一为汉式，这应该不是简单的巧合，当是有意识的安排，是其（杨总统）熟悉的西夏广为流传的汉藏并存的佛教艺术的反映"。杨晓春：《杭州飞来峰元代佛教造像的开凿过程、开凿者与造像风格》，载中国元史研究会编《元代杭州研究论坛文集》，杭州，2010 年 11 月，第 253 页。

记一方（详见后文），功德主分别为都总统所杨总统与行宣政院杨院使，此处的崖面较呼猿洞口外壁高而宽，利于并列开造大龛。

表4　　　　　　　　　　飞来峰呼猿洞区造像龛

第95龛	第96龛	第97龛	第98龛	第99龛	第100龛
水月观音三尊	尊胜佛母	阿弥陀佛	西方三圣	无量寿佛三尊	绿度母
□	○	▣		○	○
	题记渺	题记渺	1292年	1292年	

□：表示属汉传造像；○：表示属藏传造像；▣：表示藏汉结合造像。

（五）摩崖碑文中的理公岩区伯颜元帅造像

入青林洞（理公岩）主洞口，左转有一较为窄长的耳洞，名香林，耳洞较主洞低矮许多。由于峰麓山体的风化，耳洞多有石缝、石裂隙与豁口，其中有两面大型石壁相对，西壁题撰篆书摩崖碑一方，高225厘米、宽165厘米、进深约17厘米。文曰：

> 理公岩，晋高僧慧理师尝燕寂焉，在钱塘虎林山天竺招提之东南。玲珑幽邃，竹树苓蔚。至正九年（1349），上人慧苣来居观堂，起废缉散，爰开是岩，窈窕缭复，霱如堂皇，云涌雪积，发泄灵蕴。后七年，左丞绥宁杨公之弟元帅伯颜，清暇游憩，抉奇乐静，捐金庀工，载凿岩石，刻十佛并补陀大士像。金碧炳赫，恍跻西土。冀徼福惠，寿我重亲，利我军旅，冰释氛沴，永奠方岳。岩之异胜，诞增于昔，为虎林奇观，实苣公轨行精恳有以致之。居眰曰菩萨，盖非夸益。天竹和尚允若师腊以八十，与苣同志，征文示久，乃篆诸石。浙省参知政事番阳周伯琦伯温记并书。①

---

①　录文系笔者实地勘录，现场无法看清的铭文参照明代郎瑛《七修类稿》卷三十七的所录"理公岩碑"（上海书店出版社1999年版，第400—401页）。廖旸《飞来峰元代石刻造像叙录》（待刊）收录了郎瑛《七修类稿》之理公岩碑全文，廖旸将郎瑛录碑文与《武林石刻记》、《武林金石记》及《两浙金石志》中的记录做了对勘，并对铭文所涉元代后期的人与事做了若干考证，指出飞来峰元代造像活动一直持续到元季。

周伯琦（1298—1369），字伯温，为时属江浙行省的饶州①（今江西波阳）鄱阳人，至正八年（1348）召为翰林待制，至正十四年任浙西肃廉访使，十七年（1357）任江浙行省参知政事，招谕平江张士诚。周伯琦"仪观温雅，粹然如玉，虽遭时多艰，而善于自保。博学工文章，而尤以篆、隶、真、草、擅名当时"。"帝以伯琦工书法，命篆'宣文阁宝'，仍题宣文阁，及摹王羲之所书兰亭序、智永所书千文，刻石阁中"。②理公岩摩崖碑的撰文与书法由他一手完成，使得该碑具有较高的历史、文物与艺术价值。

据碑文，至正九年（1349）慧莒来理公岩，将此处凋敝的观堂整修一新。十六年（1356）江浙左丞杨公之弟伯颜到此游憩，为岩之异胜，景之清幽所打动，遂捐资雇工匠，载凿岩石，刻十佛并补陀大士（观音菩萨）像。摩崖碑未落款所题时间，下天竺翻经台内则石壁刻周伯琦的另一则摩崖："至正戊戌（1358）二月廿三日，浙省参知政事鄱阳周伯琦伯温将镇中吴。专别允若教师，重游香林，题名匽石，以纪岁月。是日，就谒观堂菩萨慧炬，篆《理公岩记》。灵鹫主者友□来会。从游男宗仁、宗智。"据此可知摩崖功德碑建于至正戊戌十八年二月，而当时始建于吴越国的灵鹫寺依然存在。

碑文所述造像功德主伯颜之兄"左丞绥宁杨公"系时任江浙左丞的湖广行省武冈路绥宁县③（今湖南绥县西南）人杨完者，后者亦作杨完哲、杨鄂勒哲。完者与伯颜为苗族，苗、獠兵统领出身。④至正十一年（1351）元末农民起义爆发，十二年三月方国珍再度反元，对江南地区展开攻势，江浙行省首府杭州一度被攻克。十三年张士诚于泰州（今江苏东台）起兵，十五年又攻破新设的淮南行省省治扬州路，九月湖广行省左丞阿鲁恢东调苗军至江淮战场，十月初一收复了扬州。⑤十六年张士

① 饶州路属江浙行省，下辖鄱阳、德兴、安仁三县。见《元史》卷六十二《地理五》，中华书局1976年标点本，第1500页。

② 《元史》卷一百八十七《列传第七十四》，中华书局1976年标点本，第4296—4297页。

③ 《元史》卷六十《地理六》，第1531页。

④ 参见王颋《杨完者与苗僚武装》，《复旦大学学报》2001年第1期，第64—72页。

⑤ （元）陶宗仪：《南存辍耕录》卷二十九"纪隆平"，文灏点校，文化艺术出版社1998年版，第396—397页。

诚、朱元璋先后渡江入江浙境内，江浙行省的有效统治区大大减小，① 杨完者的苗军镇守距杭州路不过 200 里的嘉兴路，同年秋七月，杨完者率军与城中民众一起向攻入杭城的张士诚部实施多路反攻，并将之击溃。② 此后杨完者力主招降张士诚。

　　早在至正十六年二月率军途经杭州时，杨完者已升任江浙行省参知政事，后又升任江浙左丞，他的苗军及其家眷均驻扎于杭州城北的德胜堰。③ 显然，伯颜是跟兄长随苗军自湖广转战江淮至杭州，至正十六年于飞来峰理公岩施造佛像，最有可能是在秋七月完者收复杭州后。④ 周伯琦与伯颜之兄同在江浙行省共事，他追述了慧莒恢复观堂及伯颜元帅施造佛像的题记。按正规官制，元帅、副元帅皆为正三品武官。⑤ 杨完者由千户累阶至元帅，在出任参知政事前拥有正规的元帅官职——海北宣慰司都元帅，⑥ 他手下有寻朝佐、许成、刘哈剌不花、萧亮、员成等多名元帅，由周伯琦篆文碑知杨伯颜亦为元帅。这类元帅在完者升任江浙左丞后前似已有，估计是杨完者自封。当时时局混沌、群雄并起，拥兵一方者乃至其手下干将有称元帅的不少。完者升任江浙左丞⑦后似已具备任命元帅的实权，伯颜似非完者手下的得力干将，涉及伯颜征战的文献几乎没有提及他，更无他是元帅的记录，此碑似可补史料的不足。

---

　　① 刘如臻：《元代江浙行省研究》，《元史论丛》第 6 辑，中国社会科学出版社 1997 年版，第 113—114 页。

　　② （元）陶宗仪：《南存辍耕录》卷二十九“纪隆平”，文灏点校，文化艺术出版社 1998 年版，第 398 页；（元）姚桐寿著，李梦生校点：《乐郊私语》之“杨完者武林之捷”，《宋元笔记小说大观》第 6 册，上海古籍出版社 2001 年版，第 6098 页。

　　③ （元）陶宗仪：《南存辍耕录》卷八“志苗”，文灏点校，文化艺术出版社 1998 年版，第 112—113 页。

　　④ 廖旸即持该时间段造像的观点，见廖旸《飞来峰元代石刻造像叙录》（待刊）。

　　⑤ 陈高华等点校：《元典章·吏部卷之一·典章七》，中华书局、天津古籍出版社 2011 年版，第 194—195 页。

　　⑥ 《元史》卷一百四十“列传第二十七·达识帖睦迩传”，第 3376 页。

　　⑦ 《元史》卷一百四十“列传第二十七·达识帖睦迩传”、卷一百四十二“列传第二十九·童庆传”（第 3376、3399 页）记完者升左丞在至正十六年；《元史》卷四十五《顺帝八》（第 938 页）记升左丞在至元十七年八月乙丑。击败张士诚部后的至正十六年即升左丞的可能性似较大。

伯颜施造佛像的背景与元初飞来峰造像大不相同，此时反元起义风起云涌，元帝国在江浙行省的统治风雨飘摇，各派政治势力此消彼长，钩心斗角。伯颜之兄统领的苗、獠武装为重要的一支，当时江浙行省实际控制的嘉兴、杭州两路也是苗獠武装的势力范围。① 题记中"寿我重亲，利我军旅，冰释氛珍"之词均是面对时局而发。② 不过，事未能遂人意。因杨完者骄横跋扈，架空、夹持浙江行省左丞相达识贴睦尔③，至正十八年完者在徽州、建德的战事中又屡遭失利，而此时张士诚已受招安，达识贴睦尔无须用完者的力量来对抗张的入侵，遂与张士诚密谋，于至正十八年八月遣张士诚手下的史文炳元帅偷袭设于杭州城北德胜堰（今杭城城北德胜新村一带）的苗军营垒，杨氏兄弟猝不及防，苦战十日，双双力尽自杀。④ 苗军虽作战凶猛强悍，但素无纪律，肆为抄掠，所过荡然无存，其行径亦十分暴虐，如陷松江府后，大肆杀戮，"掠妇女，劫财货，残忍贪秽，惨不忍言"⑤。

慧苣恢复观堂的善举以及青林洞一带的清幽环境是伯颜施造佛像的前提与动因，慧苣被当地老百姓称为苣菩萨，摩崖碑中周伯琦花了更多的篇幅来褒扬慧苣合乎情理。⑥ 伯颜为慧苣观堂所造的十佛加观音，形式上应接近于殿堂造像或殿堂造像的一部，元代十佛造像题材的存例为建于1342 年至1345 年的居庸关云台门洞内壁上部左右壁各雕 5 尊构成的大型十佛浮雕，元大都大圣寿万安寺白塔瓶身诸像中也曾有"十方诸佛"的雕塑。从慧苣所居环境看，伯颜造像的体量或许不大。目前，理公岩一带除杭州路徐僧录等施造的华严三圣龛，没有其他元代造像。而周伯琦说得很明白，像应该造于慧苣观堂，假使不在观堂内也不可能远离慧苣的居

①　王颋：《杨完者与苗獠武装》，《复旦大学学报》2001 年第 1 期。

②　廖旸：《飞来峰元代石刻造像叙录》（待刊）。

③　授参知政事与并添江浙左丞均系达识贴睦尔有求于完者的无奈之举。

④　（清）毕沅撰，袁立春点校：《续资治通鉴》第 3 册卷第二百一十四《元纪三十二》，岳麓书社 1999 年版，第 999 页。

⑤　（元）陶宗仪：《南存辍耕录》卷八《志苗》，文灏点校，文化艺术出版社 1998 年版，第 113 页。

⑥　（清）孙治辑，徐增重修：《灵隐寺志》卷三《禅祖下》曰："照庵慧炬律师，明天台教。诸暨人。住理公岩，周伯琦为篆记。与黄潜友善。潜文章名天下，求之者或遭怒骂。惟于师了无所靳。洪武初（1368），海潮冲岸，坏民庐舍。师为潮神诵三皈戒，杨枝洒处即止不崩。时称'炬菩萨'。"魏得良标点，杭州出版社 2006 年版，第 53 页。

所，因此，元末的这组佛像很可能已经不存。即便十佛与观音像距青林洞已有一定的距离，而且十佛仅仅是指 10 尊并无关联的佛像，由于年代上的跨距，伯颜造像的形制、风格当与飞来峰元代主体造像（元初造像）间有可以分辨的差异，但现存像龛中，似找不到这样一批造像①，这也说明理公岩碑所记伯颜造像已不复存在②。令人费解的是，从周伯琦的描述看，伯颜造像十分接近于依山岩而刻的摩崖或石窟造像，后者若遭到破坏，即使被铲平，也会在洞窟或山崖上留下或多或少的痕迹，不过这种痕迹我们目前却没有寻到。

二 造像的时间分布与功德主身份

飞来峰元代存有文字题记造像中纪年最早的青林洞第 3 龛的功德主之一——杭州路徐僧录为杭州地区佛教事务管理机关杭州路僧录司的最高长官。徐僧录对佛教圣地飞来峰当十分熟悉，他占据了青林洞口上方最醒目的优越位置，联手邻省的李僧录开造了华严三圣大龛，龛下方题记曰：

> 大元国功德主徐僧录等命舍净财，镌造毗卢遮那佛、文殊师利菩萨、普贤菩□三尊，端为祝延皇帝万安，四恩三有齐登觉岸者。至元十九年八月　日　宣授杭州路僧录徐□□、潭州僧录李□□。③

李僧录为元代潭州佛教事务最高机构（潭州路僧录司）的长官。潭州路（今湖南长沙）为上路，隶属隆兴行省（后改称湖广行省），1329 年改称

① 能够找到风格差异的唯有龙泓洞次洞口外高崖上的第 54 龛水月观音，常盘大定曾怀疑此龛或为杨伯颜造像（［日］常盘大定：《支那佛教史迹踏查记》，东京，龙吟社昭和十三年版，第 542 页），但其周边并无"十佛"，亦无更多相似风格的造像，故难成立。法云弄冷泉溪岸第 94 龛无量寿的风格与飞来峰其他元代藏传造像似也有些许差异，但此龛距理公岩已相当遥远，且只此一个像龛，不可能系杨伯颜造像或元末造像。

② 对于这批造像，廖旸说"凿刻的佛菩萨像难以一一确认"，见廖旸《飞来峰元代石刻造像叙录》（待刊）。

③ "至元十九年八月　日　宣授杭州路僧录徐□□、潭州僧录李□□"句，字体大小与书法均与正文有异，笔法较正文涩拙，或补刻？

天临路。① 元代授散官官阶，"由一品至五品官为宣授，六品至九品为敕授。敕授则中书署牒，宣授则以制命之"②。故杭州路、潭州路两僧录的散官官阶皆不低于五品。此外的绝大多数的元代施主转向理公塔、龙泓洞，沿冷泉溪石径一线与呼猿洞这些前朝未曾经营的广大区域大举开凿佛像，形成了所谓新朝凿像的新气象。③ 事实上，也只有转向如此广阔的区域，才能容纳下元初飞来峰大规模持续开龛造像的风气。

江淮诸路释教都总统所治杭州，都总统所首领官经历郭氏在龙泓洞主洞口外高崖开道了两龛造像，他的功德记表明，至迟在至元二十四年（1287）三月龙泓洞区已开崖凿像，而次洞口外至迟在至元二十五年（1288）八月也已凿像，推测主洞口外稍早于次洞口处造像，沿溪山径区东段的第 62 号骑象普贤造于至元二十七年（1290）五月，西段的第 82 号说法相释迦建于同年四月，这表明虽然分处沿溪山径的两端，若干造像的营造时间还是十分接近的，一些所处位置醒目、易于开工的崖面，像龛的雕凿可能会早些，如壑雷亭前石涧旁的第 92 号水观音龛位置较好，系总统所董氏施造于至元二十五年三月（稍早于龙泓洞次洞口外第 53 龛），而相邻的第 93 号四臂观音方位似更佳。不难想象，当时的飞来峰麓、冷泉溪岸回荡着此起彼伏，不绝于耳的锥凿之响。

从至元十九年八月青林洞口的华严三圣到二十四年三月龙泓洞外的第 39、40 龛，飞来峰有 4 年半的纪年造像的空白，鉴于现存可辨纪年的像龛，只占元代像龛的 1/5，因此，在这 4 年多里可能有佛像的开造。就所存纪年题记看，至元二十四年三月到二十九年七月，飞来峰有大的造像活动，杨琏真伽施造的第 89 号与第 98 号龛均在此间建成。

属飞来峰元代纪年造像末期的至元二十九年，有一个时间集中（闰六月至七月中秋）的佛像施造。有题记佐证的包括 4 个像龛、八尊造像。其中第 32 龛金则手雕凿于理公塔区，第 75 龛多闻天位于沿溪石径之石桥

---

① 《元史》卷六十三《地理六》，第 1527—1528 页。

② 《元史》卷四十一《百官志》，第 2321 页。

③ 杨晓春先生提出："最初的开凿活动，之所以选择已有前代造像的区域进行，应该是这些区域的朝向最为优越——或朝南，或朝东——有关。但是很快就开始向临近的北面区域延伸，这当然是因为造像活动的繁荣导致的。于是飞来峰北面即冷泉溪南岸成为元代造像分布的最为主要的区域。"杨晓春：《杭州飞来峰元代佛教造像的开凿过程、开凿者与造像风格》，载中国元史研究会、杭州文史研究会编《元代杭州研究论坛文集》，2010 年 11 月，杭州，第 249 页。

桥头旁，第98、99号刊造于呼猿洞区。第32龛造于至元二十九年闰六月，其余3龛皆刊于七月中秋。

第32龛外左侧所刻竖长方形题记，左侧上部文字磨蚀严重，几不可辨，谨参照《两浙金石志》卷十四与《飞来锋造像》录文[1]：

> 大元国功德主、荣禄大夫、行宣政院使脱脱夫人□氏，谨发诚心，愿舍净财，命工镌造金刚手菩萨圣像一尊端为祝延圣寿万安，保祐院使大人福禄增荣寿命延远家眷安和，子孙昌龄。至元二十九年闰六月　日建

第75龛左侧壁刻题记：

> 大元国大功德主、资政大夫、行宣政院使杨，谨发诚心，捐舍净财，命工镌造多闻天王圣像一尊。端为祝延皇帝万岁，国泰民安，法轮常转，四恩总报，三有遍格，资法界众生齐成佛道者。至元壬辰二十九年七月仲秋吉日建。

第98号龛西方三圣右壁题记曰：

> 大元国功德主、宣授江淮诸路释教都总统永福大师杨，谨发诚心，捐舍净财，命工镌造阿弥陀佛、观世音菩萨、大势至菩萨圣像三尊。端为祝延皇帝圣寿万安，阔阔真妃[2]寿龄绵远，甘木罗太子[3]、

---

① （清）阮元撰《两浙金石志》卷十四，浙江出版联合集团、浙江古籍出版社2012年影印光绪十六年刻本，第330页；《飞来锋造像》，文物出版社2002年版，第215页。

② 阔阔真妃即伯蓝也怯赤（？—1300），弘吉剌氏，时为元世祖太子真金之妃，生顺宗（甘麻剌）、成宗（铁穆尔）。至元三十一年世祖驾崩，成宗即位，尊其母为皇太后。大德四年（1300）太后崩，谥裕圣皇后，后又追尊徽仁裕圣皇后。《元史》卷一百一十六"列传第三·后妃二"，中华书局1976年版，第2898—2899页。

③ 甘木罗即甘麻剌（1263—1302），元世祖孙，真金长子。至元中，出镇北边。至元二十九年时他为晋王，统领太祖四大斡尔朵及军马、达达国土。大德十一年（1307）子也孙帖木儿以嗣晋王即帝位，是为泰定帝，追尊其父为日光圣仁孝皇帝，庙号显宗。《元史》卷一百一十五"列传第二·显宗"，中华书局1976年版，第2893—2895页。

帖木儿太子①寿箅千秋，文武百官常居禄位，祈保自身世寿延长，福基永固，子孙昌盛吉祥如意者。至元壬辰二十九年仲秋吉日建。

第99龛下方刻造像题记曰：

> 大元国功德主资政大夫、□行□宣政院使杨　谨发诚心，捐舍净□财□，命工镌造无量寿佛、文殊菩萨、□救□度佛母圣像三尊。祝延圣寿万安，阔阔真妃寿□龄□绵远，甘木罗太子、帖木儿②太子寿箅千秋，祈保自身世寿延长，福基永固，子孙昌盛如意吉祥者。至元壬辰二十九年仲秋吉日建。

这批造像的施造与至元二十八年行宣政院在江南的设置及杨琏真伽在受到一定程度的清算后又官复原职直接相关。行宣政院为中央宣政院的派出机构，据《至正金陵新志》，"行宣政院，从二品衙门。管领江南诸省③地面僧寺功德词讼等事，至元二十八年于建康水西门赏心亭上开设，系托托大卿为头院使，三十年迁杭州"④。《元史》卷十六《世祖三》载，至元二十八年九月"丙午立行宣政院，治杭州"。在行宣政院治杭州的时间上两

---

①　帖木儿即铁穆尔（1260—1307），真金幼子，甘麻剌之弟。至元三十年元世祖授其皇太子宝，令抚军漠北，三十一年初世祖驾崩。同年四月，铁穆尔赶回上都，在与其兄竞争帝位中获胜，史称元成宗（1294—1307年在位）。《元史》卷十八《成宗一》、卷二十一《成宗四》，中华书局1976年版，第381、472页。飞来峰题记中所称两位"太子"，在当时应是皇孙身份。

②　浙江省文物保护研究所编《西湖石窟》（浙江人民出版社1986年版，图版说明第107号）、《飞来锋造像》（文物出版社2002年版，第125页）皆将"儿"字录为"厄"字，两书中第98龛题记中的这个名字亦录为"厄"。杨晓春在《杭州飞来峰元代佛教造像的开凿过程、开凿者与造像风格》（中国元史研究会、杭州文史研究会编《元代杭州研究论坛文集》，2010年11月，杭州，第243—244页）中对此做了更正。

③　《元史·世祖纪》有"江南诸省"与"江南四省"的提法，由至元二十四年八月"置江南四省交钞提举司"，同年十一月"谕江南四省招捕盗贼"的录述（《元史》卷十四《世祖十一》第299、302页）推知，所谓元初的江南四省为江淮、江西、福建与湖广。不过，似无证据表明行宣政院的管辖范围广被江南四省。

④　（元）张铉：《至正金陵新志》卷六《官守志》，载《中国方志丛书》，台北成文出版有限公司影印至正四年刊本。

种史料有所出入，邓锐龄先生判断至元二十九年行宣政院已迁杭州。[①] 赴任江南的行宣政院高官及其眷属来到江淮/江浙行省省治所在的杭州，加入在佛教胜圣飞来峰开龛造像的功德主行列之中。第 32 龛女性施主即为《至正金陵新志》卷六所载行宣政院头院使托托（蒙古人名，亦作脱脱）的夫人。第 75、99 龛的功德主为行宣政院的另一位院使杨氏，后者在院使中的地位排在托托之后，造像题记中所铭的散官阶位似也证实了这一点：托托（脱脱）院使的荣禄大夫为从一品，杨院使的资政大夫为正二品。第三位至元二十九年纪年的功德主杨琏真伽的情况则与前两位不同，其造像行为反映了杨本人在至元二十八年秋到二十九年秋的人生沉浮。至元二十八年，杨琏真伽在朝廷的靠山桑哥倒台，杨在江南的种种不法事随后败露，家产被朝廷查没，冬十一月他本人被遣旨京师问罪。次年三月杨琏真伽被忽必烈赦免，先前被没收的土田、人口得以返还。从第 98 号龛题记知，至迟到了同年七月仲秋杨又回到了江淮诸路释教都总统的职位上，第 98 龛当是在他官复原职后发心施造的。在杨琏真伽受朝廷调查之时，元廷已在江南设行宣政院。这次杨琏真伽与另一位杨姓的行宣政院使一同在与永福寺一溪之隔的呼猿洞一带刊造佛像，杨总统所造西方三圣龛规模稍逊于杨院使施造的无量寿、文殊救度母三尊龛，杨院使的第 99 号龛位置居中，杨总统的第 98 号稍偏右，这些皆与都总统的地位略低于行宣政院的实情相吻合。注意到这两个并排造像龛的发愿文除祝皇帝圣寿万安等用语外，还出现了为皇妃与二位皇子祈福的祝词，这是飞来峰其他发愿文（包括同为至元二十九年七月的杨院使造多闻天王题记）中未曾见的。

杨琏真伽在史志中出现的最晚时间是他被元世祖赦免的至元二十九年三月。由于造像题记系即时记事，飞来峰的题记又是公之于众的摩崖碑刻，而行宣政院院使与第 98 龛施主同时做功德、刊刻造像功德记，即至元二十九年七月第 98 龛功德主的造像与刊题记行为，当时元廷委派江南的行宣政院杨院使完全知情，第 98、99 两龛造像的题记刊造可相互印证。故第 98 龛所记当可信，即同年七月杨已重新被起用。史料上未载杨的复职，或许是其复职不久后又去职，在职的时间较短所致，因为杨琏真伽在

---

① 邓锐龄：《杭州元代行宣政院》，《中国史研究》1995 年第 2 期。

江南的民怨确实太大了。①

　　有观点认为第 99 龛及第 75 龛的施主杨院使就是杨琏真伽，即第 98、99 两龛的功德主系皆为杨琏真伽。② 鉴于杨琏真伽的境遇，官复原职已实属不易，而出任行宣政院使则为升职，可能性当不存在。而且如果造像功德主身兼两职的话，一方功德记中应当挂上他的两个职衔，而这里没有。对功德主杨院使，杨晓春先生以《元史》卷十七《世祖十四》记载的至元三十年二月前，杨琏真伽之子杨暗普已是宣政院院使的事实，提出"至元二十九年七月题记中的行宣政院院使杨，是否有指杨暗普的可能呢?"③《元典章》卷五十三"儒道僧官约会"与《庙学典礼》卷四"三教约会"记至元三十年正月初九脱脱、叉木等行宣政院官人颁布告令云云，④ 邓锐龄据此称当时行宣政院使还有叉木。⑤ 如果叉木确为院使而非同知，且当时置院使 2 人，⑥ 那么至元二十九年七月的造像功德主杨院使在三十年正月初九前应已离任，然是否升任宣政院使不得而知。因此，杨暗普为施主存在着可能性，但其他的可能也都存在。由于第 98、99 两龛相邻造像发愿文遣字用句的高度相似，⑦ 不免令人对两龛施主是否有特殊的关系产生某种联想。我们以为无论另一位施主是否为杨暗普，由于两位施主分别是江南地区性两大佛教事务管理机构中的长官，他们之间做了协调，两龛毗邻而造，规模相仿，同时落成，包括功德记的行文遣词如出一

---

　　① 至元三十年（1293）二月朝廷"以杨琏真伽子宣政院使暗普为江浙左丞"，但同年五月，终因"江南民怨杨琏真伽，罢其子江浙行省左丞暗普"（《元史》卷十七《世祖十四》，第370 页与第 372 页）。连其子都无法在江浙行省为官，此时的杨琏真伽更不可能在任上了。

　　② 高念华主编:《飞来峰造像》，文物出版社 2002 年版，第 10—11 页。

　　③ 杨晓春:《杭州飞来峰元代佛教造像的开凿过程、开凿者与造像风格》，载中国元史研究会、杭州文史研究会编《元代杭州研究论坛文集》，2010 年 11 月，杭州，第 249 页。

　　④ 陈高华等点校《元典章》卷五十三"儒道僧官约会"，中华书局、天津古籍出版社 2011年版，第 1780；王颋点校《庙学典礼》卷三，载《元代史料丛刊》，浙江古籍出版社 1992 年版，第 63 页。

　　⑤ 邓锐龄:《杭州元代行宣政院》，《中国史研究》1995 年第 2 期。

　　⑥ 关于行宣政院的官制，《元史》卷九十二《百官八》（中华书局 1976 年版，第 2335 页）曰:"行宣政院……除院使二员，同知二员，副使二员，同金、院判各一员；首领官经历二员，都事、知事、照磨各一员，令史八人，译史二人，宣使八人"，《元史》卷二十六《仁宗三》（中华书局 1976 年版，第 586 页）亦称延祐五年（1318）九月"丁亥（复）立行宣政院于杭州，设官八员"。故院使设二员似为通例。

　　⑦ 除了头衔不同外，只是杨琏真伽的发愿文较杨院使多了祈"文武百官常居禄位"一句。

辙，这些都可以理解。

留有可辨文字的 15 个元代造像龛，11 个是由僧录司、都总统所及行宣政院的官吏出资建造，其中僧录司僧录、僧判施造的占 4 龛（第 3、53、62、91 号），都总统所官吏占 5 龛（第 39、40、89、92 与 98 号），行宣政院院使占 2 龛（第 75、99 号）。其余 4 龛，行宣政院院使夫人占 1 龛（第 32 龛），退役将军夫妇占 1 龛（第 59 号），僧人占 1 龛（第 57 号），身份难以确认 1 龛（第 82 号）。除第 57 号外，这批造像体量较大、雕制精美。来自外地的功德主占了相当大的比例，其中本省的平江路 2 人，邻省（隆兴行省）的潭州路 1 人。行宣政院杨院使、脱脱的夫人也是外地来杭者，杨琏真伽则来自河西。从名字看，石僧录液沙里兼赞不是本地人，功德记未言他任何处僧录，最有可能任杭州路僧录，路僧录司设两名长官（一位为徐僧录）符合元代的官制。如前所说，总统所经历郭氏任职于杭州，但很可能不是南人。就目前能看到的题记而言，功德主中普通僧人或信士所占比例甚少。杨晓春先生说："对于造像开凿者，还应该注意到没有普通的信徒的参与，这与飞来峰前代造像有着很大的不同，可以认为是飞来峰元代造像的特点之一。那么，是什么原因呢？元朝灭宋后，有意识地改变了江南佛教的原有格局，而新传播的佛教，尚未能为当地原有的佛教信仰者所接受，或许是其中的部分原因。"① 上述谨慎表述是完全有道理的，因为留有可辨文字的 15 个元代造像龛中的 8 个龛是传统的汉地佛教题材。就整个飞来峰（而言），元朝新传播的佛教造像也只占总数的一半，对于汉地传统的佛教题材恐不存在普通信众能否接受的问题。

余下的 50 余龛元代造像，其中第 34、37、63、67、74、76、77、78、83、84 与 96 号像龛，龛内侧壁或龛外都磨刻题记，其中的绝大部分应是造像记，文字均漫漶无存。还有大约 40 个像龛则没有刊刻过功德记的痕迹，亦即飞来峰有 57% 的元代龛像，施主当初就没有做功德记，这 40 个龛散布在飞来峰的各个造像区域，其中不乏雕制精美的大龛、大像，造像高度在飞来峰排前 6 位的第 36、44、39、42、60 龛的均未刊刻题记，这批功德主有乐施之心，而无留名之意。那些为数不多、体量偏小的像龛，

---

① 杨晓春：《杭州飞来峰元代佛教造像的开凿过程、开凿者与造像风格》，载中国元史研究会、杭州文史研究会编《元代杭州研究论坛文集》，2010 年 11 月，杭州，第 250 页。

如第 31、34、54 龛似较可能由普通僧俗施造。因为现存 64% 的造像龛我们并不知道其功德主的身份，故应该注意到飞来峰元代造像多由僧官施造的说法是有一定局限性的。

杨琏真伽施造的第 89 龛无量寿佛下方刊刻颂扬杨氏功德的《大元国杭州佛国山石像赞》：

> 大元国杭州佛国山石像赞：
>
> 永福杨总统，江淮驰重望。旌灵鹫山中，向飞来峰上。凿破苍崖石，现出黄金像。佛名无量寿，佛身含万象。无量亦无边，一切人①瞻仰。树此功德幢，无能为此况。入此大施门，喜有大丞相。省府众名官，相继来称赏。其一佛二佛，□起模画样。花木四时春，可以作供养。猿鸟四时啼，可以作回响。日月无尽灯，烟云无尽藏。华雨而纷纷，国风而荡荡。愿祝圣明君，与佛寿无量。为法界众生，尽除烦恼障。我作如是说，此语即非妄。
>
> 至元二十六重阳日住灵隐虎岩净伏谨述。大都海云易庵子安丹书。武林钱永昌刊。

赞文首先赞赏了永福大师杨总统在飞来峰破岩造无量寿的善举，接着描述了时人对杨总统在飞来峰所做功德的效仿。撰文者虎岩净伏原籍淮安，临济宗僧，嗣法虚舟普度（1199—1280）②，南宋时曾任临安府中天竺寺首座，时任灵隐寺住持，后筑室虎头岩莲花峰麓而终。③ 据《五灯会元续略》卷三载，至元二十一年净伏曾受到忽必烈的召见，后他又从帝师受戒。④ 同在至元二十六年，净伏还为《至元法宝勘同总录》作序。杨

---

① "人"字，《两浙金石志》卷十四录为"入"，而前面的两句"佛名无量寿，佛身含万象"则未录（浙江出版联合集团、浙江古籍出版社 2012 年影印光绪十六年刻本，第 330 页），《西湖石窟》与《飞来峰造像》的题记录文从之。杨晓春《杭州飞来峰元代佛教造像的开凿过程、开凿者与造像风格》与廖旸《飞来峰元代石刻造像叙录》均补齐文句，并将"人"更正为"人"。

② 南宋时虚舟普度曾任灵隐住持。"咸淳元年（1265）诏虚舟普度禅师住灵隐寺。"见（宋）志磐《佛祖通载》卷四十八，《大正藏》第 49 册，第 433 页下。

③ （清）孙治辑，徐增重修：《灵隐寺志》卷三《住持禅祖·下》，载赵一新总编《杭州佛教文献丛刊》第 1 辑，魏得良标点辑，杭州出版社 2006 年版，第 51 页。

④ （明）净柱辑《五灯会元续略》卷三，《续正藏》第 138 册，第 957—958 页。

琏真伽没有参加由忽必烈发起，至元二十二乙酉春到二十四年丁亥夏在大都大兴教寺举行的汉藏大藏的对勘工程，但在《至元法宝勘同总录》序中，净伏还是巧妙地大力颂扬了包括将《至元法宝勘同总录》入梓刊行在内的杨的弘法功德。① 净伏的灵隐寺与杨琏真伽所住永福寺仅有六七分钟的行程。

　　似没有理由对净伏撰功德记做太多的怀疑，因为赞文是刻于摩崖公之大众的。如果功德记所言不虚，那么飞来峰施刻佛像的功德主中应有一位丞相。元代行省原则上可设丞相一职，《元史》卷九十一《百官七》载，"每省丞相一员，从一品，平章二员，从一品；右丞一员，左丞一员，正二品；参知政事二员，从二品……"但特别说明行省的"丞相或置或不置，尤慎于择人，故往往缺焉"② 。综观整个元代，江浙行省是设置丞相最多、最经常的行省之一，至元十五年至二十年丞相为阿塔海，至元二十年至二十一年丞相为相威，至元二十二年、至元二十五至二十六年丞相忙兀台。③ 飞来峰元代开崖造像期间，江淮（江浙）行省至少出现过上述三位丞相，这三位丞相都有可能去飞来峰施造佛像。但赞文中所称丞相为"大丞相"，后者当指中央政府的丞相，而非行省一级的丞相。就赞文所撰年代，"大丞相"的首选人物是桑哥。桑哥原系胆八弟子，至元中为总制院使，至元二十四年二月为尚书省平章政事，十月出任尚书右丞相，兼统总制院使，领功德使司，进阶金紫光禄大夫。次年桑哥奏改总制院为宣政院，兼宣政院使。④ 净伏既面见过忽必烈，又受帝师戒，也难说他与总制院院使桑哥没有过往。因此，净伏说"入此大施门，喜有大丞相"不会无的放矢。桑哥为藏族，史料中似未有他下过江南的记载。一种可能性是否可以考虑，即桑哥无须亲临飞来峰，他只需表达乐于施造佛像之意，其余的事杨琏真伽等人会替他办妥。桑哥是杨在朝廷的靠山，杨与同在江

　　① （元）《至元法宝勘同总录》序及卷第一，《昭和法宝总目录》第二卷，东京：大正一切经刊行会，1929 年，第 179—180 页。据同一文献第 179 页之释可己序，大德十年前松江府僧录、广福大师管主八将《至元法宝勘同总录》刊入《碛砂藏》中。而杨琏真伽刊刻的《至元法宝勘同总录》早已佚失。

　　② 《元史》卷九十一《百官七》，第 2305—2306 页。

　　③ 刘如臻：《元代江浙行省研究》，载《元史论丛》第六辑，中国社会科学出版社 1997 年版，第 100 页。

　　④ 《元史》卷二百五"列传第九十二·桑哥传"，中华书局 1976 年版，第 4570—4575 页。

南任要职的乌马尔、沙不丁、王巨济等人是桑哥的党羽。① 今未见桑哥造像题记，是当初就没有刊刻，还是在桑哥伏诛后题记被人磨平？尚无进一步的证据，或许后一种可能性大些吧。按净伏的赞文，至元二十六年顷，飞来峰当有一次造像的高潮。

据净伏所述，江淮行省的"众名官"纷纷赞赏杨的功德行为，但他们是否也采取了施造行为，则缺乏证据。杭州是江淮/江浙行省省治所在，有大批行省高官，其中有官员在飞来峰施造佛像似属合理。然而，唯一言及行省高官的飞来峰题记是龙泓洞主洞口外第48龛白马驮经上方灵隐禅寺住持僧正传为答失蛮撰写的功德记，题记所在位置较醒目，文曰：

> 灵隐禅寺伏承，大功德主开府仪同三司、上柱国、江浙行尚书省左丞相顺□□答失蛮、② 布施金子，彩色重装佛国山诸佛菩萨圣像所集洪因，端为祝延皇帝万岁万万岁，皇太后皇后齐年，皇太子千秋。仍祈风调雨顺，国泰民安者。至大三年九月日住持僧正传③谨题。

此功德为江浙行尚书省左丞相答失蛮重装飞来峰造像。至大三年（1310）已远离净伏题赞文20余年。④

三　关于主持开造者及造像性质的问题

至元十四年（1277）二月，元廷在江淮行省省治杭州路设江淮诸路释教都总摄所（后改称江淮诸路释教都总统所），诏命华北华严宗名僧、白马寺住持行育（行吉祥）、河西藏传佛教僧杨琏真伽（怜真加）与加瓦八（加瓦）三人出任总摄，管理原宋核心地域的佛教事物。五年后，杭

---

① 参见《元史》卷十六《世祖十三》，第352页。

② 《元史》卷二十三《武宗二》至大三年九月条讲到此人，"御史台臣言：江浙省丞相答失蛮，于天寿节日，殴其平章政事孛兰奚，事属不敬。"（《元史》卷二十三《武宗二》，中华书局1976年版，第526页）飞来峰功德记中答失蛮的"蛮"字即为现在的简体字。

③ "正传禅师，临济宗。至大元年（1308）住灵隐。觉皇殿蠹朽倾颓，师捐资，与平章张缔建，皇庆间落成。"（清）孙治辑，徐增重修：《灵隐寺志》卷三《住持禅祖·下》，魏得良标点，载赵一新总编《杭州佛教文献丛刊》第1辑，杭州出版社2006年版，第52页。

④ 1310年的重装题记也从一个侧面说明飞来峰元代主体造像当完成于此前相当一段时间。

州飞来峰出现了第一个元代纪年造像龛——华严三圣龛。

关于飞来峰元代造像的雕凿，学界多持有一个主持开造者，主持者即杨琏真伽的观点，如"（飞来峰）元代洞窟的开造是由江南释教总统杨琏真伽主持的"①，"飞来峰元代造像就是在杨琏真伽（法号慧辨永福）指挥、提倡下开造的"②，"在元政府的一手扶植与支持下……，杨琏真伽入驻杭州并主持雕造飞来峰造像"③，"杨琏真伽主持凿刻的飞来峰石窟与管主八施刻的佛经是目前保存下来的最有影响的元朝江南地区藏传佛教文物"等，④ 国外亦有杨琏真伽负责飞来峰密教石刻的说法。⑤

上述意见多只有论点而缺乏论证，唯温玉成先生稍加诠释，他说"飞来峰镌刻的〈大元杭州佛国山石像赞〉的谄媚之词"说明了这一点。⑥ 至于"谄媚之词"是如何说明这一点的则没有讲。从前面的分析知，此《像赞》说了杨总统在飞来峰施造了无量寿佛，施造者中还有"大丞相"，"省府众名官"都纷纷赞赏这些功德善行。《像赞》记载杨总统施造第89龛无量寿佛之盛事，同时称盛赞杨总统造像之举对飞来峰造像的有力推进作用。亦即《像赞》叙述与赞赏的是杨氏的功德（即施造无量寿像，通常认为即摩崖碑上方的第89龛）及其功德对许多人的榜样作用，从中似乎还找不到杨氏是飞来峰佛像开造的主持者、指挥者的依据，即便杨氏向施主提供了一些造像图本。⑦ 而榜样的作用显然是无法与主持或指挥开造的性质相提并论的，至于说杨提倡在飞来峰造像则可以成立。《像赞》似乎给人以杨总统是元代杭州飞来峰造像始造者的感觉，但杨琏真伽最早的造像纪年是在至元二十五年三月，如果这方题记对应的造像也是无量寿的话，或许可以认为净伏的像赞也涵盖了此像。

---

① 国家文物局教育处编《佛教石窟考古概要》，文物出版社1993年版，第163页。

② 温玉成：《中国石窟与文化艺术》，上海人民美术出版社1993年版，第419页。杨琏真伽法号永福，作者称"慧辨永福"未知依据何在。

③ 高念华：《飞来峰造像》，载杭州市历史博物馆、杭州市文物保护管理所等编《飞来峰造像》卷首论文第8页，文物出版社2002年版。

④ 黄春和：《藏传佛像艺术鉴赏》，华夏出版社2004年版，第88页。

⑤ （法）海瑟·噶尔美：《早期汉藏艺术》，熊文彬译，河北教育出版社2001年版，第37页。

⑥ 温玉成：《中国石窟与文化艺术》，上海人民美术出版社1993年版，第419—420页。

⑦ 元代飞来峰造像的图本来源问题的探讨详见笔者《飞来峰造像研究》（未刊稿）第五、六章。

综观飞来峰元代纪年题记，没能找到杨总统是元代飞来峰造像的最先开凿者的依据，除非伏净落款的至元二十六年远远晚于杨琏真伽造无量寿的落成时间。目前尚没有充足依据来说明杨琏真伽主持雕造了飞来峰造像。

近来，杨晓春先生亦提出飞来峰元代造像有一个开造主持者，主持者即唐兀人杨琏真伽的观点，他提出汉、藏两种造像风格的混合乃是有意识的安排，"藏、汉两种风格的共存还显得非常平均，使我们估计造像开造的主持者习惯的就是这种并存模式"，他认为这种模式来自河西。① 对此，我们有些许疑虑，假如本地的石窟或摩崖造像确实显示出"汉、藏两种造像风格混合"的特点，也不见得非要域外某地有人主持了该窟或该摩崖，说某人主持了摩崖或石窟的开造似需要更为确切的依据。

西夏时期的窟龛，藏、汉风格共存的典型佛教艺术遗存有安西榆林窟、东千佛洞等石窟，石窟雕塑已无存，只能参考其石窟壁画。榆林窟第3窟东壁（主壁）正中为降魔变（藏传）与涅槃变（汉传），南侧为千手千钵文殊（汉传），北侧为千手千眼观音（汉传），所对应的西壁的窟门南侧为文殊变（汉传），北侧为普贤变（汉传），上方为维摩诘经变（汉传）；南壁自西向东依次为：胎藏界五佛曼荼罗（藏传）、观无量寿经变（汉传）与尊胜佛母曼荼罗（藏传），北壁自西向东依次为：金刚界五佛曼荼罗（藏传）、天请问经变（汉传）摩利支天曼荼罗（藏传）；窟顶是以大日如来为中心的大型五佛曼荼罗（藏传）。

东千佛洞第2窟的前室除正壁（中心柱正面）八佛及通向后室甬道上方的小型布袋和尚立像为汉传外，北壁、南壁、前壁与窟顶壁画皆为藏传风格。在尊像配置上，前壁窟门两侧分别为尊胜佛母与四臂文殊，北壁东向西依次为救八难绿度母、释迦说法，对应的南壁则依次为救八难十一面八臂观音、托钵触地印释迦佛，窟顶为金刚界五佛坛城统摄全窟。后室后壁（主壁）中央为大型说法图，左右分别为持杖药师佛立像与持杖炽盛光佛立像，后室两侧壁各绘一尊水月观音。与后壁相对的中心柱西向壁绘佛涅槃图，中心柱南北两壁各绘树下菩萨一尊。后室中唯中心柱南北两

---

① 杨晓春：《杭州飞来峰元代佛教造像的开凿过程、开凿者与造像风格》，载中国元史研究会、杭州文史研究会编《元代杭州研究论坛文集》，2010年11月，杭州，第252—253页。

侧的树下菩萨为藏传，其他皆属汉传。① 东千佛洞第 7 窟前室窟门两侧各绘忿怒金刚，东壁由南向北依次为阿弥陀接引、东方净土变与炽盛光佛（东壁），对应的西壁依次为阿弥陀接引、西方净土变与降魔释迦（西壁），其中炽盛光与降魔释迦及两尊忿怒金刚为藏传风格，其余皆属汉传风格，窟顶壁画已毁。后室甬道正壁（北壁）为大日如来及二胁侍菩萨，甬道北向面绘大型涅槃图，左右甬道外侧壁各绘菩萨三尊，与正壁的二菩萨构成八大菩萨。甬道内侧壁，西壁绘十一面八臂观音，东壁绘尊胜佛母。后室仅十一面八臂观音与尊胜佛母为藏传，其余皆汉传。上述石窟壁画都出自有意的设计，可见，如果是有意识的安排，那么，一批造像中藏、汉风格的配置当有一定的规律可循，尊像题材之间也应形成一定程度的搭配，而非随机杂陈。

　　元代呈关联配置的尊像，昌平居庸关云台拱券内侧壁上部浮雕十佛（背景为千佛）、下部浮雕四天王，拱券顶壁则为五佛曼陀罗巨秩。杭州西湖吴山宝城寺摩崖龛，中龛三坐佛，北龛麻曷葛剌立像与骑狮、乘象二胁侍三尊，南龛原像已毁，原雕刻当为救八难观音或绿度母坐像。② 文献对两都的皇家塑像则有更多的记载。《元代画塑记》所录元大都、上都寺院佛教塑像，基本的模式似有三世佛（正殿或前殿），五方佛（后殿等），五护陀罗尼佛（五护陀罗尼殿等），尊胜佛七尊（东北角楼），无量寿佛九尊（西北角楼）；正殿主壁三世佛，西壁五方佛，东壁五护陀罗尼佛；麻曷葛剌（马哈哥剌）为主尊，左右佛母二，伴像神一十二尊的十五尊组合（西南角楼等）；八臂救度佛母为主尊，左右伴绕佛母、善菩萨等二十三身的组合；（正壁）大师菩萨三尊，西壁塑千手钵文殊菩萨，东壁塑千手眼大慈悲菩萨的组合；燃灯、弥勒佛的二尊组合；文殊菩萨、观音骑狮子、普贤骑象的组合；十六罗汉；四天王（内山门）；天王九尊（东南角楼）。③

　　虽然飞来峰元代造像数量较多，但其题材内容难以形成体系，密宗五方佛不全，题材重复开造的计有无量寿/阿弥陀、西方三圣、金刚座释迦、

---

① 榆林窟第 3、29 窟与东千佛洞第 2 窟的布局参见谢继胜、熊文彬、罗文华等著《藏传佛教艺术发展史》上册，上海书画出版社 2011 年版，第 211—212、191 页。

② 拙稿《杭州吴山宝成寺南龛造像初探》（待刊）。

③ 详见（元）佚名《元代画塑记》，人民美术出版社 1964 年版，第 29、17、15、21、23、33、34 页。

四臂观音、圣观音、绿救度佛母、摩利支天、水月观音等。除个别局部区域尚有一定讨论余地外，造像龛与造像龛之间，造像区与造像区之间的题材内容、体量规制等方面尚缺乏统一配置建造所应该表现的相互关联度，较难找到通盘考虑的标志。汉、藏佛教造像夹杂分布，而这样的糅杂分布又没有什么规律可循。尽管一些施主之间（如并排开于同一岩面的第69—72龛的各施主，第98、99龛的施主）在开造佛像时会有协商与默契，但从我们所知的造像关联度，飞来峰元代造像的开造存在统一的主持、指挥者的可能性似较小。①

有观点称元初在飞来峰的凿像有厌胜辟邪、厌胜南宋故都风水之意。② 然而，厌胜（魇胜）是有很强针对性的，飞来峰虽景致绝佳，但并非宋室"龙脉"或宋皇宫、官署所在，亦非南宋政治的象征。既然飞来峰与南宋帝王或皇权及其象征无关，此地还是历史悠久、声名显赫的佛教圣地，造像的厌胜之说似难成立。飞来峰没有雕凿对南宋颇有威慑力的藏密本尊大黑天（麻曷葛剌）也暗示这批造像的开凿与厌胜之术没有什么关系。

元初选择在飞来峰开岩造像，是基于飞来峰本来就是佛门净土，有开窟造像的传统，飞来峰与江南名刹灵隐寺隔溪相望，峰麓开造的摩崖造像能够为更多的僧俗所观瞻；如果江淮诸路释教都总统所确实设于灵隐西部石笋山下的永福寺③，那么，在飞来峰麓开岩十分便于其中属于总统所官吏的那部分施主的施造活动，有利于飞来峰造像规模的形成。

江淮诸路释教都总统杨琏真伽在飞来峰施造佛像，总统所与行宣政院的一些官吏参与了飞来峰造像的施造，但与凤凰山宋故宫基址上五寺的建造及杨琏真伽改道观为寺院的性质不同，仅凭僧官支持在飞来峰造像，以及有高官个人出资施造，尚不能得出造像为国家或政府行为的结论。④ 飞

---

① 总统所的成员、总统所的下级机构僧录司的官员或其他世俗高官占得较优越造像位置的机会或许大些。

② 国家文物局教育处编：《佛教石窟考古概要》，文物出版社 1993 年版，第 163 页；辰闻：《宗教与艺术的殿堂——古代佛教石窟寺》，辽宁师范大学出版社 1996 年版，第 219 页。

③ 关于总统所设于永福寺的可能性，详见常青《杭州飞来峰杨琏真伽像龛及其在元明时期的命运》，《燕京学报》新 25 期；赖天兵《元代杭州永福寺、〈普宁藏〉扉画与杨琏真伽及其肖像》，《中国藏学》2012 年第 1 期。

④ 凤凰山宋故宫基址上五寺一塔系杨琏真伽建议，朝廷下旨建造的。尊胜寺与尊胜塔还有政府遣行省参知政事督造的记载，而五寺一塔落成后，朝廷便"诏以水陆地百五十顷养之"。

来峰造像大致属于总统所杨琏真伽号召，包括总统所、僧录司的一些成员与其他僧俗私人出资施造的性质。

元初的飞来峰造像不少发愿文中所说祝皇帝圣寿万安、皇图巩固、帝道遐昌等用语无疑包含了稳定元朝统治的功效，毕竟作为新归附元帝国的江南在元军入杭州后的十余年里还有许多局面的不稳定。[①] 由于造像中属于藏传佛教体系有一半，故雕像的开凿既有利于元朝所尊崇的藏传佛教的弘传，也有利于汉传佛教的弘传。杨总统提倡在飞来峰造像，总统所的成员参与造像，对飞来峰元代造像的形成应具有十分重要的作用。

表5　　　　　所存飞来峰元代造像题记中的功德主与纪年

序号	龛号	造像内容	功德主身份	纪年（至元）
1	2	华严三圣	杭州路徐僧录、潭州李僧录	十九年（1282）八月
2	39	如来立像	总统所经历郭氏	二十四年（1287）三月
3	40	四臂观音	总统所经历郭氏	二十四年（1287）三月
4	?	"佛像"	永福大师江淮释教都总统	二十五年（1288）三月
5	53	金刚摧碎	石僧录液沙里兼赞	二十五年（1288）八月
6	59	西方三圣	前淮安万户府官军万户、昭毅大将军	二十□年（1283—1292）
7	89	无量寿佛	永福杨总统	二十六年（1289）九月
8	62	骑象普贤	平江路僧判王邦麻斯	庚寅（1290）五月
9	91	密理瓦巴	平江路僧录范□真	至元末期，约1288—1292
10	82	说法释迦	?	庚寅岁（1290）四月
11	57	无量寿佛	僧永□	二十八年（1291）
12	32	金刚手菩萨	行宣政使夫脱脱的夫人	二十九年（1292）六月
13	75	多闻天王	资政大夫、行宣政使杨氏	壬辰年（1292）七月
14	98	西方三圣	永福大师江淮释教都杨总统	壬辰年（1292）七月
15	99	无量寿三尊	资政大夫、行宣政使杨氏	壬辰年（1292）七月

（赖天兵，浙江省敦煌学研究会理事）

---

① 如黄华于福建建瓯起兵、降元、再反元（1278—1283），陈桂龙、陈吊眼叔侄在福建漳州出兵反元（1278—1282）、江浙台州杨镇龙起兵12万抗元（1289）等。参见黄时鉴《元朝史话》，北京出版社1985年版，第73—74页。

汉传密教思惟手的文献和图像

巫胜禹

中外有相当多的学者关注到半跏思惟形姿的造像，自20世纪七八十年代以来，断断续续有一些研究文章发表，但都对思惟像的核心姿势"思惟手"有所忽视，或虽有说明但过于笼统，或只是说明了一种类型而遗漏别的。[①] 本文以汉传密教中的图像和文献资料为基础进行研究。汉传密教是指在汉地流行的密教信仰，时间上大约为五六世纪直至12世纪。思惟手既是思惟造像的姿势也是修行者所持的印契，是一种手部姿势，如文中诸图所示。庶通过文献的细致梳理，图像的归类整理，对图像和文献之间进行交叉比较，达到对汉传密教思惟手的一个切实认知。

一　有关思惟手的密教文献

通过检索 CBETA 电子佛典，发现有关汉传密教经典中明确描写到思惟姿势的，现列举译著者、经名如下：

---

① ［日］宫治昭：《涅槃和弥勒的图像学》，李萍、张清涛译，文物出版社2009年版，第288、289页。Denise Patry Leidy, "The Ssu-Wei Figure in Sixth-Century A. D. Chinese Buddhist Sculpture", *Archives of Asian Art*, Vol. 43, 1990, p. 21.

表1　　　　　　　　**思惟姿势的译著者、经名一览**

	姿势的名称	译著者	经名
1	思惟相	不空	《摄无碍大悲心大陀罗尼经曼荼罗仪轨》①
2	思惟相	三昧苏嚩罗	《千光眼观自在菩萨秘密法经》
3	思惟相	宝思惟	《观世音菩萨如意摩尼轮陀罗尼念诵法》
4	思惟相	不空	《观自在菩萨如意轮念诵仪轨》
5	托右颊	菩提流志	《不空羂索神变真言经》
6	思惟手	善无畏和一行	《大毗卢遮那成佛神变加持经》（《大日经》）
7	思惟手	一行	《大毗卢遮那成佛经疏》（《大日经疏》）
8	思惟手	一行	《毗卢遮那成佛神变加持经义释》（《大日经义疏》）
9	思惟手	法全	《玄法寺仪轨》②
10	思惟手	法全	《青龙寺仪轨》③
11	思惟印	菩提流志	《不空羂索神变真言经》
12	思惟	不空	《观自在菩萨如意轮瑜伽》
13	思惟	金刚智	《观自在如意轮菩萨瑜伽法要》
14	思惟	佚名	《如意轮菩萨观门义注秘诀》
15	指右颊	善无畏	《慈氏菩萨略修愈诚念诵法》

　　上列经典中的译经都是唐代所译，时间从武周时期至唐代宗时期，也就是说有关思惟姿势的密教经典只出现于唐代中期④所译的文本中。中国翻译印度的经典，从汉代开始译经一直到宋代译经院关闭，密教经典一直在翻译中，并且在唐代中期和北宋时期几乎成为官方翻译的全部，但为什么有关思惟形姿的密教经典只出现于唐代中期这个阶段？

　　中国对印度和中亚佛教经典的翻译大概滞后50年，即一种佛教经典在印度和中亚产生，大概50年后会翻译为汉文。那么，有关思惟形姿的文字在经典中的集中出现往往反映了当时从印度到中国一种信仰或活动，如如意轮菩萨的信仰或造像活动。虽然，印度的大量密教经典没有翻译为

---

　　①　全称为《摄无碍大悲心大陀罗尼经计一法中出无量义南方满愿补陀落海会五部诸尊等弘誓力方位及威仪形色执持三摩耶幖帜曼荼罗仪轨》。以下使用简称。

　　②　即二卷《大毗卢遮那成佛神变加持经莲华胎藏悲生曼荼罗广大成就仪轨供养方便会》。

　　③　即三卷《大毗卢遮那成佛神变加持经莲华胎藏菩提幢标帜普通真言藏广大成就瑜伽》。

　　④　本文所说的唐代中期是指从7世纪末到8世纪中叶。

汉文，后又毁于伊斯兰教军的战火，中国翻译的只是很小部分，但从这很小的部分中，我们通过对比分析，也能看出个缘由，下面就具体阐述。先依上表的经名——检索其文并列表说明分析。

表2　　　　　　具体说明思惟姿势的经文、译著者和经名一览

译者	菩提流志	苏嚩罗	一行	善无畏和一行	一行	法全
经名	《不空羂索神变真言经》	《千光眼观自在菩萨秘密法经》	《大日经疏·秘密漫荼罗品》	《大日经·密印品》	《大日经疏》第十三卷和《大日经义释》第十卷	《玄法寺仪轨》和《青龙寺仪轨》
经文	大湿废多菩萨根本思惟印：结跏趺坐，头向右肩，微低头视，屈右手向上仰掌，头指、中指屈头，拄右耳门，大母指、无名指、小指，散磔微屈，左手仰伸置左膝上，作思惟相，此印三昧于一切印三昧耶而最为上①	若人欲生梵天者，应修军持法，其禅定观自在像，相好庄严如先所说。唯左手执军持，右手作思惟相。立右膝，以右臂置膝上，以手掌安颊及眉间②	稍屈地水指向掌，余三指散，舒三，奇杖，稍侧头，屈手向里，以头指指颊	以智慧手承颊，是自在天印	舒右手而托右颊，稍侧头就手，少许相去	侧头就手
类型	A 型	B 型	C 型	D 型	E 型	B 型

说明与分析：（1）大湿废多菩萨根本思惟印为修行者念诵真言时，观想大湿废多菩萨所持印。用的是消灾法，获得的果报是很快就能消灭一切罪障。另，大湿废多菩萨即白衣白身观音菩萨，头指是食指。

---

① （唐）菩提流志译《不空羂索神变真言经》卷23，《大正藏》第20卷，第352页上。
② （唐）苏嚩罗译《千光眼观自在菩萨秘密法经》卷1，《大正藏》第20卷，第123页中。

（2）苏嚩罗译的《千光眼观自在菩萨秘密法经》云①，作曼荼罗念诵时，除安置本尊千光眼观自在菩萨像外②，还要烧香散花供养西方无量寿佛。这说明该经中的观音还未成为独立的信仰，可能是从西方三圣向独立的观音信仰转化的中间形态。该经中所说千光眼观自在菩萨的形象为一身观音四十手，共二十五身，组成千手千眼，与智通、金刚智、不空等译经典中的千手千眼观音形象不一。千光眼观自在菩萨的四十手分别代表了五部，如来部、金刚部、摩尼部、莲花部、羯磨部，四十手也分别代表四十菩萨形象，现身于南瞻部洲。禅定观自在像则为观自在菩萨所说的四十菩萨之一，属于莲花部，修行者用的是敬爱法。思惟姿势的形象是修行者观想菩萨像的形象，若修行者想要托生梵天，应修军持法，本尊为禅定观自在像，禅定观自在的意义包括见禅观自在和憇定观自在，即定慧相应，在禅观中憇定。

（3）善无畏和一行共译的《大毗卢遮那成佛神变加持经》第十一品"秘密漫荼罗品"，记欲净行的修行者须持净居天印，其中就包括思维手，但没有给出具体的形象。相应的解释在《大毗卢遮那成佛经疏》第十六卷"秘密漫荼罗品第十一之余"和《毗卢遮那成佛神变加持经义释》第十二卷，为"稍屈地水指向掌，余三指散，舒三，奇杖，稍侧头，屈手向里，以头指指颊"③，即小指和无名指弯曲扣掌心，另三指散伸，只以食指指颊（如表3编号2的图像）。这个净居天印形象也为漫荼罗中如意轮菩萨尊像的思惟姿势所采用。而《大毗卢遮那成佛神变加持经》第九品"密印品"则说"以智慧手承颊，是自在天印"④，相对的解释是《大

---

① 《千光眼观自在菩萨秘密法经》，并不见于经录，《大正新修大藏经》收录的是天治二年（1125）的一个日本抄本，抄本以拇尾山法鼓台本为底本书写，可是，此抄本也不见于日本的请来经录中，唯有《录外经等目录》收有《千光眼注》一卷，为日本遣唐僧圆珍所请来，但《千光眼注》在圆珍经录外。其实，《千光眼观自在菩萨秘密法经》的日本抄经僧在最后已经言明，该经是传法的阿阇梨以深秘密缘故，故意不收入经录的，日本的经录中没有，中国的经录中更是没有，可能在唐武宗灭佛运动后，在中国就失传了。但据于君方的研究，可能翻译或编撰于唐代。（于君方：《观音——菩萨中国化的演变》，商务印书馆2012年，第77页）

② 观自在、观世音、观音指同一菩萨。

③ （唐）一行撰《大毗卢遮那成佛经疏》卷16，《大正藏》第39卷，第744页中。"舒三"为"舒如三"。小指为地，无名指为水，中指为火，头指即食指，为风，大指即大拇指，为空。

④ （唐）善无畏译《大毗卢遮那成佛神变加持经》卷4，《大正藏》第18卷，第29页上。《大毗卢遮那成佛神变加持经》第4卷"密印品"列举了139个印契（mudrā）。

毗卢遮那成佛经疏》第十三卷和《毗卢遮那成佛神变加持经义释》第十
卷"舒右手而托右颊，稍侧头就手，少许相去"①。一行并指出净居天印
也名自在天印。这里的自在天印也是修行者在念诵真言时所持的手印。
"以智慧手承颊"和"舒右手而托右颊，稍侧头就手，少许相去"还是有
所不一，笔者区分为 D 型和 E 型。在法全的著作《玄法寺仪轨》和《青
龙寺仪轨》中，则仅以侧头就手注思惟手，并没有明确区分手指的姿势。
法全解释思惟手的象征意义为离垢，从清净法生，像和修行者端庄严正，
达到适悦众生之心。

（4）思惟相指的是手势，思惟印指的是修行者所持的印契，思惟手
既指手势也指印契。大湿废多菩萨根本思惟印包括坐姿、头姿、眼势、左
右手姿势，禅定观自在像的思惟相仅列出右手和右膝姿势，一行和法全对
思惟手的解释则仅涉及手部和头部姿势。经文中的思惟手、思惟相、思惟
印其实是一回事，都是指有头部姿势相配合的一种手部姿势，表达的意思
是沉思、思索，并没有特别的区别。

（5）信徒造佛像和菩萨像意欲表达信徒对佛和菩萨神圣性的无比崇
敬，像在艺术形式上应尽可能整齐划一，思惟手姿势也应该是同一的，但
就笔者所见的汉传密教经典而言，对于思惟手的描述并非一致。法全的描
述稍嫌粗糙，却可能是其亲眼所见。菩提流志在《不空羂索神变真言经》
和一行在《大日经疏》第十六卷描述得比较细致。大概一行看到的思惟
手姿势较多，所以，在《大日经疏》中会对思惟手有两种类型的描述，
在其和善无畏共译的《大日经》中，思惟手又是另一种类型。

（6）表 3 所列的思惟手图像更是多样化，笔者依据右手手指的不同
姿势以及手指和头部不同部位的关系，把表 2 中提到的思惟手姿势分为五
种类型，和表 3 中的思惟手图像进行比较，以便能够说明其中的同异
之处。

二　密教中的思惟手图像

佛教思惟像的核心要素是思惟手，但在很多造像中，造像的手部残
缺，有的头部也残缺，造像关键部位的缺失为造像的认定带来一定的困

---

① （唐）一行撰《大毗卢遮那成佛经疏》卷39，《大正藏》第39卷，第721页上。

难，因为一手上举的姿势并不仅仅是思惟印，施无畏印、寻思印、归命印或者仅仅是手上举持莲花都有可能。以下分别举笔者所见到的较清晰的犍陀罗出土的思惟像、唐懿宗时期的两件如意轮造像中的思惟手图像、《大正藏》图像卷中的如意轮菩萨的思惟手以及敦煌石窟中如意轮菩萨造像的思惟手较清晰的图像进行归类、比对分析。

表3　　　　　　　　　　　　　思惟手的图像一览

出处	犍陀罗的菩萨思惟像	犍陀罗的菩萨思惟像残片	巴中南龛第16号龛	法门寺地宫出土八重宝函之第四重的正面
时代	犍陀罗美术前期（约2世纪）	犍陀罗美术中后期（3—5世纪）	唐懿宗咸通年间	唐懿宗时期
编号	1	2	3	4
图像				
头手	手背向外，头指指向额际，稍去三分，余三指屈向掌。头向右歪侧	手背向外，以头指指右脸颊，大指伸直，余三指弯曲	手掌伸开，托耳门，侧头就手	手掌伸开，托耳门，侧头就手
型号	F型	C型	B型	B型

续表

出处	《大正藏·图像卷》第一卷，图像 No. 27	《大正藏·图像卷》第十二卷，金泽文库本，图像 No. 4	《大正藏·图像卷》第三卷别纸，图像 No. 66	《大正藏·图像卷》第十二卷，诸观音图像 No. 36
时代				
编号	5	6	7	8
图像				
头手	右手上举，捧于右耳际，头微向右侧倾	右手手背向外，四指微屈。右脸颊作枕靠状，枕于头指指节	五指微屈，大指扣头指，小指散磔，右下颌枕于右手背	头微向右倾侧，作枕靠状。右手手背向外，头指微屈，就于下颌，水火二指屈向掌，小指伸
型号	E 型	D 型	D 型	C 型
出处	莫高窟第 358 窟东壁门北	莫高窟第 384 窟北壁	莫高窟第 158 窟东壁门上	莫高窟第 176 窟东壁门上
时代	唐代中期	唐代中期	唐代中期	唐代中期
编号	9	10	11	12
图像				
头手	掌心向外，离耳际少许，大指伸直靠于头指侧，头指和余三指自然弯曲。头向右倾侧	掌心稍向外，大指掌头指侧，小指微微翘起，头指和余二指屈伸。头向右倾侧	右手掌心向外，置于右脸颊侧，屈四指，拇指伸出，头微微向右倾侧	头指和中指弯曲，大指扣紧二曲指，地水二指伸直于耳际。头正直
型号	G 型	G 型	G 型	H 型

出处	莫高窟第14窟 北壁	莫高窟第198窟 东壁门南	莫高窟第156窟 西壁龛顶北壁	莫高窟第145窟 东壁门北
时代	唐代晚期	唐代晚期	唐代晚期	唐代晚期
编号	13	14	15	16
图像				
头手	头指和拇指相捻，以头指中节拄太阳穴，无名指、中指屈向掌心，小指微翘起。头向右倾侧，低眼沉思	屈右手向上仰掌，头指、中指屈头，拄右耳门，大拇指、无名指、小指，散磔微屈。头向右肩，微低头，眼下视	右手向上仰掌，五指紧握，拄右耳门。头微侧，眼向下视	右手离头部少许，上手小指和大指伸出，余三指屈向掌。头稍向右侧
型号	G 型	A 型	G 型	G 型
出处	莫高窟第468窟 东壁门北	榆林窟第36窟 南壁	莫高窟第25窟 东壁门南	莫高窟第354窟 东壁门北
时代	五代	五代	宋代	西夏
编号	17	18	19	20
图像				
头手	右手离右脸颊几许，屈四指，拇指伸出。头微微向右倾侧	右手五指紧握，离右额际少许相去。头微侧	右手五指紧握，离右脸颊稍远。头微倾侧	左手作思惟势，头指指左耳门，余指微屈。头微向左侧
型号	G 型	G 型	G 型	

说明：（1）思惟姿势是手势和头部姿势以及面容、眼睛配合而成的，思惟手仅涉及手势，这里描述头部姿势以说明思惟手。（2）编号为1、2的图像并不是汉传密教的图像，而是犍陀罗地区的图像，根据日本学者宫治昭的研究，为思惟姿势的观音菩萨，且时代较早，很有可能是汉传密教思惟手姿势的来源，这里选两幅图像清晰的进行比较。（3）编号为1的图像的思惟姿势为食指指于额前侧际，离额头少许，并不接触到额头，在犍陀罗出土的思惟像中为较常见的思惟姿势。在表2所列的经文中并无文字描述所对应，所以，单列一个类型。（4）编号为20的图像为左手思惟姿势，有别于右手思惟姿势，笔者没有进行归类。（5）表3图像选自《涅槃和弥勒的图像学》《大正藏》图像卷和《敦煌石窟全集·密教画卷》。

分析：（1）陕西法门寺地宫出土的八重宝函之第四重正面如意轮菩萨的思惟姿势和四川巴中南龛第16号龛的如意轮菩萨的思惟手姿势一样——侧头就手，完全符合法全对思惟手的描述，笔者认定它们为一类。理由有两个：①法门寺地宫出土的八重宝函为唐懿宗供奉之物，唐懿宗在位时年号为咸通，共十五年，即自860年至874年。非常幸运的是，巴中南龛第16号龛外壁有残留的数字题记，上有"咸通"二字，表明这是咸通年间所造。②唐代后期的高僧法全于唐武宗会昌年间曾为长生殿持念大德，其对思惟手的描述——侧头就手应是亲眼见到的像姿势。很有可能上述三个思惟姿势有共同的粉本来源，和敦煌石窟中思惟手造像来源不同。

（2）上举的犍陀罗的思惟姿势，其手背向外，是一种自然姿势。敦煌石窟中的思惟姿势掌心向外，是向上仰掌的图像表示。

（3）经典并不一致，图像更是多样化。F、G、H型是笔者根据图像差异的归类，非表2中所有的类型，这也说明了图像和文献的差异。G型的图像较多，属于一个类型，应是来源于共同的祖本，但还是有一些细部的变化。

以上所举的思惟手姿势的图像除前两幅外都出自如意轮菩萨造像，所以，有必要研究说明如意轮菩萨的六臂姿势和手中持物，以便厘清思惟手在如意轮菩萨造像中的象征意义及变化。

三　六臂如意轮的文献和图像

先就笔者所检查到的有思惟姿势的如意轮菩萨的密教经典，列举如下：

表4　　　　　　　　　　**思惟相六臂如意轮文献一览**

编号	1	2	3	4	5	6
译者	宝思惟	菩提流志	菩提流志	不空	不空	不空
经名出处	《观世音菩萨如意摩尼轮陀罗尼念诵法》	《不空羂索神变真言经·广大解脱曼拏罗品》	《不空羂索神变真言经·如意摩尼瓶品》	《观自在菩萨如意轮瑜伽》	《观自在菩萨如意轮念诵仪轨》	《摄无碍大悲心大陀罗尼经曼荼罗仪轨》
经文	其菩萨形相造思惟之形，有六臂，其左上作金轮之手，中手执莲花，下手按山。右手作思惟相。中手执如意珠，下手执念珠。以右足以三十二叶莲花为坐，顶上有化佛。相好圆满而乘月轮，威光照耀如月中光，又右边画马头忿怒大明王像，威光炽然，相好圆满，以上牙垂下，如上画像随意大小	次如意轮观世音菩萨，身有六臂，一手执轮，一手持数珠，一手执如意宝珠，一手托右颊，一手把莲花，一手按地，结跏趺坐	北面叶上，如意轮观世音菩萨，一手执轮、一手执莲花、一手掌如意宝珠，一手掌颊、一手膝上执持数珠，一手按地，结跏趺坐	法界自性体，住于金刚莲。即变其宝莲，为真多菩萨。手持如意宝，六臂身金色。皆想于自身，顶髻宝庄严。别坐自在王，住于说法相。第一手思惟，愍念有情故。第二持意宝，能满一切愿。第三持念珠，为度傍生苦。左按光明山，成就无倾动。第二持莲手，能净诸非法。第三挈轮手，能转无上法。六臂广博体，能游于六道	于光明中涌出本尊如意轮观自在菩萨，具足六臂，相好圆满，住思惟相。作是观已，起大悲心。	微妙大宝冠，顶上住佛身。一面愍念相，身相浅黄色。六臂两足体，左定按门山。左理执莲花，左定持金宝，右慧思惟相，右智如意宝。右慧持数珠，被鬘妙璎珞。袈裟天衣裳，圆光莲花色。安住大莲花，仰左跏趺右
叙述顺序	↓≡ ≡↓			↓≡ ≡↑		↓⇌ ↑

分析：（1）编号2、3的经文对如意轮六臂的叙述似无顺序，在编号1、4、6的经文中，如意轮菩萨六臂的姿势和持物一致，叙述按一定顺序，但叙述顺序不一致。

（2）菩提流志译的《不空羂索神变真言经》第十二品"广大解脱曼拏罗品"，是为大解脱所作的法坛，似如胎藏密法。如意轮观世音菩萨的形象如上表，属于莲花部院尊像，但其中的眷属菩萨并不尽如《大日经》中的胎藏密法中所举。据吕建福的研究，《不空羂索神变真言经》的性质介于持明密教与真言密教之间，是一部过渡性经典。① 其所传的胎藏密法应为《大日经》所借鉴。第十八品"如意摩尼瓶品"云：围绕不空悉地王的如意摩尼瓶，图画莲花，共八叶，分上中下三层，每叶莲花上坐一位菩萨，唯南面叶和北面叶有右畔叶，中层莲叶上共10位菩萨。摩尼瓶所成的曼拏罗是一种传统密法，不同于胎藏密法和金刚密法。

（3）不空译的《观自在菩萨如意轮瑜伽》和金刚智译的《观自在如意轮菩萨瑜伽法要》，文本几乎一样，为同本异译。修行者先是右膝着地，双手合十放在头顶上，观想自己礼拜一切佛菩萨足。然后结跏坐、手结三昧耶印，依次观想修行。中间观想众多如来变为一体，入金刚莲花中，从莲花中变出如意轮菩萨，其形象如上表编号为4的经文。取得离诸妄想，住等引的效果。《如意轮菩萨观门义注秘诀》中则为六臂相颂，即赞颂如意轮菩萨的六臂，字句上稍有出入，如"挈轮手"为"手持轮"。三个文本中有关如意轮菩萨的记述都是从《金刚顶瑜伽经》出，② 因此，上述三经中的如意轮菩萨为瑜伽教金刚界曼荼罗法会中莲华部的菩萨。

（4）不空译的《观自在菩萨如意轮念诵仪轨》为修行者自身胸间涌出本尊如意轮菩萨，修行者应着重于观想如意轮菩萨的思惟相，然后起大悲心。上表中编号为5的引文，从"涌出本尊如意轮观自在菩萨"到"作是观已"的二十八字，在宋、元、明本中作"想自身如本尊像六臂相好"十一字，即修行者观想自己也如如意轮菩萨一样有六臂，具有神通。《观世音菩萨如意摩尼轮陀罗尼念诵法》经中所说的本尊是思惟形的如意轮观音菩萨。该经说，念诵真言之时除持印外，当观看如意轮菩萨画像或

----

① 吕建福：《中国密教史》，中国社会科学出版社1995年版，第186页。
② 《观自在菩萨如意轮瑜伽》和《观自在如意轮菩萨瑜伽法要》卷首云："我今顺瑜伽，金刚顶经说，摩尼莲花部，如意念诵法。"

忆念观想菩萨形相，作为永远的依怙，做到身、口、意三密相应。密教念诵法的特点在于修行者口诵真言时，身结印契——包括手印和坐姿，观想本尊的形象，以至于身心交融，进入程度很高的禅定境界，本尊的形象与修行者相互无碍融为一体，本尊的本体与妙用为修行者所体现。

（5）《摄无碍大悲心大陀罗尼经曼荼罗仪轨》，全称为《摄无碍大悲心大陀罗尼经计一法中出无量义南方满愿补陀落海会五部诸尊等弘誓力方位及威仪形色执持三摩耶幖帜曼荼罗仪轨》，是不空译的一部有关密教金刚密法曼陀罗仪轨的经典。第一院八叶莲花台上，如意轮观音坐于第六叶，位于正西方。曼荼罗仪轨用的是五部尊法，本经的第一院的本尊为千手千眼观音，结跏跌坐于莲花座上，属于佛部尊，用的是息灾法。这里，有必要指出的是五方佛的组织法出现在《大毗卢遮那成佛神变加持经》中，中方佛为毗卢遮那佛，这里以千手千眼观音代替了毗卢遮那佛，反映了千手千眼观音的信仰。

下面举思惟相六臂如意轮观音的图像说明：

表5　　　　　　　　思惟相六臂如意轮观音的图像说明

编号	5	7
图像出处	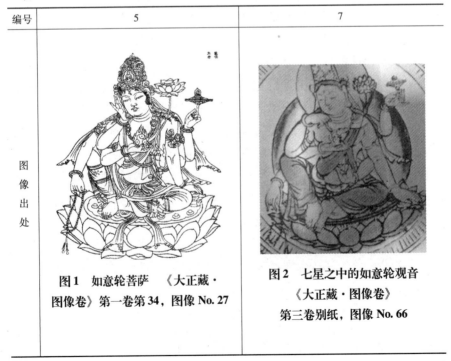 图1　如意轮菩萨　《大正藏·图像卷》第一卷第34，图像 No. 27	图2　七星之中的如意轮观音《大正藏·图像卷》第三卷别纸，图像 No. 66

续表

头手	右手上手作思惟姿势；中手在胸前捧持宝珠，上饰火焰纹，大指扣紧宝珠；下手垂于右膝下，手握数珠，数珠上饰装饰物。左手上手上举在肩侧，头指伸直，顶如意轮；中手的头指和大指捻持莲茎，中指微屈侧于头指旁，莲花开敷在头左侧，余地水二指上伸；下手在左大腿后按山	右手上手作思惟姿势；中手在胸前托宝珠；下手垂于莲花座上方，地指和头指自然伸，屈中指和无名指，大指和中指捻持数珠。左手上手上举，有六指，三指捻持如意轮，二指弯曲，一指伸开；中手在腹前捻持莲茎，莲花开于头左侧；下手按于左膝旁莲花上，作按光明山
编号	8	3
图像出处	 图3　如意轮菩萨　《大正藏·图像卷》第十二卷，诸观音图像 No. 36.	 图4　如意轮菩萨　巴中南龛第16号龛唐懿宗咸通年间
头手	右手上手上举至头右侧，头微向右倾侧，头指微屈，靠右颊，作思惟相；中手在胸前托宝珠，大指扣持紧；下手伸直于腿边，手持串珠，串珠上饰装饰物。左手上手举于肩侧，如意轮在头指指尖上转动；中手在腹侧持莲茎，莲茎一直上伸至头侧，莲花开敷；下手按山于左膝边莲花座上	右手上手作思惟姿势；中手在胸前作拳握宝珠；下手垂于莲花座旁持数珠；左手上手上举，持拿如意轮；中手在腰际持莲茎；下手按山

编号	9	12
图像出处	图5　莫高窟第358窟 东壁门北　唐代中期	图6　莫高窟第176窟 东壁门上　唐代中期
头手	右手上手作思惟姿势；中手在胸前，头指和大指相捻，余三指自然屈伸，作持莲印；下手下垂至右小腿边，屈地水二指，余三指作持数珠势。左手上手上举，头指弯曲和大指捻，如意轮在指尖转动；中手在胸前，掌心托持宝珠，上饰火焰纹；下手在膝后作按山势	右手上手作思惟姿势；中手在胸前托宝珠；下手垂于莲花座上方，地指和头指自然伸，屈中指和无名指，大指和中指相捻。左手上手上举，头指弯曲和大指相捻，中指指尖顶如意轮，余二指屈；中手在腹前作持莲印；下手按于左膝旁，莲花座上，作按光明山
编号	10	11
图像出处	图7　莫高窟第384窟 北壁　唐代中期	图8　莫高窟第158窟 东壁门上　唐代中期

头手	右手上手作思惟姿势；中手在胸前托宝珠；下手垂于右小腿边，莲花座上方，微屈中指和无名指，余三指自然伸。左手上手上举，大指和水火二指捻持如意轮，余二指伸；中手在腹前，以大指和头指捻持莲茎，屈水火二指，小指翘伸；下手在左膝旁按山	右手上手作思惟姿势；中手在胸前托宝珠；下手垂于莲花座旁，持数珠（数珠以数道圆黑线表示）；左手上手反臂上举，伸出中指，如意轮在中指指尖上飞转，中手在胸前持莲茎，下手下按于莲座上。在胸前的两手为左手在上右手在下，掌根相接
编号	13	14
图像出处	 图9　莫高窟第14窟 北壁　唐代晚期	 图10　莫高窟第198窟 东壁门南　唐代晚期
头手	右手上手作思惟姿势；左右中手在胸前，右手在上，头指弯曲和大指相捻，其余三指微曲向上伸，作持莲印；左手在下，掌心中有宝珠，以水火二指扣持宝珠，余三指自然屈伸；下手下垂于右小腿边，作持数珠势。左手上手反臂上举，如意轮在指尖转动；下手在膝后莲座上作按山势	右手上手作思惟姿势；中手在胸前作持莲印；下手垂于莲花座上方，小指和头指自然伸，屈中指和无名指，大指扣屈指。左手上手上举，头指弯曲和大指相捻，余三指伸，如意轮在手上方；缺中手；下手作按光明山姿势

编号	15	
图像出处	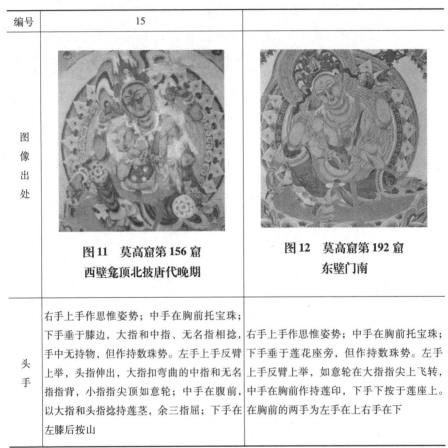图11　莫高窟第156窟西壁龛顶北披唐代晚期	图12　莫高窟第192窟东壁门南
头手	右手上手作思惟姿势；中手在胸前托宝珠；下手垂于膝边，大指和中指、无名指相捻，手中无持物，但作持数珠势。左手上手反臂上举，头指伸出，大指扣弯曲的中指和无名指指背，小指指尖顶如意轮；中手在腹前以大指和头指捻持莲茎，余三指屈；下手在左膝后按山	右手上手作思惟姿势；中手在胸前托宝珠；下手垂于莲花座旁，但作持数珠势。左手上手反臂上举，如意轮在大指尖上飞转，中手在胸前作持莲印，下手下按于莲座上。在胸前的两手为左手在上右手在下

注：第一行的数字为表3的编号，今列以便对应。

分析：（1）上表所列的敦煌如意轮观音像全从如意轮观音经变中出，全是与不空羂索观音经变相对应的。就笔者所见，敦煌石窟中主尊为六臂、呈思惟姿势的如意轮观音经变和不空羂索观音经变对应出现的壁画共有10对，分别是唐代晚期的莫高窟第14窟北壁和南壁，第156窟西壁龛顶北南披，第145窟、第147窟、第198窟东壁门北和门南，第192窟东壁门南和门北；五代的莫高窟第468窟东壁门北和门南；宋代的莫高窟第25窟东壁门南和门北，第440窟西壁龛南侧帐扉和西壁龛北侧帐扉（站立姿势），西夏的莫高窟第354窟东壁门北和门南。依上表，西夏的时候还有这样的壁画，但已经很少，如意轮观音和不空羂索观音的信仰衰落了。从历史上比较，唐代中晚期是敦煌地区人们信仰如意轮观音和不空羂索观音的高峰时期。当然，同时期，敦煌地区人们的信仰还是多样的，如意轮观音和不空羂索观音信仰并非唯一的信仰。

（2）上表的如意轮菩萨都是依据经文仪轨来画，但有少许变化。如捻持如意轮变为指尖顶如意轮，手持数珠变为数珠垂挂于手腕上或作持羂索状。这可以理解为画匠的创意或随意之作。但莫高窟第358窟、第14窟、第198窟、第468窟的如意轮菩萨的左右手中手持物为左手托宝珠，右手捻持莲茎或作持莲印，和经文、其他图像就不一致了，有可能是另一种图像表示。

四　六臂的象征意义及思惟手意义的变化

如意轮菩萨的思惟手和其余五臂并不仅仅是一种姿势或舞动手中的持物，而是以其姿势和手中持物来表达一定的象征意义，并且，在不同的文本和图像中，这种象征意义有一贯性和不一致之处。

（1）在《摄无碍大悲心大陀罗尼经曼荼罗仪轨》中，以定慧来分别如意轮观音的左边三臂和右边三臂。如意轮观音的右手思惟姿势是表示慧，但左手的定是基础，谓由定生慧。把很难修行的定慧以简单的手势表示，让复杂的修行过程通过观想菩萨手姿和持手印来完成是密教修行的特有方式。

（2）宫治昭指出早在犍陀罗美术的后期，公元3—5世纪，思惟像的思惟手已趋定型，为右手，"在单体像中，几乎没有左手思惟姿势的例子"。① 密教经典对思惟手的描述是对图像姿势的记录以及其意义的阐发，在不空译的这部经典中回答了千年后日本学者宫治昭的疑惑。

（3）《观世音菩萨如意摩尼轮陀罗尼念诵法》和《不空羂索神变真言经》中对如意轮的六臂没有象征意义的阐述，比较不空译的《观自在菩萨如意轮瑜伽》等三经，引申六臂配六道，六臂为引摄六道众生到究竟彼岸，是六度圆满的意思。《阿娑缚抄》云："思惟手配地狱事，六道中地狱苦最胜故也。"② 思惟手代表的意思是思惟慈愍地狱众生而想救之出

---

① ［日］宫治昭：《涅槃和弥勒的图像学》，第286页。
② 《大正藏·图像部》第9卷，第195页上。

离苦海。据宫治昭的研究，犍陀罗观音像的思惟形姿体现了慈悲，是对悟道世界（彼岸世界）的向往、对众生的怜悯。如意轮观音的部分形姿和象征意义大概是从犍陀罗思惟形姿的观音像来的吧。但这和《摄无碍大悲心大陀罗尼经曼荼罗仪轨》对六臂的象征意义的说明完全不同。再比较密教的其他经典，可以发现，思惟手在如意轮的六臂中并不突出重要。

（4）如意轮的梵文为 cintā-manicakra。cint 是和心、思惟、慧有关，前述的《摄无碍大悲心大陀罗尼经曼荼罗仪轨》似乎还坚持这个象征意义，以左定右慧区别。《白宝口抄》针对如意轮菩萨的思惟手云：思惟为定义，是入定愍念众生。①因思惟怜悯而愿拔苦与乐，故现思惟相。《觉禅钞》对思惟愍念有情的解释是"思惟定，定三昧也。观察义，正观音入无垢三昧，拔地狱重苦与乐。彼苦重故，为彼表之"②。思惟的意义不是慧而是定了，思惟的意义发生了转换，这种转换的原因大概是这些文本注重修禅入定，在习定过程中，充分利用手印、坐姿、坛场、咒语等协助意识的集中，而思惟姿势成了入定的辅助。把 cint 翻译为如意就意味着一种意义的转换，如意轮菩萨的密号是持宝金刚，即如意宝才是菩萨的象征符号。《白宝口抄》第 62 卷有如意轮法，云："如意者，是则无上贵宝也。"③为众生灭惑业障，满足众生的所愿，给予众生世间七宝及出世间无量宝财，一切福德智慧都在如意宝中。如意轮则是羯磨事业，转法轮摧破众生的一切恶业烦恼。

（5）如意轮菩萨的造像多以特定的持物——如意宝珠和如意轮来象征如意，满足众生之愿。宋代慈贤所译的《佛说如意轮莲华心如来修行观门仪》中对如意轮的解释是两臂相合舞动的形状如莲花，并运心禅智观想，身心相应为如意轮印，和思惟手没有关系了。

（6）当然，六臂的形象并不都是具有思惟姿势，也并非都是如意轮菩萨，如《阿娑缚抄》引《如意摩尼转轮圣王经》说明如意轮六臂的手中持物和手指姿势，云："左手上仰掌，大母指、中指把一开敷莲花，上有如意珠，如意珠上有火炎。第二手下曲向膝上。五指作拳把一天磬。第三向脐下，以中指、头指捻红莲花。右第一手于胁前，大指、头指、无名

---

① 《大正藏·图像部》第 9 卷，第 675 页下。
② 《大正藏·图像部》第 4 卷，第 856 页中。
③ 《大正藏·图像部》第 6 卷，第 672 页下。

指、小指并舒展，中指直竖，指头，头上立竖一拔折罗，上有火炎。第二手向下作降魔印，五指舒展。第三手向脐下华上作捻花势，以无名指捻之。"① 我们在引证其文时应当注意，这可能并非如意轮菩萨，为原作者认定有误。有思惟姿势的也并不一定都是如意轮菩萨，如一行所记的《大毗卢遮那成佛经疏》记处于莲花方坛上的不思议具慧者菩萨也作思惟手，表示具不思议慧。②

五　密教文献中的弥勒思惟手

表1中的《慈氏菩萨略修愈誐念诵法》还未论述到，这里需要特别指出的是该文献表明了密教中的弥勒菩萨也有思惟手姿势。先解释经名，①慈氏菩萨。文中有"一生补处妹怛唎耶"，一生补处菩萨是梵文 eka-jāti-pratibaddhā bodhisattvāḥ的意译，为一转世补佛处，妹怛唎耶是梵文 maitreya 的音译即弥勒菩萨，经名中的慈氏菩萨是修行将转世成佛的弥勒菩萨。②愈誐，即瑜伽，为梵文 yoga 的异译，有的文本中也以瑜岐、瑜歧表示。③ 经名的意思是修行者以慈氏菩萨为本尊修瑜伽念诵的法要。那么，本尊的形象为何呢？

这尊慈氏菩萨和一般所见的弥勒菩萨不同，为三十臂弥勒菩萨，其造像也称为"一生补处菩萨最胜大三昧耶像"。像为金色或以深赤黄色画像，头戴五佛智七宝冠，结跏趺坐于莲花座上，入三昧定，面貌慈软，熙怡含笑，三十臂中，左边第一臂，手持莲花，花心上有宝塔，右边第一臂即是思惟姿势，"右第一手执金刚拳，舒风幢指右颊，令不至三分许"④。即右边第一手以中指和头指指向右面颊，但没有贴在面颊上，余下三指屈指握拳。其他的手或持金刚杵，或执如意棒，或持幢幡，或执宝剑，但多持莲花，只是每个莲花上的印契不一。以此，这尊菩萨左右手的象征意义

① 《阿娑缚抄》第92卷，《大正藏·图像部》第9卷，第195页下。

② 《毗卢遮那成佛神变加持经义释》中有同样的字句。

③ 如不空的《一字顶轮王瑜伽观行仪轨》，"还来瑜岐身"、"从瑜岐心生"、"瑜岐想光明"、"瑜歧应思惟"。〔（唐）不空译《一字顶轮王瑜伽观行仪轨》，《大正藏》第19卷，第314页上—315页下〕《一切经音义》中有"《观自在菩萨如意轮瑜歧法经》"。〔（唐）慧琳撰《一切经音义》卷42，《大正藏》第54卷，第585页上。〕

④ （唐）善无畏译《慈氏菩萨略修愈诫念诵法》卷下，《大正藏》第20卷，第596页上。

为"左手应女相、应三昧慈悲相义。右手应男相、应智慧简择善恶雄猛想义"。即左边十五手臂代表了慈悲,右边十五手臂代表了观想智慧。弥勒菩萨思惟手的象征意义为观想智慧,和前述如意轮观音的思惟手及象征意义都不一样。

宫治昭研究犍陀罗的弥勒造像和半跏思惟像后,认为"半跏思惟像和弥勒菩萨没有关系"。然而,据这篇文献,笔者很难认同宫治昭的这个结论。《大正藏》现注明《慈氏菩萨略修愈誐念诵法》为善无畏翻译,但这是一部略译本,应是善无畏编译的,善无畏曾经在犍陀罗地区活动多年,弘扬密法,他有可能在犍陀罗地区见到三十臂的弥勒或自己造像,也就是说,思惟相的弥勒在犍陀罗地区也有,甚至不在少数,才有可能进入密教的造像体系中。

（巫胜禹，上海师范大学哲学学院博士生）

密教中的使者及其影响

［以色列］ 夏维明（Meir Shahar）

　　犹太传统认为上帝亲自将他的选民带出了埃及，没有依靠任何代理人，这位万能的上帝从天堂下来亲自解救了这些沦为奴隶的以色列人。"耶和华将我们带出了埃及"表明逾越节礼拜仪式，"不是通过天使，不是通过六翼天使，不是通过使者"①。犹太人承受的被用来突出上帝在出埃及记中的亲自参与的苦难表明这只是一个特例。在照顾其信徒请求方面，上帝大多数情况下是很自以为是或太过繁忙无暇顾及的。他通常会指派一个天使作为他的使者去满足他们的请求，而不是亲自行动。上帝与其信徒之间的日常性交流也是通过其发言人——天使进行的。

　　逾越节礼拜用现实向我们表明了圣使在西方一神论信仰中的存在意义。在犹太教、基督教以及穆斯林宗教传统中，天使是一种引人注目的存在。该词的语源表明了其作为派遣者的含义。希伯来语 mal'akh、阿拉伯语 malāīkah 以及英语 angel（源自希腊语 angelos）的含义同为使者。在其早期发展阶段，这些神圣的使者有时会被当作上帝的儿子（希伯来语：b'nai elohim），这也表明了耶和华对其亲属的偏爱。② 在后期，他们在西方艺术中占据了中心地位，这些带翅膀的天使成了中世纪以及文艺复兴时期绘画作品最喜欢的主题之一。一些天使，如加百利和拉斐尔，上升到了突出位置，并成了被单独礼拜的对象，而另一些则担当了仁慈并富有同情心的治愈者的角色，还有一些被当作神圣的勇士，他们在救世主式的救赎战争中领导了天国军队。《圣经》中有米迦勒击败化身为

---

① 《圣经》之逾越节。

② 详见如 *Job*, 1：6，38：7。

蛇的魔鬼的记载，而这也是阿尔汉格尔屠龙者这一意象来源的依据。①

本文认为佛教密教即我们所知的密教（汉语：Mijiao 密教）中出现的一类天人可能就借用了天使这一概念。下面笔者将通过对密教佛教中比较突出的两位天神即多闻天或毗沙门天多闻天（汉语：Duowen-Tian 多闻天，或 Pishamen 毗沙门）和不动明王（Acala Vidyārāja）（汉语：Budong Mingwang 不动明王）的考察来表明他们通常是通过使者进行活动的。这两位令人敬畏的天神都通过使者与其信众进行沟通，将财富赐予密教修行者或带领他的军队保护信众。与他们的西方同行类似，密教中的一些使者也上升到了突出地位，并且凭借其自身的实力成为被供奉的对象。其中最为突出的是多闻天的使者哪吒 Nalakūbara（汉语：Nezha 哪吒），今天对这位神使的供奉在中国已十分普遍。

密教使者通常被描述为童子（梵文：kumāra；汉语：tongzi 童子），其梵文包含两方面含义，这两方面有一定联系，但也有不同：Kumāra 既指男孩儿或少年，同时又含有儿子或准继承人的含义。② 而这两种含义的并存使得密教使者的历史具有如下特点：一些使者被明确认定为神的后代，而另一些的亲属关系则不被强调，虽然这些神灵使者的形象被描绘成童子，但其并不确定就是神自己的子嗣。

佛教使者的概念是通过密教法师如金刚智（Jingangzhi 金刚智）（671—741）和不空（Bukong jingang 不空金刚）（704—774）的所译经轨传入中国的。这些使者受到供奉，无论是保佑唐王室日常生活，还是护佑整个王朝的安全，这些被召唤出来的使者其影响力已经远远超出了密教范围。这些神灵的传说贯穿了中世纪的佛教历史文献，从中亚到日本，其形象在佛教艺术中随处可见，它们还成为小说和戏剧喜爱的主题之一，在中国和日本许多关于他们的传说一直流传至今。从这点来看，密教天神的这些神使或许能够诠释出密教对整个东亚文化产生的深远影响。

---

① 详见《新约书启示录》，12：7—9。

② 详见 Monier Monier-Williams, *A Sanskrit-English Dictionary*，牛津：克拉伦登出版社 1979 年版，第 292 页。

神使的概念不只限于密教，比如道教，有时就会有一些使者出现在道教神灵的左右，充当其使者。学者们虽然也已经注意到道教使者与西方天使之间的相似性。① 但本文主要考察的是佛教使者，道教并不在本文的考察范围之内。

多闻天

在最为引人关注的泛亚神学中，对多闻天的崇拜起源于三千年前的印度吠陀。彼时宏伟大业已经完成——在公元前第一个千年中间——其作为财富和战争之神的地位已被牢牢确立。这位印度神随后被佛教信仰所吸收，对他的崇拜也于公元 1 世纪传到了东亚。起初被称为俱毗罗，但佛经通常以多闻天（巴利文：Vessavaṇa）这一源于父名的名字来称呼他，其含义为"多闻天之子"，语源与"敏锐的听力"有关（来自于梵文动词viśru），这一名称传入中国后，被译为多闻天（"多见闻"天神），通常直译为毗沙门（日语：Bishamon）。

在《罗摩衍那》和《摩诃婆罗多》中，多闻天是财富之神，同时也是财富的赐予者（Dhanapati, Dhaneśvara, Dhanada），这位财富之神住在奢华的 Ālaka 宫殿中，其中堆满了奇珍异宝。他的栖身之处是 Caitraratha公园，那里的树都被珠宝覆盖，他的坐骑是华丽的 Puśpaka 空中战车，由鹅牵引，风驰电掣。除了这些传说中的财富，多闻天还拥有强大的力量，他指挥着半神半魔夜叉之军，是北方之天的守护神，同时也是四大天王之一。这一尚武的特性对其在东亚地区作为被崇拜之神的演变起了决定性作用。在中国和日本，多闻天常常被作为战神供奉。它随唐朝军队出征沙场，保卫着从都城长安到日本京都的所有地方。普通民众也对其英勇神力崇尚至极，甚至与统治阶层旗鼓相当，比如摔跤选手甚至罪犯都喜欢把多闻天形象作为刺青刻在身上，希望借此获

---

① 详见 John Lagerwey, *Taoist Ritual in Chinese Society and History*，纽约：麦克米伦出版社1987 年版，第 241 页。

得他赐予的神秘力量。①

多闻天神财富与战争的双面性构成了它的主要形象。作为财富之神，他拥有健硕的体格，身上璎珞庄严，（左手）握一个钱袋子或钱包或一只能口吐财宝的吐宝鼠（汉语：tubao shu 吐宝鼠）（图1、图2）（古印度人常将食肉性动物的兽皮用于制作包，因此与财富相关）。② 多闻天被纳入佛教中后，这位具有财富象征的天神符合佛教中财富信仰的观念。但与珍奇异宝有所不同的是，佛教中的终极财富指的是用来保存释迦牟尼的遗体（遗骨、牙齿、头发或骨灰）——佛塔（浮屠），因此，这一圣物箱便渐渐取代了金银袋、钱包和吐宝鼠。在中世纪——中亚，如中国和日本——这位军神的形象通常为手持佛塔（图3）。

多闻天作为武力象征与其作为财富象征并无二致。在敦煌石窟中，它扮演了一位在石窟洞口守卫站岗的战神。在壁画、丝绸上的绘画及典籍等众多于中亚绿洲出土的文物中，多闻天的形象都是身穿铠甲，手挥大刀或长矛或三叉戟。许多形象将财富与武力的象征标志进行了融合，这位强大的神同时带有这两类象征标志。这位相貌狰狞的多闻天神，或者左手托着佛塔，右手挥舞着宝剑或长矛，或者将武器悬于腰带上而从铠甲下面露出

---

① 关于 Kubera/Vaiśravaṇa 的印度起源，详见 Ananda K. Coomaraswamy，*Yakṣas*：*Essays in the Water Cosmology*，Paul Schroeder 编，新德里：英迪拉·甘地国家艺术中心与牛津大学出版社 1993 年版，第 35—44 页；E. Washburn Hopkins，*Epic Mythology*，斯特拉斯堡：Trübner，1915 年版，第 142—147 页及 Gail Hinich Sutherland 的 *The Disguises of the Demon*：*The Development of the Yaksa in Hinduism and Buddhism*，*SUNY Series in Hindu Studies*，奥尔巴尼：纽约州立大学出版社 1991 年版，第 61—68 页；关于他的东亚崇拜，详见 Phyllis Granoff，*Tobatsu Bishamon*，载 *East and West*，未作说明，卷20，第1—2号，1970 年版，第 144—168 页；Valerie Hansen，*Gods on Walls*：*A Case of Indian Influence on Chinese Lay Religion?* 载 *T'ang and sung China –*，Patricia Buckley Ebrey、Peter N Gregory 编，火奴鲁鲁：夏威夷大学出版社 1993 年版，第 75—113 页；郑阿财《论敦煌写本〈龙兴寺毗沙门天王灵验记〉与唐五代的毗沙门信仰》，载《第三届中国唐代文化讨论会论文集》，台北：中国唐代学会 1997 年版，第 427—442 页。关于其尚武方面，也可参考 Paul Demiéville，*Choix d'études Bouddhiques*，莱顿：布瑞尔，1973 年中再版的 *Le Bouddhisme et la guerre*，第 375—376 页。

② 以猫鼬皮制成的钱袋就是以 *nakulaka* 命名的；参见 A Foucher，*Bulletin de l'Ecole Francaise d'Extrême Orient iii* 之 *Sur un attribut de Kuvera*，1903 年版，第 655—657 页。以猫鼬的（梵文：*nakula*）皮制成的钱包就是以 nakulaka 而命名的；详见 A Foucher *Sur un attribut de Kuvera*，载 *Bulletin de l'Ecole Francaise d'Extrême Orient iii*，1903 年版，第 655—657 页。

图1　多闻天手托猫鼬（当代雕像，北京戒台寺）

图2　多闻天手托猫鼬［当代雕像，北京戒台寺（细节）］

来（图3、图4）。①

早在公元前1世纪，多闻天就被认为是依靠使者来管理其财福和军务的。他的神使通常由其后代组成，他们可以代表他对他神勇的夜叉诸部进行指挥。② 到公元1世纪中期，这位富有的战神的使者们被密教吸收，密教法师们的仪轨以多闻天的使者作为媒介来召唤他们强大的主（即多闻天）。在唐朝翻译的密教文献中，多闻天的财富都是通过神使进行分发的。正如他那些尚武的子嗣前去拯救他的信众一样。这位天王作为赐予者和保护者的两项主要职能都是通过其使者得以实现的。下面我们先从财富使者说起。

财富使者

多闻天的财富是通过其使者们进行分发的，这些使者通常被认为是其后代。这位天神后代的作用就是作为他的使者将其财富分发给密教修行者。自唐代（618—907）开始的密教经典就对如何召唤多闻天神的家族代理人做了详细说明，通过身、语、意三密便可使多闻天的儿子们——负责掌管分发其父亲的财富——显灵，并得到他们的保佑。不空（704—774）所译《毗沙门天王经》对此做了详细描述，其中还特别指出，通过此种途径获得的财富应该用于适当的佛教服饰。

> 行者念诵常无间断，乃至毗沙门天王子赦你娑现童子形，告持诵者言：汝有何事请召我父。持诵者言：我为供养三宝，受与我财宝。童子赦你娑于须臾顷还至毗沙门天王所，告父王言持诵者求诸财宝。为供养故利益有情，毗沙门天王告童子赦你娑言：汝日日与金钱一百

---

① 关于多闻天（Vaiśravaṇa）的形象，详见党燕妮《毗沙门天王信仰在敦煌的流传》，《敦煌研究》2005 年第 3 期，第 99—104 页；关于其形象也可参考 Aurel Stein, Serinida: Detailed Report of Explorations in Central Asia and Westernmost China（牛津：牛津大学出版社 1921 年版），2: 870—876；Alice Getty, The Gods of Northern Buddhism, 1928 年再版，新德里: Munshiram Manoharlal, 1978 年版，第 156—160 页，第 164—168 页；及 Louis Frédéric, Les Dieux du bouddhisme, 巴黎: 弗拉马利翁 2006 年版，第 242—246 页。

② 阿南达·库马拉斯瓦米（Yakṣas, p. 35）在 Taittirīya Saṃhitā 中已经指出，"自治是 Samyadvasu, '积聚财富', '其主之领导为 Senajit 和 Suṣeṇa'；毫无疑问，所谓的这些人与 Kubera Vaiśravaṇa 和他尚武的儿子们是一样的。"

图3　一幅唐代（9世纪）绢画中的多闻天，注意他的佛塔和宝剑
（斯坦因绘制138，大英博物馆）

图 4 一幅唐代（9 世纪）绢画中的多闻天及其随从，注意他的佛塔和宝剑
（斯坦因绘制 45，大英博物馆）

乃至寿终。其童子赦你娑日日送金钱一百与持诵者安于头边。其金钱异种香气。①

　　另一位密教法师金刚智（671—741）的论述也对如何召唤多闻天的财富使者有相似记述，不同之处只是所召唤使者的名字。不空将天王的儿子称为赦你娑，而金刚智则称其为禅腻师。② 而早在 8 世纪，佛教辞书编撰者慧琳（737—820）③ 就曾指出这两种称谓所指代的其实就是多闻天的同一后代，赦你娑、禅腻师以及阇尼沙都类似于梵文 Janeśa（巴利文：

---

①　（唐）不空译《毗沙门天王经》，《大正藏》第 21 卷，第 215 页中。
②　详见他的《吽迦陀野仪轨》，第 239 页中下。
③　详见他的《一切经音义》（佛教常识字典），《大正藏》第 54 卷，第 501 页中。其中他将赦你娑/禅腻师视为 Vaiśravaṇa 的第二子。

Janavasabha）——其在早期佛教经典中就被认为是其父亲的使者的发音。《长阿含经》中说多闻天的儿子禅腻师作为使者被北方天王将派派遣到他的同伴南方增长天王（Virūḍhaka）那里去。天王的使者被描述成异常强壮的形象，而他的名字就是其力量的写照：巴利文 Janavasabha，意为"人中之牛"。[1]

　　不空等密教法师曾在唐王朝的宫廷中举行过召唤多闻天使者的密教仪轨，甚至在民间产生了影响。长安百姓都将他们的财富归功于天王一个又一个的后代们。崇圣寺中珍藏着一枚佛牙舍利，据当地传说，这是哪吒王子——多闻天王的准继承人——赐给僧人道（596—667）的。哪吒是梵文 Nalakūbara 稍作变形后的缩略写法，早在《罗摩衍那》中就有对哪吒的记载，说他是多闻天的后代。后文我们将对天王的使者们逐一进行探讨，其中哪吒是对中国古代流行神话产生影响最大的一个。[2]

　　关于天王的使者和佛牙舍利的传说在唐代长安十分流行，这在许多中国和日本的文献资料中都得到了证实。在唐代官员郑綮（？—899）所作的对当时奇闻异事的记录中还记载了王子哪吒与道宣和尚的谈话，道宣请求哪吒赐给他一件佛家珍宝，这位使者答道："我有一枚十分珍贵的佛牙舍利……尽管它已经很旧了，但仍然值得人们为其献出生命，我怎么能吝惜呢？"[3] 日本遣唐使圆仁（793—864）在他 841 年到长安游历的记录中也记载了该传说："三月，第 25 天（841 年 4 月 20 日），我到了崇圣寺并于佛祖释迦牟尼佛牙舍利参拜日进行参拜，听闻这枚佛牙舍利是终南山道宣法师从多闻天的准继承人哪吒天子那里得来的，哪

---

　　① 详见 *Dīrgha Āgama* 的汉译本《长阿含经》，这里面将 Janeśa 译为了 She'ni'sha 阇尼沙（T. 第 1 号，1：34c—36b）。此经由佛陀耶舍和竺佛念于 412 年 3 月译为汉文；对比巴利文的 *Dīgha Nikāya*，经 18，里面的 Janeśa（Janavasabha）被当作了 Vaiśravana 的（Vessavana 的）一名随从，并明确地指出是他的儿子；详见 Maurice Walshe 的译本，*The Long Discourses of the Buddha：A Translation of the Dīgha Nikāya*，波上顿：Wisdom Publications，1987 年版，18.293—294。认为不空的赦你娑和金刚智的禅腻师与 *Dīrgha Āgama*（《长阿含经》）的阇尼沙相同，都是梵文 Janeśa（巴利文，Janavasabha）的直译的这一提议是真言宗僧人 Gōhō 杲宝（1306—1362）在《大日经疏演奥钞》T. 第 2216 号，59：170b—c 中所创；也可参考慈怡等所编《阇尼沙》，载《佛光大辞典》，高雄：佛光 1988 年版，第 6529 页。

　　② 不空将 Nalakūbara 译为了那吒矩韈啰，简写为 Nazha；详见《佛母大孔雀明王经》，《大正藏》第 19 卷，第 425 页中。

　　③ 郑綮撰《开天传信记》，SKQS 编，13a—b；对比赞宁（919—1001）《宋高僧传》，《大正藏》第 50 卷，第 791 页上。

吒天子从天上将其带过来并送给了法师，现在它被放于这座寺院中接受
供奉。"①

　　多闻天后代使者的意义在其曼荼罗中也有反映。天王的曼荼罗通常都
使其周围环绕着他的家族使者们，日本法师承澄（1205—1281）的《阿
娑缚抄》就举出了这样一个例子。为了反映天台宗所实行的密教传统，
此抄复制了一种多闻天曼荼罗，并在其后面对天王及其家族（图5）的供
奉方式做了说明。多闻天的四周分别为其他天王——南方天王、东方天王
和西方天王，（前排）是他的家族成员，包括（从右至左）他的岳母诃梨
帝母（Hāritī）、他的妻子吉祥天女以及他被称为"禅腻童子等"后代使
者们。② 回想我们之前曾提到过，禅腻师（日语：Zennishi）这一音译是
金刚智对多闻天儿子（Janeśa）的称谓。

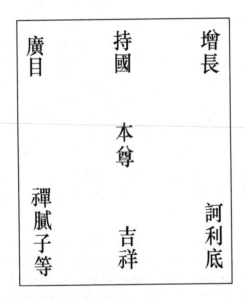

　　图5　多闻天的曼荼罗及家族，出自僧人承澄（Shōchō）（1205—1281）的
　　　　　　《阿娑缚抄》（*Taishō shinshū daizōkyō zuzōbu*，9：421b）

---

① 详见 Edwin O. Reischauer, *Ennin's Diary: The Record of a Pilgrimage to China in Search of the
Law*，纽约：罗纳德出版社 1955 年版，第 303 页。

② Asaba shō, 载 *Taishō shinshū daizōkyō zuzōbu*，9：421b。

　　承澄所绘曼荼罗对中世纪经常重复出现于佛教艺术中的一个主题的翻译提供了一把钥匙。密教中的天王及其家族结构在中亚，如中国和日本的许多艺术作品中都有反映。自唐代开始，多闻天身边便经常可以看到他的妻子吉祥天女和一个允许我们在这里对其进行研究的少年及他的后代使者，一些画像也有其岳母诃梨帝母（Hārītī）的特征，尽管这是承澄所排斥的。这里就有一幅在敦煌发现的创作于 947 年（伯希和 4541）时的画像（图 6），图中天王身穿闪亮的铠甲，手托标志性佛塔（宝塔），持长矛，脚踩下方地天 Pṛthivī，妻子吉祥天女在其左侧，右侧为其童子使者，后方就是吉祥天女的母亲——恶魔诃利底。[①] 她是个女魔，正如其名鬼子母所说的那样，她常吃 Rājagṛha 的孩子，于是 Rājagṛha 向佛祖寻求帮助。世尊为了惩戒这个食人女妖，便把她最小最疼爱的婴儿扣在了托钵下，以使她忏悔自己的罪行，最后鬼子母终于不再吞食别人的孩子，并皈依了佛门。自此这位女魔头被纳入了佛教神灵体系，说明其受到印度神话的影响，印度神话中的恶魔被感召成为佛教保护神的故事并不少见。

　　多闻天的家族构成曾是中亚佛教艺术喜爱的主题之一。敦煌壁画、绢画及印刷品中都出现过多闻天王的亲属。从 8 世纪起，这些艺术作品开始显露出多闻天的后代作为其父亲财富使者这一角色的迹象（图 6、图 7、图 8），画中的童子手里都拿着早在公元 1 世纪就被作为财富象征吐宝鼠 [前面曾提到过，钱包的梵文 nakulaka 就来自于 nakula（猫鼬）一词，钱包就是用这种动物的皮制成的]。天王的画像可以看作是召唤其后代使者之仪式的视觉表现形式代表。多闻天一声令下，这位拿着他父亲的财富象征的后代使者就会把这些财富分发给他忠实的信众，唐朝壁画、绘画及印刷品都证明了天王对其财富使者的信赖。

---

　　① On Hārītī see Noel Peri, "Hārītī: La Mère-de-Démons", *Bulletin de l'École Française d'Extrême-Orient*, xvii, no. 3 (1917): 1–102; *On the Buddhist conversion of Indian demons see Michel Strickmann, Chinese Magical Medicine*, Stanford: Stanford University Press, 2002, p. 67. 关于 Haritī, 详见 Noel Peri, *Hārītī: La Mère-de-Démons*, 载 *Bulletin de l'École Française d'Extrême-Orient*, 17, 第 3 号 (1917): 1–102；关于佛教对印度神的转化，详见 Michel Strickmann, *Chinese Magical Medicine*, 斯坦福: 斯坦福大学出版社 2002 年版，第 67 页。

图6 多闻天、配偶、侍者及猫鼬，敦煌壁画947年
（伯希和4541，法国国家博物馆）

图7 多闻天、侍者及猫鼬，唐代绘画（斯坦因绘制38，大英博物馆）

Figure 50. Painted Gandharva
Silk; Tang era; British Museum.
After Art of Central Asia (*cited*
n. 71), p. 111.

图8　多闻天、侍者及猫鼬，邢义田线条绘图，唐代之后画作（斯坦因绘制38）

　　学者们还注意到了多闻天的使者身上所穿的那套独特的虎皮裙。这位天王的使者身着兽皮，将老虎头作为头盔，老虎的耳朵、眼睛和利齿凸在头上，爪子交叉于他的下颌之下，尾巴垂于其两腿之间（图6、图7、图8）。这一形象已经成为学术界争论的一个焦点。一些艺术史家认为这一形象源于西藏传统，那里的人常将虎皮作为对英雄的奖励。781年到848年间，西藏统治敦煌，他们的虎皮奖品在同时期的文物中随处可见，因此他们认为这一主题可能就是西藏文化对唐代中原艺术产生影响的一种反映。① 而另一些历史学家则认为这一形象的起源应在更早之前。邢义田认为身披虎皮的使者形象的出现晚于身披狮皮的赫拉克勒斯，而赫拉克勒斯的形象是由亚历山大大帝（公元前 356—前 323）带到中亚的，这位希腊英雄同样身披兽皮，以兽首为头盔，狮爪同样交叉于其下颌之下，狮尾同样垂于其两腿之间，虽然动物种类不同（一个是狮子，一个是老虎），但邢义田相信，这种以兽皮为服的经典造型对中亚、西藏和中元艺术是产生了一定影响的。②

多闻天、配偶和使者三位一体的形象是从敦煌石窟传播到东方的，在 9 世纪大足（四川）石刻中，这一艺术形象的突出性不亚于创作于 12 世纪云南大理王国③的著名的《画梵像卷》。再向东，天王家族传到了日本，并成为日本艺术界深受人们喜爱的主题之一。自平安时代后期起，多闻天（日语：Bishamon）、他的妻子吉祥天女（日语：Kichijōten）和儿子禅腻师（Zennishi）的雕刻就开始出现在众多佛教寺庙，甚至日本神道教的寺庙中，其中现存最为完好的一尊是位于京都北郊鞍马寺，创作于 11 世纪的一尊石像（图 9、图 10）。这尊石像被视为这座都城守护神的天王，目视南方其所守护的都城，身穿铠甲，手挥长矛。他的左侧为他的妻子，右侧为其后代使者；吉祥天女执如愿石（梵文：cintā-maṇi），并作与愿（梵文：varada）印；她的儿子则拿一只小

---

① 《佛教与图像论稿续编》，文物出版社 2013 年版，第 80—81 页。详见李翎《图像辨识习作之一——以榆林第 25 窟前室毗沙门天组合图像的认识为中心》，第 8—9 页。

② Hsing I-Tien, *Heracles in the East: The Diffusion and Transformation of His Image in the Arts of Central Asia, India, and Medieval China*, William G. Crowell 译，《Asia Major》，第三系列 18.2 (2005)：103 – 154。Hsing 认为我们正在探讨的这个少年并不是 Vaiśravaṇa 的后代，与大英博物馆编目一样，他也认为他是乾闼婆，详见 Roderick Whitfield, *The Art of Central Asia: The Stein Collection in the British Museum*, 东京：讲谈社，1982，2：111。笔者赞同李翎（《图像辨识习作之一》）的看法，认为这个少年就是 Vaiśravaṇa 的儿子。

③ 详见 Charles D. Orzech、Henrik H. Sørensen 及 Richard K. Payne 所编. *Esoteric Buddhism and the Tantras in East Asia*, 布瑞尔：莱顿 2011 年版，第 117 页中 Henrik Sørensen 的九世纪大足 Vaiśravaṇa 的照片。《梵像画卷》原稿由张胜温作于 1173 到 1176 年间，Vaiśravaṇa 和他的亲属出现于第 63 节；详见李霖灿：《南诏大理国新资料的综合研究》，南港："中央"研究院 1967 年版，plate XX。关于《画梵像卷》也可参考 Helen B. Chapin, *A Long Roll of Buddhist Images, revised*, Alexander C. Soper 修订，阿斯科纳：Artibus Asiae, 1927 年版。

箱，里面装的可能是其父亲的珍宝。①

图9　多闻天、吉祥天女及后代，11 世纪京都鞍马寺雕像

① 详见中野玄三，*Kurama dera*，东京：中央公论　美术出版 1972 年版，第 16—18 页。Vaiśravaṇa 和他的配偶和孩子的雕像现在在羽贺寺（福井县所辖）、青云寺（福井县所辖）、白山神社（镰仓）、雪蹊寺（高知县所辖）、信贵山朝护孙子寺（奈良县所辖）中也有保存。

图10　多闻天的儿子禅腻师，11世纪京都鞍马寺雕像

在日本以多闻天为主题的寺庙都将他的儿子称为"禅腻师童子"（Zennishi Dōji，禅腻师童子，也写作善腻师童子）。我们已经注意到，在他13世纪的曼荼罗中，天台宗的承澄（Shōchō）在提到天王子嗣时使用了相同的名字。显然，在与多闻天使者相关的众多称谓中，日本人喜欢的是禅腻师（Janeśa）这个名字，发音为 Zennishi，汉语则将其译作禅腻师。在平安（和镰仓）时代，禅腻师的代表形象与其中亚的原型有所不同，主要体现在他所拿的财富标志上。在敦煌的艺术作品中多闻天的童子拿的

是吐宝鼠，而在日本艺术作品中他们所带的是一只小箱，可以推测出这里面装满了宝藏。

战争使者

多闻天王曾被亚洲各地的国家和城市视为保护神。他率领着他的夜叉诸部保护着从中亚的于阗国横跨中国的唐王朝，直到中世纪的日本等广大地区。[①] 与其把分发财富之事交给他的后代使者们一样，他将他强大军队的指挥权也交给了他的儿孙们，他们被授权成了大夜叉将军（梵文：Mahā-yakṣa-senāpati；汉语：Da-yaocha-jiang 大药叉将），并成了这支半神半魔的强大夜叉军队的领导者。[②]

多闻天的战争使者有许多不同的称谓，人们将其不同后代封为了不同的军事使者。在不空（704—774）的《北方毗沙门天王随军护法真言》中出现的战争使者的名字为独健，这位具有影响力的密教法师许诺说天王的信众必将得到他英勇后代的保护："真心诵念天王真言十万遍，天王领天兵来助，他国兵敌自退散。若能昼夜诵念不绝，天王使太子独健领天兵千人卫护，不离其侧，所求如意应念随心，皆得成就。"[③]

而在不空的另一部经文中，多闻天的战争使者则变成了我们在前面已经介绍过的对和尚道宣有赠予之恩的哪吒（Nalakūbara）（前文中提到过哪吒王子曾将佛牙舍利赠给了这位著名的高僧）。不空的大多数作品都将哪吒视为多闻天的儿子，而在《北方毗沙门天王随军护法仪轨》中，哪吒则变成了多闻天的孙子。这位天王的后代全副武装，以第一人称的身份宣布了他在保家卫国中的军事职能，这位军事使者还发誓要抗击敌人保卫

---

① 于阗国的国王自认为其是 Vaiśravaṇa 天王的后代；详见玄奘（602？—664）在《大唐西域记》中的记载，李荣熙译，BDK 英语大藏经 79，伯克利：Numata Center，1996 年版，第 377 页。这一传说在西藏也被流传了下来；详见 R. E. Emmerick, *Tibetan Texts Concerning Khotan*，伦敦东方系列，第 19 号，伦敦：牛津大学出版社 1967 年版，第 15—16 页；也可参考 Aurel Stein, *Ancient Khotan*：*Detailed Report of Archeological Explorations in Chinese Turkestan*，牛津：克拉伦登出版社 1907 年版，第 156—166 页，他在其中对中国和西藏的版本进行了比较。

② 如在梵文版的 *Peacock Queen Spell*，Takubo Shūyo 编，*Ārya-Mahā-Māyūrī Vidyā-rājñī*，东京：Sankibo，1972 年版，第 24 页，以及其汉译版《佛母大孔雀明王经》，《大正藏》第 19 卷，第 426 页上。就将"大药叉将"的封号授予了 Vaiśravaṇa 的后代 Nazha（Nalakūbara）。

③ （唐）不空译《北方毗沙门天王随军护法真言》，《大正藏》第 21 卷，第 227 页上中。

王朝的边疆：

> 尔时那吒太子手捧戟，以恶眼见四方白佛言，我是北方天王吠室
> 罗摩那罗阇第三王子其第二之孙。我祖父天王及我那吒同共每日三度
> 白佛言，我护持佛法，欲摄缚恶人或起不善之心，我昼夜守护国王大
> 臣及百官僚，相与杀害打陵，如是之辈者我等那吒以金刚杖刺其眼及
> 其心……尔时毗沙门孙那吒白佛言世尊，我为未来诸不善众生降伏摄
> 缚皆悉灭散故，亦护持国界故。[①]

唐代的作者们还宣称有具体的例子来证明曾有多闻天的使者们在危难
关头拯救过唐王朝。《毗沙门仪轨》尽管被认为是不空（704—774）所
著，但其更像是其弟子所撰。其中记载了一场战争，这场战争约发生于不
空所生活的年代。彼时唐王朝边境受到入侵，不空被传入宫中，他在皇帝
的面前举行了一场密教法事，作为对他的请求的回应，多闻天将他的二儿
子独健派往战场，这位天王的后代带领神圣的军队抗击了外来侵略者的
入侵：

> 北方大毗沙门天王，唐天宝元戴壬午岁，大石康五国围安西城其
> 年二月十一日有表请兵救援，圣人告一行禅师曰，和尚安西被大石康
> □□□□□国围城，有表请兵，安西去京一万二千里，兵程八个月
> 然到其安西，即无朕之所有。一行曰，陛下何不请北方毗沙门天王神
> 兵应援。圣人云，朕如何请得。一行曰，唤取胡僧大广智即请得。有
> 敕唤得大广智到内云，圣人所唤臣僧者岂不缘安西城被五国贼围城，
> 圣人云是。大广智曰，陛下执香炉入道场，与陛下请北方天王神兵
> 救，急入道场请，真言未二七遍。圣人忽见有神人二三百人，带甲于
> 道场前立。圣人问僧曰，此是何人。大广智曰，此是北方毗沙门天王
> 第二子独健领天兵救援安西故来辞。圣人设食发遣。至其年四月日，
> 安西表到云，去二月十一日巳后午前，去城东北三十里，有云雾斗

---

① （唐）不空译《北方毗沙门天王随军护法仪轨》，第 224 页下—第 225 页上。此为 Hok-
Lam Chan 在 *Legends of the Building of Old Peking*，香港：中文大学出版社 2008 年版，第 69 页中的
译文（稍有改动）。

阗。雾中有人，身长一丈，约三五百人，尽着金甲，至酉后鼓角大鸣，声震三百里，地动山崩停住三日，五国大惧，尽退军，抽兵诸营坠中并是金鼠咬弓弩弦，及器械损断尽不堪用。①

　　天王亲属保卫朝廷军队这一说法得到了唐朝民间的普遍接受。多闻天作为保护神的角色在现实中得到了反映并且持续到了宋代（960—1279），那时人们都将他的画像悬挂在了城墙之上。② 但《毗沙门仪轨》中所记载的这一特定事件很可能是杜撰的。学者们指出，在 742 年的相关史料记载中并没有外来入侵的历史记录，而且当时的不空身在锡兰，所以他并不能召唤天王，并且那时一行（683—727）早已离世，所以他不可能向皇帝推荐这位密教法师。③ 这些极有可能都是不空弟子的杜撰，他们极力想提高他们已故师傅的声望，以使其不逊于他留给他们的神奇技能所具有的威望。

　　多闻天的使者独健的传说在佛教界受到了极大欢迎，一些颇具影响力的佛教史家，如赞宁（919—1001）和志磐（约 1200）都曾引用过《毗沙门仪轨》中的这则记述，这更增加了这位使者的军事威望。④ 这则记述中的老鼠的角色也值得我们关注，或许是独健的命令，这些老鼠将敌人的武器全部啃噬，使其无法修复。同样的情节也出现在了玄奘（602—664）对中亚于阗王的记载中。这些鼠被认为是天王多闻天的后代，于是于阗国王举行法事对这些神勇的沙漠之鼠进行供奉，作为回报，这些鼠打败了入侵的匈奴兵：这些敌兵"抽兵诸营坠中并是金鼠咬弓弩弦，及器械损断尽不堪用"⑤。这两则传说可能均与多闻天的古代财富象征有关。在中国

---

　　① （唐）不空译《毗沙门仪轨》卷 1，《大正藏》第 21 卷，第 228 页中。

　　② 详见 Valerie Hansen, *Gods on Walls: A Case of Indian Influence on Chinese Lay Religion?* 载 *Religion and Society in T'ang and sung China*，Patricia Buckley Ebrey、Peter N Gregory 编，火奴鲁鲁：夏威夷大学出版社 1993 年版，第 87—88 页。

　　③ 详见 Matsumoto Bunzaburō，《兜跋毗沙门考》，再版于他的《佛教史杂考》，大阪：Sōbunsha，1944 年版，第 285—290 页，Chou Yi-liang, *Tantrism in China*，载 *Harvard Journal of Asiatic Studies*，卷 8，第 3/4 期（1945 年 3 月），第 305 页，注 103。

　　④ 分别参考赞宁《宋高僧传》，《大正藏》第 50 卷，第 714 页上，周一良译，*Tantrism in China*，第 305—306 页；《佛祖统纪》，《大正藏》第 49 卷，第 295 页下。

　　⑤ Samuel Beal 译，*Buddhist Records of the Western World*，1884 年再版，新德里：Motial Banarsidas，2004 年版，12：315—316。原为《大唐西域记》，第 12 章，T. 2087，51：944a—b。玄奘以其梵文名 Kustana（汉语译为：Qusadanna 瞿萨旦那）称呼他。Matsumoto Bunzaburō 在 "Tōbatsu Bishamon kō"，第 290 页中指出了这两则老鼠传说的联系。

被称为"吐宝鼠"的猫鼬可能被换成了啃噬敌军的老鼠。这一印度形象在战争中也扮演了一定的角色。

《毗沙门仪轨》中多闻天的二儿子独健担当了安溪战争中的统帅角色，而在其他密教经典中还提到了他弟弟的军事才能，说是在前几次以多闻天为首的战斗中，陪伴在他左右的是其三子哪吒："多闻天曾是王朝边疆的保护神……他的三儿子哪吒被派去与天王一起守卫，并负责保管佛塔（浮屠）。"① 这里他们兄弟二人各自所扮演的角色更为具体，独健被安排负责对其父亲的领地进行巡视，而哪吒则负责携带佛祖象征：

> 每月一日，天王与诸天鬼神集会日，十一日第二子独健辞父王巡界日，十五日与四天王集会日，二十一日那吒与父王交塔日，其日须乳粥供养，无乳则用苏蜜粥供养其天王。②

绘画艺术证明，哪吒主要是负责保管其父亲的象征性标志。现保存于京都仁和寺的一幅唐代画作描绘了天王后代手持佛塔的形象。这幅画表现出了这位使者的军事职能，画中他密鬑长须，层层武装，头戴华丽帽盔，身穿厚厚的铠甲，手挥锋利长矛，并携带着佛祖的圣物箱（图11）。③

对多闻天王及其战争使者的崇拜已经超越了佛教圈。唐朝将士们也都祈求多闻天的军事使者在战场上能给予他们帮助。在汶川县（在今天的四川）现存的一座建于8世纪的寺院的题记中就有这样的表述，题词中说当时那里是一个军事重镇，当地的指挥官感于多闻天王在朝廷防卫中的突出功能，所以虔诚地将这位天王供奉于此，以祈求得到他的庇佑。随着西藏势力的扩张，边境地区成了战争高发区，所以当地的军队希望能得到多闻天英勇后代的支持。这篇题记证实了哪吒作为其父亲的佛塔负责人的角色，同时还证实了天王的家族构成，即他的配偶及童子使者。而日本平安时期的寺院中所装饰的是多闻天和吉祥天女及其后代的画像，这里他们选择的是哪吒：

---

① （唐）不空译《毗沙门仪轨》，《大正藏》第21卷，第228页下。（此处为英文直译，并非经文原文——译者）

② （唐）不空译《毗沙门仪轨》卷1，《大正藏》第21卷，第228页下。

③ 此画被重现于 *Taishō shinshū daizōkyō zuzōbu*，7：566—567。

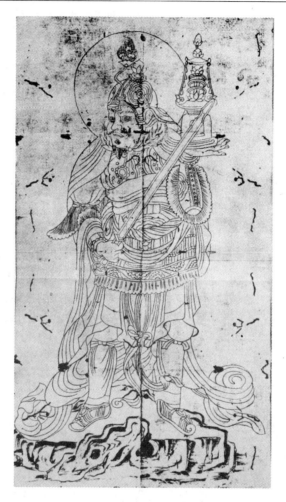

图 11　哪吒手持其父亲的佛塔。唐代画作，现存于京都仁和寺
(*Taishō shinshū daizōkyō zuzōbu*，卷 7，第 566—567 页)

天王丰功伟绩！将海变为陆地；将须弥山变为良田；福泽百姓；消灭魔鬼阿酥拉，这是神圣天王力量的展示。居住于水晶宫，保护着阎浮洲，手托佛塔，哪吒立于身旁，吉祥天女散花，娇羞地凝视着前方。天宝年间（742—755），他证明了他的神圣力量。为保我大唐，他现身为和阗王，令敌人闻风丧胆，他的丰功伟绩值得颂歌千篇，因此我们的君王得以无忧敌军，我们的军队得以免受战争之灾。汶川境内的这一古代要塞是军事据点：后有群山防守，前有铜墙铁壁阻挡，还拥有英勇的士兵和富有战斗力的军队。这是保卫国家的适合之所。

于此青山林立泉水四处涌现之处，我们建造了此天王殿。①

　　被冠以哪吒这一被稍作改动之名的多闻天的第三子，在晚期帝制的中国宗教及大众文化中被描绘得异常辉煌。在明代（1368—1644）和清代（1644—1911）众多小说和戏剧中都可以见到哪吒这一形象，他凭借其自身的实力成被崇拜的对象。由于本文篇幅有限，在这里我们不能对其发展成为广受喜爱的崇拜对象的演变过程做详细解读②，但中世纪密教经典在其演变成为晚期帝制代表这一过程中可谓功不可没，这里有一个例子可以说明这一点。在深受人们喜爱的《西游记》（1592）中，有玉皇大帝命令天王制服顽皮的猴子孙悟空这一情节，而多闻天的儿子则毛遂自荐要去执行这项任务，这就是其作为其父亲的军事使者这一古已有之角色的证明，"哪吒太子从旁边过来，深深鞠躬，说：'父王……请允许我加入战斗吧'"③，而天王使者与这只顽皮猴子之间的打斗场面则成晚期帝制戏剧及绘画艺术（图12）中最受喜爱的主题。16世纪的小说中用诗歌对天王的孩子使者进行了颂扬：

> 头顶两个童子髻。
> 碎发及肩。
> 稚气未脱，敏锐而机警。
> 衣着高贵，简单而考究。
> 他是真正来自天上的麒麟之子。
> 如烟如雾般死而复生长生不老。
> 此龙种有天然非凡之特征。
> 小小年纪即显示出超凡脱俗之气质。

---

①　《汶川县唐威戎军制造天王殿记》（唐代威荣军在四川建天王殿的记录），载《全唐文》1814年影印再版，上海古籍1990年版，第620卷，第2774—2775页。对于题词的作者元友谅，除知道其是官员元结（723—772）的侄子以外，其他均不详，但通过这一关系我们应该能推测出年代大约是8世纪。

②　关于Nezha（Nazha），详见《第一届哪吒学术研讨会论文》，国立中山大学清代学术研究中心编，高雄：中山大学2003年版；也可参考Meir Shahar, *Oedipal God：The Chinese Nezha and his Indian Origins*（近期出版）。

③　吴承恩撰《西游记》，作家出版社1954年版，第4章，第43页。

图12 哪吒大战孙悟空。清代《西游记》图解
（《清抄绘本西游记》，中国书店 2008 年版）

身披六种魔法武器。

上天入地，可作无尽变化。①

而在日本，以天王军事使者为主题的传说之多毫不逊于中国。创作于
12 世纪的画轴 *Legends of Mount Shigi*（*Shigisan-engi* 信贵山缘起）是为庆
祝多闻天在信贵山（奈良市郊）上他的祭祀地的作法而画的。醍醐天皇
（统治时期 893—930）重病之时，派使者到信贵山去祈求多闻天的修业者
Myōren 和尚的帮助，这位真言宗法师举行了密教法事来召唤天王，于是

① Anthony C. Yu 译，*The Journey to the West*，芝加哥：芝加哥大学出版社 1977 年版，1：第
127—128 页；原文吴承恩《西游记》，作家出版社 1954 年版，第 4 章第 43 页。

一个身穿铠甲的童子便出现在醍醐天皇的病榻旁，这位被认为是达摩之剑守护者（Ken no gohō 剑之护法）的多闻天的军事使者治好了天皇的病。在这件事中，使者击败的是疾病而非敌军。这位少年勇士被描画为身穿像豪猪一样的剑鞘，与 Acala Vidyārāja（日语：Fudō Myōō）一样挥舞着一柄宝剑和一根绳索，这位多闻天的使者同时还旋转着"达摩法轮"，而他正是此轮的守护者（图13）。①

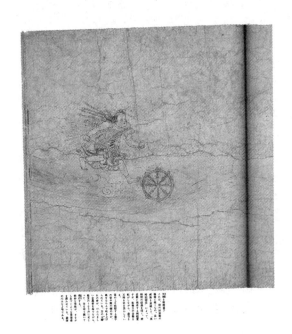

图13　多闻天的使者，金刚剑的守护者，12 世纪 *Shigisan-engi*
（Komatsu，Shigemi 等 *Shigisanengi emaki*（东京，中央公论社 1987 年版）

多闻天王不是唯一一位被年轻的使者围绕的密教之神，另一位天神就是不动明王，下面我将对其进行简单探讨。

---

①　这个故事以绘画的形式出现在画轴的第二部分，题为"延喜加持之卷"。画轴只有插图部分，文字部分已经遗失。但根据《宇治集物语》（来自宇治的神话传说）及 Umezawa 版的《古本说话集》（古代神话传说集 *Collection of Ancient Legends*）或许能重现文字部分；详见 Shibusawa Keizo，*Multilingual Version of "Pictopedia of Everyday Life in Medieval Japan*，日本横滨：神奈川大学 21 世纪 COE 项目，2008 年版，第82—83 页。

不动明王

不动明王是五大护法金刚，即众所周知的"明王"之首。对这位愤怒的不动明王（汉语：Budong Mingwang 不动明王；日语：Fudō Myōō）的信奉是通过唐代密教法师如金刚智（671—741）及不空（704—774）传入中国的。经由真言宗传到日本后，不动明王成了日本佛教诸神中最为重要的神祇之一。这位愤怒天神的形象通常被塑造为右手执剑，左手紧握金刚索，右眼圆瞪左眼紧闭，这可能是为了表明对立的水平这一密教的特征。①

不动明王有一群年轻使者伴随左右。他指派了八个童仆，其中两个领头的分别为矜羯罗（Kiṃkara）和制咤迦（Ceṭaka）。这两个梵文名字的意思分别为"仆人"和"奴隶"，而这也代表了这些男童的功能。矜羯罗、制咤迦和剩下的不动明王的六个男童都被描述童子。但与多闻天的使者（通常认为他们是他的后代）不同的是，不动明王的使者并没有被明确地说是他的儿子，如果说存在家族关系，也只是根据这些使者的年龄所做的推断而已。

8 世纪的密教经典中，有如何召唤不动明王使者的详细介绍，《八大童子秘要法品》中列举出了不动明王的各个随侍的真言。② 通过恰当的仪轨就可以将服侍这位天神的童子转到修行者自己的奴仆中，这些神侍们就将为这位密教修行者服务。在 Michel Strickmann 的 *Chinese Magical Medicine* 中，他对这一神奇的场景进行了优美的描述：

---

① 详见《不动明王》，载《佛光大辞典》，慈怡等编，共 8 卷，高雄：佛光山 1988 年版，第 988 页；也可参考 Henrik H. Sørensen, *Central Divinities in the Esoteric Buddhist Pantheon in China*，载 *Esoteric Buddhism and the Tantras in East Asia*, Charles D. Orzech 等编，莱顿：布瑞尔，2011 年版，第 104—106 页。关于 Acala 的代表形象，详见 Bernard Frank, *Le Panthéon Boudhique au Japon*：*Collections d'Emile Guimet*，巴黎：Musée Nationaux, 1991 年版，第 148—150 页；Louis Frédéric, *Les Dieux du bouddhisme*，巴黎：弗拉马利翁，2006 年版，第 201—203 页；及 Cynthea J. Bogel, *The Tōji Lecture Hall Statue Mandala and the Choreography of Mikkyo*，载 *Esoteric Buddhism and the Tantras in East Asia*，第 936—981 页。

② 完整标题为《圣无动尊一字出生八大童子秘要法品》，《大正藏》第 21 卷，第 31 页上—第 33 页上。

通过与不动明王的特别身份验证，咒语念诵者可以明确地将矜羯罗转入他自己的侍从中，并因此而使他自己的生活变得十分轻松。为了神侍的魔力能再一次降临到我们，我们将沉迷于期望得到一个神侍——他可以是侍从也可以是杂役，他会任劳任怨地替我们承担一切风险，无论是上刀山还是下火海，还会一字不落地迎合我们的每一个突发奇想——作为我们无休止地进行仪式的奖励。从这些美妙的精神使者身上我们似乎看到了《一千零一夜》（或犹太传说中有生命的泥人）中无所不能的灯神的影子。①

与多闻天的使者在中国神话故事中的流行程度一样，不动明王的使者在日本文学作品中的声望也很高。14 世纪的 *Tale of Heike*（*Heike Monogatari*）中讲述了他们受不动明王的派遣去营救从勇士转为僧人文觉（Mongaku）的故事，寒冬腊月，这位僧人要在一条冰冻的瀑布下进行苦练修行，他发誓要在已结冰的湖水中站立二十一天，他浸在冰冷的水中一遍遍地念诵着不动明王的名字，终于在他弥留之际，两个少年出现在了他的面前：

> 在第三天，文觉法师最终停止了呼吸。这时，两位头发紧束的仙童从瀑布上方走了下来，他们将他身旁的水变为了圣水，并用他们温暖而带有芳香的手为文觉法师擦拭了全身，于是他又恢复了呼吸，感觉如同置身梦中一般，他开口问道："你们救了我，你们是何方神圣？"
>
> "我们是矜羯罗和制咤迦，是不动明王的使者，"两位童子说道，"我们来此是奉了不动明王之令，他说'文觉法师发下了重誓，并且下定决心要进行最为严酷的修行，去帮助他吧。'"
>
> 于是文觉大声问道："告诉我到哪里能找到不动明王。"
>
> "他住在兜率天。"说完两位童子便升了天消失在了云中。文觉法师合掌凝视上天大呼道："现在连不动明王都知道我的苦行了！"
>
> 他的心被希望点亮了，于是他重新跳入瀑布下的潭水中继续他的苦行。而由于得到了天神的照顾，凛冽的寒风再也无法穿透他的身体，瀑布打到他身上的水也开始变得温暖而舒适。这次文觉法师终于

---

①　Michel Strickmann，*Chinese Magical Medicine*，斯坦福：斯坦福大学出版社 2002 年版，第235 页。

完成了他苦行二十一天的誓愿。①

不动明王的使者在日本艺术中也深受喜爱。有的艺术作品中八个童子全都围绕在其主人身旁，有的则只有两个领头的童子矜羯罗和制咤迦。下文所呈现的例子（来自 Bernard Frank 的 *Le Panthéon Boudhique au Japon*）中，制咤迦（日语：Seitaka）被假设为男性形象（手挥一支棒子），而将矜羯罗（日语：Kongara）则被女性化了，并且还手执莲花（图 14、图 15）。②

总　结

早在公元前第一个千年，一些印度的神就有使者服侍于左右，这些神与其他神之间的通信以及与各自信众的交流都是通过使者进行的，这些使者通常被认为是他们的后代。这些神祇被纳入佛教后，其使者也被吸收进了佛教经典之中。多闻天的童子使者早在早期的巴利文佛经如《长部》[*Dīgha Nikāya*（Collection of Long Discourse）] 及其类似的梵文《长阿含经》（*Longer Āgama Sūtra*）和马鸣菩萨作于 1 世纪的《佛所行赞》（*Acts of the Buddha*）中就已出现过。③

---

① 详见 Bernard Frank, *Le Panthéon Boudhique au Japon*：Collections d'Emile Guimet，巴黎：Musée Nationaux, 1991 年版，第 148—150 页；也可参考 Louis Frédéric, *Les Dieux du bouddhisme*，巴黎：弗拉马利翁，2006 年版，第 203—204 页。

② 参考 Bernard Frank, *Le Panthéon Boudhique au Japon*：Collections d'Emile Guimet，巴黎：Musée Nationaux, 1991，第 148—150 页；也可参考 Louis Frédéric, *Les Dieux du bouddhisme*（巴黎：弗拉马利翁，2006），第 203—204 页。

③ *Dīgha Nikāya* 中说 Vaiśravaṇa（巴利文：Vessavana）是 91 个孩子的父亲；详见 Maurice Walshe 的译作 *The Long Discourses of the Buddha*：A Translation of the Dīgha Nikāya，波士顿：智慧出版社 1987 年版，第 476 页；巴利文版的 *Dīgha Nikāya* 和类似的梵文版的 *Longer Āgama Sutra*（*Dīrgha Āgama*）的汉文译作都将 Janesa（巴利文：Janavasabha）描述为了 Vaiśravaṇa 的使者，并且将其派去到南方天王 Virūḍhaka 那里（参考上面的注 12）；Virūḍhaka 的儿子 Nalakūbara（即后来在中国被熟知的 Nazha）在 Aśvaghoṣa 的 *The Buddha-Karita or Life of the Buddha*，Edward B. Cowell 翻译编撰，1894 年再版，新德里：Cosmo Publications, 1977 年版，英文本，1.16；梵文，1.11。

图 14　不动明王的使者制咤迦，日本漆木雕像，吉美博物馆

图15　不动明王的使者矜羯罗，日本漆木雕像，吉美博物馆

这些神的使者在密教中受到极大重视。7 世纪以前传到中国的密教文献对这些曾在早期佛经中被一笔带过的使者们做了详细介绍。密教法事通常也只将祈求传达给这些神的使者而不是令人敬畏的神本人。密教法师如金刚智和不空专门对如何召唤这些神的使者以便为修行者服务进行了研究。这些密教使者被公共的或私人的目的而召唤：他们既保卫着强盛的唐王朝的边疆，又将财富赐予个体的修行者；既伴随军队征战沙场，又要升华虔诚的信徒。在中亚，这些神的使者们作为密教仪式的代理人而享有盛誉。密教塑造了佛教信仰中的使者形象和法门。

密教活跃了佛教艺术，自唐代以来，密教使者就常常出现在绘画和雕刻中。他们通常围绕在各自主尊的周围，一些使者手持天神的象征财富的标志物，并负责将其财富分发给他的信众；另一些则身披铠甲，随时准备出战，保卫信众。密教使者贯穿于中日两国的神话传说，他们被写进了小说和戏剧，一些还凭借其自身的实力成了重要的神灵。因此，密教使者留下的这一切表明了密教对中国和日本宗教及文化产生的深远影响。密教还扮演了印度神学的传播媒介，通过密教，印度神话中的神和他们的圣使们才得以被传播到东亚。

（夏维明 Meir Shahar，以色列国特拉维夫大学教授）
（译者：张文卓，陕西师范大学宗教研究中心博士生）

唐密在吐蕃康巴地区的传布

温玉成

近读王森教授（1912—1991）大作《西藏佛教发展史略》（中国藏学出版社 2010 年版），他在"第一篇吐蕃时期的西藏佛教"中，论及赤松德赞（742—797）迎请印度寂护、莲花生大师，又建立桑耶寺（约 799）之后，评论说："但实际上，密宗在吐蕃时代并未广泛流传"。王森教授是研究藏传佛教的权威专家，是笔者敬仰的前辈学者。但他的结论却与我的考察结果相矛盾。2011 年 5—9 月期间，笔者先后在甘肃省甘南州、四川省阿坝州、甘孜州、青海省玉树州、西藏昌都地区、云南省迪庆州做了三次佛教考古调查。考古资料表明，在吐蕃时代晚期（自赤松德赞至赤祖德赞，755—838），唐朝密教在康巴地区有广泛传播。这是因为吐蕃在781—848 年间长期占领敦煌等河西走廊地区，河西佛教显然影响了康巴地区的佛教。最显著的例证是康巴地区的金沙江以西，有三处大型的大日如来与八大菩萨造像。这三处造像虽然也有过报道。但是，都没有谈及它所依据的经典，更没有论及它的图像来源。①

实际上敦煌榆林窟第 25 窟主室东壁的"清净法身卢舍那佛"及八大菩萨壁画，应是康巴地区图像的来源之一。该处卢舍那佛头戴三叶宝冠，结跏趺坐，穿袒右肩袈裟，颈系项圈，臂系宝钏，禅定印。他的右侧有四身菩萨尚存，即地藏菩萨（持宝珠）、虚空藏菩萨（持剑）、文殊菩萨（持钵及花枝）及弥勒菩萨（右舒坐，头顶宝塔，手持宝瓶）。他的左侧四身菩萨已无存。这铺"清净法身卢舍那佛"及八大菩萨造像，所依据的经典是密宗大师不空（705—774）所译的《八大菩萨曼荼罗经》（大约

① 参考谢继胜论文，《中国藏学》2009 年第 1 期。

译于 756 年之前）。因为在金刚智（669—741）所译的《理趣般若经》的八大菩萨中，没有地藏、弥勒、普贤菩萨。第 25 窟完工的年代，约在 8 世纪末叶。

众所周知，2 世纪左右创立的华严学派，用"法身佛"总括佛法诸说。佛经上强调"法身无所不在"，"法身周遍法界"，"法身无形无相"。但是在中国自从勒那摩提、菩提流支在少林寺翻译出《十地经论》（511）不久，即 6 世纪中叶，在河南省安阳市宝山灵泉寺，就造出了多尊"卢舍那佛像"，其中最早的是"大留圣窟"（546）。到了唐代，更在洛阳市龙门石窟，由唐高宗皇帝和武则天皇后造出了高达 17.14 米高的卢舍那大佛（672—675）。由此可证："无形无相"的法身佛卢舍那，是在北朝时代才"创作"出来的。唐密的法身佛，往往采用头戴宝冠的菩萨形象。除榆林窟外，陕西省扶风县法门寺地宫所藏的盝顶银宝函顶面上也有这组造像（第四重宝函，不晚于 874 年）。唐代以后，辽宁省朝阳市辽代北塔天宫"石函"线刻画，也有八大菩萨图（1043 年），等等。

以下介绍康巴地区的三处造像。

第一处，西藏昌都地区察雅县（乍丫）旺布乡仁达寺丹马岩摩崖浮雕大日如来及八大菩萨造像龛。

造像龛的布局是，中央是大日如来，结跏趺坐于莲花座上，下面有两个狮子。大日如来头戴三叶宝冠，穿袒右肩袈裟，颈系项圈，禅定印。形象与榆林窟相似。他右侧的菩萨，自上而下是虚空藏、观音、地藏、弥勒。左侧是普贤、金刚手、文殊、除盖障。全龛的下部有藏文题记 31 行［保存基本完好，完整的译文①和汉文题记 80 多字（大部分毁去）］。

2011 年 8 月 27 日在昌都的座谈会上，地区政协副主席土呷先生介绍说，从 1984 年起，他曾三次考察该处造像。可以确认造于赤松德赞在位的"猴年"，即 804 年。汉文中可见"大蕃国"、"匠浑天"、"同料僧阴"、"出老法藏为父母"等字。可以肯定有汉族工匠参加。藏文题记内容十分重要，可以证史、补史，纠正《西藏王统记》、《智者喜宴》的一些错误。地区考古所扎西旺佳演示了相关图片。

此龛造像从形象上观察，接近榆林窟第 25 窟，应是康巴地区最早的

---

① 参阅李光文等主编《西藏昌都——历史、传统、现代化》，重庆人民出版社 2000 年 9 月刊，第 41 页。

大日如来及八大菩萨造像。需要指出的是，该龛上方左右的飞天，是后代补刻的。昌都地区的北部，是古老的苏毗部落及东女国故地，有丰厚的文化积淀。

第二处，昌都地区芒康县帮达乡"朗巴郎增"石刻群（大日如来及八大菩萨圆雕造像）。这是在 2010 年第三次全国文物普查时新发现的。

这组造像布置在一座长方形经堂中，大日如来在后部的中央，两边各有四大菩萨呈半弧形环绕而坐。大日如来，高发髻，戴五叶冠，禅定印，结跏趺坐于莲花座上。其下为束腰方座，有四个狮子护卫，通高 436 厘米。菩萨有筒状高发髻，头戴五叶冠，身穿大翻领藏袍，腰束藏式皮带，足穿藏靴，背后开"装藏孔"，很有创造性，它们的高度是 230—250 厘米。

2011 年 8 月 29 日我们在现场考察，从石质上和造型上可以认定这批造像不是在本地雕造的，很可能是在外地造好运过来组装的。菩萨头上的"五叶冠"是后代补做的。总体观察，该组造像晚于察雅县造像 20—30 年。最大的特点，是菩萨全部使用藏装。这是吐蕃时代规模最大、艺术水平最高的一组雕像，十分珍贵。今芒康县一带，是古老的马尔敢部落的故地，本地拥有康藏地区最紧缺的盐田，这是他们宝贵的财富。

第三处，青海省玉树县巴塘乡贝纳沟"文成公主庙"（那巴囊则拉康）。这是一处大型摩崖高浮雕大日如来及八大菩萨造像龛。总高 12 米，宽 16 米。龛边雕有纹饰（连珠纹、方块纹、城垛纹）。正中为大日如来像，高 7.3 米。筒状高发髻，头戴三叶冠，结跏趺坐，禅定印。莲花座下有二蹲狮。主尊左右各有四大菩萨，上下两排，全部站立于圆莲座上。菩萨有筒状高发髻，三叶宝冠，穿大翻领藏袍，足穿藏靴。上层菩萨身高 4 米左右，下层菩萨身高 5.8 米左右。每尊造像下方，刻有该像藏文名称。2011 年 6 月 3 日，我们在现场考察时，同行的《甘孜日报》副总编辑根秋多吉先生指出，有些藏文名称是古代刻的，有些是后人补刻的。

该处造像的最大特点是，不但八大菩萨全部穿藏装，而且全部是站立姿势。佛与菩萨之间"等级森严"。这种改变，意味深长。显示出某种政治需要，似乎暗示着吐蕃赞普与"共命"大臣的关系。这有待于进一步研究。

该龛雕造的年代，依考古学类型学判断，应是吐蕃末年，即朗达玛赞普灭佛以前。有学者说造于742年①，这是不可能的。因为不空翻译《八大菩萨曼荼罗经》是在756年。至于该龛左侧的"藏文题记"，提到赤德祖赞（704—755年在位）及其子赤松德赞（755—797年在位），也许指的是另外一处已经毁掉的佛龛，而与文成公主庙无关。②许多例证表明，吐蕃时代的题记，都是刊于造像龛的下部。直到后宏期造的"照阿拉姆"长寿佛三尊像龛（11—12世纪，在四川省石渠县洛须镇西北19公里处，高4米，宽3.8米），也是如此。

玉树及相邻的甘孜州西北部，是古老的多弥部落（唐代译作"旦麻"）故地，这里自古就是多种文化交汇之地。

总之，康巴地区三处大型造像，其功德主显然是吐蕃上层统治者。他们的图像来源只能是河西走廊地区，并有汉地工匠参与雕造。从而可知，唐密在吐蕃时代在康巴地区有广泛的传播。吐蕃人又加以创造。

还应指出的是，单体的"禅定印"大日如来佛装像，在我国西南地区流传时间很长，直到云南的大理国时代。而在内地，则流行"智拳印"、"降魔印"的大日如来佛像。在新疆库车县阿艾石窟，也有卢舍那佛壁画（立佛，身上画有须弥山等图像），约作于7世纪末8世纪初。由此可证，卢舍那佛的信仰在唐代已经传遍全中国。

（温玉成，原龙门石窟研究所所长、研究员）

---

① 青海省文化厅主编《青海考古五十年》，青海人民出版社1999年版，第182页。

② 该藏文题记，参阅谢佐等编著《青海金石录》，青海人民出版社1993年版，第21页。

岭南地区新近发现的一套广彩藏佛画瓷瓶

李　翎

　　岭南地区发现的一套瓷瓶约 500 个，高 1.2 米。对瓷瓶的初步认识：这套藏佛广彩瓷瓶是藏传佛教艺术在岭南地区的一个重大发现。藏传佛教通常是在蒙藏地区、东北和西北地区传播，南方地区有杭州的元代藏传佛教遗迹，前几年据说在泉州发现有一处藏传佛教遗迹，在南方则再没有发现其他的遗迹，而这次在岭南出现的这批广彩藏画瓷瓶，可以说是绝无仅有的。

　　这套瓷瓶约 500 个，高 1.2 米，绘有九层纹饰。主题纹饰为藏佛尊神，辅助纹饰为富贵平安、团花暗八仙、八宝、三果及堆塑的双狮耳和螭龙。辅助纹饰的团花暗八仙为道教题材的纹饰，八宝为佛教纹饰，牡丹花瓶寓意"平安富贵"属于中国传统的吉祥图案，佛手、桃子和石榴组成三果纹，寓意多福、多寿、多子。这些图案寄托了人们对美好生活的向往与祝福。堆塑的螭龙，是我国传统的装饰纹饰，在清代也较为流行。双狮耳为一大一小的狮子在争绣球。狮子绣球反映出广东的风俗习惯。

　　从题材上看，这些藏佛尊神是成组的图像，不是随意绘制的，初步判断有三十五佛（三十五佛之信仰，于今犹盛行于西藏）、八十四成就师、十八罗汉以及祖师、佛母像等。风格上是汉藏风格的融合，并且通过图像中所反映的画工对金刚杵、嘎巴拉碗和骷髅杖的模糊表现，画工并不熟悉这种图像，因此推测画工可能是当地工匠。

　　从整体形制上看：瓶体的造型粗壮、规整，设计比例合理。胎体由三节接成（胎体腹部两节、颈部一节），各个部位的比例适中，恰到好处，瓶体几段接痕处理得比较平整，密封度较高，整个瓶体表面也较为平整，胎体较厚，但不够致密。表面除较平整的胎质外还可看到像水纹一样的现象，俗称"波浪纹"。施釉较薄，底釉看上去变得很白，似为施釉前加入粉状成分所致，釉面上有时会出现小棕眼和缩釉现象。但比清末同时期的民窑产品更为平整，瓶口内涂的绿彩也较为均匀。

500 个瓷瓶的纹饰除了藏佛尊神像各不相同外，其余辅助纹饰和堆塑的双狮耳和四条螭龙完全一样，反映出外销瓷大规模生产的工艺特点。

从底款上看，红彩绘长方形双圈外框内书红彩六字楷书"大清光绪年制"款，为事先刻好的印章所盖。

500 个广彩藏佛瓷瓶，由景德镇烧胎，广东画彩，器形粗壮、胎体厚重、色彩浓重、纹饰画工娴熟、主题突出。但胎体不够致密，釉面出现"波浪纹"及小棕眼和缩釉现象。其工艺有明显的堆塑双狮、纹饰繁缛等广东地方色彩，判断为清末民窑的广彩外销瓷。

清末民初的陶瓷工艺水平比前代的工艺水平有较大的差距，但这批瓷瓶在当时的民窑中无论从制作工艺的难度上还是纹饰别具匠心的组合上都属于上乘作品。

由此引发的问题：由于这套瓶画的出现，有许多问题值得深入思考，首先是藏传佛教在岭南地区的传播如何？瓶画的画工是什么人？画本从儿哪来？瓶子做什么用？给谁？还有没有类似的图像存世？

中国瓷器从唐代就开始对外输出，即所谓外销瓷。"英人亨利·雨尔（H. yule）所著（Cathay. 1. pp. 101 – 105）载，唐代景教士把中国的瓷器带到欧洲去'晚近英人拉耶德（Lagand）在曲儿忒斯坦（Kurdisten）丛山，叶绿（Jelu）谷内，探访聂派古话教堂一所。见屋顶悬挂中国古瓷碗甚多。满积尘垢。守屋者告之云：为古代聂派教士携自中国者'……九世纪中叶时代，阿拉伯商人苏莱曼（Sulagman）写了一部游记说'中国人能用陶土做成用品，透明如玻璃，里面加了酒，从外面可以看到'。"①

"最初，这类瓷器只在景德镇生产，但由于对复制的准确性有十分严格的要求，加上订烧的数量大增，而订制者与画工的联络为够紧密，所以将景德镇的白瓷胎运往广州，再由熟练的画工在广州绘上欧洲人所需要的

---

① 叶文程：《唐代陶瓷的生产和对外输出》，《中国古代外销瓷研究论文集》，紫禁城出版社 1988 年版，第 17 页。

纹饰。"①

中国外销瓷的题材基本可以分为四类：（1）纹章瓷；（2）人物画瓷；（3）船舶图；（4）花卉。而广彩瓷多表现宗教内容，"这类题材的订制较多地绘有耶稣降生、受洗、受难、复活、升天的场景，常常是几件盘子为一套，也称为'耶稣会瓷'，多销往信奉基督教的国家，一般用于宗教活动或只作陈设用"②。

广彩，是中国外销瓷的主要品种之一。广彩的出现就是为外销，因而形成一种墙里开花墙外香的局面。从它300多年前诞生起，广彩循着海上丝绸之路走进了世界各地。我国商人投其所好，乃于景德镇烧造白器，运至粤垣，另雇工匠，仿照西洋画法，加以彩绘。于珠江南岸之河南，开炉烘染，制成彩瓷，然后售之西商户，由此而知，起初广州并无烧制白瓷胚的窑口，是直接在景德镇加工好瓷胚后运来，再按西方的审美习惯加以彩绘烧制而成，然后通过水路销往世界各地。

欧洲当时已是先进的地区，对瓷器的款式要求也相当讲究，除购买成品瓷器，还特地向我国订制，包括器形尺寸和图案。据我们所知，"在18世纪的一百年之间，华瓷输入欧洲，据最保守的估计，也当在六千万件以上"③，华瓷入欧洲的最早证据，据说是出土于意大利的宋代瓷片，除了大量输出瓷器，在18世纪，中国"开始大量炼制专为外销欧洲的所谓'中国外销瓷'。中国这种外销瓷的最早的标本，现在所知道的，当推一种绘有葡王马努埃尔一世（1495—1521）纹章的青花瓷壶……这些中国外销瓷，除了白瓷雕瓷是福建德化窑之外，都是江西景德镇炼制的，先由景德镇烧成白瓷，然后运到广州，在广州城南的河南岛上的工场中，依订单上的样板施加釉外五彩的洋彩"④。

外销瓷纹饰上的一个特点，就是画工要依样本摹绘。

广东省发现的宋元时期外销窑址，有广州、惠州、南海、佛山、廉江和遂溪，影响较大的是西村窑和潮州窑……从西村窑发现的外销青白瓷产

---

① 梁正君：《清代广彩人物纹饰与西方人物绘画》，《文博》2009 年第 5 期。

② 同上。

③ 夏鼐：《瑞典所藏的中国外销瓷》，《文物》1981 年第 5 期。

④ 同上。

区看，它的主要销售地区是东南亚各国，也外销日本。[①]

密教在民国初年的传播，密教在民国时期曾得以复兴，但主要是东密，即日本的真言宗在中国一些居士的倡行下得以复兴，藏密是在东密台密的复兴同时，也在内地出现，但没有大面积传播。

1888 年（光绪十四年），英帝国主义第一次发动了在我国西藏地区的侵华战争，即隆吐山战役。隆吐山失守，英军占领了隆吐山、纳汤等地区。

1903 年（光绪二十九年）7 月，英帝国主义派荣赫鹏率领一支万人大军，由麦克唐纳少将指挥，开始了对我国西藏地区第二次大规模的武装侵略。12 月 12 日，英国偷越了则利拉山口，13 日进驻仁进岗，21 日占领帕里。1904 年 1 月，英国又相继占领了堆拉、戈吾等地，矛头直指江孜。从此开始了以江孜人民为主的西藏人民反抗英帝国主义武装侵略的第二次抗英战争。

1903 年 12 月，英国派兵侵入中国西藏，次年西藏人民同英国侵略军进行了英勇的斗争。英军攻陷拉萨后，强迫西藏部分官吏签订所谓《拉萨条约》，企图把西藏划入它的势力范围，遭到中国人民的坚决反对。清政府未予承认。英国分割中国领土的野心未能得逞。

通过这些侵略战争，是否有藏传佛教外传的可能呢？

这批瓶子高约 1.2 米，这样大型的瓷瓶可能用于陈设，如《陶雅》所记：“瓶之绝大者，高与人齐，西人置之楼梯之侧以为陈设。”[②] 而这样大批量（500 多个）是需要大空间来存放的。还有一个推测，就是笔者认为，这批藏佛瓶子可能是给东密复兴的日本寺庙烧造的，这一点也得到收藏者提供的一个模糊的线索的证实，据收藏者提供，这批瓶子可能是其先人给日本寺庙烧造了，后由于某种原因，没有运达日本。

这批广彩藏佛瓷瓶，属于外销瓷的范畴，上面的尊神是画工在瓷胎上依样本绘制的，由于这种图样在这里出现的频率并不高，因此，画工对于一些图样的细节并不熟悉，出现了模糊不清的表现。因此进一步推测画工就是通常画彩瓷的汉族工匠，而不是藏族画工。这批瓷器可能原打算在东

---

① 叶文程：《唐代陶瓷的生产和对外输出》，《中国古代外销瓷研究论文集》，紫禁城出版社 1988 年版，第 28 页。

② （清）陈浏著《陶雅》卷上。

密复兴的潮流中，运往日本，推测外销者可能对于日本的东密、台密与藏密的关系并不十分清楚，只是认为是密教的题材而已。这批瓷瓶的用途可能用于寺庙陈设，从近 500 个瓶子的规模来推测，应是销往比较有实力的较大的日本某个寺庙。

（李翎，中国国家博物馆研究员）

仪轨梵音

水陆法会与密教

——以藏外水陆法会仪式文本及斋僧背景为切入点^①

侯　冲

水陆法会与密教有关，此前已经有学者指出。如周叔迦先生说："水陆法会，全名'法界圣凡水陆普度大斋胜会'，是佛教中最盛大的宗教仪式之一。……水陆法会是北宋神宗时才兴盛起来的，是由唐代密宗的冥道供和梁武帝的《慈悲忏法》综合组成。"^② 林子青先生解释"水陆法会"也说："水陆法会，略称水陆会，又称水陆道场，悲济会等，是中国佛教经忏法事中最隆重的一种。这种法事是由梁武帝的《六道慈忏》（《即梁皇忏》）和唐代密教冥道无遮大斋相结合发展起来的。"^③

长期以来，周、林两位先生的观点一直得到普遍认同。一些学者沿袭勿替，虽然利用敦煌遗书中保存的水陆法会相关材料和明代刊本《天地冥阳水陆仪》讨论水陆法会源流及其与密教的关系，但并未见实质性突破。也就是说，尽管出现了一些新成果，但周、林两位先生对水陆法会与密教关系的说明，至今在学术界仍有相当大的影响，并未因新成果的出现

①　本文为上海高校一流学科（B 类）建设计划上海师范大学"哲学"规划项目；国家社科基金项目（11BZJ007）、上海市教委科研创新资助项目"敦煌佛教仪式文献研究"和国家社科基金重大项目"密教文献文物资料整理与研究"（12&ZD129）、"敦煌遗书数据库建设"（12&ZD141）阶段成果。

②　周叔迦：《法苑谈丛》，《周叔迦佛学论著全集》，中华书局 2006 年版，第 1082 页。

③　林子青：《水陆法会》，载中国佛教协会编《中国佛教》（二），知识出版社 1982 年版，第 383 页。

而有所变更。

必须指出的是，周、林两位先生用来讨论水陆法会的材料，只是习见的《大正藏》、《续藏经》和清代中晚期以降丛林流行的《水陆仪轨会本》。那么，如果有关水陆法会的材料，并非周、林二先生和此前其他相关研究者所知道的那几种，对这个问题的认识是否会有所改变呢？

新材料的出现，有助于从新的角度研究新问题，往往也对旧问题的研究结论提出挑战。本文首先罗列目前笔者所知部分藏外水陆法会相关材料，以明水陆法会研究存在诸多新材料，有进一步拓展研究的空间；其次提出解读这批材料的思路是斋僧，将水陆法会放在斋僧的背景下，可以对水陆法会有新的解读；最后就水陆法会与密教的关系提出自己的看法，指出水陆法会与密教存在三个层面的关系，其中第三个层面，即以焰口施食为核心的瑜伽显密法会，是其中流行时间最长、影响最大的水陆法会。

一　藏外水陆法会仪式文本

除敦煌遗书中相关材料和明版水陆仪见于几个中外图书馆外，目前公共图书馆中，以云南省图书馆和甘肃麦积山石窟艺术研究所保存的藏外水陆法会仪式文本稍多，但数量有限。大量的藏外水陆法会仪，主要在民间流传。下面所列相关文献并非笔者所知的全部，而仅为其中的一部分。它们是：

1. 东都发愿文（伯2189）（梁武帝萧衍，大统三年写本）[①]

2. 坛法仪则（包括《金刚峻经金刚顶一切如来深妙秘密金刚界大三昧耶修行四十二种坛法经作用威仪法则　大毗卢遮那佛金刚心地法门密法戒坛法仪则》和《金刚峻经金刚顶一切如来深妙秘密金刚界大三昧耶修行四十九种坛法经作用威仪法则　大毗卢遮那佛金刚心地法门密法戒坛法仪则》，伯3913、北敦15147、甘博015、北敦02301背、斯2316背、北敦02431背、北敦06329背、斯2144背、北敦02074）[②]

3. 金刚界大毗卢遮那佛摄最上大乘秘蜜（密）甚深心地法门传授蜜

---

①　黄征、吴伟编校：《敦煌愿文集》，岳麓书社1995年版，第283—292页。

②　方广锠主编：《藏外佛教文献》第十一辑，中国人民大学出版社2008年版，第17—231页。

（密）法界（戒）大三昧耶修行瑜伽心印仪（斯 2272 背）

4. 金刚廿八戒、散食法等（伯 3861、北敦 06504 背、伯 2649 背、斯 2685、斯 3427 背、斯 5589、斯 6897 背）

5. 结坛散食回向发愿文（斯 2144 背、斯 3875、斯 5232、北敦 05298）①

6. 散食文（斯 3914、斯 4306、斯 4454、斯 4474、斯 4511、斯 4537、斯 5589、斯 5957、伯 3149、上图 060）②

7. 无遮大会疏文（斯 0663、伯 3542）③

8. 一行大师十世界地轮灯法（斯 2454 背）

9. 广施无遮道场仪、大黑天神道场仪（大理国写本）④

10. 无遮灯食法会仪（洪武三十五年重抄大理国本）⑤

11. 天地冥阳水陆仪（宗赜，明刊本）

12. 楞严解冤释结道场仪（祖照，明刊本；清抄本；民国抄本）⑥

13. 圆通三慧大斋道场仪（侯溥，明刊折本；清抄本；民国抄本）

14. 地藏慈悲救苦荐福利生道场仪（元照，清康熙抄本；道光抄本；清抄本）⑦

15. 重广水陆大斋道场仪（祖觉，明刊本；明抄本；清抄本）

16. 如来孝顺设供拔苦报恩道场仪（思觉，明抄本；清康熙抄本；清抄本）⑧

17. 天地冥阳金山水陆法施无遮大斋仪（眉山水陆，清光绪抄本；现代抄本）

18. 佛说消灾延寿药师灌顶章句仪（若愚，清嘉庆抄本）⑨

---

① 黄征、吴伟编校：《敦煌愿文集》，岳麓书社 1995 年版，第 562—579 页。

② 同上书，第 580—603 页。

③ 王书庆：《敦煌佛学·佛事篇》，甘肃民族出版社 1995 年版，第 90—91 页；郝春文主编：《英藏敦煌社会历史文献释录》第三卷，社会科学文献出版社 2003 年版，第 465—468 页。

④ 方广锠主编：《藏外佛教文献》第六辑，宗教文化出版社 1998 年版，第 360—381 页。

⑤ 方广锠主编：《藏外佛教文献》第十六辑，中国人民大学出版社 2011 年版，第 25—38 页。

⑥ 方广锠主编：《藏外佛教文献》第六辑，第 35—226 页。

⑦ 同上书，第 227—313 页。

⑧ 方广锠主编：《藏外佛教文献》第八辑，宗教文化出版社 2003 年版，第 53—358 页。

⑨ 方广锠主编：《藏外佛教文献》第七辑，宗教文化出版社 2000 年版，第 114—225 页。

19. 水陆大斋五味密科（旧抄本）

20. 启谢科（又名九朝法事启谢科文、水陆九朝启谢师祖科文、水陆九朝书等）（清嘉庆抄本；光绪抄本）

21. 法界圣凡水陆胜会修斋仪轨卷一（天地冥阳水陆斋仪纂要一卷）（志盘撰，明刊本）①

22. 水陆无遮平等斋仪撮要并附录（明刊本）②

23. 天地冥阳水陆斋仪梵音删补集（智还集，排字印刷本）③

24. 水陆诸科（蒙山、宝台、谢过科）（旧刊本）④

二　水陆法会与斋僧

上列藏外水陆法会仪式文本，虽非笔者所见材料的全部，但已表现出复杂多样的特点。从名字来看，它们有不同的称名，或称无遮，或称水陆，或称其他名；从作者来说，除此前见于史志并为大家熟知的梁武帝萧衍、僧人宗赜、元照、祖照、祖觉、志盘等，还有不少则名不见经传；从文本形式来说，有水陆仪，也有表达水陆斋意或回向意愿的斋文；从文本内容来说，有专门用于无遮会或水陆法会的仪式文本，也有名义上不是水陆仪但实际上用来举行水陆法会的报恩科、楞严科、地藏科等；从宗派属性来说，有密教的，也有天台的，有华严的，还有禅宗的；从时间来说，有南北朝时期的，也有唐末五代至宋代的，还有元明时期抄写刊刻或编辑过的；从地域来说，有中国各地流行使用的，诸如甘肃、四川、云南、河北等地，也有流传到韩国和越南并曾经为当地僧人使用的；有的曾见诸佛

---

① 《韩国佛教仪礼资料丛书》第一辑，保景文化社 1993 年版，第 573—620 页。所收底本为汉城大学奎章阁藏本。另有韩国东国大学中央图书馆藏成化六年刊本。感谢哈佛大学博士候选人卜向荣（Phillip Bloom）先生提供 PDF 文档。

② 《韩国佛教仪礼资料丛书》第一辑，第 621—649 页。所收底本为韩国东国大学中央图书馆藏刊本。感谢哈佛大学博士候选人卜向荣（Phillip Bloom）先生提供 PDF 文档。

③ 《韩国佛教全书》第十一册，东国大学出版部 2002 年版，第 458—523 页。感谢斯坦福大学博士候选人杨朝华先生寄赠复印件。

④ 《水陆诸科》，洪福寺藏版，越南国家图书馆藏。下载地址：http://bbs.gxsd.com.cn/forum.php? mod = viewthread&tid = 369872&highlight = % E6% B0% B4 E9% 99% 86% E8% AF% B8% E7% A7% 91 （20130617 摘取）。http://ishare.iask.sina.com.cn/f/21389075.html 也有下载信息。相关介绍见 http://www.foyuan.net/article – 726716 – 1.html。

教史籍，但大部分从未为史志记载。它们虽然未见于历代经藏，但其复杂性、多样性、丰富性，无疑是此前研究水陆法会的学者始料所不及的。

在此之前，由于文献有限，对水陆法会的解读难免存在偏误。现在，每个见过或部分见过种类如此繁多、内容如此复杂的仪式文本的研究者，都面临如何对其解读，才能得出让人信服结论的问题。显然，找到一个可以提出自己观点而又可以让自己或他人验证的方法，无疑是一个有效的新思路。

笔者认为，解决这一问题的办法，是将水陆法会放在斋僧这一宗教实践活动中去解读和评判。事实证明这一办法是有效的。

其一，从名词概念的使用来看，斋僧又被称为应赴，应赴又与修建水陆法会等同。斋僧在一定意义上可以被称为水陆法会。

先说斋僧即应赴。唐代僧人义净《南海寄归内法传》卷一"受斋轨则"（或作"受斋赴请"）章记述斋僧时，既从施主的角度，又从僧人的角度使用了不同的专有名词。从施主的侧面，称为"斋法"、"斋供"、"设斋"、"设斋供"、"设供斋僧"、"设食"；从僧人的侧面，称为"食法"、"赴请"、"赴供"、"受斋"、"受供"、"受斋供"、"受斋赴请"。①表明斋僧从施主方面的称呼，与从僧人方面的称呼，名称各不相同。从施主侧面，称为"斋僧"；但从僧人侧面，则可以称为"赴请"或"应赴"，即僧人赴应施主之请，接受供僧斋食。"斋僧"与"应赴"，名异而实同。

再说"应赴"与修建水陆法会等同。清《省庵法师语录》卷上有"应赴说"，其文称："或问曰：应赴之说，始于何时？余曰：古未之闻也。昔白起为秦将，坑长平降卒四十万，死入地狱。至梁武帝时，致梦于帝，乞所以济拔之方。帝觉而谋诸志公，公曰：闻大藏中有《水陆仪文》一卷，如法行持，可以济拔。于是集天下高僧建水陆道场七昼夜，一时名僧咸赴其请。应赴之说，盖自此始。"②苏曼殊《断鸿零雁记》第二十三章亦说："应赴之说，古未之闻。昔白起为秦将，坑长平降卒四十万。至梁武帝时，志公智者，提斯悲惨之事，用警独夫好杀之心，并示所以济拔之方。武帝遂集天下高僧，建水陆道场七昼夜，一时名僧，咸赴其请。应

---

① 王邦维：《南海寄归内法传校注》，中华书局1995年版，第26—69页。
② 《卍续藏》第62册，第245页下。

赴之法，自此始。"① 这两条记载虽然是清代以降才出现的材料，但仍然表明，已经有人认为，僧人应赴被认为与梁武帝举行水陆法会有密切关系。上文已指出，义净《南海寄归内法传》对斋僧的介绍表明，应赴即赴请，即斋僧。因此，这两条材料表明，从梁武帝开始时举行的水陆法会，就是斋僧。在一定意义上，僧人应赴时为满足施主愿望举行的斋供仪式，都可以称为水陆法会。

其二，从实际内容来说，无遮大会是大施会，大施会是大型斋僧会。"水陆"与"无遮"名异实同，无遮会就是水陆会，水陆会就是无遮会。

此前有不少学者以为无遮大会就是辩论大会。这是对无遮大会的歧解。事实上无遮大会是大型供僧布施会，在这个供僧大会上，僧人应斋主之请，在会期可以举行讲经、辩经、替斋主授戒等仪式。但这些仪式都只是属于供僧布施会的附从，而不是其核心内容。讲经会、论辩会等宗教活动，如果没有斋僧这一程序，不称为无遮大会。

佛经对无遮大会是大型布施会的记述较多。如《佛本行集经》卷十有文说："我于彼时，在此城内，所有街陌、四衢道头，或复坊巷，随有处立大无遮会，所有财宝，皆悉布施。须食与食，乃至资生，五行调度，皆令满足。"② 表明设立无遮大会的目的，乃在于布施所有财宝。正由于这个原因，建无遮大会又被称为设大施会。唐法藏述《华严经探玄记》卷八解释说："设大施会者，是无遮大会，种种皆施，谓不限物，不局时，不遮众，无前无后，等施一切故也。如下香牙园处设大会等。梵名般遮于瑟，此云无遮大会也。"③ 清楚证明了大施会就是无遮大会，无遮大会就是大施会。

佛经同样表明，大施会是大型斋僧会。《维摩诘经》卷上说："我昔自于父舍设大施会，供养一切沙门、婆罗门，以及诸外道、贫穷、下贱、孤独、乞人。"④《大方等陀罗尼经》卷三说："时有居士设大施会，请沙门、婆罗门、贫穷、下贱，须衣与衣，须食与食，须珍宝与珍宝。"⑤ 表明大施会的具体内容，就是舍施或供养一切沙门、婆罗门，及诸外道、贫

① 国学备要本。
② 《大正藏》第 3 卷，第 698 页中。
③ 《大正藏》第 35 卷，第 263 页中。
④ 《大正藏》第 14 卷，第 543 页下。
⑤ 《大正藏》第 21 卷，第 655 页中。

穷、下贱、孤独、乞人食物、衣服、珍宝等。但大施会的核心为斋僧，所以法琳《辩正论》说："右陈世五主……无遮大会，供僧布施，放生宥罪，弘宣十善，汲引四民，难得称矣。"[1] 释惠洪建炎二年（1129）撰《资福法堂记碑》有文称："（潮音堂）越明年七月而堂克成，凡用缗百万有余，乃设无遮大会，饭凡圣僧而落成之。"[2] 这些材料均证明，无遮大会是设供斋僧布施。没有婆罗门等，只要有斋僧施僧的内容，对佛教来说仍然是无遮大会；但如果没有斋僧供僧的内容，则不是佛教所说的无遮大会。另外，佛教史籍《法显传》明确称："般遮越师，汉言五年大会也。会时请四方沙门，皆来云集，集已，庄严众僧坐处，悬缯幡盖，作金银莲华，着僧[3]座后，铺净坐具。王及群臣如法供养，或一月、二月、或三月，多在春时。王作会已，复劝诸群臣设供供养，或一日、二日、三日、五日，乃至七日[4]。供养都毕，王以所乘马，鞍勒自副，使国中贵重臣骑之，并诸白氎、种种珍宝、沙门所须之物，共诸群臣，发愿布施众僧。布施僧[5]已，还从僧赎。"[6] 表明国王及群臣举行无遮会布施的对象是沙门，而斋僧是布施活动的重要程序之一，无遮大会即大施会，是大型斋僧法会。

正是由于无遮会即大施会，是大型斋僧法会，而斋僧即应赴被与开建水陆法会等同，故无遮会就是水陆会，水陆会就是无遮会。在宋元时期佛教典籍中，如惺《大明高僧传》卷一"元杭州上天竺沙门释性澄传"称"释性澄，字湛堂，号越溪。……将行，俄有旨即白莲寺建水陆大无遮会，时丞相东平忠献王请升座说法"[7]，卷三"苏州华山沙门释祖住传"亦称"释祖住，字幻依，麓亭其号也。……淮安胡给事延住钵池山，造

① 《大正藏》第 52 卷，第 503 页下。

② 《石刻史料新编》第三辑，台湾：新文丰出版股份有限公司 1986 年版，第 13 册，第 119 页下。

③ "僧"，校注本作"缯"，据校记改。

④ "乃至七日"，校注本无，据校记补。

⑤ "众僧。布施僧"，校注本作"布施"，据校记补。

⑥ 章巽：《法显传校注》，上海古籍出版社 1985 年版，第 20 页。

⑦ 《大正藏》第 50 卷，第 902 页下。

大藏经，作水陆无遮会"①，将水陆与无遮相提并论，称为"水陆无遮"
或"无遮水陆"，均表明水陆即无遮，无遮即水陆，它们名异实同。在佛
教文献中如此，在宗教实践活动中也是这样。

其三，将藏外水陆法会仪式文本放在斋僧的背景下，根据它们在实践
中的实际应用，可以对其有立体而切实的理解。

我们知道，斋僧是僧人接受信众之邀，应赴施主斋食，通过施食、行
嚫前后的咒愿，通过讲经说法、授戒等，满足施主各种各样的需要。与此
相对应，在举行包括水陆法会在内的佛教仪式时，所使用的仪式文本往往
会不同，诸如佛经、忏仪、科仪、宝卷、授戒文，等等，就会被分别用于
讲经、拜忏、行科、宣卷、授戒等；而不同的斋意，有时又可以使用同一
种仪式文本，如《坛法仪则》包括49种或42种坛法，它可以适用于不
同斋意的佛教法会仪式；《金刚经》不仅可以被用来祈吉祈祥，同样可以
被用来替人治病、解冤释结和超度亡灵等。

也就是说，斋僧的实际情况往往比较复杂，使用的仪式文本可能很
多，也可能只有一种；同一种仪式文本，由于斋主有不同的意图或需要，
所以往往会被用于满足斋主需要的法会仪式。正如人们在戏台上可以演不
同的戏，并非只能演同一出戏，而唱同一出戏可能是为了满足不同的需要
一样，斋僧作为佛教仪式的平台，僧人使用仪式文本的随机，与使用不同
甚至同一仪式文本的应缘，对于理解斋僧和水陆法会及其仪式文本，无疑
是一个较好的切入点。

其四，斋僧奠定了正确理解水陆法会历史的基础。此前人们由于不知
道水陆法会是无遮大会的别称，拘泥于水陆法会出现的年代，并根据后世
流行的水陆仪怀疑梁武帝与水陆法会的关系，提出水陆法会宋代以后才形
成和兴盛。如近年仍盛传的"梁朝的水陆斋会一事只是传说"，"唐代的
两位关键人物亦无水陆斋的史迹可寻"②，出发点没有问题，但技术手段

---

① 《大正藏》第50卷，第911页下。清徐昌治编《高僧摘要》卷四"释祖住"条有"淮
安胡给事延住钵池山，造大藏经，作水陆无遮会"之文，显然摘自如惺文。参见《续藏经》第
87册，第349页中。

② 道昱：《水陆法会渊源考》，《普门学报》2007年1月第37期。

的欠缺，尤其是未广泛搜集并研究资料，导致其结论存在偏误。①

　　将水陆法会放在斋僧的平台上来理解，可以弥补因文献记载欠缺而留下的空白，以前存在的诸多问题可迎刃而解。对水陆法会的偏误认识和曲解，也可以因此而得到纠正。试列举如下：

（一）梁武帝举行水陆法会

　　史载梁武帝一生多次举办无遮大会，而无遮大会后世称为水陆法会，因此，唐以降佛教史籍称梁武帝举行过水陆法会，创水陆仪，并非传说和附会。唯一要指出的是，梁武帝设无遮大会的形式是斋僧布施，所以当时的水陆法会，与后世以赈济焰口即施饿鬼食为核心程序的水法会，名字相同，但仪式的核心尤其是仪式文本则不同。前者的核心是斋僧施僧食，后者的核心是请僧人来举行施饿鬼食仪式。用宋代甚至明清时定稿的水陆仪判定梁武帝是否编水陆仪，而不是将其放在斋僧的背景下，根据较早的水陆仪式文本，尤其是梁武帝自己举行无遮大会的愿文来展开讨论，其结论难以让人信服。

（二）水陆法会与荐亡会关系

　　水陆法会与荐亡会存在天然的关系，但水陆法会有多种功能，并不只是救拔诸鬼的法会。

　　之所以说水陆法会与荐亡有天然关系，是基于斋僧功德而言。佛经称斋僧有命、色、力、安、辩等五种功德。而在斋僧实践活动中，斋僧还具有利济先亡的功能。关于这一点，王邦维先生综合义净对斋僧的记载做了说明：

> 　　施主设斋的目的，就是要为自己或自己有关的人获取功德。义净的记载很能说明这一特点。印度斋僧，斋供末了，总有一个必不可少的程序，将供食普施众生，然后"以上先亡及余神鬼应食之类"。这时上座还必须洒水念诵咒愿：

---

① 有关唐代英禅师举行水陆法会的考订，详见拙文《唐代英禅师举行水陆法会考》，载增勤主编《首届长安佛教国际学术研讨会论文集·长安佛教的历史演进与传播（下）》，陕西师范大学出版社 2010 年版，第 41—49 页。

"以今所修福，普沾于鬼趣。食已免极苦，舍身生乐处。菩萨之福报，无尽若虚空。施获如是果，增长无休息！"

……义净这里讲的是大乘的情况，而在当时主要奉行小乘的南海地区也一样。南海斋僧，最末一个程序也是僧人们念诵陀那伽他，内容是："须称施主名，愿令富乐。复持现福，回为先亡。后为皇王，次及龙鬼。"①

也就是说，不论是大乘佛教的斋僧还是小乘佛教的斋僧，第一项功能就是将斋僧福德回施先亡和诸神鬼。云南西双版纳南传上座部佛教地区，甚至还流传如果不通过斋僧则亡魂无从得食的故事，说明在佛教看来，斋僧与施神鬼食确实存在密不可分的天然关系。从斋僧具有功德这一点来说，无遮会即水陆法会由于是广施无遮，其对应的功德也无遮，其与荐亡存在天然的关系，自在情理之中。

说水陆法会有多种功能，一方面基于设无遮会斋僧的功德，另一方面则是现实存在的事实。关于第一点上文已经指出，关于第二点则有诸多文本依据。如《无遮灯食法会仪》有文称：

又恐弟子某甲行年降于三煞元辰五鬼之乡，尽禄箅穷，形破灾厄，大小行年，与身相违，感诸灾异。或口舌枉横，或被人谋，颠倒失常，身心迷惑，眷属分散，身命忧危星之所愆，有如是难。长星勃于天汉，诚奸恶于下方。五星聚散，相持金木血光，怪异星光，无处□有大灾，或水旱兵戈，异炁搅扰。愿佛光与灯光而洞照，庇护弟子私云：厄难消灭，福寿延长，妖怪消亡，吉祥速至。

皇帝云：厄难消灭，圣寿无疆，皇基永固。

为产：保护守胎，母子安乐。

为囚：枷锁解脱，口舌自消。

为兵行：怨敌消亡，兵戈早息。

远行：无辱君命，来往康宁。

---

① 王邦维：《义净与〈南海寄归内法传〉》，第139—140页，附入《南海寄归内法传校注》。

_{为亡:}速超苦海，早证菩提。①

　　文中的"私云"和"皇帝云"，指的是在举行法会时，僧侣根据施主不同，使用不同的文字。而"为产"、"为囚"、"为兵行"、"远行"、"为亡"，则是根据不同的斋意，选择使用相应的文字诵念。表明举行水陆法会，并不是只有荐亡这一目的，还可以祈雨祷晴、护国佑民等。

　　上文提到，斋僧以满足施主各种各样的需要为目的，因此不同的仪式可以满足相同的斋意，一种仪式也并不只是与某种斋意相对应；僧人举行不同的仪式，但最终可能只是达成相同的斋意；僧人举行同一种仪式，可以有不同的施主，可以达成不同的斋意。对于水陆法会这样功德巨大的法会来说，尤其如此。因此，如果把水陆法会只是理解为超度亡灵的荐亡会，显然失之偏颇。

（三）水陆法会有一个从施僧食到施饿鬼食的转变

　　斋僧是施僧食，最早的水陆法会即无遮大会，其核心仪式程序是施僧食，所以相关仪式程序都围绕施僧食来展开，如咒愿分食前咒愿和食后咒愿，僧人讲经是食后讲经等。这一情况从唐代开始有了变化，具体来说是随着密教瑜伽焰口仪轨的翻译传播，水陆法会的核心仪式程序从斋僧向施饿鬼食转变，斋僧在设供仪式程序中不再是核心，它的核心地位被施饿鬼食取代。现存大型水陆仪的仪式程序表明，施饿鬼食是不同仪式文本必不可少的核心程序，使用这些不同仪式文本举行的水陆法会，自然同样是以施饿鬼食为核心程序。南宋宗晓编《施食通览》，表面上是收罗施食相关文献资料，但实际上这些材料大都出自宋代水陆仪，从另一个角度证明了这一点。与此相对应的是，唐末五代以后，有关斋僧的记载渐趋减少，而有关举行水陆法会等仪式的记载则越来越多。

　　至此可以看出，此前认为水陆法会宋代形成，其实只是看到了水陆法会的后期历史，即水陆法会已经由斋僧转变为施饿鬼食以后的历史，并不全面。至于将梁武帝《慈悲忏法》或《六道慈忏》（《即梁皇忏》）作为水陆法会仪式文本的来源，根据《水陆仪轨会本》讨论水陆法会与天台忏法的关系，所论只是水陆法会诸多表现的一种，并不是基于诸多水陆法

---

①　方广锠主编：《藏外佛教文献》第十六辑，第34页。

会仪式文本基础上的讨论。以之为水陆法会的一般形态，同样是以偏概全，失之片面。

三 水陆法会与密教的关系

将目前搜集到的新资料放在斋僧的平台上进行考察，可以看出水陆法会与密教的关系至少包括三个层面，一是水陆法会与密教无必然关系，二是水陆法会即密教法会，三是水陆法会融合显密，被称为瑜伽显密法会。这三个层面的关系在中国佛教史上，分属不同历史时期的主流形态，故并不互相排斥。从时间来看，以第三种流传时间最长，对汉地佛教的影响也最大。此前认为水陆法会在北宋神宗时才兴盛起来的，是由唐代密宗的冥道供和梁武帝的《慈悲忏法》综合组成，主要基于其第三个层面得出的认识，而未讨论其他两个层面，所以并不全面。另外，水陆法会融合显密的时间，可以提早到唐末五代时期，并非迟至北宋。下面试做展开。

首先是水陆法会与密教无必然关系。具体有两个方面的原因，一是斋僧的对象不一定是密僧，二是斋僧时的咒愿未必是密咒。由于密教是特定历史时期才出现的佛教宗派，历史上大部分佛教僧人都不是密僧，所以这一点毋庸再论，下面只说第二点。

咒愿是依随舍施而出现的。舍施有舍施衣食、住宅、药物等多种，咒愿亦有相对应的种类。由于斋僧时的施食咒愿最具代表性，材料亦最为丰富，故这里主要讨论施食咒愿。咒愿是斋僧时必不可少的仪式活动。施主设供斋僧，是修善积德的行为。僧人应赴受斋，对施主的善行应作相应的响应或表示。最初僧人并未意识到这一点，由于有施主责难僧人在这方面不如婆罗门，佛才专门定制，要求僧人在受斋时，必须由能作咒愿的上座向施主咒愿。《十诵律》卷四十一记载此事说：

> 佛在舍卫国新造祇洹竟，诸居士办供具，多诸比丘来，千二百五十人。……时诸比丘次第入，次第坐，次第食，次第起，次第去。时默然入，默然坐，默然食，默然起，默然去。诸居士呵责言：有余沙门婆罗门，赞呗咒愿赞叹。沙门释子，自言善好有德，默然入，默然坐，默然食，默然起，默然去。我等不知食好不好。诸比丘不知云何。是事白佛，佛言：从今食时，应呗咒愿赞叹。诸比丘不知谁应

作。佛言：上座作。尔时偷罗难陀，少学寡闻，时为上座。佛言：若上座不能，次第二应作。第二不能，第三应作。如是次第，能者应作。①

以此之故，僧人在接受施食时，都要咒愿施主。接受施食后表达食好与不好的咒愿，一般当为食后咒愿。但僧人在食前，也需要咒愿。据义净《南海寄归内法传》记载，佛教的食前咒愿至少有两种。一种是释迦牟尼佛在受食前咒愿。义净称"佛与大众受他毒食，佛教令唱三钵罗佉哆，然后方食，所有毒药，皆变成美味。以此言之，乃是秘密言词，未必目其善至"②。另一种是北方诸胡僧人的食前咒愿。具体表现是"施主先呈华盖，供养制底，大众旋绕，令唱导师广陈咒愿，然后方食"③。北方诸胡的唱导师就是咒愿师，"制底"为梵文音译，意为寺宇塔庙，说明北方诸胡是由施主以华盖供养寺宇塔庙，大众先旋绕寺塔，由唱导僧人咒愿后受食。

由于佛的食前咒愿可以将"所有毒药，皆变成美味"，故这种咒愿明显带有诵密咒的成分。不过，诵咒并非佛教尤其是密教所独有，仅仅只是诵咒，并不能就称为密教，存在这种食前咒愿，也不意味着就是密教，何况食前咒愿并非都属于这种形式，所以，从斋僧时的咒愿来说，水陆法会与密教无必然关系。

其次，水陆法会就是密教法会。这包括三个层面的意思。一是密僧赴请受供时，作为对斋主斋僧布施回应的咒愿和举行的佛教仪式，由于斋僧在一定意义上可以称为水陆法会，故理所当然，密僧的受斋赴请都可以称为密教水陆法会。二是使用密教水陆法会仪举行的法会，自然也可以称为密教水陆法会。三是密僧未使用水陆法会仪式文本，而是其他密教仪式文本举行水陆法会，同样可以称为密教水陆法会。三层意思中，第一个层面的意思，只要对斋僧有一定的了解即可明晰，可不做展开，下面仅说另外两个层面的内容。

先说使用密教水陆法会仪。提起密教水陆法会仪，最先要提的当然是

①　《大正藏》第23卷，第299页上中。
②　王邦维：《南海寄归内法传校注》，第54页。
③　同上书，第69页。

此前被广泛关注的密教冥道无遮大斋仪。此仪在中国未见传本，仅在日本佛典《行林》（No. 2409）等书中保存有相对完整的仪轨。① 它本身就是唐代密教的水陆道场仪，属于水陆仪之一。此前不少学者以为水陆法会是将其与梁武帝《梁皇忏》结合发展起来的，并将其作为其他水陆仪的源头，不能称为符实。因为见于冥道无遮大斋仪的文字，不少同样见于不空译《瑜伽集要救阿难陀罗尼焰口轨仪经》（No. 1318）、阿谟伽三藏撰《焰罗王供行法次第》（No. 1290）等。它们都属于同一类型的密教经典，但并无它们源自冥道无遮大斋仪的证据。换句话说，目前可以将它们并列作为唐代密教水陆仪讨论，而尚无讨论它们先后和是否存在相互影响的证据。在这种情况下，用一种水陆仪代表诸多水陆仪，显然不是妥当的。

大理写经中的《广施无遮道场仪》、《大黑天神道场仪》和《无遮灯食法会仪》此前一直未受到关注。表面上看，《大黑天神道场仪》与水陆法会没有直接关系，但从大理国存本的情况来看，《广施无遮道场仪》、《大黑天神道场仪》"字体同一风格"②，显然出自同一人之手，都当属于密教水陆仪之一。这与《行林》第七十八为"大黑天神法"、第七十九为"神供"、第八十为"施饿鬼法"、第八十一为"冥道供"，颇有相近之处。《广施无遮道场仪》的"八大明王"③，据说就是由八金刚变现而成的。④ 与后世水陆法会中出现八大明王或十大明王可互相印证⑤，进一步说明《广施无遮道场仪》确实是被用来举行密教水陆法会的仪式文本。

这些密教道场仪有相近之处：一是文本中往往有"平等无遮"、"无遮食"、"无遮广大供养"等词。这一点与无遮大会、水陆会名异实同可相印证。二是往往包括施饿鬼食，所施食既有甘露食，也有法食。其中尤其重要的是，这些密教道场仪，既包括不空等传承的金刚部的道场仪，同样也包括胎藏部的道场仪。大理地藏寺经幢铭文所说"秘密五普贤"和

① 《大正藏》第 76 卷。

② 方广锠主编：《藏外佛教文献》第六辑，第 372 页。

③ 同上书，第 364 页。

④ 侯冲：《大理国写经研究》，载汪宁生主编《民族学报》第四辑，民族出版社 2006 年版，第 43—46、58—61 页。

⑤ 孙博《青龙寺水陆画中的唐密因素》一文认为"十大明王最早见于唐不空译《瑜伽集要焰口施食仪》"（《山西档案》2013 年第 1 期），不确。所据《嘉兴藏》本明确署"西夏护国仁王寺法师不动金刚重集"、"清天溪香乳行者受登诠次"，非不空原本。在年代稍早的不空译《施食仪》中，并无十大明王的踪迹。

《广施无遮道场仪》中的"五密萨埵五普贤"① 即其属密教金刚部的例子，《广施无遮道场仪》所请为"诸佛如来部、佛母莲花部、真智金刚部"② 则是其属于胎藏部的证据③。

再说不使用密教水陆仪而使用其他密教仪式文本举行的水陆法会。正如斋僧没有规定只能吃某一种食物一样，举行水陆法会同样没有要求一定要使用哪一种水陆仪。因此，密僧不用密教水陆仪举行水陆法会，自然就不是什么问题。斯0663 被拟名"水陆无遮大会疏文"，可从。其中有文称"厥今置净坛于八表，敷佛像于四门，中央建观音之场，释众转金言之部，设香馔供三世诸佛，散净食于水陆生灵"④，所说"中央建观音之场"，不能确知是何种观音，但理解为密教观音则未见异议。表明现实中确实存在根据非密教水陆法会仪举行密教水陆法会的情况。当然，相对于使用专门的密教水陆仪举行水陆法会来说，这种情况出现不多，所以留下的材料也相对较少。

第三是唐末五代以后，水陆法会成为融合显密的瑜伽显密法事。此前不少人对佛教的认识，往往是非显即密，甚至是非禅即密的。这种简单的思维模式显然影响了他们对水陆法会的认识。因为水陆法会显密兼备，融全显密，与他们的思维方式完全冲突。

水陆法会融合显密的情况在唐末五代已经出现。如伯3542 同样被认为是无遮大会即水陆法会的疏文或斋文，其中有文称："厥今朱明半掩，令公钦慕于金田；炎景初临，使君倾心于席侧。舍珍财于宝地，祈恩于三世之前。设大会举郡无遮，焚名香而雾盖。八音竞凑，合渔梵而盈场；五岳交驰，随钟铃而应众。……释迦四会，了了分明。贤劫顶生，威光自在。四天护世，振定遐方。菩萨声闻，证成实相。《报恩》寻因获果，《法华》诱化童蒙。《金光明》劝念甚深，《思益》通霄万里。《天请问》随问开决，《华严》谈法界之宗；《楞伽》顿舍高心，《药师》发十二上愿。降魔伏诸外道，归正舍邪。维摩示病示身，舍利弗宣扬空教。龙天八

---

① 方广锠主编：《藏外佛教文献》第六辑，第365 页。
② 同上书，第361 页。
③ 有关水陆法会仪与胎藏部有关系的观点，得自于哈佛大学博士候选人卜正荣先生的来信。谨表示感谢！
④ 王书庆：《敦煌佛学·佛事篇》，第90 页；郝春文主编：《英藏敦煌社会历史文献释录》第三卷，第465 页。

部，助势加威；十六善神，延祥应福。观音菩萨，随类现形。如意宝轮，随求获果；不空羂索，济美众生。文殊普贤，会同集圣。建之者消殃万劫，睹之者罪灭恒沙。"① 所列诸经，大部分是显宗经典；所记佛神，则包括有如意轮、不空羂索等密教神祇。表明当时举行的水陆法会，已经是兼容显密的水陆法会。

目前我们搜集到的宋代编集的水陆法会仪式文本已有相当数量。它们大都由教诫、提纲、仪文和密教四部分组成，并分为四类文本。与文本相对应，参与举行法会的法师分为奏名法师、提纲法师、主仪法师、密密法师、表白法师、咒水法师等。② 其中主仪法师、提纲法师和密教法师，显然分别持诵该科仪的仪文、提纲和密教。举行法事时，他们相互配合，共同完成一台大型法会。除仪文外，他们还需要挂榜、发牒、奏疏、奏状、上表，说明法会的日程和目的，沟通人神。称所举行的是瑜伽显密法事。但不同地方用来表述的名称颇多差异，所见有"修建瑜伽显密西域往生道场"、"修建瑜伽大教显密灵文皈谢冥阳四府酬还星官受生预寄进奉大善经斋"、"修建瑜伽大教显密灵文皈天谢恩九品诸天预禳还纳元辰地府忏解血湖愆尤进奉祈恩悔罪追荐赈济奠安集福经斋"、"修建瑜伽显密大教皈答冥阳晓谕诸司保安大善经斋"、"修设瑜伽显密圆通三会大法斋科"、"启建释天大教瑜伽显密布功大斋"等。表明这些仪式文本及相关的法会仪式，都是显密结合的。

当然，正如杨锷是"祖述旧规"③ 编制水陆仪文一样，宋代以降用来举行水陆法会的这些仪式文本，它们的编撰都是有根据的。目前发现最早的可与这些仪式文本相对应的，当推敦煌遗书中的《金刚顶迎请仪》、《金刚顶修习瑜伽仪》和《坛法仪则》。它们出现的时间，可推定为唐末五代。宋代的诸多大型佛教仪式文本，一方面继承了其融合显密、显密兼容、以施食为核心的内容和特点，另一方面也继承了其斋职分工组合和文本分类组合的形式。这些仅保存在敦煌遗书中的文本，因为残缺而长期没有得到合理解读。我们根据诸多宋代仪式文本的组合特点，对其进行了还

---

① 王书庆：《敦煌佛学·佛事篇》，第 91 页。
② 侯冲：《云南阿吒力教经典研究》，中国书籍出版社 2008 年版，第 346—353 页。
③ 《卍续藏》第 75 册，第 304 页上。

原性解读，并讨论了它们与宋代以降水陆法会仪式文本的关系。① 由于已发表专文，可参考，兹不再述。

宋代编制的水陆仪，大部分都参考过杨锷《水陆仪》，笔者综合所见材料，对其做了讨论，大致揭示了其中包括的显密兼容的内容。② 先后参考杨锷《水陆仪》编成的宗赜《水陆仪》、祖觉《水陆仪》，笔者同样根据所见材料分别做过考察。③ 对一些大型科仪则进行了整理，并探讨了它们与四川地区佛教石刻造像的关系。④

就这些材料的属性来说，笔者认为它们"是密教传入中国后在唐宋时期与中国传统文化及佛教显宗结合的产物"⑤。它们内容兼涉显密，与会昌法难以前的密教道场仪有明显的区别，笔者称之为"瑜伽教道场仪"，并多次做过说明，相关论述见于拙文《佛教不只是非显即密》⑥，可参考。这里不再赘述。

从时间上来说，以焰口施食为核心仪式程序，融合显密的水陆仪，被用来举行水陆法会，从唐末五代至今，历经一千余年，可谓流行时间最长；影响范围则如前面所说，不仅中国各地，甚至远播韩国和越南，故影响最大。

（侯冲，上海师范大学哲学学院教授）

---

① 侯冲：《密教中国化的经典分析：以敦煌本〈金刚顶迎请仪〉、〈金刚顶修习瑜伽仪〉和〈坛法仪则〉为切入点》，《圆光佛学学报》2012年6月第十九期，第141—172页。

② 侯冲：《杨锷〈水陆仪〉考》，《新世纪宗教研究》，宗博出版社2010年版，第1—34页。

③ 侯冲：《洪济之梵仪——宗赜〈水陆仪〉考》，载黄夏年主编《辽金元佛教研究》（上），大象出版社2012年版，第362—396页；《祖觉〈水陆斋仪〉及其价值》，载峨眉山佛教协会编《历代祖师与峨眉山佛教》，四川出版集团、四川人民出版社2012年版，第251—263页；《祖觉〈水陆斋仪〉的特点及影响》，载《第二届弥勒文化学术研讨会论文集（上册）》，四川乐山，2011年9月，第246—257页。

④ 侯冲：《宗赜〈孝行录〉及其与大足宝顶劝孝石刻的关系》、《论大足宝顶为佛教水陆道场》、《宋代的信仰性佛教及其特点》等，载《云南与巴蜀佛教研究论稿》，宗教文化出版社2006年版，第270—375页；《再论大足宝顶为佛教水陆道场》，载高惠珠、王建平主编《科学·信仰与文化》，宁夏人民出版社2007年版，第296—312页；楼宇烈主编《当代中国宗教研究精选丛书·佛教卷》，民族出版社2008年版，第239—256页。

⑤ 侯冲：《云南与巴蜀佛教研究论稿》，第267页。

⑥ 侯冲：《佛教不只是非显即密——为拙文〈论大足宝顶为佛教水陆道场〉补白》，《佛教文化》2008年第6期（总第98期），第66—69页。

论声音的宗教作用

——以密教与婆罗门教的共同点为中心

严耀中

宗教的形成和传播离不开语言，包括文字和口语，因此语言的特征也会影响到宗教的特征。以梵文为代表的印度文字和世界上大多数语言一样，是以表音字母为基础，如此竟也使婆罗门教和密教在宗教形态的构成上，发挥了连接点的重要作用。而且因为这个特点与以形表义的汉字系统迥然有别，所以在中国产生了各种新的影响。

一 语言的宗教功能

语言是思想的载体，包括口语和文字①，当然也是信仰的载体。思想是通过语言表达出来的，而没有思维也就无所谓语言，因为符号的相互约定要通过脑子。因此信仰的表达与接受，语言也就成了必然的媒介。语言发展到一定程度就产生了文字，并且开始了口语与文字相互影响而演进之新阶段。由于视觉和听觉会给人带来不同的生理和心理的感受，不同条件下发展起来的语言也就有了差异颇大的功能特征。

语言既然能作为一切事物的表述基础，意味着它既是好事物出现的基础，也是坏事物出现的基础，那么语言本身也有了好坏之分，而信仰本身也是用来判别好坏的一种尺度。佛家把"正语言"列为八正道之一，又

---

① 其实所有人使用的符号系统，都可纳入广义的语言范围之内，如旗语、手语等等。由于题目所限，本文不多加讨论。

把"不妄语"作为大戒之一，恐怕也是出于这种考虑。以这种逻辑来考虑，语言既然是成道的条件，其具有神性也是必然的了。

语言有了属性，就会有宗教功能，在宗教里口语和文字都有着各自的功能，也往往结合在一起。不过文字虽出自语言，但其一旦成为视觉符号后，与口语在传播信息的途径上就有了重大的分工。因此当语言专指口语时，声音就是其必不可少的物理基础。因为先有口语后有文字，而口语是建筑在声音的基础上的，由声音组成系统的语言表达是象征着人被自身创造的一个重要方面。无论是何种文字，表音是其一大功能。反过来说，"因字有语，因语有名，因名有义"①。这样字母就具有"印契乃兼标帜之意"②。因此，语言，及作为其基础的声音由于给生命的质量带来之飞跃而被作为生命最高形式的人所珍视，完全是理所当然的。至少印度的婆罗门教是这样认为的："语言决定一切事物，语言是它们的基础，它们都出自语言。"③

对宗教而言，语言的复杂却可使其萌生出很多的神秘性，因为一种语言里的明白句子，对不懂该语言的人们听来，犹如难以知晓的谜语，由此也可成为咒语的一个来源，成为宗教之工具。带着神秘性的咒语是一种特殊的语言，一种在特定信仰范围内为人神交流需要所约定的符号系统。于是作为印符之字母亦"成意密所观之境，口密所诵之咒"④。这样文字就使听觉的符号系统变成视觉的符号系统，使文字有了同样的陀罗尼效力。

二　印度宗教中的语言特征

首先，"梵音洋洋，周浃寰宇"⑤。在印度宗教里，语言的这种功能早就被充分地认识和重视，并且相互伴随着一起形成了自己的特点。"据传说，印度的原始文字，由梵王诵出，所以称为梵语。"⑥ 因此在婆罗门教

---

① 大村西崖：《密教发达志》卷一，日本国书刊行会昭和四十七年版，第35页。

② 大村西崖：《密教发达志》卷一，第147页。

③ 《摩奴法典》第四卷，中译本，商务印书馆1985年版，第113页。

④ 大村西崖：《密教发达志》卷一，第148页。

⑤ 宗晓撰《四明尊者教行录》附录二，王坚点校本，上海古籍出版社2010年版，第189页。

⑥ 印顺：《文殊与普贤》，载《佛教史地考论》，中华书局2011年版，第157页。

中，"语言是婆罗门的武器，应该利用语言来消灭压迫自己的人"①。这种认识应该很早就有了，"在《梨俱吠陀》里就已经把语言神格化了，在《阿闼婆吠陀》和《夜柔吠陀》则更突出，不仅以语言（Vāc）自身为神，并将抽象的语言具体化为代表各个内容之神"②。也就是语言之"神性"系其最重要的特点。

在语言种类繁多的印度，"古代印度人认为咒语有一种神秘的力量，在禅定的状态下念咒语就更有力量"。在婆罗门教神话里，"婆罗门的咒语具有无比的威力，可以改变一个人的命运，甚至连天神也常常是他们诅咒的受害者"③。因此对婆罗门教来说，"语言是婆罗门的武器，应该利用语言来消灭压迫自己的人"④。所以要"婆罗门极其专心致志念诵包括咒文和祭书的梨俱、耶柔或娑摩吠陀本集及其奥妙的分支，可解除其一切罪恶"⑤。这同样使咒语在佛教中渐渐流行开来，并且成为它与婆罗门教之间的重要纽带。由此也可理解"又婆罗门教以声音为一种神灵而极重之。如声论派（婆罗门之一派）创声为常住不灭之说，可以为证"，而"诵咒祈神降魔等，婆罗门教，用之颇古。祈祷所用之曼荼罗，多有灵验。由祈祷文一变而信其言句文句有大不可思议之力，渐成神秘，终成陀罗尼"⑥。佛教发展到后来，密教的真言宗所依循的也正是这样的路子。

其次，语言的工具作用不能忽视。与中国相比，在以梵文为主的印度语言，语音就在宗教传播时受到格外重视，口语成了印度宗教里教义传播的第一载体。这也是因为在古代社会里，文字总是只能被少数人掌握，因此使用口语的传教面要远远大于依靠文字所进行的传教。同时，鉴于梵文是拼音文字，语音在意思表达上至少比汉语重要得多。并于此形成了理论系统。如加米尼（Jaimini）在其学说里强调祭祀中要有正确的发音和音调。婆罗门教的这个特点也被佛陀所指出，如说造"婆罗门法"的毗耶

---

① 《摩奴法典》第十一卷，第364页。
② 高楠顺次郎、木村泰贤：《印度哲学宗教史》第一篇第二章，明治书院昭和廿三年版，第124页。
③ 薛克翘：《中印文学比较研究》第四篇，昆仑出版社2003年版，第210页。
④ 《摩奴法典》第十一卷，第364页。
⑤ 同上书，第289页。
⑥ 蒋维乔：《中国佛教史》第十四章，上海古籍出版社2004年版，第174页。

娑仙人"善知声论"。① 对于被视为天启的"《吠陀》之声，不是凡夫所造用的语言，它能显示唯一真实之义"②。这是由于"根据印度教的传说，这些经文是由梵天神口传给圣人的，并由婆罗门以口头的形式一代代传下来，一直延续到现在"③。《梨俱吠陀》"因为古代印度婆罗门祭司把它作为圣典，口传秘授，细心保存，一个音也不容改动"④。

再次，由于语言的神性和工具功能，语言也就有了宗教属性，尤其在宗教纷呈之早期。有一件并非不重要的事，就是在佛陀时代，"巴利文就是佛所说的话"。而且佛陀的"语言政策"是，"梵文绝对不允许用，但是方言俗语的利用是完全可以的"⑤。在这种方言俗语混杂的情况下，不可能对咒语重视起来，因为后者对语音有着准确和统一标准的很高要求。大约到了公元 4 世纪前后，"佛教徒纷纷摒弃俗语，采用印度贵族语言梵语"⑥，于是和佛教中的密教化进程一致了起来。这不仅在语言上把佛教统一起来，也把佛教和婆罗门教因密教化而易于交流，为日趋统一拓宽了道路。这里，语言的分分合合，表示着宗教的分分合合。

三　佛教中语言功能的发展——以密教为代表

佛教兴起后，出自于对印度文化的承袭，语言也在信仰中占有重要的地位。所以不论是佛陀说法，还是结集时对佛法的认定都是靠语言来完成的，"夫大圣一音，则贯三千而惣摄；或随机五道，乃彰七九而弘济"⑦，"声闻"也作为成道的重要一途。佛教思索的结果，与婆罗门教同中有异，犹如一个根部上生出不同的枝干，即所谓"同迦陵之声，等神鸾之

---

① （元魏）瞿昙般若译《毗耶婆问经》卷上。

② 土观·罗桑却季尼玛撰《土观宗派源流》第一章，刘立千译本，西藏人民出版社 1984 年版，第 8 页。

③ N. A. 贾伊拉兹波易：《音乐》，载 A. L. 巴沙姆《印度文化史》第十六章，中译本，商务印书馆 1997 年版，第 312、313 页。

④ 金克木：《〈梨俱吠陀〉的祭祖诗和〈诗经〉的〈雅〉、〈颂〉》，《北京大学学报》1982 年第 2 期。

⑤ 季羡林：《原始佛教的语言问题》，《北京大学学报》1957 年第 1 期。

⑥ 林梅村：《寻找楼兰王国》第二十三章，北京大学出版社 2009 年版，第 174 页。

⑦ 《南海寄归内法传》卷四，王邦维校注本，中华书局 1995 年版，第 187 页。

响"。① 尤其是到了大乘佛教发展时期，语言及声音问题成了其与婆罗门教争论的一个要点。其要点在于语言的基础声音是常还是非常，进而是有还是空。因为"天竺颂法，如输卢迦（Šlaka），怛利室都婆（Triṣṭbubh），阿梨耶（āryā）等，最讲究长短声，因为声音一不对，连意义和格式都不对了"。② 这在宗教仪轨上当然是绝对不允许的。

佛教，尤其是被称为真言乘的密教，也有着类似的功能，其对语言的神性有着很大的发展。密宗"之所以名声卓著，首先是因为它强调一些有法力的梵文咒语，这些咒语被称为真言和陀罗尼"③。后者称之为"一切众生语言陀罗尼"④。陀罗尼的咒语之所以有如此功用，是因为"咒是三世诸佛所说，若能至心受持，无不灵验"，所以"夫神咒之为用也，拔蒙昧之信心，启正则之明慧，裂重空之巨障，灭积劫深疴"。⑤ 佛教在中国影响最大的观世音菩萨，系"承佛威神音响教化"⑥，于是"应声菩萨则观世音菩萨也"⑦。所谓的称名念佛也与此相关，鸠摩罗什在注释"观世音菩萨"含义时云："世有危难称名自归，菩萨观其音声即得解脱也，亦名观世念亦名观自在也"⑧，并由此产生种种神通，"各以梵音声，阐扬微妙法"⑨。这是因为口语比较文字更具有独特性，也就是更具有秘密性，口口相传也就成了密教的主要传播方式。在唐代，"不论僧人还是俗人，念诵陀罗尼几乎成为一种时尚"⑩。

在宗教实践上，密咒在寺院内外都作为一种重要的修行方式，而密咒有两个主要特点。其一，密咒的作用全在于声音之正确，文字所记录的也仅是其读音。其二，"须知密秘，语同意别"⑪。也就是视咒语中的声音

---

① 《法苑珠林》卷三十六，周叔迦、苏晋仁校注本，中华书局 2003 年版，第 1166 页。

② 许地山：《梵剧体例及其在汉剧上底点点滴滴》，载《中印文学关系源流》，湖南文艺出版社 1987 年版。

③ 罗伯特·沙夫：《走进中国佛教："宝藏论"解读》"附录一"，中译本，上海古籍出版社 2009 年版，第 271 页。

④ （后秦）鸠摩罗什译《妙法莲华经》卷六《药王菩萨本事品第二十三》。

⑤ 《法苑珠林》卷六十，周叔迦、苏晋仁校注本，第 1774、1773 页。

⑥ （后秦）竺佛念译《中阴经》卷下。

⑦ 性我《孔雀经音义》下卷。

⑧ （后秦）僧肇撰《注维摩诘经》卷一。

⑨ （唐）义净译《佛说弥勒下生成佛经》。

⑩ 吕建福：《中国密教史》第四章，中国社会科学出版社 1995 年版（修订本），第 487 页。

⑪ 《佛祖统纪》卷三下，释道法校注本，上海古籍出版社 2012 年版，第 97 页。

（包括文字记录的读音）为独特的符号，与一般的语言意义相脱离。如此保持了它最大的神秘性，据说"一个人只要把注意力集中在他的语音上，就能逐渐超越愚昧无知和激情等品质，而处身在善良品质的高度上"①。这样，咒语在密教里就发挥着双重功能：自救与救人。前者指依此与大日如来沟通而成道，后者则用此以神通驱逐诸邪，安抚生灵。

四　声音符号成了密教和婆罗门教的连接点

声音在宗教话语中的作用主要分两个方面：其一是在语言传播中的作用，作为人们的公共约定，其发声标准及形和义，皆为人所垄断；其二是它被宗教所赋予的神秘性，具有特殊约定的意义，也由此对声音之要求与及功能之阐释有着特别的规定。

语言的基础是声音，梵语结构中音的功能很重要，如"往往用一个鼻音把某些动词的现在时跟其他形式区分开"②，即音有主次之别，所谓"八音并行，君臣以相御"③。而声音的基点则是现代声学中的概念"元音"。如是，"所有印度哲学体系都曾对于声之本质、声之物理的或意义的方面有过深刻的思索"④。

话语中声音之发，是一个生理现象。掌握发声的正确与否，是对身体功能的一种把握，这在现代声学系里最基本也是最重要的专业训练，其实婆罗门教和密教早就在做了。因为咒语功能之发挥的一个重要前提就是要念诵得准确，不仅如此，真言力量的真正显现在于念诵者之身心合一。这种功夫的锻炼，由此分成两步，却都依仗于婆罗门教内的瑜伽，因为它被当作"一切活动的艺术"⑤。在瑜伽中，通过"由'体式'与'调气'的综合程序，我们的有体之生理力量是宁静化了，集中了，生命力量发为一旋律底运动，能够止息且集中为其上升作用之一高等权能"⑥。尤其当

---

① 毛世昌、刘雪岚：《辉煌灿烂的印度文化的主流——印度教》第十六章，中国社会科学出版社 2011 年版，第 290 页。

② 爱德华·萨丕尔：《语言论》第四章，中译本，商务印书馆 1985 年版，第 63 页。

③ 《初学记》卷十六"琴"部引应劭言，中华书局 1962 年版，第 387 页。

④ 舍尔巴茨基：《小乘佛学》第七章，中译本，中国社会科学出版社 1994 年版，第 49 页。

⑤ 《薄伽梵歌》第二章，嘉娜娃译本，陕西师范大学出版社 2007 年版，第 58 页。

⑥ 室利·阿罗频多：《瑜伽论》第一章，徐梵澄译本，商务印书馆 1987 年版，第 1 页。

"心灵之愈擅有了其神圣或精神本体，则亦愈擅有其自性的运动之管制"①。这样的权能或管制当然也会体现在发声上，反过来也一样，如"瑜伽行者通过念诵'唵'声来达到调息的目的"②。于此，婆罗门教和佛教中的密教在声音上又达到了某种一致。这种情况之出现在印度，原因之一是因为"印度古代很晚才有纸张，很晚才懂得印刷术。再加上自然条件等关系，写在树叶上的文字很难长久保存。因此主要靠口头传授文化知识"③。所以无论是婆罗门教，还是佛教，尤其后者发展到密教时，解经之音义时，先音后义，"得其音则义通，义通则理圆"④。如此当然和中国古代很不一样，即声音在宗教文化里的功能显得比中国重要得多。

在印度，元音是被视作圣音的。"在学习圣典开始和结束时，要念一个单音节圣言，凡阅读不以单圣言'唵'（aum）开始者会渐渐消失，不以它结束者会在脑海中不留痕迹。"⑤于是《"唵"声奥义书》（Maṇḍūkya Up.）谓："唵！此声，此宇宙万有也"，以及"凡过去者，现在者，未来者，此一切皆唯是唵声"。《弥勒奥义书》（Maitrayaṇ upanishad）颂道："若和合气息，'唵'声，万形色，或此自与合，是谓瑜伽术。"⑥《薄伽梵歌》还声称人在瑜伽状态中后"念出神圣的音节（OM）——至高无上的字母组合，如果此时想着至尊人格首神离开自己的躯体，就必将到达灵性星球"⑦。因此"那些知梵的人，总是要念诵'唵'"⑧。于是"在印度教的教义学习中，'唵'的音是 a、u、m（阿、污、么）三字组成，分别表示万物的发生、维持、终结，'唵'又被解释为世界的终结。后形成了各种神秘解释"⑨。这同样是因为"'唵'以表归仰之心也。后转为毗纽、

---

①　室利·阿罗频多：《综合瑜伽》第十七章，徐梵澄译本，华东师范大学出版社 2005 年版，第 175 页。

②　李建欣：《印度古典瑜伽哲学思想研究》第一章，北京大学出版社 2000 年版，第 16 页。

③　薛克翘：《中印文学比较研究》第四篇，昆仑出版社 2003 年版，第 245、246 页。

④　顾齐之撰《新收一切藏经音义序》，载《一切经音义》，上海古籍出版社 1986 年印本。

⑤　《摩奴法典》第二卷，第 34 页。

⑥　载《五十奥义书》，徐梵澄译本，中国社会科学出版社 1995 年版，第 731、462 页。

⑦　《薄伽梵歌》第八章第十三节，嘉娜娃译本，陕西师范大学出版社 2007 年版，第 161 页。

⑧　《摩诃婆罗多——毗湿摩篇》，黄宝生译本，译林出版社 1999 年版，第 186 页。

⑨　中村元：《比较思想论》第三章，中译本，浙江人民出版社 1987 年版，第 137 页。

湿缚、梵天三尊合一之标帜，古来外道明咒，起首皆用此语，佛教乃亦仿之"①。这里的"佛教"主要是指密教。

此外，在婆罗门教里，"'阿母'表湿婆神之声；'乌'字表毗修奴神等；文字声音，各有宗教意义；终成由'阿'字母音以及一切子音，皆有深远之意味；推而极之，万神皆有表其神之声音文字矣。佛教密宗诸佛菩萨，皆有种子；一切声音，母音子音，共有宗教的深义者，其端盖发于婆罗门教无疑"②。这样通过读诵就能起到"达其阿字之门，图其法身之体"③。

声音作为听觉符号来被人使用，时间上早于文字，范围上大于文字。文字只有人类使用，而一切生物都能发出声音，而且在相当多的场合下都起着传递讯息的符号作用。同时，无生命的物理作用所发出来的一些声音，对人类也能起到信息符号之作用，"山雨欲来风满楼"，风声雨声也是告诉人们要应对的信息符号。因此，知道声音，掌握声音，不仅能使人具有更大的能力，而且能使人与现象界，不管它是有生命的还是无生命的，融为一体。由此，既可以走向梵我一体，也可以接受大日如来的加持。所以失译《佛顶尊胜陀罗尼真言》云："夫诵陀罗尼，务存梵音。"可以说，这是婆罗门教与密教在对声音认识上最重要的共同点。

声音之产生神秘，不仅是由于能传递信息而使人的关系扩大，而且声波会激起共鸣，无论是对人体还是对事物。因此元音和所有表达思想的语言之间关系所显示的结构，其实和坛城的结构是一致的，体现着一多相即的原则。其深层机能，系凡振动碰撞，都有可能会发声，声源不一，但频率则可一致，所以即使是钟声，若有机缘，亦具威力。据说在"祇洹别有论师院，有一铜钟，形如腰鼓。是乾闼婆王之所造也。上有梵王、帝释、魔王、四王、八部男子等像。若有异学外道欲来击论，则使神通罗汉击之，声震三千。诸外道等将欲击扬，闻此钟声，诸根讷钝，无敢发言。若有好心请决疑者，闻此钟声，开发菩提，得不退转"④。佛教欲利用钟声与婆罗门外道斗争，正说明它们彼此之间对声音的功能有着共同的认识

---

① 大村西崖：《密教发达志》卷一，第50页。
② 蒋维乔：《中国佛教史》第十四章，第174、175页。
③ 《宋高僧传》卷二十五《读诵篇论》。
④ 《法苑珠林》卷九十九引《宣律师住持感应记》，周叔迦、苏晋仁校注本，第2855页。

和重视。

　　婆罗门教和密教还有着共同的梵文基础。梵文字体虽然有着不同的变体，但在众多方言的影响下，其读音差异之多又远远超过了字母的变体。这样一来，其读音就具有很大的特殊性，也就比文字更具有秘密性。这也是咒语被推崇的一个客观原因。咒语是一个符号系统，一个特殊的符号系统。该系统在密教中之成立，只是在一些特殊对象的有限范围内所约定的，即所谓字曼陀罗。而在曼陀罗中，"三昧耶即象征，可以摄音乐所表之美；法即文字所轨持，可以笼诗歌、小说、戏曲"[①]。密教里称之为陀罗尼的咒语其实也是一种语言。如果说"所有思想道路都以某种非同寻常的方式贯通于语言中"[②]，那么咒语就是通过体验符号功能来发扬主观能动性。这正是密教与婆罗门教的一个十分重要的共通之处。

五　余论：西来语音功能在中国的影响

　　这种影响可分成两个方面，宗教和文化，后者指的是宗教以外的文化。

　　佛教传到中国后，为了解决"梵汉殊感，故西方先音形之"[③]，亦以声像作为传教手段。除了利用语言和图像作为一般传教手段外，也注意到了咒语的功能，尤其是密教。"在佛教典籍里，有时也把真言和陀罗尼合在一起使用，称'真言陀罗尼'"[④]。所以"自后汉佛法行于中国，又得西域胡书，能以十四字贯一切音，文省而义广，谓之婆罗门书"[⑤]。因此在中国，咒语很快从密宗弥漫到显教各宗，成为汉传密教在中土连续存在之重要象征。这首先是那种对语和音的重视与先秦哲学有共鸣之处。"音出于性，言出于音，名出于言，事出于名。"[⑥] 由此而作为名正言顺的儒

---

①　大村西崖：《密教发达志》卷五，第 879 页。

②　海德格尔：《技术的追问》，载《演讲与论文集》，生活·读书·新知三联书店 2005 年版，第 3 页。

③　《续高僧传》卷二十五《唐终南山龙田寺释法琳传》。

④　薛克翘：《中印文学比较研究》第四篇，昆仑出版社 2003 年版，第 210 页。

⑤　《隋书》卷三十二《经籍志一》。

⑥　楚简《恒先》，转引自李零《上博楚简"恒先"语译》，载《中华文史论丛》2006 年第一辑。

家名学之铺垫。"唐音梵音相杂时，舜绂和雅熏风吹"①，梵乐合入礼乐是对此最好的写照。如唐代一位妇女彭氏"悟真如理性，虔奉内教，晨朝清净，转读讽念诸经及真言，常满千百遍，如此为志，未尝暂舍一时之功也，且恭敬供养心又倍于是"②。还有一位卢氏女更是"尝以诸佛秘密式是总持诵千眼尊胜等咒，数逾巨亿，则声轮字合，如闻一音，而心闲口敏，更了多字"③。有的为了更好地诵念钻研密经，能"原始要终，钩深诣赜"，就"构法宇于闺庭，缮秘言于贝叶"。④

为了保持咒语的宗教功能，所以汉译经文时尽可能地使用音译，由此还可以显示它的神秘性，但是外来的咒语如果要在中国原封不动地照搬使用，有着很多困难。首先因为在汉语与梵语等在结构上有很大的不一致，"语音当中没有像中国语这么富于两三拼的复原音的，也没有像中国语音节里的中心最大点这么游移不定的"，这"就不难懂为什么在这富于声调的中国语里想找出二合三合元音的领音的那个成素来，几乎是不可能的事情了"。⑤ 如此无疑对掌握突出元音作用的西来咒语之音调节律带来很多困难。也正因为如此，印度的音韵学就很早随宗教一起传入了中国，对汉语声韵起了很大的作用，不过此已非本文所要讨论的了。

其次，无论语言发挥哪种功能，都是作为一种宗教实践，一种体现教义和信仰的行动。但由于"汉梵极殊，音韵不可互用"⑥，尤其是"梵音为语，单复无恒，或一字以摄众理，或数言而成一义"，"音义合符，不可偏失"。⑦ 这会使汉传密教中的咒语准确性受到质疑，音义不符，影响到密咒的功效。当丝绸之路畅通无阻时，还可以得到来自天竺高僧们的随时纠正。但 13 世纪以后，这样的机会也难得了，这或许是密教在汉地衰落的原因之一。

---

① 齐己撰《赠念法华经僧》，载《全唐诗》第十二函，上海古籍出版社 1986 年版，第 2079 页。

② 《唐故太中大夫行中书舍人裴公夫人彭氏墓志》，载周绍良主编《唐代墓志汇编》，上海古籍出版社 1992 年版，第 2381 页。

③ 杜昱撰《有唐薛氏故夫人实信优婆夷未曾有功德塔铭并序》，载《唐代墓志汇编》，第 1479 页。

④ 《大唐曹州离狐县盖赞君故妻孙夫人墓志之铭》，载《唐代墓志汇编》，第 201 页。

⑤ 高本汉：《中国音韵学研究》第五章，中译本，商务印书馆 1994 年版，第 162、163 页。

⑥ 《法苑珠林》卷三十六，周叔迦·苏晋仁校注本，第 1171 页。

⑦ 《出三藏记集》卷一《胡汉译经文字音义同异记第四》。

　　再次，由于中国本土地域广大，各种方言杂陈，且来源众多。所以中国"在各时期中（甚而至于远古的时代）都有不同的方言存在"，故"常常有一个方言对于古某字有两种或几种读音"①，这就是方言与文字所体现出声随形、枝与干、末与本的关系。这对于外来的注音字也一样，一个佛经中的词以音译之，可能有很多不同的汉字组合，如夜叉又译成野叉、药叉、阅叉、夜乞叉，等等。于是咒语的统一使用就显得特别难，更难使人信服其会有宗教上的法力。如此也可以解释在土生土长的中国道教里，以形为重的符箓之重要性要远远过于咒语。

　　最后，至于中土佛教受到"大音希声"、"声无哀乐"等观念的影响②，向无声为声的理论方向发展。以"此时无声胜有声"为上乘，认为"至理无言，玄致幽寂。幽寂故心行处断，无言故言语路绝。言语路绝，则有言伤其旨；心行处断，则作意失其真"③。所以对声音本身之讲究就不大注重了，虽然诵经念佛始终在佛教里有着非常重要的作用，但已不在义学的范围内，而且对于声音功能之要求也是次要的，心中默念也可以。中国佛教中的禅宗以拈花传法，更是以语言为累赘了。这或许也是密教在中土昙花一现的原因之一，但已经不是本文讨论的范围里了。

　　与佛教一起进入中国的印度关于声音及其功能的认识与应用，对中国文化产生了很大的影响。如"中国当日转读佛经的三声，又出于印度古时《声明论》的三声。天竺围陀的《声明论》所说的声 Svara，与中国四声之声相类似，即指声的高低而言"④。对这种认识的深化，按照不少学者的意见，推动了中国诗词的格律化。

　　从文化方面说，声音在宗教中的作用还可以通过音乐来发挥，因为声音是构成语言和音乐的基础，两者都是一种经过约定的符号系统，用以表达人的各种思想与情感。因此音乐也是一种语言。据说"对于佛教徒来说，宗教仪式音乐可以意味着'佛国'。在佛教著作中，凡是佛逗留的地

---

① 高本汉：《中国音韵学研究》，第 237、540 页。

② 也有学者认为诵念梵呗之类的"佛教音乐是非哀非乐的妙音至乐"（周耘《曼妙和谐》第一章，宗教文化出版社 2011 年版，第 42 页）。此说至少是表示了显、密二教对声音功能认识上的一种差异。

③ 《高僧传》卷八《义解传论》。

④ 陈寅恪：《魏晋南北朝史讲演录》第二十一篇，万绳楠整理本，贵州人民出版社 2007 年版，第 307 页。

方，特别是弥勒佛的兜率天，都充满着音乐声音。当人世间举行盛大宗教活动时，就可以听到这种声音"①。其实这种对乐声之重视，也是婆罗门教的观念，"在《莎摩吠陀》里，已经有了现代音乐的七个音节"②。还若"'兴'声为意；'导唱'为语言。'高唱'为目。'答唱'为耳。'结唱'为气息。——此为'伽耶特黎'三曼，交织于生命气息中者也"③。梵呗也成了印度宗教文化影响中国的内容之一，若曹植"删治《瑞应本起》，以为学者之宗。传声则三千有余，在契则四十有二"④。虽则对声音的认识由此更加深入，却仍以文字为声音之本。"'字'与'声'的关系，就是'真'与'美'的关系。只谈'美'，不谈'真'，就是形式主义、唯美主义。"⑤ 中国古代所谓声音之真，其实是从声音反映着事物之规律的角度去理解，往往与"律"相连而讲究声律，所以与印度宗教的着眼点完全不一。不过这已超出了本文所讨论的范围。

　　总结一下，声音虽然在婆罗门教和密教里发挥着重大功能，并成为它们之间的连接点，但由于中国文化的根基在于非表音的汉字，重其形甚于重其音，所以在宗教及文化里都只能起着相对有限的作用，如此也可视为密教在华传播被局限的原因之一。

（严耀中，复旦大学文史研究院教授）

---

① 克林凯特：《丝绸古道上的文化》第七章，中译本，新疆美术摄影出版社 1994 年版，第 210 页。

② S. K. Kulkarni, *Hinduism-Triumphs and Tribulations*, Indus Source Books, Mumbai, 2008, p. 22.

③ 《唱赞奥义书》（Chāndoya Up.）第十一章，载《五十奥义书》，徐梵澄译本，中国社会科学出版社 1995 年版，第 107、108 页。

④ 《高僧传》卷十三《经师传论》。

⑤ 宗白华：《中国美学史中重要问题的初步探索》，载《文艺论丛》1979 年第六辑。

综　　述

法门寺地宫出土密教文物研究综述

姜 捷 李发良

　　1987 年法门寺地宫出土佛指舍利和大量唐代珍贵文物，是一次具有重大意义的考古发现。二十多年来，在法门寺地宫文物的研究当中，密教文物与地宫文化内涵研究一直是学术界比较关注的热点之一。法门寺博物馆作为专职负责法门寺文物收藏、展览、保护和学术研究的专门机构，在国内外学术界的大力支持下，我们非常重视有关密教文物的整理和研究工作，曾经举行过几次小范围的学术活动，也取得了一些比较突出的研究成果。这些成果，深深地影响或促进了中国密教研究的发展。然而，毋庸讳言，由于中国学术界独立开展密教研究的时间并不长，起步比较晚，基础比较薄弱，而有些学者又受到急功近利思想的影响，这些成果总体上仍显得比较粗糙，尤其在一些关系密教研究发展的路径、方法等重大问题上，存在着许多值得检讨、反思和进一步深入研究的地方。

一

　　法门寺出土密教文物及其内涵的研究，可以说与 1987 年 4 月地宫的发掘同时起步，文物工作者在发掘过程中似乎就已注意到密教文物的存在①，数月后披露所发现的各种器物有浓厚的密宗色彩②。1988 年《文

---

　　① 据韩伟《陕西扶风法门寺唐代地宫考古大事记》称：1987 年 5 月 9 日 2：40，"韩伟给金函暂定名为 45 尊造像盝顶金函"，"经韩伟与澄观、静一辨认，知金函顶部主尊为毗卢遮那佛，南侧主尊为宝生佛，西侧主尊为阿弥陀佛，北方主尊为不空成就佛，东方主尊阿閦佛，其眷属及天神不得辨认"，《文博》1993 年第 4 期，第 110 页。

　　② 《光明日报》1987 年 9 月 13 日报道"法门寺"。

物》第 10 期发表发掘简报，其结语中明确说："许多法器和供养器上多
装饰密教纹样，表明密宗在晚唐的皇室信仰中占有重要地位。"① 同期
《文物》刊载有关法门寺出土文物笔谈，其中有数位专家最早探讨地宫出
土的密教文物及其内涵。宿白认为法门寺密教文物反映出会昌法难后密教
仍然流行，它为了解中原及四川地区流行的十一面观音、千手观音等密教
形象提供了重要线索，并指出 45 尊宝函造像上的五方佛为金刚界曼荼罗
形象五方佛，除坛场外，羯磨杵、金刚单杵的图像以及智慧轮供奉物等，
都可补充晚唐密宗史。② 马世长也指出法门寺出土文物的密教性质及其重
要意义，还提出捧真身菩萨与像座构成一个完整的曼荼罗，八重宝函上錾
刻的佛教造像也明显地是象征一个曼荼罗，地宫四隅出土的阏伽瓶亦与密
教有关，尤其认为出土《真身志文》所载"先朝□结坛于塔下"是否指
设立坛场值得注意，"联系观点之用的阏伽瓶置于地宫四隅等迹象，或许
地宫的重建也有象征曼荼罗的含义"③。晁华山认为捧真身菩萨像座上多
面多臂菩萨和天神像是依据新传入的密宗经轨刻造的④。

　　1990 年 9 月 9 日至 13 日，法门寺博物馆举行首届国际法门寺历史文
化学术研讨会，有 2 篇论文讨论密教问题，一篇是吕建福《法门寺出土
文物中有关密教内容考释》，一篇是李克域《密宗与法门寺》，均辑入
《首届国际法门寺历史文化学术研讨会论文选集》，后公开出版。⑤ 李克域
论文主要讨论唐代密宗流传及其皇帝信奉密教的情况，不涉及法门寺密教
文物。吕文根据发掘简报，对法门寺出土的密教文物及其内涵做了较为系
统的考释和论证，全文分三部分，第一部分重点考释八重宝函中的第四重
金函造像，指出第四重金函正面造像主尊为如意轮观世音菩萨，后面造像
主尊为大日金轮，左面主尊为药师如来造像，右面造像主尊为释迦如来。
另对第七重银函四天王造像、捧真身菩萨底座八明王等护法造像以及相关

---

　　① 陕西省法门寺考古队：《扶风法门寺塔唐代地宫发掘简报》，《文物》1988 年第 10 期。

　　② 宿白：《法门寺塔地宫出土文物反映的一些问题》，《法门寺地宫出土文物笔谈》，《文
物》1988 年第 10 期。

　　③ 马世长：《珍宝再现　舍利重辉——法门寺出土文物观后》，《法门寺地宫出土文物笔
谈》，《文物》1988 年第 10 期，第 42 页。

　　④ 晁华山：《捧真身菩萨像座上的密宗像》，《法门寺地宫出土文物笔谈》，《文物》1988
年第 10 期。

　　⑤ 张岂之、韩金科主编：《首届国际法门寺历史文化学术研讨会论文选集》，陕西人民教育
出版社 1992 年版。

的密教法器做了考释，还对智慧轮的生平事迹做了考证。第二部分论证地宫放置文物所蕴含的密教内涵，认为"佛舍利入藏之时在地宫进行过密宗的舍利供养法仪式，凡供养造像及文物设置程序都与此有直接的关系"。其理由有四：（1）地宫密教文物造像符合密宗舍利供养法会所奉主尊；（2）地宫呈现的供养坛场与密宗供养法中的护摩坛场相同；（3）地宫供奉物的分布基本符合供养坛场的一般分布位置；（4）供奉法门寺舍利前后流行密宗舍利供养法。并认为："整个地宫及其文物内容体现两个思想：一供施舍利，以求所愿；二保护舍利，佛法永存。故地宫中最多的文物及其内容，一是供奉物，二是护法造像。密教造像和坛场设置也并不十分严格，就是说并非通常所见的诸种曼荼罗，所有内容均以供舍利、护舍利而取舍，地宫及其文物中也多与密宗无直接关系，而属于传统的一般密教信仰内容。"① 第三部分考证会昌法难之后的密宗的传承状况。

　　吕建福先生对法门寺地宫密教文物及其内涵的考释，具有开创性、系统性，奠定了法门寺密教文物研究的基础。其主要观点经得起时间的考验，至今仍对相关研究具有重要的指导意义。

　　1992 年召开国际法门寺佛教学术讨论会，密教受到会议的广泛关注，递交 6 篇专题论文，其中李富华《法门寺发现的〈普宁藏〉秘密经和〈普宁藏〉的续补问题》讨论法门寺发现的元代《普宁藏》刊刻密教经典②，杨维中《唐末五代汉地密教流布述略》补充考订唐末五代密教的流行情况，王仓西《法门寺地宫文物反映的密教内容浅析》、《法门寺出土文物中反映的密教高僧小议》，以及任新来《法门寺地宫文物与唐代佛教密宗的关系》等③，多以吕建福的研究为基础论述地宫文物放置程序内容及密教器物和有关法门寺密教僧人。李克域《法门寺与曼荼罗——略论地宫真身菩萨和单檐精舍》一文，提出捧真身菩萨是密教大供养天女——吉祥天女曼荼罗，是两种曼荼罗的结合体，上部为胎藏界，下部为金刚界，束腰以四天王连接，八个梵文字为八大菩萨名号，底座图像为八

---

　　① 吕建福：《法门寺出土文物中有关密教内容考释》，载《首届国际法门寺历史文化学术研讨会论文选集》，陕西人民教育出版社 1992 年版，第 160 页。

　　② 李富华：《法门寺发现的〈普宁藏〉秘密经及其续补问题》，《世界宗教研究》1993 年第 1 期。

　　③ 任新来：《法门寺地宫文物与唐代佛教密宗的关系》，《文博》1992 年第 4 期。

菩萨的变化身八大明王。① 文中还提出单檐四门精舍是密宗的方塔四角曼荼罗，属于金刚界曼荼罗。该文虽没有对文物加以考释，仅从理论上推断其内涵，但提出了重要的观点。

会议论文集中专门考释密教文物的是韩伟《法门寺唐代金刚界大曼荼罗成身会造像宝函考释》一文。该文对法门寺地宫出土的 45 尊鎏金银函造像做了详尽的描述，并通过与日本密教图像的比较和辨识，认为该造像为金刚界大曼荼罗成身会。还经与日本妙法院版《金刚界大曼荼罗》的五轮方位加以比较，指出："1. 唐代中轮较日本所传密宗中轮复杂得多，除毗卢遮那及四波罗蜜外，还有外四供养、四摄、四大神，以及待考的四天、四金刚，较日本大曼荼罗五轮多出 20 尊。2. 日本曼荼罗的四大神，即地神、风天、水天、在五轮外方坛之四个角内；法门寺则在中轮的左下、左上、右下、右上四角。日本四供养在五轮形成圆坛的四隅，而法门寺则在中台主尊的上、下、左侧。3. 妙法院曼荼罗之五轮圆坛界道、五轮内之四隅界道，诸天与金刚界道，均填以金刚杵；而法门寺五轮之界道全系金刚杵纹构成。4. 妙法院曼荼罗为 81 尊，法门寺则 45 尊。"出现这些差异的原因，认为"密宗东传后，血脉不绝，派系繁多，所以，大曼荼罗图位有所变化，自不为怪。当然也可能因受函体本身限制，法门寺成身会曼荼罗制作时，对图有所变更的缘故"②。

该文是在宿白等指出 45 尊宝函为金刚界五方佛曼荼罗造像基础上深入研究的结果，具有较高的参考价值。至于其具体观点，后来学术界有不同看法，1995 年罗炤发表《略述法门寺地宫藏品的宗教内涵》一文，认同其金刚界大曼荼罗成身会的说法，但对其论据提出异议，认为该宝函图像是严格按照不空传译的《略述金刚顶瑜伽分别圣位修证法门》鋆刻的。吕建福同年出版的《中国密教史》中则对其观点提出不同看法，认为 45 尊宝函造像为金刚界供养（羯磨）曼荼罗，书中通过分析大曼荼罗诸尊具有生灵座、四方诸尊为菩萨本形、四波罗蜜显菩萨形、瑜伽观想中呈现曼荼罗等四个特点来区分为羯磨曼荼罗，以 45 尊宝函造像诸尊均莲花座、菩萨皆金刚身、持标帜物住月轮为根据，而宝函也以供奉真身舍利为目的

---

① 李克域：《法门寺与曼荼罗——略论地宫真身菩萨和单檐精舍》，载《国际法门寺佛教学术讨论会论文集》，《人文杂志》1993 年增刊。

② 韩伟：《法门寺唐代金刚界大曼荼罗成身会造像宝函考释》，《文物》1992 年第 8 期。

铸造形像，故造像为供养曼荼罗。①

　　1994 年，梁贵林发表《法门寺唐代地宫北斗七星护摩坛场浅释》，对地宫密教内涵提出新说，认为法门寺地宫为北斗七星护摩曼荼罗坛场，说："法门寺唐代地宫后室是以八重宝函的第一枚舍利为主尊中心，各种供养道具按一定的仪轨依序放置的护摩曼荼罗坛场，这不论从文物的放置次序看，还是从文物的用途来看，都与北斗七星护摩坛场的仪轨、图像有本质的相同之处。"② 作者另发表《捧真身菩萨曼荼罗考释》，在李克域文观点的基础上，进一步认为捧真身菩萨为金刚界五方佛种子曼荼罗与胎藏界中台八叶种子和胎藏界八大明王，并认为此造像为佛眼曼荼罗。③

二

　　1994 年、1995 年，法门寺密教文物尤其地宫密教内涵研究进入"高潮"，被称为取得"突破性进展"，新闻媒体也不断炒作惊人之语。④ 据称，从 1994 年 3 月起，法门寺博物馆邀请中国佛教文化研究所所长吴立民、中国社会科学院世界宗教研究所佛教文化艺术研究室主任丁明夷，先后 5 次到法门寺考察，与陕西省专家聚会，共同探讨地宫问题，终于实现了对唐密地宫曼荼罗世界的全面破译，确认法门寺地宫在封闭时被布置为唐密曼荼罗。⑤ 据《法门寺佛教曼荼罗世界发掘和展现学术研讨会纪要》，至 1994 年 4 月 29 日，吴立民、丁明夷考察 2 次，并举行学术研讨会，称基本弄清了法门寺地宫曼荼罗世界的内容、形式、含义、历史地位及其宗教、文化艺术和旅游价值。⑥ 6 月 1 日，吴立民、丁明夷、韩金科等向中国佛教协会会长赵朴初汇报其研究成果，受到称赞，称"这是具有世界

　　① 吕建福：《中国密教史》，中国社会科学出版社 1995 年版，第 339—344 页。

　　② 梁子：《法门寺唐代地宫北斗七星护摩坛场浅释》，《文博》1993 年第 4 期《法门寺研究专号》，第 55 页。

　　③ 梁子：《捧真身菩萨曼荼罗考释》，（台湾）《故宫文物月刊》1994 年第 5 期。

　　④ 1995 年 1—3 月间，新华社记者王兆麟、边江最先有《具有世界意义的重大发现　法门寺地宫原是唐密曼荼罗》等法门寺文化系列报道稿 5 篇，详见韩金科主编《法门寺地宫唐密曼荼罗文化研究专号》，《法门寺文化研究通讯》1998 年第 9 期。

　　⑤ 韩金科：《法门寺地宫唐密曼荼罗世界全面破译》，《世界宗教研究》1995 年第 3 期。

　　⑥ 中国佛教协会佛教文化研究所、中国社会科学院世界宗教研究所、法门寺博物馆：《法门寺佛教曼荼罗世界发掘和展现学术研讨会纪要》，《法门寺文化研究通讯》1998 年第 9 期。

意义的重要发现、重大发现，十分了不起"！① 10 月下旬，吴立民在日本举行的第五届中日佛教学术交流会议上，首次向海外公开这一重大成果，随后又应日本真言宗十八派代表的邀请做专题演讲，均引起高度关注。② 1995 年 3 月 2 日，在北京举行法门寺唐密曼荼罗学术研讨会，吴立民、丁明夷分别介绍破译法门寺地宫唐密曼荼罗内涵的情况，受到佛教界、学术界专家的高度评价，媒体也以"具有世界意义的重大考古发现"、"破解法门寺地宫唐密曼荼罗奥秘"、"法门寺地宫曼荼罗世界全面破译"等醒目标题做了报道。3 月 26 日，法门寺地宫唐密曼荼罗文化陈列开放，各界隆重举行开放典礼大会，吴立民介绍法门寺地宫唐密曼荼罗研究情况及其主要观点。

这些情况由法门寺博物馆汇集为《法门寺地宫唐密曼荼罗文化研究专号》，作为《法门寺文化研究通讯》第 9 期，内部发行，其中有关学术性论文又编辑为《法门寺文化丛书》之五《法门寺文化研究——佛教卷》，内部印行。③ 其中代表性论文有吴立民、韩金科《一座伟大辉煌的历史宝库——法门寺地宫唐密文化略论》、吴立民《佛教·密宗·曼荼罗》、吴立民《法门寺地宫唐密曼荼罗文化研究专号》前言、《法门寺地宫唐密曼荼罗研究提要》④、丁明夷《法门寺地宫唐密曼荼罗之我见》⑤，而其最终成果为吴立民、韩金科《法门寺地宫唐密曼荼罗之研究》一书，1998 年出版。⑥ 其主要观点，吴立民在《前言》中做了集中表述，说："现已明确，整个地宫在封闭时被布置为唐密曼荼罗。地宫总体为佛指舍利供养大曼荼罗，佛指舍利为三昧耶曼荼罗，供奉佛舍利的诸种法器、供养器及供养法为法曼荼罗，如法供养为羯磨曼荼罗。六大瑜伽，四曼不

---

① 中国佛教协会：《法门寺大唐地宫佛指舍利供养曼荼罗揭秘　赵朴初会长召见有关人士座谈发表重要讲话》，1994 年 6 月 3 日，《法门寺文化研究通讯》1998 年第 9 期。

② 边江、王兆麟：《法门寺地宫唐密曼荼罗研究成果受到海内外有关方面高度关注》，新华社法门寺文化系列稿之三，新华社西安 1995 年 1 月 17 日电，《法门寺文化研究通讯》1998 年第 9 期。

③ 韩金科主编：《法门寺文化研究——佛教卷》，1998 年印行，所编论文均未标明论文发表时间，令人眼花缭乱，难辨次第。

④ 吴立民：《法门寺地宫唐密曼荼罗研究提要》，并见《佛学研究》1994 年总第 3 期，同文另题《法门寺地宫唐密曼荼罗之研究》，刊《法音》1995 年第 1 期。

⑤ 丁明夷：《法门寺地宫唐密曼荼罗之我见》，《中国文物报》1995 年 7 月 2 日第 3 版。

⑥ 吴立民等：《法门寺地宫唐密曼荼罗之研究》，中国佛教文化出版有限公司 1998 年版。

离，三密相应成就了法门寺地宫唐密曼荼罗。地宫一道五门四室，为增益护摩法之仪轨，香花灯涂，上供下施。地宫一道四室通彻全坛，体现金胎两界大日如来中道一实，四室四舍利表证四方四佛，建立两部曼荼罗。以后室供养第一枚'影骨'的八重宝函表胎藏界本有平等—理界—前五大—色法—莲花—因—东曼荼罗，故錾刻坛主界诸尊造像；以密龛供奉佛祖'灵骨'的五重宝函，表金刚界修生差别—智界—识大—心法—月轮—果—西曼荼罗，錾刻金刚界根本成身会 45 尊造像。地宫的供养物，同样按密宗仪轨的法则布置。而供奉于地宫中室的唐中宗李显皇帝为第二枚佛指舍利敬造的汉白玉'灵账'后的捧真身菩萨，则是金胎两部大法、两部曼荼罗之合体，为中国唐密所特有的金胎合曼之造像。在整个地宫这个步步登高、重重无尽华藏世界中，无住而住、有方有所、不生而生、如莲如月、结坛有序、位置如法、次第井然，融合唐密两部大法之精华，全面表证了佛教的大千世界和宇宙万事万物的实相。"① 另外，书中还对其他有关密教器物及其图像等依据前人成果也做了复述，但均未标明出处，也有一些新的说法。

　　法门寺地宫总体为唐密曼荼罗的观点发布后，学界迅即有了不同看法。在 1995 年 4 月 2 日的《中国文物报》上，罗炤发表《法门寺塔地宫不是曼荼罗》一文，否定"地宫为舍利供养坛城"的观点，以及已经"实现了大唐王朝舍利供养曼荼罗全面揭秘"的说法。认为"无论从教义、仪轨上，还是从具体供设上考察，法门寺塔地宫都不是曼荼罗坛"。"捧真身菩萨与鎏金菩萨'为金胎合曼之做法'……都难有文献与事实的根据。""考虑到建立曼荼罗的目的、条件、修曼荼罗法的作用，以及曼荼罗坛的形制特征，对照宝函和地宫的具体情况，笔者认为十分清楚：宝函、地宫都不是曼荼罗坛。"② 时过 3 个月，丁明夷也在《中国文物报》上著文《法门寺地宫唐密曼荼罗之我见》，重申地宫为唐密曼荼罗的一些主要观点，还着重从塔下结坛的记载再加论证，最后强调"对金胎两部曼荼罗之研究，应明其总体上的分别，解其法演之义，予以活看，不可拘

泥"①。8 月 27 日，罗炤又发表《再谈法门寺塔地宫不是曼荼罗——与丁明夷先生商榷》，以及《略述法门寺塔地宫藏品的宗教内涵》，进一步论证其观点，对唐密曼荼罗的说法再行反驳。② 不久，唐普世撰文《认清法门寺塔地宫的唐密曼荼罗》（后改题《法门寺塔地宫的唐密曼荼罗之我见——兼与罗炤先生商榷》发表），反驳罗炤论文的观点，维护地宫总体为唐密曼荼罗的说法，但认为 45 尊宝函造像为 81 尊曼荼罗。③

1998 年召开 '98 法门寺唐文化国际学术讨论会，有 9 篇论文讨论密教问题，④ 但其中除吴立民、韩金科的原作《法门寺地宫唐密文化述略》、唐普世《从法门寺地宫试论唐密教相法理及其曼荼罗》继续重复重申以前的观点之外，其他 7 篇论文都没有讨论法门寺密教文物及其内涵。于是，关于地宫总体为唐密曼荼罗之说的讨论渐趋沉寂。

其后日本学者赖富本宏针对吴立民、韩金科《法门寺唐密曼荼罗之研究》，2000 年发表《中国·法门寺出土的密教系列文物》，对该书中的错误做了纠正。⑤ 2002 年，笔者在台北召开的密教文化学术研讨会上递交一篇论文《法门寺捧真身菩萨莲座顶面梵字释证》，对捧真身菩萨莲座顶面上的三组梵文字母做了解读，纠正了吴立民、韩金科书中对大日如来三身真言的误解。⑥ 2004 年 4 月，日本学者越智淳仁在上海召开的空海与中日文化交流国际学术研讨会上递交论文《法门寺四十五尊金刚界曼荼罗的八大明王》，对韩伟提出、吴立民与韩金科论证的 45 尊宝函金刚界曼荼罗中的四神和四大明王的认定提出质疑，通过考证，认为 45 尊宝函上的八尊忿怒像是佛顶曼荼罗系列中展示的八大明王。⑦

---

① 丁明夷：《法门寺地宫唐密曼荼罗之我见》，《中国文物报》1995 年 7 月 2 日第 3 版。

② 罗炤：《再谈法门寺塔地宫不是曼荼罗——与丁明夷先生商榷》，《中国文物报》1995 年 8 月 27 日第 3 版。前后观点并见《略述法门寺地宫藏品的宗教内涵》，《文物》1995 年 6 期。

③ 唐普世：《法门寺塔地宫的唐密曼荼罗之我见——兼与罗照先生商榷》，《佛学研究》1997 年总第 6 期。

④ 均见韩金科主编《'98 法门寺唐文化国际学术讨论会论文集》，陕西人民出版社 2000 年版。

⑤ 赖富本宏：《中国法门寺出土的密教系列文物》，《高木訷元博士古稀纪念论文集》，三喜房佛书林 2000 年版。

⑥ 吕建福：《法门寺捧真身菩萨莲座顶面梵字释证》，载《密教论考》，宗教文化出版社 2008 年版。

⑦ 越智淳仁：《法门寺四十五尊金刚界曼荼罗的八大明王》，刘建英译，《古代中国：东亚世界的内在交流》，《复旦史学专刊》第 1 辑，复旦大学出版社 2005 年版。

三

2008 年 11 月 8 日—9 日，法门寺博物馆迎来建馆 20 周年，在全国人民通过各种形式隆重纪念改革开放 30 周年的喜庆气氛中，庆祝法门寺博物馆建馆 20 周年学术研讨会在陕西省法门寺博物馆隆重举行。来自全国各地考古学界、史学界、佛学界近 40 位专家学者出席了会议。会议实事求是地回顾、总结了 20 年来法门寺地宫文物与法门寺历史文化研究的主要成果，就法门寺佛指舍利、法门寺历史、唐法门寺塔及地宫沿革、法门寺地宫密教文物研究进行了深入、广泛的探讨交流，取得了许多新的成果。

此次会议上，学者们高度关注法门寺密教文物与唐密研究的健康发展，努力遵循严肃的学术规范正本清源，进一步开展法门寺密教文物研究。吕建福先生《关于法门寺地宫密教文物及其内涵研究中的若干问题》一文高屋建瓴，在回顾总结近 20 年来学术界关于法门寺地宫密教文物研究进程及学术成果的基础上，实事求是地澄清了学术界关于法门寺密教文物研究的来龙去脉，还原其本来面貌，并通过将法门寺密教文物研究与密教的教理体系及其教法传统三结合研究的方法，对法门寺地宫的宗教内涵、捧真身菩萨与金胎合曼说、四十五尊造像宝函造像内涵等重要密教文物进行综合研究，端正了法门寺地宫密教文物研究的学术方向。

（一）

关于法门寺地宫是否具有密教曼荼罗的内涵，学术界历来有两种截然不同的观点，一种观点认为地宫出土的密教文物及其布局具有密教曼荼罗的意义，另一种观点则认为地宫并非密教曼荼罗。而主张地宫具有密教曼荼罗内涵的学者当中也有很大分歧，有的认为地宫在舍利入藏时密教文物布置为供养坛场，有的认为地宫布置为北斗七星护摩坛场，有的则认为整个地宫为中道一实的两部（金胎）四大曼荼罗世界。吕建福曾在 1990 年首届国际法门寺历史文化学术研讨会上发表文章，明确指出法门寺地宫入藏舍利时举行过密宗的佛舍利供养法仪式、密教文物布局为佛舍利供养坛场，是学术界开展法门寺地宫曼荼罗研究的第一人。此次会议上，吕建福在《关于法门寺地宫密教文物及其内涵研究中的若干问题》一文中重申其观点，但坚决反对将整个地宫完全演义成密教曼荼罗。针对吴立民等人主张整个地宫为"两部（金胎）四大曼荼罗"的论断，吕建福分别从密教教法传统、密教的理论体系以及密教发展的历史源流等多个方面入手，一一指出"其观点及其论据都来自日本晚期密教，用后世的观点解释唐代密教法，完全不能成立"。

——文章指出："两部（金胎）四大曼荼罗说"用密教的四种曼荼罗来为地宫定位，说"地宫总体为佛指舍利供养大曼荼罗，佛指舍利为三昧耶曼荼罗，供奉舍利的诸种法器、供养器及供养法为法曼荼罗，如法供养为羯摩曼荼罗"。此说法完全不符合唐代密教仪轨，其理论依据"六大瑜伽、四曼不离、三密相应"的理论体系并非唐代密宗所有，而是日本真言宗后来创立的学说，最早由空海创发。以体、相、用的方法组织密教教义，形成六大体大、四曼相大、三密用大的教义体系，也是日本真言宗后来建立的，日本真言宗早期以及天台宗密教中并无此说。

——"两部（金胎）四大曼荼罗说"解释地宫四枚佛指舍利分布的密教内涵，认为"地宫一道四室通彻全坛，体现金胎两界大日如来中道一实，四室四舍利表征四方四佛，建立两部曼荼罗。地宫按金胎两部曼荼罗配置：前室阿育王塔第四枚舍利位胎藏界东方宝幢如来位位金刚界南方宝生佛位—影骨；中室白玉灵账第二枚舍利位胎藏界南方开敷华王佛位位金刚界东方阿閦佛位—影骨；后室八重宝函第一枚舍利位胎藏界北方天鼓雷音佛位位金刚界西方阿弥陀佛位—影骨；密室五重宝函第三枚舍利位胎藏界西方无量寿佛位位金刚界北方不空成就佛位—灵骨"。对于这样刻意设计的布局及其配置，吕文一针见血地指出其种种牵强附会、弄虚作假之嫌。首先，从法门寺地宫的历史实际方面来说，从唐初开始每三十年迎一次佛骨，在金胎两部曼荼罗密法传入中国之前，已经迎过很多次佛骨，地宫建筑格局根本不可能按照密教曼荼罗来设计。其次，即使想要说明唐朝最后一次入藏佛骨时按照密教曼荼罗来布置地宫，按照地宫前、中、后三室的格局很难把它搞成东、西、南、北、中五个佛位，论者硬生生将秘龛也当作一室，勉强凑到四个佛位，又将中方毗卢遮那佛放在"一道"，还赋予"中道一实"的含义，这样安排极其牵强，而且"中道一实"本为三论宗、天台宗家语，密教中没有此说。再次，上述五方佛的安排也不完全根据密教教理，主要还是因为佛指舍利只有四枚，所以只好请大日如来让位，以为大日如来是法身佛，"周遍法界，均无形象"，不必找一个象征物出来，殊不知密教曼荼罗中的情况正好相反，大日如来均有形象，地宫中出土的宝函上也都有形象。可见将地宫四室四舍利配置为五方佛位的做法极其牵强。最后，"两部（金胎）四大曼荼罗说"用显、密两个方面安排灵骨与影骨，搭建起"金胎两界曼荼罗"，如其所说"以后室供养第一枚'影骨'的八重宝函表胎藏界本有平等—理界—前五大—色法—莲花—因—东曼荼罗，故錾刻胎藏界诸尊造像；以密龛供奉佛祖'灵骨'的五重宝函，表金刚界修生差别—智界—识大—心法—月轮—果—西曼荼罗，錾刻金刚界根本成身会 45 尊造像"。其中所谓胎藏界本有—平等—理界—前五大—色法—莲花—因—东曼荼罗，金刚界修生—差别—智界—识大—心法—月轮—果—西曼荼罗，出自 12 世纪以后日本真言宗理论。用后世日本真言宗的理论解释唐代密教和法门寺地宫的密教内容，其方法、其观点必定是错误的。

（二）

关于捧真身菩萨造像与金胎合曼说：法门寺地宫捧真身菩萨从一出土就受到关注。关于其造像及其内涵研究，学界最早有人认为菩萨与像座构成一个完整的曼荼罗；后来有人提出捧真身菩萨造像为大吉祥天女或大供养天女，莲座上的八个梵文字母为八大菩萨名号，八忿怒造像为菩萨的化身八大明王，上部造像为八大菩萨和伎乐八音，并认为捧真身菩萨曼荼罗为两种曼荼罗的结合体，上部为胎藏界通过中部束腰之四天王与下部金刚界相接，同时又认为捧真身菩萨是以吉祥天女为主尊的曼荼罗，又可称为"九会曼荼罗"和"理趣曼荼罗"。后来又有人认为是佛眼曼荼罗。吕文认为，捧真身菩萨造像的仰莲座上多处錾刻悉昙梵字和诸多图像，内容丰富，其内涵也值得探讨，但首先要正确辨识梵字和图像，才有基础谈论其宗教内涵。就目前的研究来说，捧真身菩萨莲座上的梵字和造像的辨识仍存疑问，如莲座覆钵顶面五个梵字，一般认定为金刚界五佛种子字，但也与大日如来与四波罗密菩萨种子字一致。又如覆钵上部的八个梵字，或认为是八大菩萨名号，或认为是胎藏界中台八叶种子曼荼罗，但其梵字与现有文献所载种子字并不能完全吻合。针对吴立民等人《法门寺地宫唐密曼荼罗之研究》认为："捧真身菩萨为中国唐密所特有的金胎合曼的造像，莲胎座为一金胎两部融入的大曼荼罗，莲座呈钵形，钵乃本师释迦牟尼佛之三昧耶形，密教两部大法曼荼罗融合于显教本师之佛三昧耶形之内，不但具有金胎不二之密义，而且显示显密圆融之深旨"，吕文首先从梵字与造像辨识方面指出其诸多漏洞，如：将仰莲台座顶面的三品悉地真言，或称三身真言、大日三身真言的完全混淆；将仰莲座下部腹壁莲瓣"无中生有"为慧六十六尊；将覆莲座上八个梵字硬说成九个；不顾文物自身铭文规定的名称将"捧真身菩萨"当作吉祥天女，全然不顾菩萨与天女两种神祇的区别，等等；接下来，吕文则从密教理论体系入手，精辟地指出所谓"金胎合曼说"基于日本真言宗 12 世纪及其以后发展的"不二"论，并更进一步指出：日本真言宗的"不二"理论，也仅止于"金胎不二"、"两部不二"之说，没有金胎合曼之说，历史上也从来没有出现过胎藏界与金刚界两种不同曼荼罗合成一体的例证！

（三）

关于安奉真身舍利的鎏金四十五尊造像盝顶银函的解读：四十五尊造像盝顶银函，宿白最早认为是金刚界曼荼罗坛，韩伟进一步认定为金刚界大曼荼罗成身会造像，吕建福则依据造像特征和功能目的两方面论证为金刚界供养（羯摩）曼荼罗。"从图像特征上说，该造像中诸尊均莲花座，菩萨皆金刚身，皆手持标帜物，与金刚界供养曼荼罗完全吻合。从鏊刻图像的目的来说，智英制造此宝函，鏊刻曼荼罗造像，其目的就是为了供养真身舍利，所以鏊刻供养曼荼罗。密教往往因行法目的不同而取用不同的曼荼罗，如开灌顶道场，或依法修行，就要行大曼荼罗法。如降伏魔敌，消灾祛难，有可能行降三世或金刚萨埵曼荼罗法，而供养佛指舍利就得用供养曼荼罗法。"①

2010 年 4 月 17 日—19 日，首届中国密教国际学术研讨会在西安隆重召开，本次会议由陕西师范大学宗教研究中心主办，法门寺博物馆协办，得到了台湾华严学会的大力支持。会议共收到论文 61 篇，涉及密教思想、密法修持、密教历史传播、密教经典考释、密教文物艺术以及密教与其他教派关系等诸多方面的问题。会上，姜捷、李发良发表《法门寺唐代塔基地宫沿革及其文化内涵探讨》，再度提起沉寂近十年的地宫总体文化内涵讨论。姜捷、李发良根据考古发掘资料和文献综合研究认为：法门寺地

---

① 姜捷主编：《法门寺博物馆论丛》第一辑，三秦出版社 2008 年版；《法门寺文化研究新论》，江苏人民出版社 2012 年版。

宫始建于唐高宗龙朔年间，其规模主要依据古代陵寝制度设置；安奉真身舍利的独立秘龛乃"会昌法难"之后为确保舍利安全而在地宫外部特别增加的结构；地宫总体与四枚舍利的安奉充分体现了中国传统最高规格葬礼与佛教显密供养法相混合，又突出防盗、防破坏功能的葬制设计。[①] 之后，李发良又在《西部学刊》创刊号上发表《佛教供养、世俗厚葬兼防盗功能的统一——法门寺唐代地宫文化内涵再探讨》，重申其观点。[②]

　　总结过去二十多年法门寺地宫出土密教文物与文化内涵研究，目前的状态可以说处于一个相对低沉的"瓶颈"的状态。何以至此？笔者非常赞同侯慧明博士的一段分析："我国密教研究中存在的主要问题是：密教思想研究，特别是对密法的研究，严重不足。对密教胎藏和金刚界密法的思想表征尚未有清晰的、科学的、客观的、系统的研究，对密教各个发展时期的不同思想特征尚未准确把握，套用日本密教思想理论于中国密教时不注意时间性，甚至出现以日本晚出的密教理论解释中国先出文物的情况。中国密教思想研究的滞后与密教文物考古的蓬勃发展，形成鲜明对比，发现的文物不能准确释读，因此密教思想的研究亟待加强。"[③]

　　我们真诚地希望，国内外密教学者们积极参与法门寺密教文物的研究，重点围绕八重宝函、捧真身菩萨、四十五尊造像宝函以及晚唐重要密教人物等课题开展深入研究，不断推进法门寺地宫文物与中国密教各领域的学术研究，努力繁荣中国密教的研究事业。

　　附注：本文部分内容采用吕建福先生《关于法门寺地宫密教文物及其内涵研究中的若干问题》，在此表示致谢。

（姜捷，法门寺博物馆研究员；李发良，法门寺博物馆副研究员）

---

　　① 吕建福主编：《密教的思想与密法》，中国社会科学出版社 2012 年版。
　　② 李发良：《佛教供养、世俗厚葬兼防盗功能的统一——法门寺唐代地宫文化内涵再探讨》，《西部学刊》2013 年第 1 期。
　　③ 侯慧明：《近代以来中国密教研究》，《宗教学研究》2011 年第 3 期。